Premiere Collection

ドイツ古典哲学と「学」の精神史

カントからヘーゲルへ

久冨峻介
Shunsuke Kudomi

京都大学学術出版会

京都からの発信

京都大学には、戦前の西田哲学に始まり、史学、文学、経済学、民俗学、生態学、人類学から精神医学にまで及ぶ極めて広汎な人文・社会科学の領域で、独創的な研究が展開されてきた長い歴史があります。今日では広く京都学派と呼ばれるこの潮流の特徴は、極めて強烈で独創的な個性と強力な発信力であり、これによって時代に大きなインパクトを与えてきました。

今、全世界が新型コロナ感染症パンデミックの洗礼を受けていますが、この厄災は人々の健康と生命を脅かしているのみならず、その思考や行動様式にも大きな影響を与えずにはおきません。時代はまさに、新しい人文・社会科学からの指針を求めているといえるのではないでしょうか。世界では、イスラエルの歴史家ユヴァール・ノア・ハラリやドイツの哲学者マルクス・ガブリエルなどの若い思想家達が、この状況に向けて積極的な発信を続けています。

プリミエ・コレクションは、若い研究者が渾身の思いでまとめた研究や思索の成果を広く発信するための支援を目的として始められたもので、このモノグラフの出版を介して、彼らに文字通り舞台へのデビュー(プリミエ)の機会を提供するものです。

京都大学は指定国立大学法人の指定に当たって、人文学と社会科学の積極的な社会への発信を大きなミッションの一つに掲げています。このコレクションでデビューした若手研究者から、思想と学術の世界に新しい個性的なスターが生まれ、再び京都から世界に向けてインパクトのある発信がもたらされることを、心から期待しています。

第27代　京都大学総長　湊　長博

目次

序文……1
「ドイツ観念論」から「ドイツ古典哲学」へ　1
本書で扱う当時のドイツの状況　3
本書の問題設定と構成　10

第1部　ドイツ古典哲学の問題圏――スピノザとカント

第1章　一八世紀ドイツにおけるスピノザをめぐる論争……23
第1節　スピノザ論争「前史」――ドイツ啓蒙主義におけるスピノザ像の変遷：「宿命論」「無神論」としてのスピノザ　28
第2節　スピノザの「再発見」――一七五五年から始まる新たなスピノザ主義の萌芽と「汎神論論争」（一七八〇―一七八九年）の争点　39

第2章　カント哲学の遺産――カントvs.ヤコービ、マイモン……51
第1節　「建築術」としての哲学　54
第2節　ヤコービによるカント批判――「物自体」問題と「因果性」の超越論的使用　66
第3節　懐疑論からの応戦――サロモン・マイモンの「超越論的哲学」　84

（1）カントvs.マイモンの「神的な知性」論――カントの『超越論哲学試論』評から　88
（2）マイモンのスピノザ主義――神の「制限」と「窓のシャッターを閉めろ」の逸話　93

第2部　哲学の「根本原理」とその理論的進展――「理性」と「感情」

第3章　テュービンゲン・シュティフトにおけるフラットの「形而上学」……107
第1節　シュティフトの学術的環境　115
（1）シュティフトの教授　115
（2）シュティフトの学生たちと補習教師　118
（3）反カント陣営と親カント陣営との論争　126
第2節　フラットのカント論の源泉――ウルリッヒの『教程』におけるカントの「拡張」　128
第3節「形而上学者」フラットのカント論――シュティフトの「超越論的哲学」受容　141
（1）フラットによるカント関連の書評の要点　141
（2）ヤコービ書評におけるフラットのヤコービ批判　148
（3）『断章』（一七八八年）の「因果性」理論――作為的理性と自然的信　156
第4節　フラットの形而上学的思惟――形而上学講義（一七九〇年）から　170
（1）フラットの講義の概要　172
（2）フラットのカント講義の特色――「因果性」をめぐって　175
（3）フラットの「因果性」論がドイツ古典哲学に残した影響　178

第4章　フィヒテの「知識学」の受容……183
第1節「知識学」の基本的な課題　185

目　次

第2節　「知識学」は「スピノザ主義」か　202
（1）「主観的スピノザ主義」としての「知識学」　202
（2）「転倒したスピノザ主義」としての「知識学」　210

第5章　フィヒテ vs.「批判的懐疑主義」……219
第1節　一七九三年一〇月の「階段での哲学談義」から『エーネジデムス』へ　221
第2節　フィヒテとフラットの「友情関係」――フラット的「因果性」から「事行」へ　234
第3節　マイモンの「連合体系」の非体系性　244
（1）マイモンの基本的な立場（Ⅰ）スピノザ主義への批判　244
（2）マイモンの基本的な立場（Ⅱ）「無限な知性」・「物自体」と「事実問題」　250
（3）フィヒテによるマイモンとの対決　259

第6章　フィヒテ-シェリングの知的交流――「知的直観」をめぐって……267
第1節　問題の所在――「スピノザ主義者」シェリング？　269
第2節　フィヒテとシェリングの知的交流　272
第3節　若きシェリングの介入――当時の論争における「自我」論文の立ち位置　278
（1）「知的直観」をめぐって　278
（2）シェリングにとってのスピノザ哲学　280
第4節　「自我」論文における「知的直観」論　286
第5節　スピノザ主義とフィヒテ主義のあいだに立つシェリング　296

第7章　「私たちの精神の連盟の時代」
――フランクフルト‐ホンブルク・コンステラツィオンの
キーコンセプトとしての「生」……301
第1節　「精神の連盟」のコンテクスト――ヘルダーリンの哲学的思惟　305
第2節　シンクレーアに対抗するツヴィリンク――ヘーゲルの関係論的思惟の源泉　314
第3節　哲学への道　324

第3部　「学」の体系としての『精神現象学』

第8章　「学」の必然性とは何か――「カオス」から「秩序」へ（1）……331
第1節　『差異論文』における「精神の連盟」からのモチーフの継承　333
第2節　「現象学」というプログラム――『精神現象学』前史　337
第3節　『精神現象学』の「論理」問題――「現象知」と「学のモメント」　344
（1）『精神現象学』の「欠陥」――ヘーゲルのシェリング宛書簡から　344
（2）「学」の方法論と「必然性」　348
（3）「現象学の論理」――「論理学的必然性」の消息　352
第4節　「必然性」の行方――「歴史的必然性」と「想起」論　356
第9章　「宗教」章冒頭部の課題とその統体化機能
――「カオス」から「秩序」へ（2）……365
第1節　『精神現象学』の「自著広告」（一八〇七年一一月）　367
第2節　「宗教」章の幾何学的図式論の意義――「進展」と「還行」　374

（1）「単一な統体性」とは何か――「直線」と「円環」 374
（2）Knoten と Bund――「単一的統体化」論 382
（3）「統体化」の論理としての「三つの規定性」 388
（4）哲学の事後性と「始元」論 398

第10章 「絶対知」は成立したのか――ヘーゲル青年期一九年の総決算……401
第1節 「絶対知」章の構成とその課題 406
第2節 「現象知」の概念的再編成としての「三つの頂点」論 409
（1）「観察する理性」／「理性」章――「無媒介な存在」 412
（2）「啓蒙」／「精神」章Ⅰ――「相関関係」「対他存在と対自存在」 414
（3）「道徳的自己意識」「良心」／「精神」章Ⅱ――「本質」「普遍的なもの」 416
（4）「三つの頂点」を集約する「良心」 417
第3節 「達成されるべきプログラム」としての「二重の宥和」 419
（1）「形式」と「内容」の一致はいかにして正当化されるのか 419
（2）「啓示宗教」の概念的モメントの「リズム」 424
第4節 ヘーゲルにとって「絶対知」とは何だったのか 428

総括 ヘーゲルはいかにして「哲学者」になったのか……435

あとがき 439
参考文献一覧 462 英文要約 465
索引（人名／事項／書名）

序　文

「ドイツ観念論」から「ドイツ古典哲学」へ

J・ハーバーマスは『公共性の構造転換』のなかで一八世紀のヨーロッパのメディアが公共圏の成立に与えた決定的な影響を論じている。ここで言うメディアには、雑誌や新聞はもちろん書簡も含まれる。だが見逃すべきではないのは、こうしたメディア環境の整備は公的‐政治的圏域の確立だけではなく、思想的‐哲学的な言説の醸成にも多大な貢献を果たしたことである。とりわけ「啓蒙の世紀」たる一八世紀後半のドイツの言論はメディアなしには維持されえず、人々の交友圏は膨大な量の文字媒体によって支えられていたのである。[1]ハーバーマスによれば、一八世紀は「書簡の世紀」[2]だった。

これらの状況をテクストへのアプローチ方法に反映させた第一人者がD・ヘンリッヒである。かつてのドイツ観念論研究がもっぱら著作の解釈を中心にしていたのに対して、ヘンリッヒ以降は、書簡や草稿群、新聞などの資料も研究に組み込む必要性が自覚されるようになった。つまり、当時のドイツで或る言説が醸成される状況全体を取り込んだ思想の発展史、成立史への書き替えが二〇世紀の後半の研究史で生じたのである。これまで「ドイツ観念論」と呼ばれていたポスト・カント時代の思想を解明するためには、ただ著作にのみアプ

（1）Habermas 1990 = 1962, Kap. 1, 2.（ハーバーマス　一九九四年、第1、2章）
（2）Ibid., 113.（同上、六九頁）

ローチするだけでは不十分であり、この時代特有の環境を包括的に再現するような方法論こそが有効なのである。ヘンリッヒはこれを「著作史（Werkgeschichte）」から「コンステラツィオン史（Konstellationsgeschichte）」への転換と表現している。(3)

「コンステラツィオン史」が考える歴史には、著作だけではなく、先述のメディアを通して交わされた言論や言説も含まれる。だが、その言説の分析もまた著作から出発してはならない。それでは、これまで誤って配置されていた言説を強化するだけになりかねない。むしろ、アプローチの方向を逆にして「コンステラツィオン史のあとの発露として著作史を叙述すること」(4)で書簡やメディアのテクスト、私的サークルでの議論を解析し、大きな歴史のなかに位置づけることが求められる。これは或るテクストやアイディアが置かれている文脈を再現しようとするものであり、著作の時系列的な関係を見るだけでは見通すことができない。

とはいえ、もちろんこのことはそれぞれの主著の影響力や重要性を否定するわけではない。問題は「著作史」研究の成果と「コンステラツィオン史」とを互いに連関させることである。(5)具体的に言えば、著作の解釈だけではなく雑誌や新聞での書評、書簡などを互いに突き合わせることによって、より大きな問題圏から各思想家のアイディアを捉え返さなければならない。ヘンリッヒの功績は、ドイツ観念論の研究に対してこの時代の特殊な状況に適した方法論を新たに定着させ、それに理論的な基礎を与えたことにある。近年では、かつての「著作史」への反省から「ドイツ観念論」は「ドイツ古典哲学（die klassische deutsche Philosophie）」と呼び換えられるようになっている。(6)本書も対象にするヘルダーリンの断片「判断と存在」の意義がヘンリッヒやM・フランツらによって見直されたのは、「コンステラツィオン史」がもたらした最も重要な成果のひとつだと言える。

本書で扱う当時のドイツの状況

ヘルダーリンとヘーゲルがシュティフトに入学したのは一七八八年一〇月だが、その頃のドイツの知的状況は激動の時代へと移り、急激な過渡期の様相を呈していた。その中心となったのはもちろんカントの批判哲学だが、重要なのはその普及である。これまで繰り返し述べられてきたことだが、カントの批判哲学は発表当初、同時代の読者にその意義が充分に受け止められず、その画期的な意義や革新性が理解されることはなかった。こうした状況を改善するべく公刊された『プロレゴーメナ』（一七八三年）も、その目的を完全に達成することはなかった。そうした閉塞状況を一転させたのが、一七八六年八月から翌年九月まで『ドイツ・メルクーア（*Der Teutsche Merkur*）』誌で掲載された、ラインホルトによる一連の『カント哲学についての書簡』（以下、『カント書簡』）だった。(7) 『実践理性批判』の前に出版されたこの書簡がもたらした思想史的インパクトは、「カン

（3） Henrich, *Konstellationen*, 45.

（4） Ibid. 44.

（5） Vgl. ibid. 42.

（6） 久保『生と認識』、三一―三二頁、大河内 二〇一五年、八―一四頁も参照。

（7） ラインホルトがカント受容の新たな段階への移行を告げるこの連載に取り組むようになった直接的な契機は、彼が『一般学芸新聞』第八〇号上に掲載されたシュッツによるシュルツ（Johann Friedrich Schultz, 1739–1805）の解説書（シュルツの解説書は、A版にもとづいているのだが、カント自身が自らの主張の核心を捉えているとして評価していた。これには邦訳が存在する。以下、『解明』）の書評を目にしたことである（vgl. 田端『書評誌』、二六頁）。この書評には、思想界に対して改めて『純粋理性批判』の哲学的意義に注目させるというシュッツの狙いがあり、それは首尾よく大成功を収めたことになる。よって、カントの普及の具体的な開始点は、かの八〇号が発行された一七八五年四月七日と言える。そのムーブメントについて、「同紙でのカント哲学の普及活動の実態は、おそらく一般に想定されているのよりはるかに精力的、かつ「強引」であった。その強引ともいえるプロパガンダは、半面では当時の批判哲学に対する（現代的理解からは想像できない）「逆風」の強さを逆照射していると言える」（田端『書評誌』、二九頁）という。

トの『プロレゴーメナ』が数年かかってもなしえなかったことをほとんど一夜のうちになし遂げた」[8]とも評される。『カント書簡』は『実践理性批判』に先駆けて道徳的、宗教的問題を論じていた。[9]同書は「「批判書」の要約的解説書ではな」く、「一連の「書簡」全体の中心主題は、もっぱら宗教と道徳の問題をめぐって、緊急かつ切実な「時代の欲求」に対して「理性批判」というカントの企てが持っている「実践的」意義、その「有用性」を明らかにすることに決定的に定位されている」[10]ことには注意をしておく必要がある。

　こうしたカント理解の背景には一七八〇年代後半に起きた「汎神論論争」があり、「時代の欲求」はここに起因している。この「時代の欲求」に応えた点に『カント書簡』の最大の歴史的意義がある。[11]つまり、学生のヘルダーリンやヘーゲルらがシュティフトで学び始めたのは、ライプツィヒやイェーナの大学の、それもごく限られた場所でしか注意されていなかったカント哲学が一躍全国的に普及し、その画期的な意義が一般的に認知され出した頃なのである。それにともなってカントについての論争もより活性化、本格化し、親カントや反カントを標榜する陣営が各地の大学を拠点として形成されていくことになった。その論争の舞台は書評誌や各大学の機関紙が担っていた。

　さて、この頃の世界史的な事件と言えば隣国フランスでフランス革命が勃発したのが一七八九年だが、それと同じ年の一〇月にラインホルトが『人間の表象能力の新理論試論』を公刊した。そこでラインホルトは、カントの批判哲学が「表象」概念ないし「表象」能力を充分に解明しなかったことを指摘し、「表象」にこそ認識論の基礎づけ的、基底的な役割を認めるべきだとされた。ラインホルトが「表象」の概念を批判哲学体系が解明すべき「前提」と考えるようになった誘因は、ふたつ挙げられる。田端によれば、ひとつには、シュッツの書評（『一般学芸新聞』一六四号（七月一四日）上でのシュルツの『解明』についての書評）に接して、初めてカントの「表象」概念について眼を開かれたからである。もうひとつには、ラインホルトが『純粋理性批判』「超越論的弁証論」第一章「理念一般について」のカントの「表象」論に未解明の部分を見いだしたためだという。[12] カントは「理念一般について」において人間の「表象」を「類‐種‐個」からなるツリー状の系統として整理し、それを「表象の階梯」と呼んでいる（vgl. KrV. A 320, B 377）。この階梯は「類」たる「表象一般（*Vorstellung* überhaupt）」、「表象（representatio）」を頂点として、その下に個々の特殊な諸表象を組織的に分類、配列している。ラインホルトによれば、たしかにこの階梯は「表象」どうしの系統的関係を示してはいるものの、肝心のそれらを統べる頂点の「表象一般」そのものが何であるかは明らかにされていない。ラインホルトが批判哲学の未解明の「前提」と呼んだのは、この「類概念」たる「表象一般」に他ならない。よって『試論』の関心は「表象」概念に向けられることになったわけである。彼はそれによって批判哲学の「前提」を解明する必要性を説

（8）Vgl. Beiser 1987, 228.

（9）Beiser 1987, 45, 226–265；田端『序説』、四九―一〇一頁に詳しい。とりわけ、『カント書簡』が「『批判書』の要約的解説書ではない」こと、「一連の「書簡」全体の中心主題は、もっぱら宗教と道徳の問題をめぐって、緊急かつ切実な「時代の欲求」に対して「理性批判」というカントの企てが持っている「実践的」意義、その「有用性」を明らかにすることに決定的に定位されている」（田端『序説』、五一頁）ことには注意をしておく必要がある。こうしたカント理解の背景には一七八〇年代後半に起きた「汎神論論争」があり、「時代の欲求」はここに起因している。

（10）田端『序説』、五一頁。

（11）『純粋理性批判』から「宗教と道徳の問題」が引き出されたのは、シュッツが一連の『純粋理性批判』の書評を「最高善の理念」にもとづいた「道徳神学」の優位を説くことで締めくくっていることに関係している。この書評（『一般学芸新聞』一七八五年一七九号補遺）からラインホルトが「時代の欲求」を受け取ったことについては、以下が指摘している。田端『書評誌』、二六頁。

（12）田端『序説』、一四五頁、田端『書評誌』、一二三頁以下。シュッツの書評は、シュルツの書評の体裁を取りながら実質的にはほぼ全編にわたってシュッツ自身のカント理解を開陳している。シュッツはカントの「表象の階梯」を整合的に整理すべく、ラインホルトに先立って「表象の樹状図」を示している（vgl. *Rezensionen*, 161）。

き、その「前提」の「帰結」たる批判哲学を「表象」概念（「表象」能力）が根拠づけるという〈批判哲学のさらなる根拠づけ〉の構想を示した。その後翌一七九〇年一〇月には、ラインホルトはその構想を深化させるかたちで『哲学者たちのこれまでの誤解を是正するための寄稿集』第一巻（以下、『寄稿集Ⅰ』）を発表し、「根元哲学」の構想に着手した。最も重要なことは、この『寄稿集Ⅰ』が後年のドイツ古典哲学のあらゆる著作、哲学者に先駆けて「諸学問の学としての哲学」を中心的な主題にしたことである。

『寄稿集Ⅰ』は「哲学の概念」の究明から始まり、哲学は今や「厳密な学としての哲学」にならねばならず、「哲学の哲学」あるいは「諸学問の学」へと高められねばならないというテーゼを打ち出している〔…〕。周知のごとく、こうした体系的哲学理念は、フィヒテ知識学の綱領的論文「知識学の概念について」に鮮明に刻印され、その後も若きシェリングやヘーゲルの哲学観にも大きな影響を与えた。そのような「学としての哲学」は「根元哲学（Elementarphilosophie）」と呼ばれ、その全体は「遍く認められた（allgemeingeltend）第一根本命題」に基づけられねばならないと主張される。[13]

フィヒテやヘーゲルをはじめとするドイツ古典哲学の哲学者たちによって描き出された哲学の論争空間はそれぞれが別々に思いついた結果偶然生じたものではなく、間違いなくラインホルトの著作という歴史的背景のもと、この「学の学」構想をひとつの焦点として展開していた。「現代の眼から見れば、あまりにも古典的な、この「体系としての哲学」の構想は、当時哲学界に強いインパクトを与えた。そればかりか、ラインホルトの哲学思想のうち後世まで最も強い影響力を及ぼし続けたのは、「第一根本命題」を基底とする「学としての哲学」構想であったといっても過言ではない[14]」。この一連の「学の学」構想の最終局面――『寄稿集Ⅰ』の登場から数えて実に一七年もの歳月が流れている――に現われたのがヘーゲルの『精神現象学』なのである。

こうしてラインホルトは当時のドイツの哲学界の注目の的になるが、それと同時にカント哲学の「徹底化」を標榜する彼の一連の理論に対する批判も巻き起こった。それは反カント主義者だけではなく、親カント陣営からも向けられた。カント理解をめぐって様々な立場からの激しい批判の応酬が以前よりいっそう頻繁に起こったわけである。ちょうどこの頃、一七九〇年一〇月に当時一五歳の「神童」がシュティフトに入学し、二学年上のヘルダーリンやヘーゲルらの交友圏に加わることになる。無論、彼こそがシェリングである。

さらにカント哲学の与えたインパクトは理論哲学の部門に限らなかった。カントの理論を下敷きに、当時まだ無名だったフィヒテが匿名で『あらゆる啓示の批判の試み』を一七九二年の復活祭に発表すると、この宗教論の著者がフィヒテだとカントから公表されるや否や、彼は一躍哲学界の中心に躍り出る。また「哲学者」シラーが活躍したのもこの時期である。(15) 若きシラーはいったん軍医となるも、その後は定職を持たずに『群盗』をはじめとした戯曲を書きながら（それらはドイツ全土で大評判を呼んでいた）生活を送っていたが、一七八九年にイェーナ大学の歴史学の員外教授の職に就くと、九〇年以降はカントの『判断力批判』の研究にのめり込むようになる。彼が一七九三年に起草した「カリアス書簡」と呼ばれるケルナー宛ての一連の書簡や「優美と尊厳について」、一七九五年から雑誌『ホーレン』に連載された『人間の美的教育についての書簡』は、主に美学、人間の美感的能力や美の理念を主題としているのだが、それらの著作は多くの点でカント的、ラインホルト的術語によって規定されている。その後シラーは一七九五年から一七九六年頃に哲学を「廃業」し、再び詩の世

(13) 田端『序説』、一三四―一三五頁。
(14) 同上、二一五頁。
(15) F・バイザーがシラーの哲学的思想を包括的に論じている（vgl. Beiser 2005）。ただし、もちろんシラーにとって真に理想の人間のあり方を体現するのは哲学者ではなく、あくまでも詩人であり、それは終生変わることはなかった。

界へと戻って行ったが、彼の短い「哲学者」生活はカント、ラインホルト、フィヒテらによってもたらされた新しい哲学潮流の隆盛の時期と軌を一にしている。

ところで、一方でフィヒテは一七九四年の夏学期に、キールへと移ったラインホルトの後任としてイェーナ大学に着任し、『知識学の概念について』を五月に公表し、同年九月には『全知識学の基礎』の第一部と第二部（すなわち、「理論的部門」）を刊行していた。彼の講義は盛況で、それは出席していたヘルダーリンがフィヒテを「イェーナの魂」と称するほどだった。(16) 他方で、一七九四年末の時点でラインホルトは、まだフィヒテの「知識学」が自らの「根元哲学」を切り崩すポテンシャルを持っていることをまったく予期しておらず、むしろそれが「根元哲学」の補助となる程度にしか捉えていなかった。それから二年ほど経った一七九七年の二月になってラインホルトはそのことに気がつき、「根元哲学」の欠陥を自らで指摘する「自己批判」と、「知識学」への「移行」を告げる「知識学支持表明」を行なうのだが、(17) このときはまだそうした事態は表面化せず、ラインホルトとフィヒテのあいだでは書簡を通した議論が交わされるだけにとどまっていた。したがって一七九五年一月一五日のラインホルトのバッゲセン宛ての書簡には、彼がまだフィヒテとの協調的関係を築き、ともに「超越論哲学」陣営を引っ張っていくことを期待している様子が認められる。(18) ヘーゲルとヘルダーリンがテュービンゲンで過ごした学生時代およびその後の最初の家庭教師時代とは、こうした大きな変動を経験した時期でもあったのである。

テュービンゲン・シュティフトの思想的風土を形作っていたのは、もちろん「超越論哲学」や「学の学」構想だけではない。もうひとつ重要な思想的コンテクストを形成していたのがスピノザであり、より正確に言えばその死没から一〇〇年ほどのあいだに潜在的に脈々と受け継がれてきた「スピノザ主義」である。その蓄積された伝統がドイツの思想界全体を爆発的に巻き込む論争へと発展したものが「汎神論論争」だった。(19) その鏑矢となったのが、ヤコービの『モーゼス・メンデルスゾーン氏宛書簡におけるスピノザの学説について』（以下、『スピノザ書簡』）である。『スピノザ書簡』の刊行によって生じたヤコービ－メンデルスゾーンの論争は、すぐさまドイツの哲学・文学界の主導的人物を巻き込んだ「汎神論論争」へと発展し、それを契機として一八世紀末のドイツに「スピノザ・ルネサンス」が巻き起こったわけである。H・ティムは、この「スピノザ・ルネサンス」のインパクトを次のように評している。

『純粋理性批判』は、その最初の出版の際には哲学的な時代の自己理解において〈画期的な出来事として、時代の〉区切りをつけなかった。〔しかし〕レッシングのスピノザについての遺産はそれとは違っていた。それへのいない。

(16)　ヘルダーリンの一七九四年一一月（おそらく中旬と想定されている）付けノイファー宛書簡（StA 6.1, 139）。当時ヘルダーリンは、フィヒテの講義の熱心な聴講者のひとりであり、そのことは彼自らが一七九五年一月一九日付けノイファー宛書簡にも書きつけている（vgl. StA 6.1, 152）。また、ヘルダーリンはその感激ぶりをヘーゲルにもしばしば伝えていたようである。「ヘルダーリンはときどきイェーナから手紙をくれます。〔…〕彼はフィヒテの講義を聴いていて、彼が人類のために闘い、その影響範囲は決して講堂の内部にとどまることがない巨人であると、感激をこめて語っていますよ」（Br. 18 ; HKAIII/1, 20）。ヘーゲルが、わずか半年ほどのイェーナでのヘルダーリンの近況をよく知っていること、ここで彼が「ときどき」と書いていることからも、両者のあいだで何度も書簡の往復があったことは確実だが、それらは散失してしまい、この時期のヘーゲル－ヘルダーリンの書簡は一七九五年一月二六日付けのヘーゲル宛てのものしか現存していない。

(17)　Bondeli 2020, 123-149 ; 田端『序説』、第9章、特に三九七頁以下を参照。

(18)　Baggesen 1831, 5f.
だが、このとき両者のあいだにはフィヒテがラインホルトを非難しているという旨のことを、ヴィーラント（Christoph Martin Wieland, 1733-1813）がラインホルトに告げたことを契機とした感情的軋轢が生じた。これがちょうど一七九四年の暮れから一七九五年の年明けにかけてである。田端『序説』、四三三頁を参照。

(19)　「汎神論論争」の展開については、以下を参照。Beiser, *The Fate of Reason*, chap. 2, 3, 4.

プロとコントラによって、時代の転換〔への自覚〕が同時代人たちの意識のなかに現われたのである。近代の哲学史においてこれに匹敵する範囲の影響力を持った第二の出来事は存在しない。[20]

カントの哲学的インパクトや重要性に疑いの目を向ける余地すらない現代の哲学史の常識的知識からすれば、「汎神論論争」が『純粋理性批判』に比肩すると評されるのは直ちに想像しがたいかもしれないが、これは決して誇張ではない。そればかりか、批判哲学とは異なって「汎神論論争」は、思想界の当事者たちに現在進行形で「時代の転換」を意識させるものだったのである。この一八世紀末の二大潮流は『スピノザ書簡』が先陣を切るかたちで批判哲学の流行を先導し、ドイツ全土を巻き込むムーブメントとなった。

本書の問題設定と構成

ポスト・カント時代の複雑な思想状況を「著作史」として再現することはもはや不可能である。そうした方法では、再び「カントからヘーゲルへ」という単純で直線的な歴史を打ち立てることになりかねない。とはいえ、「コンステラツィオン史」という新たな歴史を組み立てるだけでは、これもまた不十分である。

〔当時のドイツの〕標準的なコンセプトは、カント以後見通しがきかなくなった**哲学的な基礎づけ**の問題（Grundlegungsprobleme）という領域のなかで発見された理論的可能性のスペクトルから吟味することが可能でなければならない。そして、これはおそらく〔著作史とコンステラツィオン史を関係づけることよりも〕さらに困難な課題である。というのは、カントによって可能になった哲学のエポックの構想のひとつ以上に通暁することが求められるからである。また、これらの諸コンセプトが生まれてきた意図との接触を失うことなく、さらにこれらのコンセプトが自らで供給してくれるもの以外の手段によってこれらのコンセプトのなかを動くことができることも要求されるからである。[21]

ヘンリッヒが指摘したように、著作の解釈と、それが置かれた言説のコンテクストは互いに関連づけられ、互いの成果は絶えず参照されねばならない。著者の見立てでは、ポスト・カント時代の「コンステラツィオン史」は、少なくともヘーゲルの『精神現象学』までは有効である。よって、本書のターゲットは、『純粋理性批判』の刊行から『精神現象学』までの約二六年間の思想状況を「哲学的な基礎づけ」というパースペクティヴから描き直し、「ドイツ古典哲学」の枠組みで思想家たちを位置づけ直すことである。したがって、私たちが現在置かれている状況や問題関心から出発し、その解決の糸口を著作から取り出してこようとする試みからは本書は距離を置くことになる。

先に触れたように、批判哲学は成立当初は画期的なものとは見なされず、そのインパクトが全国的に認識されるようになるのに数年を要した。カントの友人のイェーニッシュが言ったように、ラインホルトの『カント書簡』が見事に「センセーション」を巻き起こしたのだと言えるとしても、[22]その背後には『スピノザ書簡』が喚起した時代的な問題機制という土壌があったことを忘れてはならない。当時のテュービンゲン・シュティフト、ひいては当時のドイツのコンテクストにおける『スピノザ書簡』の意義はここにある。この『スピノザ書簡』の思想史的意義を正しく評価し、さらに詳しく解明するためには一七世紀から一八世紀にかけてのドイツにおける「スピノザ主義」の受容の経緯を確認することが求められるだろう。

(20) Timm 1974, 6.
(21) Henrich, *Konstellationen*, 44.
(22) 一七八七年五月一四日のイェーニッシュのカント宛書簡を参照（KA X, 486）。

ところで、本書で取り上げる重要な概念のひとつに「因果性」がある。ポスト・カント哲学では、「因果性」は現代よりもっと広く理解されており、現に存在する或るものとそれに先行するものとの関係も「因果性」論と捉えられていた。すなわち、カントが「カテゴリー」の一種として「因果性」を極めて限定した意味で理解していたにもかかわらず、カント以後も依然として広義の「因果性」論が支持されていたのである。このことは、「因果性」が存在論的、神学的な文脈で理解されることに繋がった。以上を踏まえると、カント哲学の普及と同時に流行した「スピノザ主義」の時代的な意味も見えてくる。周知のように、一八世紀の悪名高き「スピノザ主義」は「無神論」や「宿命論」を意味していたが、それはスピノザ的な首尾一貫した論証の形態が人格的な神的存在を容認しえないからである。この論証の首尾一貫性という特徴は存在者の連関を示す限りで、「因果性」論の一種と見なしうる。これまでは不当に見逃されてきた論点なのだが、ヘルダーリン、ヘーゲル、シェリングらの連盟のあいだで合言葉になっていた『スピノザ書簡』の「ヘン・カイ・パン」もまた「因果性」論のひとつとして理解されていた。つまり、「学」の「原理」にせよ、「始元」にせよ、「因果性」にせよ、或るものの存在を遡る究極的な根拠への遡及が問題になっていた。ごく一般的に言えば、それは存在するものの「根拠づけ」をめぐっていると言える。それはカントにおいては「超越論的自由」、フラットにおいては「因果性」、マイモンとヤコービにおいては「エンゾフ」と呼ばれ、フィヒテでは「絶対的自我」と名づけられた。この根拠をめぐる思索は『精神現象学』にまで引き継がれる問題意識を形作っている。

よって、本書の課題は大きく三つに大別することができる。まずは、単線的ではないような仕方で当時の論争状況の深まりを描き出すために、第1部では、ドイツ古典哲学の理論的枠組みをもたらしたカントと「スピノザ主義」を主に取り上げる。第2部では「学」構想のもうひとつのコンテクストであるフラットとフィヒテの議論と、一七九五年から一八〇〇年頃の若きシェリング、ヘーゲル、ヘルダーリンらの哲学構想を明らかにする。次いで、第3部では『精神現象学』の「学」構想を解明する。研究史では、このように『精神現象学』を「学」の理論として解釈する方針は最もオーソドックスではあるものの、どちらかといえば古くから存在するものでもある。しかしながら、残念ながらむしろ近年は顧慮されることすらなくなりつつある。だが、それはこの問題が解決済みだからというわけではなく、一九七〇年代に盛んになった文献学的成果から広くコンセンサスが得られるような有用な成果を獲得できなかったという研究のネガティブな結果によるものである。それゆえに、「体系」を「生成」させるという（現代の眼からすれば）古典的で、途方もない課題は注目されなくなってしまったのである。しかし、本書の課題からすればこの問題を避けて通ることはできない。本書の見る限り、これまでの研究が生産的な成果を挙げることができなかったのは、ヘーゲルの立てた問題が解決不可能だからではなく、これまでの「現象学の論理」への洞察が完全に誤っていたからである。このヘーゲルの命題への正しい洞察によって、「哲学的な基礎づけ」へのヘーゲルの回答を正しく評価することが可能になると考えられる。そしてそれは最も一般的に言えば、「学」を何から開始するかという「始元」論、「因果性」論の鍵となるはずである。

そこで本書の考察を具体的に示せば、次のようになる。まず確定されるべきは「ドイツ古典哲学」の思索圏を形作っているコンテクストである。そこでシュティフトの学生を筆頭に、比較的若い時期にカントの批判哲学を受容することができた思想家たち（彼らが、いわゆるドイツ観念論やドイツ・ロマン主義を牽引していくことになる）が置かれていた思想の配置状況を「スピノザ主義」と「批判哲学」という補助線を引くことで整理してみたい。たしかに、彼らにとって「Spinoza」は最新の哲学者ではないが、しかし「Spinozismus」である限りでそれは当時の最先端の潮流であり、ドイツ古典哲学の思想を醸成した強力なコンテクストのひとつと見なさねばならない。それを考察するには、たとえばよく言われるように「ヘーゲル、ヘルダーリン、シェリングらが「ヘン・カイ・パン」という汎神論的スローガンのもと同盟を組んでいた」と述べるだけではまったく不十分にしか見通すことができないような、より包括的なパースペクティヴからの再構成が要求される。このことを端的に象徴しているのが「ヘン・カイ・パン」はスピノザ自身のスローガンではない、という事実である。従来のドイツ観念論研究ではこの点がやや等閑視されてきたのだが、この補助線としての「スピノザ主義」を考察するためには、そもそもこの「ヘン・カイ・パン＝スピノザ」という図式がいかにして生じたのか、ということから問い直す必要があるはずである。

以上の観点から、第1部ではドイツ古典哲学の問題機制を規定しているカントとスピノザ主義の思想史的意義を解明すべく、一八世紀ドイツにおける「スピノザ主義」像の変遷と、『純粋理性批判』が持っていたインパクトを描き出している。第1章では、ライプニッツ－ヴォルフ学派による「スピノザ主義」への「無神論」「宿命論」批判の経緯を追跡した。そこでは、「スピノザ主義」はスピノザの思想というよりも、もっぱら神を否定する危険思想のレッテルとして機能しており、そうした「スピノザ主義」は学術界において常識として広まった。この偏見が是正され、新たなスピノザ像をドイツにもたらしたのが、ヤコービである。第2章では、『純粋理性批判』のうち「建築術」としての哲学体系に着目しつつ、同書へのヤコービの反応を「物自体」問題、「因果性」論から論じた。そこで問題にされたのが、『純粋理性批判』の「主観主義」「観念論」の傾向であり、この論争が第二版「観念論論駁」に繋がっていることを示した。この「物自体」問題と「因果性」論について、次にカントとマイモンの論争を解釈した。その際にも「スピノザ主義」が問題になっていたが、本書はその批判の意味をマイモンの「神的な悟性」論から明らかにした。

第2部では、ヘーゲルやヘルダーリンらが学んだテュービンゲン・シュティフトで大きな影響力を持っていたフラットの思想を、カントとフィヒテの受容の側面から解き明かした。フラットのカント解釈は「因果性」論に集中しており、その成果は『断章』（一七八八年）と彼の「形而上学講義」としてまとまった。本書はこれらのカント論がウルリッヒとシュルツの著作、書簡の延長線上にあることを指摘し、彼らにおけるカント解釈の特徴を明らかにしたうえで、フラットの「因果性」論を解明した。さらにフラットはヤコービとも共闘関係、論争関係にあったため、ヤコービとの共通点と差異を明らかにしつつ、これらの論争が「理性」と「感性」（作為的理性と自然的信）を背景にしていることを示した（第3章）。

次に「カント哲学の遺産」としてフィヒテの初期知識学構想の理論的立脚点の特質を解明した。そのために『全知識学の基礎』だけではなく、その準備稿である『私独自の考察』や『実践哲学』、さらに当時の書簡などを包括的に突き合わせることで、フィヒテの問題意識の深まりと彼の課題の所在を明らかにした。当時のイェーナを中心としたドイツでは、知識学受容の際にも「スピノザ主義」が争点のひとつになっていた。本書では「スピノザ主義」というレッテルのもとこれを一掃するのではなく、それが各論者によって意味されていることを、書簡などの読解を通じて丹念に追跡した。それから、通例フィヒテに大きな影響を与えたとされるシュルツェ（エーネジデムス）とマイモンの実際のインパクトを推し量るべく、これらの懐疑主義者たちのテクスト解釈を行ないつつ、フィヒテのテクストとの比較・検討を行なった（第4章、第5章）。

第6章では、フィヒテの学的方法論をシェリングとの比較を通じて際立たせるために、「知的直観」論に取り組んだ。ここでも主要な争点のひとつは「スピノザ主義」だったが、むしろシェリングの場合には「絶対者」に到達するための通路としての「スピノザ主義」（具体的に言えば、『エチカ』の「第三種認識」）が問題になっていることを解明した。それによって、シェリングがある面では（彼の告白の通り）「スピノザ主義者」であるものの、ある面では「フィヒテ主義者」であることを指摘した。

第7章では、ヘーゲルの関係論的発想が実はフランクフルトでのヘルダーリン、シンクレーア、ツヴィリンクらによる「精神の連盟」での議論を通して醸成されたこと、その理論的進展を明らかにすべく、主に「コンステラツィオン研究」の成果からその深まりを明らかにした。彼らはフィヒテの知識学に感銘を受けたものの、すべてを主観の作用から説明する知識学に「スピノザ主義」の嫌疑をかけていた。彼らはフィヒテの発想を転換させることで、むしろ失われた「統合」を再建する道を模索していた。この「統合体」が有名な「スピノザ主義」のスローガンである「ヘン・カイ・パン」に繋がる。本書では、この「統合体」が当初は区別を含まない「無差別態」として構想されていたが、次第にそれは全体論的、関係論的に考察されるようになり、議論の主軸が「美的直観」や「知的直観」を通してそこへの到達を模索するような方向性へと変化したことを示した。本書ではこの哲学史の背後に消えてしまった（テクスト化されていない）彼らの理論をヘーゲルのイェーナ期の全体論的思想の根源的なモチーフとして位置づけている。

第3部では、第2部までで再現した「コンステラツィオン史」から明らかになった成果を踏まえて、『精神現象学』が本来課題にしている「学」の「生成」の理路を解明している。これまでのドイツ古典哲学の「学」構想では、次のことが問題になっていた。すなわち、第一にカントは、『純粋理性批判』において「学」の「体系」の「部分」（ヘーゲルの言葉で言えば「モメント」）の「寄せ集め」を容認していた。そこから、この「全体」と「部分」の関係や、その「寄せ集め」を正当化する「方法論」とは何か、そして「学」が「生成」するとすれば、その「始元」とは何か（「学」は何に根拠づけられるべきか）などが課題となってきた。本書では、ヘーゲルの『精神現象学』の「宗教」章「絶対知」章は、これらの難題への回答と見なしうるという考えのもとで、それを〈カオスから秩序へ〉というスローガンのもとで総括している。「学」としての『精神現象学』は、完全に根拠づけられた「始元」から出発するのではなく、さしあたり暫定的な「始元」から「体系」の叙述を始めることを認める。だが、それでは「学」全体が根拠づけられず、「モメント」がひとつの統一的な理念のもとに統合されえないという困難に突き当たる。それに対するヘーゲルの解決策が「宗教」章「絶対知」章のうちに認められる。

ヘーゲルによれば、「意識」や「精神」がとる特定の形態は、「学のモメント」を論理的な規定として持っている。そうすることによって、『精神現象学』に現われる登場人物の歴史的進展は、とりもなおさず「学のモメント」の進展をも意味することになる。だが、その「論理的規定」は表立って現われてくることはないので、つねに「意識の形態」の「背後」にしか存在しない。本書では、このふたつの系列の区別を〈論理レベル〉と〈現象レベル〉の区別として整理したうえで、この「背後」の「論理」を（α）「**無媒介な存在**」（β）「**相関関係**」「**対他存在と対自存在**」（γ）「**本質**」「**普遍的なもの**」と同定した。これまでのヘーゲル研究では、この「論理」が『精神現象学』前後に執筆された「論理学」構想と一致するという誤った想定のもとで、どこがどこに対応するのかを示すのに苦心してきた。だが、こうしたアプローチは、「学」に外在する「論理」を認めるうえに、無理矢理な「一対一対応関係」をでっち上げるという無益な結果にしかならず、それゆえ最近のヘーゲル研究ではこの「現象学の論理」問題はほとんど無視されている。これに対して、本書はまったく新しいアプローチ、想定によってこの難題を解決した。つまり、これまでの多くの研究が思い込んでいた「論理」と「現象」の「一対一対応」という発想を棄て、「論理」と「現象」が「一対多対応」することを「宗教」章の読解によって示した。具体的に言えば、こちらも長年の研究でその意味が解明されてこなかった「幾何学的図形」論の読解を通して、この図形的比喩がこの「モメント」の統体化のプロセスを示しているという解釈をした。この「一対多対応関係」を洞察することこそが、『精神現象学』における「学」の「生成」であり、直線的行程から円環的行程への抜本的転換であることを明らかにしている（第8章、第9章）。

最後の第10章では、このプログラムを完成させる「絶対知」章を「一対多対応関係」の洞察という観点から解釈した。この解釈を通して明らかになる『精神現象学』の哲学史における方法論上の意義は、次の三点である。（1）「学のモメント」はたんなる「寄せ集め」では「全体」にならない。だが、その「モメント」の暫定的な生成において、それと相即して生じる「論理」を事後的に見通すことで、学的理念のもと「部分」を「モメント」に転換することができる。（2）暫定的な「始元」は、この事後的な洞察（ヘーゲルの言う「想起」や「概念把握」）によって、真の「始元」たるべく、「モメント」の展開とともに事後的に根拠づけられる。そう考えることによって、私たちはあらかじめ絶対的に確実な第一根本命題から出発せずとも、根拠づけられた原理によって「体系」を構築することができる。言い換えれば、「カオス」のなかから「秩序」を見いだすことで、「カオス」の実相が「秩序」だったことが事後的に判明するという仕掛けになっている。これが「現象」を叙述するという迂回路によって「絶対知」に到達する「現象学」の根本的な特質である。よって、「始元」の問題も解決される。（3）ヘーゲルは、「論理」が「意識の形態」（＝「現象」）に即して登場すると理解することによって、いきなり「思弁」の領域から「学」を始めるのではなく、有限な立場からの媒介過程を描いてもいる。こうした媒介のプロセスが存在することによって、私たちはフィヒテ、シェリング、ヘルダーリンのように「知的直観」に頼る必要もなく、また「精神の連盟」のメンバーが考えていたように、最初から理想的な「全体」から始めることもなく、その「始元」や「生成」について語ることができる。

以上のことから、ドイツ古典哲学の終局に現われた『精神現象学』という「学」構想の持つ哲学的、思想史的意義は次のことに認められると結論づけられる。すなわち、『精神現象学』とは、根拠づけられていない暫定的でカオスな「始元」がその終局において根拠づけられることによって、学的で秩序づけられた「始元」へと「生成」する行程である。この〈生成する始元〉という方法論上の理念こそ、ドイツ古典哲学で幾度となく繰り返されてきた「因果性」論、「学」の基礎づけに対するヘーゲルの回答なのである。

以上の考察を通じて、「ドイツ古典哲学」の終局に位置するヘーゲル哲学の意義を「コンステラツィオン史」と著作そのものの解釈との往復によって多様な角度から明らかにしたい。それによって、ヘーゲルが「哲学的な基礎づけ」という時代の問題にいかに正面から向き合っていたのかが示されるだろう。

第1部　ドイツ古典哲学の問題圏――スピノザとカント

第1章　一八世紀ドイツにおけるスピノザをめぐる論争

今日私たちが改めてドイツ古典哲学とスピノザ主義の関係を問い直し、ドイツ古典哲学に対するスピノザ主義の影響を評価しようとするならば、おそらく「ドイツ古典哲学とスピノザ主義（と特徴づけられうる思想）の特徴を比較し、類似点を洗い出す」だけでは充分とは言えない。そうした試みは、国内外ですでに比較的充分に行なわれてきたからである。ドイツ古典哲学研究の立場から言えば、今日要求されているのは、そうした成果を受け継ぎつつ、スピノザ主義という近代ドイツの哲学史のコンテクストのうちにドイツ古典哲学の流れを置き直すことであろう。

そのなかでも最も注目に値するのが、ヘルダーリン、ヘーゲル、シェリングといったテュービンゲン・シュティフト出身者を中心にした比較的若い世代の活動である。だが、彼らの著作から「スピノザ的」要素を掘り起こすだけではスピノザ主義の意義を評価することはまったくできない。そのインパクトを測定するためには、具体的に「スピノザ」や「スピノザ主義」が指す内実が問われねばならない。とりわけ、一八世紀のドイツでスピノザの著作が（主に政治的な理由で）入手困難であったことを鑑みれば、「スピノザ主義」「汎神論」「ヘン・カイ・パン」といったスローガンが或る共通認識のもとでよく定義された術語とは言えないことは当然であって、私たちはそれらがいかなる事態を表現しようとしているのかについて、ときにはその情報源にまで遡って検討する必要がある。モローは、この事情を適切にも次のように表現している。

アンダーグラウンドのテクストを読もうが、啓蒙主義の大著作家のテクストを読もうが、至るところにスピノザ主義があったという印象を受ける。しかしそれと同時に（擁護者にとって都合のよい幻影としてのものを除いて）**厳密に言えばスピノザ主義者は存在せず、スピノザを利用する思想家だけが存在したのだとも言いうる。**当然ながら、彼らがそうしたことをなしえたのは、多かれ少なかれ〔各々の〕創造性、スタイル、深みをもってのことだった[1]。

本書の考察対象であるドイツ古典哲学的の時代が「汎神論論争」とその余波がドイツの思想界を席巻していた事実を踏まえれば、そうした腑分けをすることによって、初めてドイツ古典哲学とスピノザ主義との交錯を浮かび上がらせることが可能になると考えねばならないはずである。そのためには、いくつか補助線を引く必要がある。

ヘーゲルをはじめとしたシュティフト出身者に関して言えば、まず最も注目に値するスピノザ主義との対決の時期は、彼らの思想形成の時期にあたる一七八八年から一七九〇年頃である。とりわけ当時のシュティフトが置かれていた神学的な論争から彼らの置かれていた立ち位置を捉え直さなければならない。というのも、ヘーゲルやヘルダーリンがシュティフトに入学した一七八八年という時期は、カントの『純粋理性批判』がドイツ各地の大学を拠点にしてセンセーショナルに論争を巻き起こしていただけではなく、「汎神論論争」が象徴的に示しているように、「スピノザ・ルネサンス」の時代でもあったからである。その象徴となったのがヤコービの『スピノザ書簡』である。

『スピノザ書簡』の登場によって生じたヤコービ-メンデルスゾーンの論争は、ドイツの思想界の主導的人物を巻き込んだ「汎神論論争」へと発展した。その思想史的な（とりわけ、一九世紀の思想に対する）重要性は、H・ティムが指摘していたように『純粋理性批判』の影響に比肩するとたびたび評されるが、それは決して誇張ではない。先のティムの指摘で注目に値するのは、スピノザ主義は、当時の哲学・神学・文学を含めたドイツの思想界隈全体に、現在進行形で時代の転換を意識させるものだったという点である。このときスピノザ主義は、一八世紀前半までのようにもはやたんなる「宿命論」や「無神論」としての「異端の象徴」ではなく、切迫した時代的な要請から生じた問題機制・コンテクストのもとで受け止められるようになっていた。そのコンテクストからキーワードを取り出すならば、それは「宗教」と「哲学」、「信（信仰）」と「知」、「感性」と「理性」である。これらの問題機制が「汎神論論争」で主題となっていたのであり、カントの批判哲学の成果から帰結する中心的なポイントでもある。

以上から、一七八〇年代末から九〇年代にかけてのシュティフトの思想的コンテクストには、「汎神論論争（スピノザ）」と「超越論的哲学（カント）」という二つの潮流が同時に存在したことになる。これらの強力な新しい哲学への「プロ」と「コントラ」が思想家たちの立ち位置を示すのであれば、ドイツ古典哲学を考察する際には当然この二つの潮流に沿って補助線を引くことが不可欠である。

以上の要点をまとめれば、一七八八年以降のテュービンゲン・シュティフトには、

（１）「汎神論論争」の余波を受けた（スピノザではなく）スピノザ主義との対決
（２）カントの批判哲学の普及と、その肯定的・批判的受容
（３）それらへの反動とも言える保守的な神学擁護の動き

（１）Moreau 1996, 413.

といったムーブメントが複雑に混線していたのである。

以上のモチーフを踏まえてスピノザ主義という文脈を再構成する際に特に留意すべきは、すでに述べたようにその混線した潮流の根底にあった哲学的な問題機制が「信（信仰）」と「知」、「感情」と「理性」だったことである。したがって「ドイツ古典哲学とスピノザ主義」の関係を問い直す際には、その歴史的なコンテクストを仔細に、かつ包括的に捉え直すことが必要となるわけである。本章では、一八世紀のドイツのスピノザ像の変遷を考察していくことから議論を始める。

第1節　スピノザ論争「前史」――ドイツ啓蒙主義におけるスピノザ像の変遷：「宿命論」「無神論」としてのスピノザ

スピノザ（Baruch de Spinoza, 1632–1677）の思想は、近代ドイツの歴史においてかなり特殊な経緯で受容されてきた。それを詳らかにするためには、翻訳を含めた著作の出版状況がどのようなものであったか、それがどのように紹介されたかなど、必ずしもスピノザとは直接関係のない歴史的事情を確認することから議論を始めねばならない。そうした周辺事情を踏まえつつ、スピノザの思想がいかにして「スピノザ主義」の名のもとで受容され、一八世紀末のドイツに流れ込んだのかを明らかにしていこう。

ドイツではスピノザの著作は『神学・政治論』が一六七〇年に、『エチカ』が一六七七年にそれぞれ匿名で出版された（それはすぐさまスピノザの手によるものだと明らかになり、いわば「公然の秘密」となっていった）。(2)『神学・政治論』は一七世紀中、それも出版直後からすでに教会や行政当局から弾圧の対象になり、発禁処分の憂き目に遭ったが、私たちが知っているようなドイツの知識人による神経質で強烈なスピノザへの集中砲火が表立って本格化したのは、一八世紀に入ってからだった。[3]

しかしながら、そもそもなぜ危険な「無神論」という批判が他ならぬスピノザに集中したのか。言い換えれば、ドイツのアカデミックや宗教的なエスタブリッシュメントによる攻撃の対象がスピノザでなければならなかった理由はどこにあったのか。たとえスピノザの思想が「異端」で「非正統的」であったとしても、彼らが批判の対象に（たとえば、ブルーノなどではなく）スピノザを選び出した理由は何なのか。また、後年レッシングがスピノザを「死せる犬」と形容したことはよく知られているが、そもそもスピノザがドイツでそうした扱いを受けてきたのはなぜなのか。その理由は、ひとつには彼がユダヤ人だったことにあったとされる。だが、これは当然のことながらまったく哲学的なものではなく、ゆえに副次的ないし派生的な理由づけと見なすべきだろう。私たちにとって重要なのは哲学的理由である。あらかじめ述べておけば、それはスピノザの思想に見られる急進的な傾向にあった。[4]

ここで問題とすべきは、スピノザの思想が一七世紀から一八世紀にかけてどのようなコンテクストで受容されたのかという歴史的な背景である。とりわけ、ドイツの敬虔主義との関連が注目に値する。この過程でスピノザはドイツの敬虔主義と合流しながら知識人のあいだへと流入し、やがて危険な思想と見なされるに至った

（2）　一七世紀のスピノザ受容の詳しい経緯については、桜井　二〇〇三年、一二一―一二六頁を参照。

（3）　同上、一二一―一七五頁。

（4）　これをバイザーは簡潔に次のように言う。すなわち、当時「スピノザは一七世紀から一八世紀の政治的、宗教的信念において極左を象徴していた」（Beiser, *The Fate of Reason*, 49f.）からである。

のである。以下では、諸々の党派的な論争の複雑な細部に立ち入ることは避け、その主要な争点を確認することに議論をとどめる。

スピノザは、ライプニッツ（1646–1716）、トマジウス（1655–1728）、ヴォルフ（1679–1754）らの一八世紀前半の啓蒙思想において完全に無視されてきたわけではない。無論、彼らにはスピノザが好意的に受け取られることはなく、スピノザ主義はこのとき早くも「無神論」や「宿命論」として警戒されていたのだが、(5)バイザーの指摘で興味深いのは、彼らに次ぐライプニッツ－ヴォルフ学派の思想家のあいだではスピノザに対する距離の取り方がより繊細で重大な問題となったことである。(6)ライプニッツ、トマジウス、ヴォルフらは、「哲学的というよりは宗教的な理由でスピノザにおける神の摂理、啓示、自由意志、そして超自然的で人格的な神の否定を受け容れることはできなかった」。(7)それだけにとどまらず、ヴォルフに至っては自らの哲学がスピノザ主義に対する「防波堤」となっていることを誇ってさえいたようである。(8)

これに対して、トマジウスの門弟にあたるルター派のヨハン・フランツ・ブッデ（Johann Franz Budde, 1667–1729）や、プロテスタントのヨアヒム・ランゲ（Johann Joachim Lange, 1670–1744）(9)がヴォルフに投げかけた批判は、ライプニッツ－ヴォルフ的な厳密な論証による証示を方法論とする哲学が「無神論」「宿命論」を説く危険なスピノザ主義へと接近してしまっている（少なくとも、まさにその途上にある）、というものであった。(10)ランゲによるヴォルフのスピノザ主義批判はスピノザの単純化やまったくの誤解にもとづいており、今日の水準からするとスピノザ論としては見るべきところはないのだが、それでもスピノザ主義の受容という観点からすれば注目されてもよい。(11)

ランゲの批判の基本線は、ヴォルフとスピノザが「宿命論」と同様の（それに帰着する）「必然性」を説いていることに向けられる。「宿命論」の体系では世界のあらゆるものが無限の因果関係の連鎖として説明されるがゆえに、人間の「自由意志」の余地もなく、世界の究極的な原因を超越的な人格的原因に求めることもない。その意味で「宿命論」は「無神論」と同一視され、さらに「自由意志」を否定する「宿命論」においては、人間の自由や道徳の余地もなくなる。ランゲにとってそれらはまったく許容できるものではない。ランゲにとって、自然科学的な、あるいは論証的方法論をとるヴォルフがそのスピノザ像に重なったわけである。これは実際には誤解にもとづいた彼の思い込みである。だが、これについて平尾の指摘で興味深いのは、「ランゲの言う「スピノザ主義」そのものも、ライプニッツとヴォルフを批判するためだけのまったくの捏造、根も

(5) Bell 1987, 12.

(6) 「ライプニッツ－ヴォルフ学派」という名称は一七二〇年代に考案された。

(7) Beiser, *The Fate of Reason*, 49. このうち、ライプニッツのスピノザへの反応は両義的である。しかしながら、「ライプニッツがスピノザ主義者であったのか」という問いは、あまり有益とは言えない。松田　二〇一〇年、六五―八六頁を参照。

(8) Beiser, *The Fate of Reason*, 49. Vgl. auch Timm 1974, 162f.; Wolff 1981, 672–730. ヴォルフのスピノザ論については、以下を参照。Buchmann 1994, 126–141; Morrison 1993, 405–420; Gawlick 2002, 109–119. ただし、これらの研究ではヴォルフのスピノザ受容の意味を過少に見積もったり、ヴォルフのスピノザ論の（歴史的）重要性は必ずしも強調されていなかったりすることに留意しなければならない。

(9) ランゲは、神学の教授にして、優れたラテン語の文法学者でもあった。ランゲについては以下を参照。Hartmann 1973, 79–91; Bianco 1997, 111–155.

(10) Beiser, *The Fate of Reason*, 49. バイザーによると、ヴォルフ的な合理主義をさらに徹底した場合、スピノザ（が説いたと見なされていた）の「無神論」に帰着してしまうのではないか、という疑念がハレ大学界隈で意識され始めていたという。また、このときのブッデのスピノザ主義についての理解は、ピエール・ベールの『歴史批評事典』の影響を受けている（Mori 2014, 85ff.）。

(11) ランゲによるヴォルフへの批判を震源とするヴォルフのハレ追放事件と「ランゲ－ヴォルフ論争」は以下を参照。平尾　二〇〇四年、四三―六三頁、山本　二〇一六年。

葉もないフィクションではなかったのではないか」という点である。(12) つまり「我々の自由意志、この世界の目的や神聖な秩序、そうしたものをスピノザは我々の幻想にすぎないとする。しかし、そうだとすれば道徳や宗教も、我々が拠り所とする尽くが否定されてしまうのではないか」(13) という、当時の思想界全体にとっての漠然とした不安を、ランゲが「スピノザ主義」の名のもとに危険なものとして攻撃したのではないか、ということになる。

そうだとすれば、ライプニッツ－ヴォルフ学派にとってスピノザ主義への態度の取り方は無視できないどころか、ライプニッツ－ヴォルフ的思想そのものに致命傷を与えかねない焦眉の問題であることになる。(14) ゆえに「ランゲ－ヴォルフ論争」をはじめとするブッデらの異論の核心は、「ヴォルフがスピノザ主義者＝無神論者か否か（あるいは「ヴォルフ主義がスピノザ主義＝無神論か否か」）」にあるのではない。実際ブッデは「スピノザ」の名には特に拘りを見せておらず、例外的にその悪魔的な名前にいつまでも固執していたのは、ランゲだけである。

このように「ランゲ－ヴォルフ論争」で本質的な争点になっているのはスピノザの釈義的解釈ではなく、啓蒙主義思想の枠組みで「自由」を擁護することであって、理性が信仰的態度と両立することを示すことであった。ここで注目したいのは、ランゲらにとって無神論や宿命論に陥るという「帰結を避ける唯一の方法は、理性に対する信の優位を、証明に対する啓示の優位を認識することだった」(15) ことである。つまり、後の「スピノザ論争」の核心となる「知」と「信」をめぐった問題機制、すなわち、究極的かつ絶対的な神の存在の確信を根拠づけるのは「理性」か「感性」かという論争の萌芽がこのときすでに懐胎していることである。よって、「ランゲ－ヴォルフ論争」の本質は「理性の権能」の理解にある。さらに、スピノザ主義は批判の対象として論争の的となるだけではなく、ライプニッツ－ヴォルフ学派への対抗手段として、敬虔主義者の思想のうちに流入してくることにも注目せねばならない。ここで敬虔主義《ピエティズム》が問題となる。

　さて、世界史を遡ってみれば、そもそも敬虔主義的思想が成立した外的要因は、アウクスブルクの和議（一五五五年）以降、三〇年戦争を経て一六四八年に締結されたウェストファリア条約と、それによって成立したウェストファリア体制に求められる。その後一七世紀のうちにルター派は領邦教会制などを通して制度化され、硬直化していた。そうした現状に対して、フィリップ・シュペーナーが「敬虔な願望」を標榜しながら始めた宗教運動にドイツの敬虔主義の伝統は始まる。彼にとって、ルター派はいまや教義のドグマ化や信仰の形骸化、外面化に直面している。シュペーナーはこうした正統主義に対抗してルターの宗教改革の本来の精神である「信仰義認」「万人司祭」「聖書中心主義」を個人の敬虔な態度のうちで実行すべく、敬虔主義を提唱したわけである。単純化を承知で敬虔主義の核心的特色を取り出すならば、それは「宗教の内面化、個人化、主体化」、そして「脱教会化」にある(16)。つまり敬虔主義者は教会の教説や教義の釈義的講釈のうちにではなく、個

---

(12) 平尾、前掲書、四九頁。

(13) 同上、五〇頁。

(14) 山本は次のように言う。「双方の対立は方法論においてではなく、哲学上の教説、たとえば予定調和説（ピエティストは物理影響説に立つ）や人間的自由の可能性をめぐる。予定調和説に立てば行為の帰責性が曖昧になり、かくて罪や罰の概念も曖昧になる。〔…〕また充足根拠律に立って一切の出来事に根拠を認めれば、人間の自由が、したがって信仰の可能性が危うくなる。ヴォルフが「スピノザ主義者」として非難されるのはこの文脈においてである」（山本、前掲書、二九頁）。ライプニッツや後年のカント、そして現代まで続くこの「自由」の論争史については、以下を参照。山本、前掲書、五〇頁以下、新田　一九九三年、一一一―一三〇頁。

(15) Beiser, *The Fate of Reason*, 49.

(16) ドイツの敬虔主義とドイツ観念論との関係およびその特徴については、細谷　一九九三年、一三一頁以下を参照。山本もまた、ピエティズムとこの論争との関連を解明している（山本、前掲書、二七頁）。

人の内面の信仰心や品行方正な実生活の遂行のうちにこそ、宗教の本質を見てとったのである。このような敬虔主義の潮流がカントやシュライアマハーらの子供時代の家庭環境を形づくり、そして何よりかのシュティフトがあるテュービンゲンをとりまく思想的土壌を形成したことは見逃してはならない。

意外なことだが、こうした敬虔主義の特徴は実はスピノザ主義と相性がよかった。その理由は、スピノザの『神学・政治論』にはルター派の既存のエスタブリッシュメントにとっては都合の悪い「寛容、言論の自由、良心の自由、民主主義、普遍宗教、教会と国家の分離といった進歩的な理想」[17]が含まれており、これらは当時の領邦教会制への重大な挑戦を意味していたからである。これらの大義名分は敬虔主義による既存のルター派への反抗のスピリットと軌を一にしており、スピノザはまさしく彼らの精神を代理的に表現したマニフェストと見なされることになった。よってスピノザは「脱教会化」という政治的コンテクストにおいて、自由主義的、進歩主義的な方針を支持する陣営に歓迎された。さらに、ラディカルで自由主義的な政治信条とスピノザ主義との結びつきはこれだけにとどまらない。バイザーによれば、ルターの本来の精神に立ち返る敬虔主義によって、政治的ラディカリズムとスピノザ主義とが汎神論を介して融和したのである。「後年の熱狂的なスピノザ汎神論の受容は、部分的には、このリベラルで政治的な理念の増大する力強さによって条件づけられている[18]」。

それでは、ラディカリズムと汎神論はどのように関係するのか。その答えは「神への直接的な関係というルターの〔本来の〕理念をラディカルに解釈した[19]」敬虔主義的伝統にある。そのルター解釈によれば、本来私たちには神との関係を「教会を介さずに」それぞれの個人が自らの内面で、個人的に結ぶことが要求されていた。そうだとすれば、神的な経験は自然や、一部の知的・宗教的エリートを介した啓示を通して稀に私たちにもたらされる奇蹟のようなものではなく、それぞれの心のうちで、直接的に経験されるようなかたちのアクセスが可能なものと解される。そうした特定のコンテクストにおいては、神は遍在すると解され、その意味でそれは「万有在神論的＝汎神論的」と特徴づけられる。バイザーは、そのドイツの伝統をさらに遡って、その源流がセバスティアン・フランク（Sebastian Franck, 1499–1543）とヴァレンティン・ヴァイゲル（Valentin Weigel, 1533–1588）に求められるとする[20]。

私たちは、バイザーが別の著作でこの「プロテスタント主義－対抗宗教改革＝汎神論」に相当する潮流を「神秘主義（mysticism）」のひとつと特質づけていることにも留意しておきたい。「プロテスタントの伝統の神秘主義は、神秘主義的な洞察を超越－合理的（*supraratinal*）〔＝理性に優越する洞察力〕と見なし、理性〔という知的能力〕を厳密に論弁的能力に切り詰めた[21]」。このとき興味深いのは、プロテスタント的伝統に根を持

(17) Beiser, *The Fate of Reason*, 50.
(18) Ibid., 51.
(19) Ibid.
(20) このように Pantheismus を「万有在神論」と解する（あるいは、「万有在神論」という訳語をあてる）のは、バイザーの思いつきや恣意的な読み替えではなく、思想史的な裏づけをすることができる。ここで一度、啓蒙主義への反動としてのドイツの敬虔主義、汎神論について、いくつか論点を補足しておこう。バイザーは、そもそも一六世紀から一七世紀、一八世紀の初頭にかけては、ラディカリストの多くが「汎神論主義者」だったとさえ述べているが（ibid. 51）、こうした反啓蒙主義的な潮流は、Pantheismus 以外にも、いくつかの術語によって特徴づけられうる。たとえば、彼はそれをベック（Jakob Sigismund Beck, 1761–1840）にならって「プロテスタント主義－対抗宗教改革（Protestant Counter-Reformation）」（ibid. 50, 336）とも呼ぶ。この「プロテスタント主義－対抗宗教改革」の代表者がセバスティアン・フランクとヴァレンティン・ヴァイゲルなのである。彼らは「プロテスタントの新しい正統派に対する争いにおいて万有在神論〔汎神論〕を用いた。フランクとヴァイゲルはまたドイツにおける啓蒙の夜明けの一世紀以上も前に、寛容や聖書批判、自然宗教、平等、教会と国家の分離といった進歩的な教条の擁護者だった。スピノザの『神学・政治論』のラディカルな信条のすべては、彼らの著作にはっきりと前もって示されている。したがって、ヴァイゲルとフランクこそ、後のドイツにおけるスピノザ受容の基礎を築いたのである」（Ibid. 51）。

つ神秘主義と並んで「プラトン主義的伝統」の神秘主義が挙げられていることである。「プラトン主義的神秘主義」は「神秘主義的な洞察を超‐合理的（*hyperrational*）と理解し、理性《ヌース》を直観的能力」と同定する。(22)そしてバイザーはこれらの二つの伝統的神秘主義からハーマンやヤコービの「信哲学」の流れが生まれたことを指摘している。シュティフトの学生だったヘルダーリンらのあいだで、スピノザと並んで愛読されていたのがプラトンであったことを思い起こすとき、一八世紀末の思想家のスピノザ、プラトン受容（「ヘン・カイ・パン」は古代ギリシャの思想に由来することを想起されたい）の源泉は、この「神秘主義」の二つの伝統に求められると言えるかもしれない。

「汎神論」について、安酸による重要な指摘も踏まえておきたい。安酸もまたフランクやヴァイゲルについて言及しているが、安酸は彼らを「スピリチュアリズム」の系譜として整理する。彼はこの系譜を一六世紀以降プロテスタント教会と並行しつつ、個々の思想家によって引き継がれてきた伝統であるとしているが、さしあたりこれはバイザーの「プロテスタント主義‐対抗宗教改革」と同じものを指している。(23)安酸の主題は、本来のレッシングの「ヘン・カイ・パン」がヤコービの言うような意味での徹底したスピノザ的「汎神論」とは同一視できないこと、そしてそのモットーが「スピノザ主義とははっきり区別されるべき思想の系譜において」(24)捉えられるべきだということを示すことにある。ここでは、レッシングの「ヘン・カイ・パン」がスピノザ的な神と万有との同一性（通常の意味での「汎神論」）ではなく、世界のうちにおける神の遍在と全能を意味しており、その意味でそれは「万有在神論（Panentheismus）」と解しうる、という指摘にも注目したい。(25)

先にバイザーが述べていた「pantheism」もまた、この方向で理解すべきと考えられる。というのは、「プロテスタント主義‐対抗宗教改革」でもまた狭義の意味でのスピノザ的「汎神論」は問題となっていなかったからであり、それを安易にスピノザ主義と同一視すると、思想史的な含蓄がまったく後景に退いてしまうからである。「敬虔主義」と呼ぶにせよ、「神秘主義」にせよ、「スピリチュアリズム」にせよ、いずれにしても合理主義へのカウンターパートとなる潮流が「汎神論」に結びついていたのが一八世紀までのドイツの思想的な特質だということになろう。(26)

ゆえにバイザーの「汎神論の訴求力は究極的にはルター主義のうちにある。〔…〕後年のスピノザ主義者の多くがルター主義的バックグラウンドを持っているのは偶然ではない(27)」という要約が理由なきことではないことも自ずと理解されよう。こうした〈ルター派＝万有在神論＝スピノザ主義〉が醸成された土壌でスピノザの『神学・政治論』の急進的な政治的理念もまた熱狂的な支持者を獲得したわけである。「スピノザの『神学・政治論』のおかげで、彼らはもはや聖書をかの〈神との〉関係の絶対的に正しい担保とは見なさなくなった。スピノザが彼らに教えたのは、聖書が神聖なる霊感《インスピレーション》の産物ではなく、人間が〈遺した〉その他のドキュメントのように、歴史と文化の産物だということだった(28)」。このようなプロセスのなかでスピノザ主義はまた〈ラ

(21) Vgl. Beiser, *Romantic Imperative*, 63.
(22) Ibid.
(23) 安酸　一九九八年、三〇二頁。
(24) 同上。
(25) 同上、三〇三頁。
(26) 「パンテイズム（pantheism）」について、ジョセフ・ラフソン（Joseph Raphson）が『De Spatio Reali seu Ente Infinito』（一六九七年）でスピノザを論じるなかで「pantheismus」という言葉を使用したのが最初の用例とされる。これを英語で「pantheism」として流入させたのは、トーランド（John Toland, 1670–1722）とされる。トーランドは、『セリーナへの手紙』（一七〇四年）で「pantheism」という表現をスピノザの哲学を論じるなかで使用した。
(27) Beiser, *The Fate of Reason*, 52. ブッデが「ルター派」、ランゲが「プロテスタント」であったことも想起されたい。
(28) Ibid., 51. バイザーは汎神論を「聖書なきルター主義」と表現している（ibid., 61）。

イプニッツ－ヴォルフ学派への抵抗＝反合理主義〉の旗印としても見なされるようになったのである。

さて、以上のことを踏まえると、敬虔主義とスピノザ主義が親和的であること、そして〈政治的－宗教的な左翼の危険思想〉としてのスピノザ主義が、アカデミックや正統主義の過剰な批判に晒されてきた理由もまた徐々に見えてくるだろう。一八世紀の中期にはアカデミックや聖職者のポストを求める者は、スピノザが異端的だと批判（より正確には、弾劾や中傷）することによって自らの「政治的」「宗教的な」正統性を証明していた。それはいわば穏健で保守的なアカデミックやエスタブリッシュメントにとっての「踏み絵」のようなものであり、まったく様式化されたある種の儀式のようなものだった。そうした攻撃が公然となされていたことについて、スピノザ思想のうちに無神論的な傾向が含まれていることだけでは到底すべての説明はできない。その背景には、これまで見てきたような当時のドイツの歴史的事情、そして極めて政治的・宗教的な党派的闘争があったのであり、その派閥の闘争が「スピノザ」という名の舞台で行なわれていたと解せる(29)。ただ、スピノザは啓蒙主義陣営からの批判に晒されるだけではなく、対抗する反啓蒙・反理性的な陣営に好意的に吸収され、敬虔主義へと脈々と受け継がれていくことになる(30)。

繰り返しになるが、ここでは「スピノザ（主義）の教説とはいったい何なのか」という釈義的、学術的な解釈はまったく問題の核心ではない。より広範な視野から捉え直したとき、このようなスピノザ受容の「前史」が持つ思想史的な意義は、それが一七八五年以降に勃発する「汎神論論争」の通奏低音をなしていることにある。「様々な点から見れば敬虔主義者とヴォルフ主義者とのあいだの論争をわずかに継続させるに過ぎなかったこの一連の議論は、後年のヤコービとメンデルスゾーンの議論の前兆である。ヤコービのメンデルスゾーンとの議論は、ブッデとランゲによるヴォルフへの批判の、より洗練されたバージョンに過ぎない(31)」。「汎神論論争」はテクストだけからは明らかにすることができない、こうした歴史的経緯を踏まえて理解する必要がある。「ランゲ－ヴォルフ論争」の決着は哲学的な論議とは直接関係のない、ヴォルフの追放という「政治的な」裁定によって終結した。ヤコービ－メンデルスゾーンの書簡の公表が発端となる後の「汎神論論争」もまた――奇妙なことに――フランス革命の勃発という「政治的な」事情によって、明白な決着を見ぬままフェードアウトして終結してしまうという同じような運命を辿ることになる。

第2節　スピノザの「再発見」――一七五五年から始まる新たなスピノザ主義の萌芽と「汎神論論争」（一七八〇―一七八九年）の争点

一節では、一八世紀の哲学的論争が「スピノザ」という哲学者の名の下で交わされてきたこと、そしてその争いが実際にはスピノザの教理をめぐってではなく、それを拠り所としただけの、極めて政治的な動機のもと

(29)　一七九九年にフィヒテが巻き込まれた「無神論論争」もまたこの変奏と解することができる。この事件では、フィヒテの論文「神の世界統治に対する私たちの信仰の根拠について」が危険な「無神論」を説いているとして告発されたが、その批判の目的はフィヒテの「無神論的」傾向の指弾にあるのではなく、「ジャコバン主義者」「民主主義者」としてのフィヒテの排除にあった。つまり、「無神論論争」もまたスピノザの受容史と本質的に同様の政治色の強い問題圏を動いていた事件であったと言える。この事件の詳細については、美濃部　一九九四年、五三―七九頁、および久保「「無神論論争」の訳者解説」を参照。また、これがフィヒテの思想に与えた思想的意義については、Beiser, *Enlightenment*, chap. 3（バイザー　二〇一〇年、第３章）および田端『序説』、第10章を参照。

(30)　Vgl. Beiser, *The Fate of Reason*, 50–51.

(31)　Ibid., 49.

で展開されてきたことを見た。とはいえ、スピノザがこうした他に例を見ないような特殊な事情で受容されたのは、そのテクストの紹介の経緯にも由来する。

スピノザの『エチカ』が初めてドイツ語に翻訳されたのは、一七四二年から四四年にかけてであった。それはヴォルフ学派のヨハン・ローレンツ・シュミット（Johann Lorenz Schmidt, 1702–1749）の手になるもので、『エチカ』の全訳の他にスピノザの遺稿集の一部と、ヴォルフの『自然神学』第二巻（一七三七年）のうち、ヴォルフのスピノザ批判に関する部分の独訳と併せて刊行された(32)。その意図は先に見た政治的論争に巻き込まれたヴォルフの「身の潔白」を証明することにあり、実際この著作の序文にもそれははっきりと明文化されている。すなわち「ドイツにおける〔ヴォルフに対するスピノザ主義批判という〕誤謬の根絶を促進する(33)」と。

さて、ちょうどそれと同じ頃、こちらもまたヴォルフ学派のゴットシェート（Johann Christoph Gottsched, 1700–1768）の監修でピエール・ベールの『歴史批評事典』のドイツ語訳が出版された。ベールの著作は啓蒙期のフランスで好んで広く読まれており、この著作がドイツでもブームとなり歴史や古代への関心も高まることになった。この『歴史批評事典』には「スピノザ」の項目も盛り込まれていたのだが(34)、その内容は旧態依然とした通説の枠を出ておらず、彼は無神論者と断じられている。

これらの一七四〇年代に多大な影響力を持った著作によって「スピノザ＝無神論者」という偏見は決定的なものとなり、その後ドイツの一部では数年以上に渡って繰り返しその無神論者像が反復・再生産されることになる。

だが、シュミットの著作は後年この執筆者の意図とは別の影響をドイツの思想史にもたらすことになる。スピノザの著作は禁書で入手が困難であったため、この独訳によって知識人たちにスピノザの原典へのアクセスが確保されることになったのである。たとえば、ヘルダーやレッシング、ヘルダーリンらはシュミット訳の

『エチカ』を参照している。つまり、一八世紀中頃には「スピノザ＝無神論者」というイメージが流布される裏で、密かに「汎神論論争」から「スピノザ・ルネッサンス」へと繋がる「スピノザの再発見」のための土壌も醸成されつつあったのである。

その萌芽は早くも一七五五年には芽吹きつつあった。この点についてD・ベルは次のように述べている。

> 『哲学対話』（一七五五年）におけるモーゼス・メンデルスゾーンのスピノザの取り扱いの最初の出発点は、疑いなく『自然神学』〔第二巻、一七三七年〕におけるヴォルフの論駁であった。とはいえ、ヴォルフに依拠しているとはいっても、この論考はあるひとつの重要な点で異なっている。すなわち、ある観点からするとスピノザの体系は宗教と道徳と両立できるのだ、ということを示そうとしているのである。この点で、その論考は新たな展開であった。ゆえに、それはレッシング、ヘルダー、ヤコービにとって非常に重要となるドイツのスピノザ受容の決定的な舞台になった。メンデルスゾーンのアプローチはより肯定的にスピノザを評価しようとするための道を切り拓いた限りで、決定的なランドマークであった。しかし、一八世紀後半のスピノザに対する新たな態度をもたらしたのがメンデルスゾーンなのだという、いわば「手柄」を〔彼に〕与えるのは誇張されたミスリーディングである。[35]

つまり、ヴォルフらの運動は彼らの批判の標的であったはずのスピノザを新たなかたちで再生させるという意図しない結果に繋がったのである。その先陣を切ったのが他ならぬメンデルスゾーンであって、その後の

(32) スピノザの翻訳史については、以下を参照。Lauermann/Schröder 2002.
(33) Wolff 1981, 6.
(34) „Spinoza", in Bayle 1741, 259f. 次のものも参照。伊豆藏　二〇二二年。
(35) Bell 1984, 24.

「汎神論論争」の主要人物となるレッシング、ヘルダー、ヤコービのスピノザ受容はその系譜に属している。皮肉なことに、ある意味でヴォルフは、間接的ではあっても「敵に塩を送る」ようなかたちで「スピノザ・ルネッサンス」の決定的な遠因となったわけである。

哲学史的な通例では、メンデルスゾーンはスピノザ主義への敵対者と見なされているし、実際『朝の時間』（一七八五年）の彼はそのような立場にあったと言わねばならない。だが、意外にも初期のメンデルスゾーンはスピノザ主義を肯定的に評価し、むしろ擁護しようとしていた。『哲学対話』はメンデルスゾーンがシャフツベリに倣うかたちで[36]「対話形式」を採用したのだが、それは近代ドイツで最初の「対話形式」をとった哲学書だった。しかしながら、同書はその形式だけではなく、スピノザ主義の受容という内容面においても異彩を放っている[37]。メンデルスゾーンは一七五四年には個人的にレッシングにスピノザを紹介しており、その後『哲学対話』のスピノザ論を一七六一年の『哲学的著作』に収録してレッシングに寄贈している。メンデルスゾーンはたしかにライプニッツ‐ヴォルフ学派の影響下にあったが、スピノザを「無神論者」として紹介したわけではない。むしろ、スピノザをそうした偏見から解き放つよう主張している。つまり、『哲学対話』の哲学史的な意義はスピノザをより中立的に、より客観的に見直そうとした点にある。メンデルスゾーンがスピノザに共感し、彼に対して敵対的でなかった理由は、両者がユダヤ人であったという事情にある。これは後にメンデルスゾーンが「モーセ（Moses）からモーゼス（Moses）まで、このMosesに類する者なし」と称されることを踏まえれば、不思議なことではない[38]。レッシングは一七六三年頃に『エチカ』と『神学・政治論』の最初の本格的な研究を始めたのだが、メンデルスゾーンが紹介した時点では、レッシングは深くスピノザを研究していなかったようである[39]。

レッシングがスピノザを研究し始めたまさにその頃、別の思想家が個人的にスピノザを「再発見」している。その人物こそヤコービ（Friedrich Heinrich Jacobi, 1743–1819）に他ならない。一七六三年、当時二〇歳のヤコービはカントの懸賞論文やメンデルスゾーンの懸賞論文を読んでおり、存在論（神の存在論）にとりわけ強い関心を寄せていた。後の一七八七年の『デイヴィド・ヒューム』によれば、そのとき彼はライプニッツが次のような発言をしたのを発見したという。すなわち、「私は、ライプニッツがスピノザ主義とは誇張されたデカルト主義だと言っているのを読んだ」（JW2.1, 44）。このとき彼が参照しているのは、ライプニッツの『神義論』の三九三節だった。[40] スピノザ主義が本当にデカルト主義のバリエーションに過ぎないかは措いておくとして

(36) メンデルスゾーンは、シャフツベリの『哲学的ラプソディ』（一七〇九年）を翻訳しようとしていた。

(37) 登場人物のネオフィル（＝レッシング）とフィロポン（＝メンデルスゾーン）の詳しい立場については、以下を参照。Beiser, *The Fate of Reason*, 52f.; 藤井 二〇一七年、一一九頁以下。

(38) バイザーは以下のように述べる。「メンデルスゾーンも、スピノザも、若い頃にモーゼス・マイモニデスを熱心に研究していた。したがって、彼らはともに哲学と信仰、理性と宗教とを和解させることができるという信念を支持していた。メンデルスゾーンは、迫害のなかでも気高き性格を持っていたスピノザを高く称賛し、共感を抱いていたが、スピノザの背教に動揺した正統派ユダヤ人であった。レッシングが言ったように、メンデルスゾーンは「第二のスピノザ」になることを夢見ていたかもしれないが、スピノザの哲学ほど物議を醸すような哲学を説いたり、父親の宗教を破ったりすることはまったく望んでいなかった。それゆえ、スピノザに至るメンデルスゾーンの通路は個人的なものであり、多くが非順応主義的キリスト教徒であった初期のスピノザ主義者たちと同盟を結ぶことは決してなかった」（Beiser, *The Fate of Reason*, 52）。

(39) 一七七四―一七七八年の「ヴォルフェンビュッテル論集」とレッシングとゲッツェの「断片論争」については、本書では触れることができない。さしあたり以下の文献を参照。Beiser, *The Fate of Reason*, 56ff.; Timm 1971, 35–81.; 安酸 一九九八年、第1章。

(40) ヤコービ全集の註を参照（JW2.2, 533）。ちなみに、この箇所でライプニッツは次のように述べている。「さらに、実体を偶有性と混同したり被造実体から作用を剝奪したりしてスピノザ主義に陥ることは用心すべきである。それはデカルト主義の極端な形である」（ライプニッツ 二〇一九年、一三六頁）。

も、ヤコービはカントやライプニッツを読むなかでスピノザの重要性を見いだし、一七四〇年代までには認められなかったスピノザ像を新たに発掘することになるのである[41]。

このときヤコービが依拠したのも、やはりシュミット訳の『エチカ』とヴォルフのスピノザ批判、そしてメンデルスゾーンの『哲学対話』だった。よって、ヤコービのスピノザ読解（「汎神論」「無神論」「運命論」など）は基本的にはランゲを踏襲している[42]。さらにヤコービのスピノザ理解はピエール・ベールにも依拠している。「ヤコービ自身はこれまでのスピノザ批判から自覚的に距離を置いて、この哲学を初めて真に理解したと誇っているが――それはせいぜい『スピノザを誤解してはいなかった』というだけである[43]」。

とはいえ、ヤコービのスピノザ論はたんにこれらの延長線上にあるだけではない。むしろそこにはスピノザ主義受容史の「突然の転換[44]」とも呼ばれるべきものがある。この「転換」について、ティムはこうまとめている。

逆説的なことだが、ヤコービの著作は、彼以前のあらゆるスピノザへの批判をした者たちと同じ結論に達している。というのも、スピノザが無神論者で決定論者だったということは、スピノザに対する教会的な誹謗中傷の文書において読み取れるし、それはベールやヴォルフといった一八世紀の哲学者たちがスピノザに対する知見や見解を主にそこから学びとった著書も同様だったからである。ヤコービが現われるまでの時代には、スピノザ主義と無神論はほとんど同じ概念だった。ヤコービはただ両者の完全な一致を証明したかっただけであった。だが、これまでの批判の形式では充分ではなかったので、彼は同時にその不十分さも示さねばならなかった。**しかし、まさにスピノザ批判に厳密な体系的根拠づけを与えることに成功したことこそが、スピノザ哲学の解釈史における転換を起こさせることになった。**ヤコービによる伝統に沿った批判ではなく、その批判を新たな仕方で根拠づけたことが新時代を切り拓いたのであり、それはこの根拠づけがスピノザ批判に与えられた目的に対する論証として独立して呈示されえたことによる。というのも、この根拠づけが新たな道を切り拓いたからなのだが、それは伝統的で理神論的な神の概念を越え、それによってこれまでのあらゆる思考可能性、信と知、理性と啓示、神と世界を互いに帰属させる道を宗教哲学に明示したのである。ヤコービは、自分に脅威となる精神を呼び起こしたので、再びそれに鎖をつけねばならなかった。〔…〕彼はレッシングのスピノザ主義を暴露することでヴォルフ学派の合理神学を攻撃したかったのだが、そのためには〔論証的な〕哲学の理念と論争的に対峙せねばならなかった。それは、たしかに〔…〕スピノザとレッシングの〔思想の〕概要を通過して成立したのだが、しかしそれはスピノザ自身によって熟考されたものでもなく、一七八〇年代の哲学的な意識のうちに認められたものでもない。それは後日、ヤコービが『純粋理性批判』からこの理念を誤ったかたちで読み取っているとカントから異議を申し立てられたことで初めて明らかにされた(45)。

ここで強調しておきたいのは、ヤコービに至って初めてスピノザ主義はドイツにおいて「無神論」とは別の文脈で論じられる素地が作られたということである。たとえその読み方が釈義的解釈からすれば「誤読」であっても、ヤコービがいなければドイツ古典哲学の肯定的なスピノザ受容はありえなかった。その「誤読」こそ「汎神論」としてのスピノザ主義であり、あらゆる論証的に首尾一貫した哲学はスピノザ主義に行き着くと

(41)　詳しくは以下を参照。Beiser, *The Fate of Reason*, 54.
(42)　Bianco 1993, 68–69; Wegenast 1990, 30.
(43)　Wegenast 1990, 14f.
(44)　Timm 1971, 49.
(45)　Ibid. 52f.「ヤコービが『純粋理性批判』からこの理念を誤ったかたちで読み取っている」ことについて、ヤコービは一七八五年の『スピノザ書簡』初版のときには、『純粋理性批判』は「完全にスピノザの精神のうちにある」(JW1.1, 96)と理解していたのだが、第二版にはこの文言を消去し、修正している。

いうものである。

『スピノザ書簡』のヤコービは、この見地からライプニッツとベールを捉え直すようになっている。『スピノザ書簡』によれば、ライプニッツとスピノザは「同じく」「思惟は実体の源泉ではなく、実体が思惟の源泉である」(JW1.1, 26) と説いたのだという。さらに、ベールがスピノザの体系を誤解したかどうかに関してヤコービはこう述べている。すなわち、「ベールはその結論に関する限りでは誤解しなかった。ただし、その根底にまで十分に遡って理解しなかった〔…〕ということは言えるだろう」(JW1.1, 43)。ヤコービはここで「(正しく)理解すること」と「誤解しないこと」、「誤解すること」のあいだには大きな差があるとして、もしベールが「スピノザを誤解しているならば」、「ライプニッツも同様に悪意をもってスピノザを誤解したことになる」(ibid.) はずだけれども、そうではなく両者は「スピノザの体系を誤解しなかったのだ」(ibid.) という。興味深いことに、その際ヤコービはベールの著作とライプニッツの『神義論』の一七三節、三七四節、そして三九三節を参照するよう指示している (ibid.)。この三九三節では「スピノザ主義が誇張されたデカルト主義である」ことが述べられていた。つまり、『デイヴィド・ヒューム』と同じ情報源から、今度は「ライプニッツがスピノザを誤解したわけではない」というまったく異なる趣向の結論が導き出されているわけだが、こうした情報ソースの自由な転用は、ヤコービによる「信」の擁護という「非‐哲学」的立場からしか説明がつかない。

ヤコービの見立てでは、スピノザの哲学が歪められたのはベールでもライプニッツでもなく、それを受け取った後年の学者の「誤解」のせいである。「正しく理解」されたスピノザ主義とは、『スピノザ書簡』の「無からは何も生じない」というテーゼに代表されるような、「無限者」から「有限者」への段階的移行を認めない「内在的原因」を説く「汎神論」体系である (vgl. JW1.1, 18)。この体系に対してヤコービはこう応じる。「しかし、スピノザのなかには私の信条 (*Credo*) はありません」。「それだけではありません、私は知性的で人格的な世界の原因を信じます」（JWI.1, 20）。この究極的「原因」に到達する手段こそ「死の跳躍（*Salto mortale*）」（ibid.）に他ならない。

私たちが後に考察するマイモンも、フラットも、ヘルダーリン、ヘーゲル、シェリングもまた彼の遺産を受け継いでいる。よって、ヤコービのスピノザ主義論の意義は彼の解釈の卓越性そのものよりも、後年のドイツ古典哲学の進展のうちに認められるべきだろう。その「前奏」こそが「汎神論論争」なのである。以下では、「知（理性）」と「信（感情）」を最も重要な対立軸として議論を整理する。

さて、ライプニッツ‐ヴォルフ学派における「スピノザ論争」の「前史」において、スピノザの思想そのものが争点ではないことはすでに見てきた。こうした事情は、ヤコービとメンデルスゾーンとの間の議論が発端となった後年の「汎神論論争」においても実は変わりはない。すなわち、「汎神論論争」でも同様に、そもそもスピノザの釈義的な解釈は争点の核心にはなっておらず、総じて一八世紀になされてきたスピノザをめぐった諸論争は、神（絶対者）の存在の確信の根拠についての「知」と「信」、「理性」と「感情」をめぐった哲学的論争のバリエーションのひとつであった。ゲーテは『詩と真実』一五章で『スピノザ書簡』の登場を「爆発の着火剤」に准えた(46)。だが、実際のところ「汎神論論争」には（そのインパクトは爆発的であったとしても）「導火線」が存在した。J・イスラエルは「一七八〇年代までに、イギリス、オランダ、またはスカンジナビアと比較して、ドイツでは比較的多数のスピノザ主義‐唯物論者の思想家と作家が意見を表明し、いまやほとんど公然と自分たちの見解を宣言する準備を整えていた(47)」と述べているが、これはドイツに特殊な事情のおかげなのである。

（46）Goethe 1994, 49.
（47）Israel 2011, 702.

ヤコービ−メンデルスゾーンのスピノザ論争には、次元が異なる三つの問題機制が重層的に折り重なっている。ここでもバイザーの巧みな喩えを借用すれば、それは次のように分節化することができる。すなわち、「スピノザ論争」は——ちょうど卵のように——「レッシングのスピノザ主義という伝記的問題」を「外殻」にし、「スピノザの正しい解釈という釈義的問題」をその「内層」としながら、最後に「理性の権威の問題」を「隠れた内なる核」に持っていた。「この論争を理解するときの主要な困難は、これらの〔外殻と内層という二つの〕外層がどのように内なる核を反映しているかを見ることであり、この伝記的、釈義的問題がいかにしてこの哲学的な問題から生じてくるのかを見ることである。〔…〕私たちは、それに通底する哲学的な次元を認識せねばならない。レッシングとスピノザは、たんなるシンボルと見ねばならないのであって、それはより広範な文化的、哲学的な意味を持っていたのである(48)」。この比喩に倣えば、論争の重層的な構造の「内なる核」たる「理性の権能」の問題が論争の核心であり、「汎神論論争」が時代的な事件だとするならば、その本質的な理由は根本的に「理性」への信頼が問われていることにある。思想史の表面上に現われてくる一連の論争や事件は、この「内なる核」の「反映」に過ぎないのである。だが、だからこそドイツ古典哲学の数々の表面上の論争は——もちろん、ヤコービ、レッシング、メンデルスゾーンという「シンボル」すら大きく越えて——「理性と感情」に由来する重層的な一連の「外殻」だと見なされねばならないのである。それでは、この「隠れた内なる核」の問題はどのように展開したのか。このことを示すためには、ドイツ古典哲学の「学」構想の展開を追わねばならない。

(48) Beiser, *The Fate of Reason*, 47f. このバイザーの比喩は、安酸や田端によって援用されている（安酸、前掲書、二七三、三一二頁、田端『序説』、六一頁）。

第2章　カント哲学の遺産

——カント vs. ヤコービ、マイモン

フラットがテュービンゲン・シュティフトでヘルダーリンやヘーゲルにカント哲学を講じていたまさにその頃（すなわち一七九〇年頃）、ドイツ各地で批判哲学をめぐった論争が起きていた。その対立はカントの教説を擁護するか、その理論的な不整合を衝いて拒絶するかといった党派的、釈義的な論争の枠組みにとどまらず、「カントの精神」を引き継ぎ、その改良や補完を目指す一連の運動へと進展していく。具体的に言えば、それは主に「体系」としての哲学をめぐっている。ラインホルトの「根元哲学」構想はそうした試みの最初期のものだったと言えるが、さらにそのプロジェクトに内在的な批判を加えたのが、懐疑論の立場をとるサロモン・マイモン（Salomon Maimon, 1753–1800）とシュルツェ（Gottlob Ernst Schulze, 1761–1833）だった。彼らの懐疑論もまたラインホルトと同様にカントの「破壊」ではなく、むしろその精神に則ったものであったことは、もっと強調されてもよい。彼らの懐疑論がフィヒテの「知識学」を生み出す直接的な要因になったことは周知のとおりだが、本書で解明したいのは、「知の究極的な根拠づけ」というプログラムをいっそう「メタ・レベル」へと推し進める「学としての哲学」構想という観点から見たときの、懐疑主義者陣営の論争の意義である。以下では、「批判哲学」「根元哲学」に対して懐疑主義者たちが唱えた主要な批判とその論点、およびそれらの異論の妥当性を追跡することにする。

まず、「体系」という視座からカントの基本的立場を概観し、その基底的テーゼである「自由」と、ポスト・カント哲学で大論争を巻き起こすことになる「物自体」の教説とその問題点をヤコービによる批判に即して検討する（一、二節）。次に、懐疑論から批判哲学へ向けられた批判の思想史的・理論的意義を明らかにするためにマイモンの異論を考察する（三節）。

第１節　「建築術」としての哲学

カントはたんに私たちの認識の機序を解明しようとしたわけではなく、批判哲学の究極的な課題を「学」の「建築術（Architektonik）」のうちに設定している(1)。だがカントによれば、『純粋理性批判』はまだ「予備学」（KrV. A. 841/B. 869）にとどまり、哲学の体系にとって消極的な意味を持つだけに過ぎない。すなわち、カント自身の診断では、批判哲学そのものはまだ「哲学の体系」として形而上学の体系を積極的に提出しているわけではなく、『純粋理性批判』はその全体系に対する固有の原理が何かを明確に指定するまでには依然として至っていない。とはいえ、理性が持っているこの〈体系への志向〉とも言うべき関心と、それが可能にする体系的統一の枠組みは呈示されている。こうした体系への関心は「純粋理性の建築術」（KrV. A. 832/B. 860）と呼ばれ、それは「理性の本性」にもとづくとされる。

> 人間的理性はその本性によれば建築術的である。つまり、人間的理性はすべての認識をひとつの可能的な体系に属するものとして考察し、それゆえ目論んでいる認識を、何らかのひとつの体系において他の諸認識と両立させることを少なくとも不可能にしないような諸原理だけしか容認しない（KrV. A. 474/B. 502）。

理性の本性にしたがえば、諸々の認識や概念は、ひとつの体系において他の要素との関係という全体のコンテクストのうちに位置づけられうる限りでしか成立しない。この本性は「理性の建築術的関心」（KrV. A. 475/B.

503）とも言われるが、カントにとって「建築術」という術語は、さまざまな理性的認識のなかに「体系的統一」を樹立する「体系論」とその「方法論」を意味している。「私が建築術という語のもとで理解しているのは、体系の技術である。体系的統一とは、普通の認識を初めて学たらしめるところのもの、つまり普通の認識のたんなる寄せ集めからひとつの体系を作り上げるところのものであるがゆえに、建築術とは私たちの認識一般における学的なものの教説であり、したがってそれは必然的に方法論に属する」（KrV. A. 832/B. 860）。「超越論的方法論」章の冒頭によれば、「純粋思弁的理性のすべての認識の総括」は「ひとつの建築物」と見なしうる（KrV. A. 707/B. 735）。「その建築資材を見積もり、建造物がどれほどのものになるのか、どれほどの高さや剛性になるのかを規定する」（ibid.）ことが「超越論的原理論」の体系的役割であったという。そこで「超越論的方法論」では、それらの与えられた「在荷との折り合いで、建築物を建てるよう勘定する」（ibid.）こと、比喩的表現を排して言えば「純粋理性の完璧な体系の形式的な諸条件を規定すること」（KrV. A. 707f./B. 735f.）が課題となる。「建築術」という表現からも容易に推察されるように、ここでカントは「学」を「建築物」に準えているのだが、これはカント自身の独創ではなく、ヴォルフやバウムガルテンらの存在論の伝統に則ったものである。ただ、このカントの構想に直接的に影響を与えたのは、哲学的体系論を「建築術」と明示したランベルトの『建築術序論』（一七七一年）であろう[2]。

さて、この「ひとつの体系」と個々の認識の関係について、「超越論的弁証論への付録」では次のように言われる。すなわち、理性は「諸概念を秩序づけるに過ぎず、それらの諸概念に統一を与える」のであって、その統一は「悟性がまったく目指すことができないような系列の統体性との関係において」（KrV. A 643/B. 671）

（１）Vgl. Manchester 2008, 133–151 ; van den Berg 2021, 261–286 ; Gava 2014, 372–393.
（２）Vgl. Wellmann 2018/2019, 141–162.

成り立つ、と。カントによれば、理性こそが諸々の概念に秩序という方向性を与え、体系的統一をもたらす。この体系的機能は「理性の超越論的原則」(KrV. A.648/B.676) と名づけられる。この原則は次のように作用する。

超越論的理念は卓越した不可欠に必要である、悟性を或る目標へと差し向ける統制的使用を持っており、あらゆる悟性の規則の方向線はこの目標を目指してひとつの点に集約する。このひとつの点は、たとえそれがたんに理念（虚焦点 focus imaginarius）に過ぎないとしても、すなわちそのひとつの点が可能的経験の限界のまったく外部にあるがゆえに悟性概念が実際にそこから出発するのではないとしても、それでもこの点は悟性概念に最大の統一並びに最大の拡張を作り出すのに役に立つ (KrV. A. 644/B. 672)。

理性がまったく固有なかたちで処理し、成就させようとしているところのものとは、認識の体系的なもの、つまりひとつの原理からなる認識の連関であることが分かる。この理性統一はいつでもひとつの理念を、つまり認識のひとつの全体の形式の理念を前提にしている。この認識の全体は部分の一定の認識に先行し、あらゆる部分に対してその他の部分へのその位置と関係とを規定する諸条件を含んでいる。したがって、この理念は悟性認識の完璧な統一を要請するのであり、その統一によってたんに偶然的な寄せ集めに過ぎないのではなく、必然的な法則にしたがって連関しているひとつの体系になる (KrV. A. 645/B. 673)。

この理性の統制的機能のおかげで個々の認識や概念が織りなす連関は、それらのたんなる「寄せ集め」とは区別される。このようにして理性の「統制的使用」によって「学」の「全体」や「秩序」がもたらされるのだが、さらにカントは『純粋理性批判』で「体系」の完全さにも説き及んでいる。「ひとつの学のこうした完璧性は、たんなる試みによって行なわれた寄せ集め (Aggregat) の概算では確実性をもって想定されることはできない。したがって、そうした完璧性はア・プリオリな悟性認識の全体の理念を介してのみ、そしてこの悟性認識を形成する諸概念をこの全体の理念から明確に区分することによってのみ、ゆえにそれらの諸概念をひとつの体系において関連づけることによってのみ、可能となる」（KrV. A. 64f./B. 89）。カントは、この「全体の理念」によって構成要素の相互的な連関からなる哲学の「体系」、「学」としての哲学が成就すると考えている。カントにおいては、たとえそれが「たんに理念に過ぎない（かもしれない）」「虚焦点」であったとしても、間接的にではあるが、経験的探求に方向性を提供する。その「ひとつの点」という目的へと収斂してひとつの全体を完成させることが「体系性」のメルクマールとなる。それゆえに「部分」が「全体」に先行するようなかたちで行なわれる知の集積が「寄せ集め」に過ぎないのに対して、「全体」が「部分」に先行するならば、その「理念」のもとで、それに統制されるかたちでひとつの体系的な知が成立することになる。敷衍すれば、いくら断片的に正しい認識を蒐集しても、全体の「理念」が存在しなければ「体系」にはならない。そうではなく、「理性」ないし「理念」が諸々の概念に先行して、「統制的理念」としてそれらを全体のうちに位置づけるときにのみ「部分」となる概念や認識に秩序が与えられ、「体系知」になるのである。

それぞれの体系がそれだけでひとつの理念にしたがって区分されるだけではなく、さらにすべての体系は人間的認識のひとつの体系のうちで全体の構成分肢としても互いに合目的的に合一している。そして〔すべての体系は〕あらゆる人間的知の建築術を容認する。多くの素材がすでに集められており、あるいは崩壊した古い建築物の廃墟から〔建築資材が〕取り出されうる現代では〔この建築術は〕可能であるだけでなく、まったく困難なことですらないだろう（KrV. A. 835/B. 863）。

ここでのポイントも、「全体」が「部分」に先立つことである。「部分」の連関は「全体」が統制するかたちでのみ互いに関係し、その「全体」の目的に適うかたちでのみ集積されうる。その意味で、カントにおいて「体系知」となるべき「部分」や「構成要素」は「理念」の統制的な働きのもとでのみ体系のモメントになりうるのである。つまり、この「体系（知）」の根拠は、究極的には「理念」のうちに、すなわち「理性」のうちに求められる。

ここで問題とせざるをえないのは、哲学の体系は、いったいどのようにしてたんに「理念」に過ぎないようなものに根拠づけられうるのか、ということである。あるいは、カントの言うように「理念」が——「虚焦点」や「思考物」であるにもかかわらず——実在性を持ちうると言えるのは、いかなる理由によっているのか。これこそがポスト・カント哲学の中心的な問題機制だったということは、どれほど強調しても強調し過ぎるということはない。

実際にカント自身も——先述の言に反するように——この「理念」にまつわる特有の困難さに言及している。「厄介なのは、私たちが長いあいだ、私たちのうちに潜んでいた理念の指示にしたがって、この理念に関係する多くの諸認識を建築資材として雑然と集めてきたあとで、いやそれどころか長きにわたって諸認識を技巧的に組み上げたあとになって、ようやくこの理念を浩々とした光のうちで目睹し、理念の諸目的にしたがってひとつの全体を建築術的に構築できるようになるということである」(KrV. A. 834f./B. 862f.)。このカントの方法論が抱える難点について、ヘーゲルが『精神現象学』で提出した方法論と比較するとき、後者の方法論の特質を鮮明に浮かび上がらせてくれる。すなわち、カントが「全体」をあらかじめ設定し、それに適うかたちで「学」の素材を集約することを説くのに対して、『精神現象学』は「理念」や「学」を一切前提とせず、むしろ——カントの言葉で言う——「寄せ集め」をさしあたり容認する。ヘーゲルは、その寄せ集めた「素材」が出揃ったところで「パースペクティヴの転換」を通して、それを「学」の「秩序」に沿った「統体性」として再構成するという方途をとる。『精神現象学』で採用される「学」の方法論は、そうした手段をとることによって、「学」以前に「学」の立場を前提にせねばならない（あるいは「理念」を前提とせねばならない）という難問への解決策であると見なせる。これが『精神現象学』に特異な唯一無二の「建築術」なのである。[3]

さて、カントにおけるこうした建築術上の方法論的な障壁は、つまるところ「感性」（経験的なもの）と「悟性」「理性」（合理的なもの）という二つの認識能力の分断に由来しているように思われる。周知のように、カントは「感性」と「悟性」を「知られざる共通の根源から発現する」私たちの認識能力の「二つの幹」だとし、それぞれに「受容性」と「自発性」の働きを振り分けたが（KrV. A. 15/B. 29）、この「二つの幹」と同様の分節構造が「建築術」においてもなお二つの学的特質の区分として認められる。すなわち、彼は「経験的なもの（歴史的なもの）」と「合理的なもの」とを対置し、前者が「所与からの認識」[4]であるのに対して、後者は「原理からの認識」だとする。それらのうち、カントは『純粋理性批判』の「建築術」では「上級認識能力」としての「理性」のみを問題にする（KrV. A. 835/B. 863）。「ここで私たちは、〔…〕ただ純粋理性にもとづくあらゆる認識の建築術だけで満足する。私たちは、私たちの認識力の普遍的な根源が分かれて二つの幹になり、そのうち一本が理性であるような地点からのみ、この営みを開始する」[5]（ibid.）。このように「純粋理性の建築術」で

（3）だが、ヘーゲルがこうした種類の難問を回避しているとはいえ、彼が言っているのは、譬えれば「設計図」なしで「建築物」を建てようと言うようなものである。よってヘーゲルもまた自身の方法論にまつわる問題を解決せねばならないのだが、この具体的な解決策は「宗教」章と「絶対知」章で語られる。その詳細は本書9、10章を参照。

（4）この「所与」には、既存の哲学体系（カントが引き合いに出しているものでは、ヴォルフ学派）の教説をただ習得することも含まれるとされる。

（5）この学が「純粋哲学」や「純粋理性の哲学」（KrV. A. 841/B. 869）と言われる広義の「形而上学」であり、「広義の形而上学」はそのうちに「予備学」としての「批判」と「狭義の形而上学」としての「体系」とを含む（ibid.）。「純粋哲

は「理性」にもとづく体系像だけが示される。それでは、その一方の「幹」が「理性」であるような「普遍的な根源」、すなわち「建築術」の根源的原理となるべきものはいったい何か。『純粋理性批判』では「理性」や「理念」以上にこの原理が何であるかは具体的に明示されない。

これに対して、カントは後年の『実践理性批判』（一七八八年）ではその原理に「自由」を指定し、それが体系の「要石」であると説くようになる。

自由の概念は、その実在性が実践的理性の必当然的法則によって証明される限り、いまや思弁的理性さえも含めた純粋理性の、体系の全体的建築物全体の要石になる。そして、思弁的理性においてはたんなる理念として支えを持たないままであった他のすべての概念（神と不死についての概念）も、いまやこの自由の概念と結びつけられ、自由の概念とともに、それによって存立を持ち、**客観的実在性**を獲得するのである（KpV. 3f.）。

続けて「自由」の概念の体系的な役割について、次のようにも言われる。

いまや実践的理性は、自分だけで、思弁的理性と申し合わせることなく、**因果性のカテゴリーの超感性的な対象**、すなわち自由に（たとえ実践的概念としてのそれに実践的使用のためだけであったとしても）実在性を付与するのであり、そこ〔思弁的理性批判〕でたんに思惟されうるだけに過ぎなかったただけのものを事実によって確証する（KpV. 6）。

『実践理性批判』によれば、哲学という「建築物」の下部構造をなすものは「自由」の概念であるが、「自由」とは、本来的には現象界の因果律に拘束されないような「ヌーメノン」の領域に属するものである。とはいえ、カントが『実践理性批判』で定義しているところによると、「自由」という概念は、たんに思惟可能であるということを越えて、さらにそれに実在性が認められねばならない。しかし、ヌーメノン的概念に「実在性」を与えるというのは、カント自身の教説に矛盾しているように見える。カント自身によれば、「ヌーメノン」とはたんなる「限界概念」であり、それは「感性的直観を物自体そのものにまで拡張しないため」（KrV. A. 254f./B. 310）に、つまり「感性の越権を制限するため」に「消極的にのみ使用される」（KrV. A. 255/B. 311）。あるいは、たしかに〈思考なしの経験的認識〉ではいかなる認識も成立しないのに対して、〈直観なしの思考〉では、「可能的直観の多様なものにひとつの対象を規定する様式」（KrV. A. 254f./B. 309）、つまり「思惟の形式」だけは残るため、その意味では或る「ヌーメノン」の具体的な対象なくしても「客観一般」としては思惟可能であると言えるかもしれない。しかし、その場合でも「この蓋然的な概念〔＝ヌーメノン〕の客観的実在性は、いかなる仕方でも認識されえない」（KrV. A. 254/B. 310）はずである。カント自身が示唆するところでは、それは「知的直観」以外には不可能であるが、人間の感得作用にはそうした非感性的直観はない。つまり、それは「越権行為」である。

　そもそも『純粋理性批判』の「自由」概念そのものが一義的ではないことにも注意を向けねばならない。カントはそれを「超越論的自由」と「実践的自由」とに区別する。「超越論的弁証論」章の「純粋理性の二律背反」によれば、さしあたり「実践的自由」は「選択意志が感性の衝動による強制から独立すること」（KrV. A. 533f./B. 561f.）を指す。つまり、実践的な意味での「自由」とは感性的衝動からの独立である。これに対して「超越論的自由」とは、感性界における自然の因果法則とは区別されるような「或る状態を自らで始める能力」ないし「自らで行為を開始しうるような自発性」（KrV. A. 533/B. 561）である。これは「第三アンチノミー」に

学」は、経験的な根拠に依拠するのではなく、ア・プリオリな原理だけにもとづく。

おいて「自然法則にしたがう因果性」（KrV. A. 444/B. 472）と区別される「自由による因果性」（ibid.）と同じものであり、「他の先行する原因によって必然的な法則にしたがって規定されていない」ような「現象の系列を自らで始めるところの諸原因の絶対的自発性」（KrV. A. 446/B. 474）とも呼ばれる。つまり、後者の「自由」はあらゆる先行する経験的制約や因果的連関からの自由を指している。「純粋理性の規準」章でも同様に「自由」について、「〔…〕私たちは経験を通じた実践的自由を、自然的原因からの自由として、つまり意志の規定における理性の因果性として認識する。他方で、超越論的自由は、この理性自身が（諸現象のひとつの系列を開始する理性の因果性に関して）感性界のあらゆる規定的な原因から独立していることを要求し、その限りで自然法則に、ゆえにあらゆる可能的な経験に反しているように見える〔…〕」（KrV. A. 803/B. 831）とされる。すなわち、自然法則には依存せず、自ら自身で行為の原因を作り出すような自発性を持つことが「超越論的自由」の定義なのである。

　これらの「自由」概念のうち、「体系」の「建築術」にとって重要なのは「超越論的自由」である。実際、カントが『実践理性批判』において体系の「要石」に指定したのは、たんなる「自由」でも「実践的自由」でもなく、正確に言えば「**超越論的自由**」（KpV. 3）である。カントは次のようにも述べている。「極めて注意すべきは、自由の実践的概念は自由という超越論的理念に根拠づけられていることである。〔…〕超越論的自由の廃棄は、同時にあらゆる実践的自由を抹消することになるであろう」（KrV. A. 533f./B. 561f.）。ここでは、「超越論的自由」が「実践的自由」に対して基底的であることだけに注目しておこう[6]。

　ただ、このように「超越論的自由」がカントにおける「自由」論や「体系」論にとって基底的であるとされていても、いくつかの疑念は生じる。まず、「超越論的自由」が「体系」の「要石」と言われるとき、それには明らかに、行為の道徳的な帰責の問題の枠にとどまらないような特別な体系的機能が付与されている。だが、カントが言うように、自然法則と自由を論じた「第三アンチノミー」の証明だけで、果たしてその体系的機能に関しても「すでに充分な論究がなされた」（KrV. A. 804/B. 832）と言えるのだろうか。たしかに、「自由」は感性界の「現象」と矛盾しないような理念として考えられうることは示されたと言えようが、しかし理論的理性は完全にその「実在性」の証明をなしたわけではない。あるいは、むしろ『純粋理性批判』に即して考えるならば、カントは「超越論的自由」にそうした実在的な性質を積極的に認めることはできず、むしろそのステータスを「対象なき空虚な概念」や「思考物（*ens rationis*）」（KrV. B. 345）とさえ見なしていたように思われる（vgl. KrV. A. 555/B. 583）。先に引用した『実践理性批判』のうちの「超越論的自由」が「たんに思惟されうるだけに過ぎなかった」ものだという表現も、このことを裏づけている。少なくとも「第三アンチノミー」においては、そうした「絶対的自発性」としての「超越論的自由」には体系の根本に関わるほど積極的な意義は認められていなかったと考えざるをえないのである。そうしたものはあくまでも経験的な実在性を離れて、さしあたりただ想定されうるだけに過ぎない。「超越論的自由」は、もちろん私たちの通常の経験的認識の対象にはならない。それでは、『純粋理性批判』の枠組みでそうした「思考物」を「事実によって確証する」ことなど不可能ではないか。

こうした問題は、カントが『実践理性批判』になってから「理性の事実」を説き始めること――つまり、

（6）この議論を正面から受け止めるならば、当然「超越論的自由」と「実践的自由」の関係性を問題にせざるをえないが、カントの「超越論的自由」と「実践的自由」の叙述のあいだには理論的な齟齬が認められるのではないかということが、これまで研究史でたびたび指摘されてきた。これは「カノン問題（Kanon-Problem）」と呼ばれている。本書ではこの難問を解決することは目指しておらず、必要以上に深入りすることもできないが、その大枠は、「弁証論」と「カノン」章におけるカントの実践的自由の説明には明白な矛盾があるというものである。その議論の詳細は以下を参照。Vgl. Schönecker 2005；Allison 1990, 289ff.；Ders. 2020, 288ff.；Josifović 2015, 487–506；河村　二〇二二年、一九六頁以下。

『純粋理性批判』の成果を踏まえたうえで、「道徳法則」によって「自由」の「実在性」を示すこと――と無関係ではないだろう。カントにおいては、「超越論的自由」の「実在性」（あるいは、その「事実性」）が確証されない限り、「体系」という「建築物」を築き上げることはできない。カントは『判断力批判』の冒頭でもなお「理論」と「実践」のあいだの懸隔とその架橋の必要について言及し（vgl. KU, 167f.）、続いて三批判書をすべて書き終えた後に著わした『形而上学の進歩にかんする懸賞論文』[7]（カントの死後一八〇四年刊行、執筆は一七九三年と推定）のなかでも「体系」と「理性批判」について触れている。それによれば、形而上学には、それをめぐって形而上学が展開する「二つの軸」が存在する。すなわち、それは（ｉ）「空間と時間の観念性の教説」と（ii）「自由概念の実在性の教説」である（vgl. KA XX, 268 ; 311）。これらの「理性批判」の軸としての教説は「仮説」などではなく「証明された真理」（KA XX, 268）――もっとも、厳密には彼は「自由」に対してそうはっきりと述べていないのだが――であり、カントは、これらが理性の概念そのもののうちに「埋め込まれている」（KA XX, 311）と表現している。

　そもそもこの無理難題は、結局のところ純粋理性の体系において「二つの幹」の「知られざる共通の根源」とされたもののうちに、〈理論と実践〉〈自然と形而上学〉〈感性と悟性／理性〉などといったあらゆる二項対立のあいだに認められる断絶を架橋するような原理を求めざるをえないことに由来している[8]。

　さて、私たちの課題は『実践理性批判』の原理と「建築術」の関係を問うことではなく、その思想史的インパクトの解明にあるため、本題に戻ろう。『純粋理性批判』に認められるこうした不備には、ポスト・カント哲学の時代で様々な哲学者たちから異口同音に非難が浴びせられることになる。それは、特に超越論的哲学陣営から向けられた。ラインホルトもフィヒテもシェリングも、「カントは哲学の結果は与えたが、それには前提が欠けている」という旨の批判を向けている[9]。その「前提」の理解は論者によって微妙に異なるが、「支え

（Haltung）」や「知られざる根源（Wurzel）」「基底（Fundament）」といった「建築物」の下部構造となる原理を指していることは共通している。「体系としての哲学」を建築するという、潜在的にはランベルトに端を発する問題機制を批判哲学の成果から打ち立てようとしたのが一八世紀末のドイツの時代的問題であった。本書1章で述べたように、この当時のスピノザ主義の受容もこの文脈で理解されねばならない。

大まかに言えば、この「根源」に由来する原理の分裂を一元論化すること、そしてその原理にいかにして「実在性」を付与するかが時代の共通のタスクになる。その方向性はすでに『実践理性批判』の「いまや実践的理性は自分だけで、思弁的理性と申し合わせることなく〔…〕自由に〔…〕実在性を付与する」という問題意識のうちに含まれていたと考えられる。このことに関連して、フランクは適切にも次のような指摘をしている。

> ラインホルトは全哲学の「基底」を、フィヒテは最高原理を思い描いていた。それらから理論と実践は同根源的に理解されるようになる。ラインホルトがこうした哲学〔＝根元哲学〕を「異名なき哲学（Philosophie ohne Beynahme）」とも呼んだのは、それが——哲学のすべての部門に対するひとつの根本原理を有しているので——「理論的」とか「実践的」といった異名をなしで済ますであろうからである。(10)

（7）同論文に関する概要は、以下を参照されたい。Okochi 2008, 11ff.

（8）『判断力批判』では「反省的判断力」が感性と悟性、理性を架橋するものだと構想されるものの、それでもカントは最終的にそれには納得できなかった。「自然科学の形而上学的な始元的根拠から物理学への移行」（一七八六年）でも純粋に学的な根本原理と具体的な自然との架橋の必要性を説いていた。

（9）Vgl. Reinhold 2003, 203; GA I/2, 42; HKA III/1, 16.

（10）Frank 1997, 69.

このことを敷衍するならば、カントにおいては「異名」を持っていた哲学部門を〈ひとつの哲学〉に統合することにこそ「異名なき哲学」の問題意識があると言えよう。この点に関して、テュービンゲン時代のシェリングの二つのスペシメンのタイトル、すなわち「異名なき哲学の可能性について、ラインホルトの根元哲学に関するいくつかの所見を付して」と「理論的理性批判と実践的理性批判の一致について、特にカテゴリーの使用に関して、および叡知的世界の理念を後者〔実践的理性〕におけるひとつの事実による実在化に関して」[11]は、彼が当初からこの問題圏のなかにいたことを雄弁に物語っている（本書3、6章も参照）。この根本原理の樹立について、その解決策は哲学者によって様々であるが、ラインホルト、フィヒテ、初期シェリングの方途はともにその原理を主観の側に一元論化し、その「メタ・レベル」の位相にひとつの原理を置くことで解決を図るものだと整理できる。

第2節　ヤコービによるカント批判――「物自体」問題と「因果性」の超越論的使用

ラインホルトらのカント受容に対して、主に「物自体」へと批判の目を向ける陣営もいたことは周知のことだろう。カントの「物自体」の教説がポスト・カントの哲学でも、その後のカント解釈でも、多くの反論や疑問を巻き起こしてきたことはあまりにも有名である。ただ、批判哲学の歴史的な受容という観点から見たとき、「物自体」という概念への批判と並んで重要だったのが、先に挙げた「理性批判」の第一の軸である「空間と時間の観念性の教説」である。この教説は「物自体」と密接に連関している。

カントへの批判は早くも一七八七年にヤコービによって提出されていた。『デイヴィド・ヒューム』の付録「超越論的観念論について（Ueber den transscendentalen Idealismus）」のカント論がそれである。本節では、ヤコービによる批判を考察する前に、『純粋理性批判』が晒されてきた批判のポイントを押さえ、論点の整理をすることから議論を開始しよう。

そのあまりの難解さゆえに『純粋理性批判』の登場に沈黙をもって応じるしかなかった学術世界において『批判』に対する批判の先陣を切ったのは、刊行翌年の一七八二年の『ゲッティンゲン学術報知』だった。一七八二年一月一九日付けの付録として掲載された匿名の書評がそれであり、前年五月の『純粋理性批判』の刊行から七ヶ月ほどの月日を要している。これがフェーダーとガルヴェによる悪名高い、いわゆる「ゲッティンゲン書評」である。それは通常の書評とは異なる異例の合作というスタイルをとっていた(12)。この書評は『純粋理性批判』の名を広めることに貢献しはしたが、カントの本質的な狙いを理解しておらず、バークリー的観念論と同様の観念論だという誤解をしていた。この曲解に対して、カントはさらに翌一七八三年の『プロレゴーメナ』の付録でフェーダー／ガルヴェに猛然と反論し、クレームをつけたことはよく知られている。このバークリー的観念論との混同に関して、カントは『プロレゴーメナ』において自らとバークリーとの違いを強調し

(11) Vgl. Jacobs 1989, 284. スペシメンの内容は不明だが、後者の「カテゴリーの使用に関して」の「カテゴリー」とは、ほぼ間違いなく「因果性」の「カテゴリー」を指していたはずである。

(12) Feder/Garve 1782, 40-48. この「ゲッティンゲン書評」は哲学文庫版の『プロレゴーメナ』に付録として掲載されており、翻訳も存在する（Kant 2001 ; カント　二〇〇八年）。なお、「ゲッティンゲン書評」の詳しい経緯についてのガルヴェの申し開きと、この書評がもとで生じたカントとガルヴェのあいだの軋轢が解消されることについては一七八三年八月一三日付けのガルヴェのカント宛書簡（KA X, 328ff.）とそれへのカントからの返信（KA X, 336）を参照。

(KA IV, 374)、その後『純粋理性批判』第二版で新たに「観念論論駁」を追加し、そこでバークリーを「独断的観念論」としてデカルト（「蓋然的観念論」）とともに取り上げることになる。フェーダーやガルヴェらはライプニッツ－ヴォルフ学派の流れに属していたが、彼らのカントへの批判はどちらかと言えばロック主義的な経験主義の立場からなされていた。こうしたロック主義からの批判哲学への攻撃は二年ほどの小康状態を経て、一七八七年から八八年をピークに一八〇〇年代まで続くことになる。[13]

ロック主義的な思想背景から放たれたこのような持続的な反カントのムーブメントの——ヴォルフ主義が持ちえないという意味で——独自の特徴について、バイザーは七つのポイントを抽出している。[14] それを参照しつつ、ここでは「空間と時間の観念性の教説」に関係する論点だけを取り上げよう。

(1)経験主義者にとっては、カントの批判哲学とバークリー的観念論とのあいだにどのような違いがあるのかは不明である。この点を最初に指摘したのがフェーダー／ガルヴェだった。ロック主義者たちのすべて、そしてヴォルフ主義者の大半が、カントの批判哲学が「観念論」「主観主義」に過ぎないという点に賛同した。彼らにとっては、カントの認識論は「私たちの外部」の事物の実在、それらの客観的な現存を否定し、究極的にはすべてを主観の表象に還元するものである。

(2)経験主義者は、ア・プリオリな知の形式の可能性を認めない。経験主義者にとって、一切の知の要素は経験に由来するのであり、あらゆる総合的知識は経験から導き出されるア・ポステリオリなものであって、経験を通じてのみ正当化される。

(3)経験主義者は(2)のような立場をとる限り、カントの「感性論」を受け入れることができない。カントは時間と空間を直観のア・プリオリな形式であるとするが、経験主義者にとっては時間も空間も、特定の具体的・経験的な時間経過や距離からア・ポステリオリに抽象することで得られる観念である。

(4)経験主義者は、カントによる〈感性－悟性／理性〉、「homo phenomenon」と「homo noumenon」という二元論的区別が恣意的で人為的なものだと批判する。上述したように、カントにとって「感性」と「悟性」は「知られざる共通の根源から発現する」私たちの認識能力の「二つの幹」であり、これらは（「判断力」が媒介する可能性はあるものの）根本的には二つの異なる認識能力である。これに対して、ロック主義者やヴォルフ主義者は、「感性」と「悟性」はカントが考えるように異種的な知性ではなく、本来は渾然一体のものであって、両者は種類が違うのではなく、その程度によって区別されるべきだとする。それにもかかわらず、カントはこの区別を恣意的に行なったうえで、認識論の原理へと昇格させている点で不適切である。

これらの批判は総じて、超越論的哲学のポイントをすべて経験主義的な意味でしか理解しておらず、それゆえ批判哲学と問題機制を共有できていないため、批判としては的外れなものとなっている。(3)の論点にして

（13）このロック主義的な経験主観を思想的背景にしていた当時の論者としては、フェーダーとガルヴェの他に、ロシウス、マイネルス、ニコライ、ピストリウス、ゼレ、ティーデマン、ティテル、ヴァイスハウプトらが挙げられる（Beiser, *The Fate of Reason*, 169）。

（14）Beiser, *The Fate of Reason*, 170ff.

も、カントが「純粋直観」としての時間・空間を経験的な意味でのそれと区別していることを無視し、すべての時間・空間の観念が具体的なそれらからの抽象態ないし変容態であることを強調している点で、超越論的哲学の核心的な狙いをまったく捉え損なっている。(4)の論点に関して言えば、カントの表現にしたがえば、ライプニッツ－ヴォルフ学派は「私たちの認識の本性と起源」に関して、「感性」と「悟性」の区別を程度の差や「論理的区別」として捉えてきたのだが、カントはそれを「超越論的区別」として提出し直している（KrV. A. 44/B. 62）。総じて、経験主義的背景を持つ批判者たちは「事実問題」と「権利問題」を区別しておらず、「彼らの自然主義的認識論が暗黙のうちに前提にしている自然科学的知そのものの可能性の制約を問うという、批判哲学の超越論的問題機制をまったく捉え損なっており、かつそのはるか手前の地平から発想されている限り、批判としては概して的外れ」[15]にならざるをえない。

ただし、これらの経験主義陣営による批判の哲学的妥当性が見込みの薄いものだからといって、これらの疑問がカントの批判哲学の枠組みで自明であるかどうかはまた別の問題である。そこで、(1)のカントとバークリー的観念論との違いを考察してみよう。たしかに、カントは初版では「主観主義」ともとれるようなことを述べている。「私が思惟する主観を除くならば、すべての物的世界も崩壊せざるをえないのであって、それは〔…〕主観の一種の諸表象に他ならない」（KrV. A. 383）。一見すると、これは客観となる対象の素朴な存在を認めず、「存在するとは知覚されることである」というバークリー的観念論の考えと同じであるように見える。あるいは、すべての認識が知覚や経験に依存すると考える限りで、結局のところ批判哲学は経験主義と変わらないという疑問も起こりうるかもしれない。

カントはこうした非難を誘発する根拠としてしばしば持ち出されてきた初版の「第四誤謬推論」の議論を再考し、「誤謬推論」の構成そのものを変え、第二版では「観念論論駁」を挿入した[16]。そこでカントは「我思う」

という「内的経験」と、外的事物の存在に関する「外的経験」とを「知覚における何か持続的なもの」によって連動させている。「私自身の現存在の、たんなる、しかし経験的に規定された意識が、私の外の空間における対象の現存在を証明する」(KrV. B. 275)。そして彼は「外的経験」を「内的経験」の制約として示すことで、「我あり」という内的経験が成立しているときには、すでに外部に対象が存在することが前提されていることをもって「観念論」を退けようとする。カントは「私自身の現存在の意識は、同時に私の外部の現存在の直接的な意識である」(KrV. B. 276)、あるいは「内的経験は、間接的に、外的経験を通じてのみ可能である」(ibid.)という叙述を加えている。その限りで、彼は自らの立場が「蓋然的観念論（デカルト）」、「独断的観念論（バークリー）」とは異なると主張している。

それでは、この書き替えが強調している点はどこにあるのか。それは、当初見受けられた「客観についての意識」と「私たちの外部」の事物の実在性とが、あたかも直接的に連動しているかのような誤解を生む余地を完全に排除しようとしていることにある。カントが「それゆえ、持続的なものの知覚は私の外部の物によってのみ可能であって、私の外部の物のたんなる表象によっては不可能である」(KrV. B. 275) と述べるとき、事物

(15)　田端『書評誌』、六七頁。同書はバイザーの論点を承けてさらに詳しくフェーダーらの具体的な反論を取り上げている（同上、六五―六八頁）。

(16)　「第四誤謬推論」については以下を参照。牧野　一九八九年、第7章。特に、「私たちの外部」の対象の定義について、初版では外的対象が「私たちの内部の表象に過ぎない」(KrV. A. 372) とされていたのに対して、改訂された第二版では、それはこの「内部の表象」とは区別された「私たちの外部の空間における対象」を意味しているという指摘は重要である（牧野、前掲書、二六〇頁）。前者の論点は、ヤコービのカント批判に関わってくる。牧野は、「第四誤謬推論と「論駁」の証明は、第一版では未だ不十分であった超越論的観念論の立場を徹底化することによって、初めて実現されえた」（同上、二六三頁）と結論づけている。

そのものの「実在性」と、それに関する「表象」とが明確に区別されている。「外的経験」「外的対象」は把捉される「現象」である限りで、たしかに「主観の一種の表象」である。そして、私たちの「表象」は「表象」であるがゆえに、私たちのうちに存在している。しかし、それは主観や思惟から独立した事物の実在を否認するものではなく、むしろカントはその可能性を積極的に認めようとしている。その限りで、たんなる「観念論」「主観主義」という批判は誤りである。カントが示しているのは、彼の超越論哲学が意識から独立した物の存在を承認することと両立することである。ここでカントは批判哲学の枠組みや内実を修正しているわけではなく、表現のレベルをより洗練させただけであり、思惟の領域においても「外的経験」が積極的な意義を持っていることを強調したに過ぎない。それにともなって「現象」と「物自体」の区別もまた際立つことになる。というのも、「物」は主観的な表象に還元されないので、「物」はそれだけで存立するはずである。だが、私たちは「物」をそれが表象される限りでしか認識できないのだから、「物自体」そのものの認識は持たないことになる。

しかしながら、そもそも「物自体」がなければならない理由はどこにあるのか。カントは「現象」と「物自体」とを区別してはいるが、客観のステータスを二元論的に区別して捉えているわけではなく、あくまでも私たちの認識の対象となる或る客観（意識から独立した「物」）は同一のひとつのものである（vgl. KrV. B. XXVII）。注目すべきは、カントによれば客観は「現象」としてのものと、「物自体」としてのものという「二種類の意味」（ibid.）を持つだけだということであって、私たちの認識にとって有意味な客観の意味は、当然のことながら「現象」としてのそれだけである。しかしながら、もし客観が「物自体」としての意味を持たず、物的世界が〈現象一元論〉ないし〈表象一元論〉的なものであった場合には、――もっとも、こうした想定そのものが常識的見地からすれば一種の形容矛盾であろうが――奇妙な事態が生じる。すなわち、「現象」が「何かの現われである」ことが不可能になるのである。というのは、「現象」そのものはそれだけでは客観的実在性を持たないため、必ず何か他の或るものの現象様式である必要があるが、「現象」しか存在しないならば、「現象」が何かの感性的な現われであることもまたできなくなるからである。言い換えれば、或る情報が存在したとしても、それが何についての情報であるのかが不明になってしまうのである[17]。それゆえ、カントによれば「物自体」は認識できなくても「少なくとも思惟することはできる」（KrV. B XXVI）はずであり、〈現象一元論〉は「不合理な命題」（ibid.）なのである。約言すれば、有限な主観が感官・感覚を通して「現象」という形態をとる対象から受け取る情報は「物自体」に由来することになる。カントに即して言えば、客観が存在論的ステータスを二元論的に持っているのではなく、超越論的哲学者にとって二義的なだけなのである。

さて、ヤコービの「超越論的観念論について」という短い論考はカントからの抜粋とそれへのコメントからなっており、『純粋理性批判』第二版の刊行直前に公表された。よって、ここでのカント論は初版にもとづき「第四誤謬推論」と「超越論的感性論」とが取り上げられている（JW2.1, 104, 106）[18]。ヤコービの論点は「私たちの外部（ausser uns）（の物）」に集中し、彼はカントがそれを私たちの主観のうちに還元しているのではないかという「主観主義」「観念論」を警戒している。ヤコービが引用している「純粋理性の二律背反」の「宇宙論的弁証論の解決のための鍵としての超越論的観念論」でカントはこう述べている。

> 私たちが超越論的感性論において充分に証明したのは、空間や時間において直観されるもののすべては、したがって私たちに可能的な経験のすべての対象は現象に他ならず、言い換えればたんなる表象に他ならない。そ

（17）Frank 1997, 82f.

（18）通例、この時期のヤコービがカントの「物自体」を批判していると言われることが多いが、実際のところ「超越論的観念論について」では「Ding[e] an sich」という表現はほとんど使用されていない。

うした対象は、それが表象される限りで延長を持った存在者として、あるいは変化の系列として、私たちの思惟の外部ではそれ自身で基礎づけられた現存を持たないということだった。私はこの学説を超越論的観念論と名づける。〔これに対して〕超越論的な意味における実在論者は、私たちの感性が受けた変化から、それ自体で自存する物にしてしまうので、たんなる表象を事象そのものにしてしまうのである（KrV. A. 490f./B. 518f.)。

すでに見たように、「超越論的感性論」で述べられていたのは、私たちの感性（感性的直観）には時間と空間というア・プリオリな形式があり、この形式にしたがって与えられる可能的な対象は「現象」であって、「物自体」ではないということだった。この「現象」は「統覚」による統一と「カテゴリー」の規定を受けることで（つまり、「思惟の内部で」）客観的に妥当な認識対象となるため、裏を返せば「思惟の外部ではそれ自身で基礎づけられた現存を持たない」ことになる。この外部の物があたかも主観から離れてなお自存するかのように錯覚をするところに「超越論的実在論」は成立する。以上のように、「現象」を「主観の表象」と見なす点、そして「感性の形式」と「純粋悟性概念」とにア・プリオリ性を認める点に「超越論的観念論」の教説の本質があると言える。これらのア・プリオリな形式に合法則的であること、それらとの「必然的な連関」という形式性のうちに認識の「客観的妥当性」を認めるのだから、カント自身はこれを「形式的観念論」（KrV. A. 492/B. 520）とも呼ぶ。

それでは、ヤコービが反発しているポイントはどこにあるのか。それは、そうした主観的な表象を生み出すはずの、いわば源泉たる「素材」の実在性に関する理解についてである。

諸対象について、それらが印象を感覚に与え、こうしたやり方で諸表象〔の成立〕を遂行すると言うことがどれほどカント哲学の精神に反しているとしても、この前提なしにカント哲学がどのように自らに通ずる入り口を見いだすのか、そしてその教説の概念の何らかの実演に到達することができるのかを看取するのは容易ではない。というのも、**いったい感性という言葉は、実在するものと実在するものとのあいだの明確な実在的媒体や、或る物から或る物への現実的な媒辞がその言葉のもとで理解されていなければ何の意味も持たないのであって、そしてその概念のうちに、諸規定が実在的で客観的なものとして、それらが互いにバラバラであることと結びつけられていること、行為と受動、因果性と依存関係などがすでに含まれていなければ意味をなさないからである。**詳しく言えば、これらの概念の絶対的な普遍性と必然性とが、事前の前提として、それとともに、同時に与えられているというようなことが〔感性に〕含まれているはずである。〔…〕私は、かの前提がなければ体系に入っていくことができず、その前提とともには体系のうちにとどまることはできない（JW2.1. 109）。

さらにヤコービはこう続ける。

この前提とともに〔体系の〕うちにとどまるのは、まったく不可能である。なぜなら、この前提の根底には、たんなる主観的な現象としてではなく、私たちの外部に物自体としてある対象の知覚の客観的妥当性の確信があるからであり、また同様に、客観的で実在的な関係としての、これらの対象の相互的で本質的関係の必然的な関係に関する私たちの表象の客観的な妥当性についての確信があるからである。〔しかし〕この主張は、カント哲学とは決して一致しえない。というのも、カント哲学は対象も、たんなる主観的な本質、私たち自身の自己のたんなる諸規定、その関係も決して私たちの外部には存在しないということを徹底的に証明しようと取り組んでいるからである。というのは、カント哲学によれば、たとえ私たち自身の存在の規定に過ぎないようなこれらのたんなる主観的な存在に、原因（*Ursache*）としての超越論的な或るものが対応しうることを認められうるとしても、それでも**この原因がどこにあるのか、そしてこの原因が結果へとどのように関係するのか、そ**

の仕方はまったくの暗闇に隠されたままだからである（JW2.1, 109f.）。

カントは『純粋理性批判』の「感性論」において、私たちの感覚が「物自体」という外部からの「触発」を通じて、あるいは感性の受動作用を通じて、いわば認識の「素材」を受け取ることを認めていた。ヤコービが引っかかっているのは、カントのこの議論の「前提」には「私たちの表象の客観的な妥当性についての確信」が暗に含まれているはずだが、カント自身がそれを認めていないことである。ヤコービにとっては、「感性」とは「実在するものと実在するもの」の「媒体」という意味においてしか理解されえず、そこにはすでに「実在的で客観的な諸規定」が含まれている。しかしながら、カントの認識論は「私たちの外部」に素朴に実在する物の存在を認めずに、すべてを主観のうちにある「表象（現象）」として捉え、それが「カテゴリー」にしたがって規定されていることによって「客観的妥当性」が生じると説いている。すなわち、カントは一方では外部の物の実在性を認めていないにもかかわらず、他方で暗に「私たちの外部に物自体としてある対象の知覚の客観的妥当性の確信」を前提してしまっている、だから私たちはこの隠れた「前提」なくしてはカントを理解できないが、この「前提」とともにカントを支持することもできない、というのがヤコービの批判のポイントなのである。

敷衍すれば、カントの「主観主義」は容認できないばかりか、そもそもその「主観主義」は徹底したものではなく、その根底においてカントの「観念論」は「実在論」との潜在的な二元論に陥っているのではないか、という疑念を呈しているのである。ヤコービがただたんにカントを支持しないのではなく、「かの前提がなければ体系に入っていくことができず、その前提とともには体系のうちにとどまることはできない」というジレンマでもってカントへの態度を表明している要因は、究極的にはこの二元論が不可解で容認できないことにある。[19] 彼が「数年のあいだ、継続的に『純粋理性批判』を何度も最初から読み直さなければならなかった」(JW2.1, 109) のは、この不整合さを理解しあぐねていたからであろう。

「原因と結果」に言及していることからも明白だが、ヤコービは、「物自体」から感覚器官への「触発作用」や、私たちが或るものを「素材」にして、それをもとに「主観的な表象」を作り上げることを因果関係と考えている。だが、カントは「物自体」や「素材」の存在をストレートに認めていないため、ヤコービにとっては、カントの言う「表象」は原因もなく成立する不可解なものであるか、私たちの主観的な空想に過ぎないか、あるいはそもそも成立しえないかのいずれかにしかならない。これらの解釈は、「物自体」や「素材」を「表象」の原因として捉えていることから発生している。そして、ヤコービが「私たちの外部の物」に拘っているのは、それなくしてはいかなる「表象」も成立しえないと考えているからである。

(19)「私は問う。私たちの感覚に印象を与え、そうすることで表象を喚起する対象という前提と、この前提が拠り所にしているあらゆる根拠をすべて無にしようとする教説概念とを合一させることがどうして可能なのだろうか、と」(JW2.1, 111)。

すべての言葉に疎遠な意味を与え、それらの組み合わせにまったく神秘的な意味を付与するときには、このことは不可能だろう。というのも、一般的な言語使用にしたがえば、対象という言葉で意味されているのは、超越論的な意味で私たちの外部に存在するであろう物でなければならないからである。カント哲学では、そのような物にどのように到達するのだろうか。私たちが現象と呼ぶところの表象において、受動的な感情を抱くことによってだろうか。しかし、自らを受動的だと感じ、受動状態であることは或る状態の半分に過ぎない。この半分だけでは思惟できない。〔…〕それゆえ、私たちは超越論的な意味における原因と結果を感じ取り、その感覚のおかげで私たちの外部にあるものとの互いに対する必然的な関係を超越論的な意味で推論することができきるはずである（JW2.1, 111f.）。

たしかに、カントは「現象」とは「物自体」ではなく「私たちの表象のたんなる戯れであって、それは結局のところ私たちの内的感官の規定に帰着する」（KrV. A. 101）と言い、可能的な経験を「まったく偶然的なもの」（KrV. A. 737/B. 765）とも述べていた。だが、ヤコービが見るところでは、それでは私たちの感得作用の受動性の側面が作動しているだけであって、「状態の半分」しか見ていない。私たちが何かを認識するときには「私たちの外部の物」との推論をするために、もう半分である「超越論的な意味」での「物」の実在も前提せねばならない。よって、ヤコービにとっては「超越論的な意味」での「表象」の「素材」が「私たちの外部」に存在しなければならないのである。

だが、カントからすれば「物自体」と私たちの感性的な印象とのあいだに因果関係があるわけでない。つまり、「物自体」が原因となって、その結果として「現象」や「表象」が生じるのではない。「物自体」と「現象」とのあいだの関係について、カントは何も言っていない。カントの枠組みでは、「受容性」の能力である「感性」と「自発性」の能力である「悟性」が協働することで私たちのうちに「（客観的な）表象」が成立すると言っているだけであり、二つの働きをそれぞれ二つの感得作用に割り当てているだけであって（繰り返しになるが、この区別は「超越論的区別」である）、この「受容性」が因果的な作用に由来すると考える必要はない。だから、「ヌーメノン」と「フェノメノン」とのあいだに因果関係が成立するかどうか不明であることは、ある意味では当然である。

もっと言えば、カントは「因果性」も「カテゴリー」のひとつである限りで、この関係が「フェノメノン」の領域で成立することを積極的に認めないであろうし、純粋に主観だけのうちで「関係」の「カテゴリー」が適用されることも容認しないだろう。因果関係はあくまでも「空間と時間の観念性の教説」が適用される現象界のうちでのみ、「経験的使用」としてのみ成立する。「悟性は自分のあらゆるア・プリオリな諸原則を、それどころか自分のあらゆる諸概念を経験的にしか使用することができず、決して超越論的に使用することはできないという命題は、それが確信をもって認識されうるならば、重要な帰結が見込まれる。何らかの原則における或る概念の超越論的使用とは、その概念が物一般や物自体そのものに関連づけられることである。それに対して、その経験的使用とは概念がたんに諸現象に、つまり可能な経験の諸対象に関係づけられることである。しかし、そもそも後者〔経験的使用〕だけが成立しうるということが、そこから見てとれるのである」(KrV. A. 239 /B. 298)。しばしば批判の的になってきた「第四誤謬推論」の「表象する主観を除去すれば、物的世界も空間・時間・因果関係とともに崩壊する」(KrV. A. 383)ということからも、主観なしに「カテゴリー」が「超越論的に使用されること」が認められていないことは看取されうる。こうしたヤコービによる批判は大筋としてガルヴェ／フェーダーと同じ路線のものだと言えようが、彼の批判の特質は、カントの「超越論的観念論」がひとつの立場として論理的に首尾一貫していないこと、そして「物自体」と「現象」との関係を「因果性」として捉えていることにある。ヤコービにとっては、「或る感覚が他の何かから触発される」という事態は、「何かが原因となって、或る感覚や知覚がその結果生じる」ことと同義である。だから当然、「物自体」の「触発」には「因果性」の「カテゴリー」の「超越論的使用」の嫌疑がかけられることになる。

ところで、ヤコービが「叡智界」と「現象界」とのあいだの関係への理解にまで本来は無関係であるはずのこうした因果関係という枠組みを持ち込むことは――偶然なのか、必然的な帰結なのかはさておき――彼のスピノザ主義の理解と軌を一にしており、同様の構図が反復されているとも理解しうる。彼にとってスピノザ主義は合理論の体系の極北であるが、それは世界のあらゆるものを無限な因果的連関のうちで説明するがゆえに

「宿命論」であり、世界の外にある「人格的原因」を受け容れないがゆえに「無神論」を意味していた。彼にとって、それはスピノザ主義だけではなく、ライプニッツ＝ヴォルフ哲学もまたそうであった。よって——ヤコービ自身は因果的連関によって証明される論証的・理性的・間接的知を退け、「啓示」を通じた「死の跳躍」によって「直接知」たる「真なるもの」に到達する「信哲学」だけを支持するのだが——「ヌーメノン」であれ、「世界の第一原因」であれ、「物自体」であれ、超越的な存在者と有限な事物とのあいだに因果関係を認めるような哲学が存在することは、ヤコービの眼には決して不思議なことではない。彼にとって、自分の多くの論争相手と同様にカントが「知」の実在的根拠を見逃しているように映っていたのであれば、なおさらそうである。ここで指摘したいのは、ヤコービがカントをスピノザ主義として理解しているということではなく、彼の「超越論的観念論」に関する理解の枠組みにおける「因果性」概念の持ち込みが必ずしも突飛ではないことである。当時の論争状況からすれば、世界の「内（内在）」や「外（超越）」、およびそれらのあいだの因果的連関などはむしろ馴染みの問題圏でさえあった。

さらにヤコービの批判の意義は、しばしば引用される「最も強力な観念論」（JW2.1, 112）の登場を予言していることに関しても求められうる。彼によれば、その観念論はカント的な超越論的観念論が言う「私たちの外部の物」が存在するはずだという「前提をまったく断念せねばならない」（ibid.）。この「最も強力な観念論」論は——もちろん、将来来たる哲学の形態を予言することが本質的な狙いではなく——カントの潜在的な二元論を批判している。ヤコービは——彼はカントの「主観主義」への踏み込み方が不徹底だと見なしているのだから——カントに即して言うならば、「表象」を徹頭徹尾、主観の産物と見なすべきだと主張している。もっと言えば、ヤコービ自身はこうした「強力な観念論」には反対する。たとえば『デイヴィド・ヒューム』ではこう述べられている。

意識が対象の知覚に寄与しているのと同様に、対象は意識の知覚に寄与している。「私が存在する」ということ、そして「私の外部に或る物が存在する」ということ、私は〔これらの事態を〕同一の不可分の瞬間に経験しているのである。そしてこの瞬間においては、私の精神が自分自身から影響を受けないのと同様に、対象から影響を受けることもない。これら二重の啓示を媒介するような表象や推論は存在しない。すなわち、精神の外部にある現実的なものの知覚と、精神のうちにある現実的なものの知覚とを、精神のうちで〔媒介するものは〕存在しないのである（JW2.1, 37）。

ヤコービにとって「知」の成立と〈私たちの外部の物の存在〉とを告げるものは「啓示」に他ならない。彼の「信哲学」はこの「啓示」にもとづいているが、よって彼の「信」も「啓示」も宗教的なそれとしてだけではなく、形而上学的な意味でも理解されねばならない。ヤコービは、超越論的な知の実在性に関しても「信」や「啓示」によって「なまの現実」への通路が確保されると考える。彼にとって「（超越論的）観念論」は、リアルに存在するはずのものを主観のうちに還元することによって、それを無化してしまう「ニヒリズム」にしかならない[20]。よって、「超越論的観念論について」という論考は、カントはもっと明示的に実在論を認めるべきだと暗に苦言を呈しているとも解せる[21]。「最も強力な観念論」論の主旨は、あくまでも「理論として論理的

(20)「経験的実在物の存在も、実在一般の究極的根拠としての「神」も、彼にとってはともに「信仰」の対象であった。彼は、「ニヒリズム」批判によって、「素朴実在論者」としては、見る・触ることのできる「なまの」実在性が思弁的知によって変容され、無化されることに抗議しているのだが、それだけでなく、宗教的‐形而上学的実在論者としては、超越論的、思弁的知には実在性の究極的根拠が欠けていることをも批判しているのである。つまり、彼のニヒリズム‐批判は、一方で彼の素朴実在論的立場に発していると同時に、もう一方で宗教的、存在論的実在論的立場に発しているといわねばならない」（田端『序説』、四四八頁）。

(21) フランクは「ヤコービはカントもまた実在論者であると見なしている」と解釈している（Frank 1997, 89）。

に首尾一貫するならば、そうした形態をとらざるをえないはずだ」ということにある。だから、彼は『スピノザ書簡』第二版（一七八九年）の序文で次のように述べている。「私の表象様式を、私と同じ時代の多くの哲学者たちの表象様式とはっきりと区別するのは、私がデカルト主義者ではないということにある。〔…〕「私が思惟する（cogito）」のあとに「私が存在する（sum）」と続けてはならない」（JW1.1, 157）。ヤコービにおいては「cogito」と「sum」は同一不可分の瞬間に「啓示」によって与えられる。ゆえに、当然のことながら、観念論のように「私が思惟する」ことから「私たちの外部の物」を導き出すこともできないのである。彼の「信哲学」は、主観と客観のいずれかを先行させるわけではないので、たんなる「観念論」でもなければ、「唯物論」でもない。

すでに見たように、カントは「観念論論駁」では――これがヤコービへの直接的な応答であるかはともかく――むしろ「外的経験」を「内的経験」の制約とすることで「私たちの外部の物」を先行させ、元々批判哲学に含まれていた実在論的な要素をより鮮明に打ち出すことによって、観念論ではないかという疑念を晴らそうとしていた。これまで考察してきたことから明らかだが、もちろん批判哲学はたんなる実在論でも観念論でもない。カントにとっては、あくまでも私たちの認識の「素材」となる感覚的なものは「物自体」から「触発される」（KrV. B. 33）限りで私たちのうちに与えられるが、私たちがその「物自体」の性状をいかなる意味でも表象したり認識したりすることはできない(22)。だが他方で、彼は主観の側にある「多様の統一」の「規則」の「必然性」のうちで「認識の客観的妥当性」を見いだしてもいる（KrV. B. 150, 194）。このようにして「認識の実在性」に関して、カントはそうした二つの方向からそれを確保しようとしている以上、論争ではつねに「二正面作戦」を強いられることになる。結果的に、彼は『純粋理性批判』第二版の改訂によって、経験論者からの批判にも観念論だという嫌疑にも応じることで、批判哲学の独自性をより前面に打ち出すことになったわけで

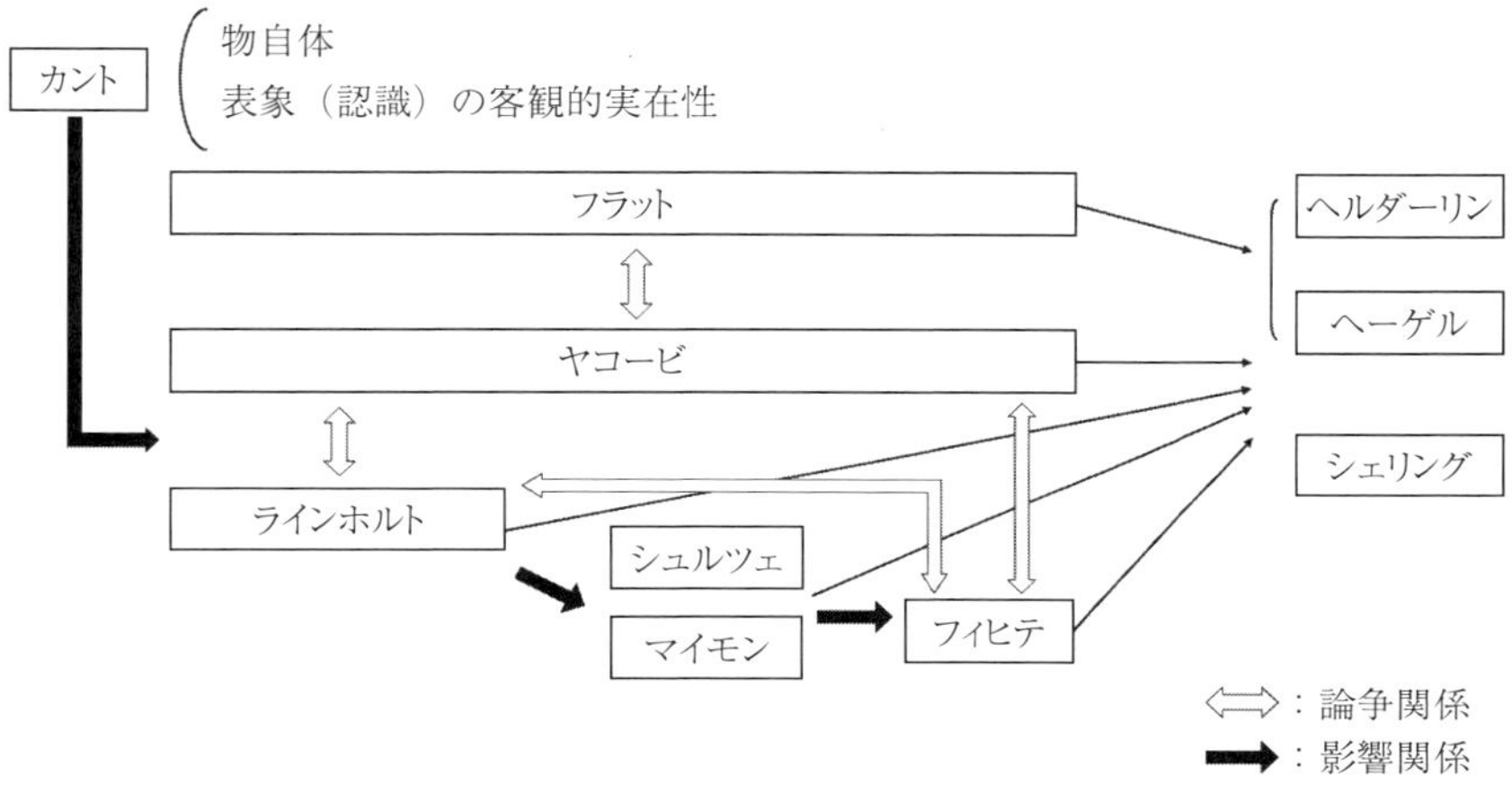

ある。

以上まで、カントとヤコービの議論を追ってきたが、この哲学的論争から浮かび上がってくる争点はどこにあったのか。それは、やはり「物自体」が「二義的」であることから不可避に導き出される、その機能上の曖昧さである。M・ボンデリの表現を借りれば、「物自体」という概念は、「たんに知の領域の境界を示すだけの**反独断的な機能**と、「触発」や「原因」の意味と結びついた**実在論的な機能**とを併せ持っている」(23)。このよう

(22)　「しかし、私たちの悟性はすぐさま自分自身に対しても、カテゴリーによって物自体そのものを認識しないこと、それゆえ物自体そのものをただ未知の何か或るものという名称のもとでのみ思考する、という限界を設定する」（KrV. A. 256/B. 312 ; vgl. A. 30/B. 45）。あるいは、こうも言われる。「したがって、私は後者の〔物自体が現象に関係づけられる〕場合、超越論的反省において、いつでも私の諸概念をただ感性の諸条件のもとでのみ比較せねばならないであろう。そして空間と時間は物自体の規定ではなく、現象の規定であることになるだろう。物自体そのものが何なのかということを、私は知らず、また知る必要もない。というのも、私にとっては、物は現象においてそうする以外には決して現れえないからである」（KrV. A. 276f./B. 332f.）。

(23)　Bondeli 2013, LI.

な「物自体」の持つ感覚の「原因」としての機能は、テュービンゲンのフラットやディーツ、懐疑主義の陣営のシュルツェ（エーネジデムス）やマイモンなどから批判を向けられることになり、さらにカントの路線を徹底化させたラインホルトもまた「物自体」の孕む理論的な問題に直面することになる。

この先鋭化された観念論の究極態とも言える「最も強力な観念論」は一七九四年にフィヒテの「知識学」の登場によって現実のものになる。その後のフィヒテとの論争におけるヤコービ自身の態度にも影を落とすことになる（本書４章を参照）。この予言は、フィヒテの「知識学」は、「表象」ばかりか、ヤコービにとって「受動状態」に過ぎなかった「感情」さえも「自我」の根源的能動性から説明するような徹底した「観念論」であることを、私たちは後に見るだろう。

第３節　懐疑論からの応戦――サロモン・マイモンの「超越論的哲学」

一七八九年四月七日（ラインホルトが『試論』を完成させるちょうど前日）、カントのかつての学生で友人でもあり、彼のいわゆる『就職論文』の討論相手も務めた医師のマックス・ヘルツは一冊の冊子を書簡とともにカントに送付した。当時カントは『判断力批判』の執筆に集中しようとしており、さらにもうすぐ六五歳で健康状態が芳しくなかったこともあってその冊子も送り返そうとしていた。だが、その冊子にひとたび目を通すと、カントの考えは一変した。彼はその冊子の内容に引き込まれ、同年五月二六日付けのヘルツへの返事でその感想を伝えている。そこには、この冊子の著者への惜しみない賛辞が書き記されている。その著者こそがサロモン・マイモンである。

〔…〕私はこの原稿をすぐに返送しようと、ほとんど決心しかけていました。しかし、この原稿をひと目見ると直ちにその卓越性が分かりました。しかも、私の敵対者の誰一人としてマイモン氏ほど充分に私の言っていること、および主要な問題を理解してくれませんでした。それだけではなく、このように深い研究を行なうにあたってマイモン氏ほど鋭い洞察力を備えているひとは極めて稀だろうとも思われました。そこで私はしばらくの余暇ができるまで彼の著作を手元に置いておく気になったのです（KA XI, 49）。

マイモンの修業時代は他に類例を見ないほど異例のものである。そもそも、彼の正確な誕生地や年月日すら明らかではないが、一七五三年にポーランドで生まれたとされる。ポーランド系ロシア人であり、ユダヤ人でもあった彼は非常に貧しい境遇で育った。本名は「サロモン・ベン・ヨシュア（Salomon ben Josua）」といい、彼の「Maimon」という名前はモーゼス・マイモニデスへの敬意から彼が自称したものだった。一七七八年頃にマイモンは哲学や科学の知見を広めることを目的に一度目のベルリン訪問を行ない、メンデルスゾーンが中心となっていた啓蒙主義者の知的サークルに出入りすることを許される。だが彼の『自叙伝』（一七九三年）にあるように、マイモンはほとんどつねに不幸に見舞われた。この一度目のドイツ訪問においても彼が明け透けにスピノザ主義を公言したこともあり、一度ドイツを去って隣国を放浪することになる。彼は貧乏のゆえに酒場で知識を売り、その日の酒を飲むような生活を続けており、まさに「一八世紀のベルリンのラモーの甥」であった。[24] マイモンがヘルツと知り合ったのは一七八〇年から一七八三年の二度目のベルリン滞在時であり、メンデルスゾーンの交友圏に彼もいたからである。[25] マイモンが本格的にスピノザ主義に触れたのはこの二度目の

(24) Beiser, *The Fate of Reason*, 286.
(25) マイモンは、ヘルツをそれほど特別な哲学的才覚の持ち主だとは思わなかったようである（vgl. MW *I*, 464）。ちなみに、それとは対照的に、ヘルツは先のカント宛ての書簡でも、マイモンの著作を高く評価しており、是非ともそれを読む

ベルリン期であったと推定されている。彼がまさにベルリンにいた頃にドイツでは「汎神論論争」が起こった。この論争について、マイモンは一七八六年にメンデルスゾーンの『朝の時間』をヘブライ語に翻訳している。だが、『スピノザ書簡』の初版が出版された頃は、マイモンは「スピノザ論争」に積極的な関わりは持たなかったようである。このように風来坊のような生活を送っていたマイモンだが、私たちが注目すべきは一七八七年以降の哲学活動である。メンデルスゾーンの死後、一七八七年に再度ベルリンに戻ってきたマイモンは、この時期にカントの『純粋理性批判』に集中的に取り組み、その成果を踏まえた著作を一七八九年の年末に完成させる。ヘルツがカントに送りつけたものこそがその『超越論哲学試論』（一七九〇年。以下、引用では「VTP」と表記する）である。

以下では、この『超越論哲学試論』に対するカントの評価を手がかりにして、マイモンの哲学の意義を考察する。とはいえ、彼の『超越論哲学試論』は実際のところ特定の立場として整理することが困難である。たしかに、フィヒテは『全知識学の基礎』において彼自身が最も大きな影響を受けたひとりであるシュルツェと並べてマイモンを懐疑主義と整理している。[26]だが、たとえばマイモン自身は『試論』で自らの立場を「私はカント主義者であり、反カント主義者であり、同時に両者であるが、両者のどちらでもない」（VTP, 11）などと、「懐疑主義」や「批判主義」に限らずあらゆる分類を拒絶するかのような態度を示している。マイモン自身の表現では、彼の『超越論哲学試論』はヒューム、ライプニッツ、スピノザをカントと調和させ、合理主義や懐疑主義と批判哲学とを結びつけるような「連合体系（Koalitionssystem）」（MW *I*, 557）なのだという。加えて、批判哲学のみならずスピノザ主義、カバラ主義、ユダヤ的素養など様々な思想的背景を持っていることが——そもそも、彼の母国語でさえヘブライ語、ポーランド語、リトアニア語などが混ざり合っており、彼にとってドイツ語は外国語に過ぎない——単純な整理をより困難にしている。

それでは、そうした哲学者がフィヒテから限りない尊敬の眼差しを向けられ、カントからも一目置かれるに値する人物だったならば、その理由はどこにあるのか。マイモンの思想史的意義について、たとえばバイザーは次のように述べている。「マイモンの理論はフィヒテ、シェリング、ヘーゲルに顕著な影響を与え、全員がその背後にある主要な原理を受け入れた。マイモンのおかげでカント流の超越論的自我は新たな形而上学的な地位を獲得した。すなわち、超越論的自我は有限な主体と客体を統一することで、あらゆる個人の意識のなかに存在する単一の普遍的な主体となった。したがって、マイモンの無限なるものの理解はフィヒテの「自我」とヘーゲルの「精神」の先駆〔的モデル〕である」[27]。よって『超越論哲学試論』は「カント以降の観念論の歴史にとって最初に重要な著作である。マイモンの『試論』を読まずにフィヒテ、シェリング、ヘーゲルを研究することは、ヒュームの『人間本性論』を読まずにカントを研究するようなものなのだ」[28]。あるいは近年のドイツ古典哲学におけるマイモン研究の先鞭をつけたY・メラメッドはこう言う。「マイモンがスピノザを採用したことは、後のドイツ観念論の発展にとって極めて重要である。それは彼がスピノザとカントを結びつけようとした最初の人物（シュレーゲル、シェリング、ヘーゲルがこの道をたどった）であったからというだけではなく、

ように勧めている。

（26）また、フィヒテは一七九五年三月／四月のラインホルト宛書簡でマイモンの偉大な才能への尊敬を表明している。「マイモンの才能に対する私の尊敬の念は限りないものです。私は、彼を通して、これまでずっと理解されてきたカント哲学の全体が、そしてあなた方によってさえも、根底から覆されたと固く信じていますし、それを証明する準備もあります。ですが、彼がなしたことすべてに誰も気づかないまま、ひとは彼を見下しているのです。私は、将来の数世紀後には私たちは痛烈に嘲笑されることになるだろうと思います」（GA III/2, 282）。

（27）Beiser, *The Fate of Reason*, 286f.

（28）Ibid.

それ以上に、彼の著作から生じたスピノザに対する新しい理解のゆえである[29]」。

通例の哲学史の常識ではマイモンはカントの「物自体」を抹消しようとした人物として知られている。だが、彼の哲学の意義はそれだけで特徴づけられるものではない。またメラメッドが考えるように、マイモンの哲学を全般にわたってスピノザ主義や「汎神論」と特徴づけることもできない。むしろマイモンはスピノザから明確に距離を取っている。とはいえ、厄介なことにマイモンはスピノザとまったく無関係なわけではなく、独自のスピノザ解釈によってカントとスピノザとを統合しようとした。その際にマイモンがカントをスピノザ主義化しただとか、カントをスピノザ主義の枠組みにはめ込み直したなどと解するのは一面的である。むしろ慎重に検討すべきは、マイモンの批判哲学や「体系」への批判の内実であり、彼が生活拠点を変える度にそれに連動するかのようにそのつど微妙に変化するスピノザ（主義）への距離の取り方である。

まずカントのヘルツ宛書簡から「感性」と「悟性」という「超越論的区別」をめぐる議論を取り上げ、マイモンによる「現象」と「物自体」との区別の改変——カントの表現を借りれば、形而上学の原理の「改革」(KA XI. 54)——の要点を究明する。次にマイモンのスピノザ主義について、カバラ主義と「エンゾフ」という文脈からアプローチし、そのスピノザ主義的特質を解明しよう。

(1) カント vs. マイモンの「神的な知性」論——カントの『超越論哲学試論』評から

まずカントがマイモンの『超越論哲学試論』をどう受け取ったのかを明らかにすることから議論を始めよう。というのは、彼の簡潔なマイモン評にはこの著作の重要なポイントやキーワードが多く含まれているからである。

私が〔…〕〔マイモンの言っている〕意味を正しく理解したとすれば、そこでは次のことの証明が目指されています。すなわち、悟性が感性的直観に対して（しかも経験的直観だけではなく、ア・プリオリな感性的直観に対しても）立法的な関係を持つべきだとするならば、悟性はそれ自身が創始者でなければならないし、しかもそれはこの感性的諸形式の創始者であるか、あるいはさらにその形式の質料である諸客観の創始者でもなければならない。というのも、さもなければ「権利問題」が満足いく仕方で答えられないからである。しかし、そのような解答はライプニッツ－ヴォルフの諸原則にしたがえば充分に可能であって、ひとはその諸原則に次のような見解を付け加えればよい。すなわち、感性と悟性は種的にはまったく区別されず、むしろ感性は世界認識としてたんに悟性に付随しているだけであり、そこにはただ意識の程度の違いがあるだけで、前者〔感性〕の表象様式における意識の程度が無限小であるのに対して、後者〔悟性〕の場合は所与の（有限な）量である、と。そして、ア・プリオリな総合がなぜ客観的な妥当性を持つのかといえば、それはただ**神的な知性**（der göttliche Verstand）のおかげであり、そもそも**私たちの悟性は神的な知性の一部に過ぎない**、あるいはマイモン氏の表現によれば、神的な知性と私たちの悟性は、たんに**制限された仕方**ではあっても**同種のもの**なのである。そうした知性そのものが世界の諸事物（それ自体）の諸形式と可能性との創始者であるからなのだ、と（KA XI, 49f.)。

こう述べたあと、続けてカントはこう結論づける。

しかし、私はこれがライプニッツやヴォルフの見解だったとはまったく思いません。もちろん、実際にこうした見解を感性と悟性を対置する彼らの説明から導出することはできるかもしれませんけれども。さて、彼らの教説の信奉者であることを自ら公言するひとは、自分たちがスピノザ主義を受け容れるなどということは

（29）Melamed 2004, 94.

まったく容認しないでしょう。ところが、実際のところマイモン氏の考えは、**スピノザ主義と同種のものなのです**〔…〕（KA XI, 50）。

カントによるマイモンへの評価のうちで最も目につく大きな疑問は、なぜカントにとってマイモンの『試論』がスピノザ主義に映ったのかである。マイモンによる「超越論的演繹」の「権利問題」への批判は、どのようなかたちをとっているのか。

マイモンはカントの〈感性－悟性〉という認識能力の二元論的な「超越論的区別」を廃棄し、これらの能力の〈質的区別〉を〈量的区別〉として、つまり感得作用の「程度」の差として捉える。この変革の要点は、私たちの感得作用を「神的な知性」あるいは「無限な知性」の一部とすることで両者の働きの差異をグラデーションとして捉え直すことにある。上述したように、これはライプニッツ的な路線を復活させていると言える。そうすることで、「感性＝受容性」「悟性＝自発性」という区別そのものも無効になり、それにともなって、私たちの感覚が「私たちの外部」に実在する「物」からの触発を通じて、受動的に喚起されると考える必要もなくなる。よって、ヤコービが衝いていたカントの隠れた「前提」たる「物自体」の「実在論的な機能」もまた不要になり、認識の「素材（質料）」は、究極的には私たちの主観の内部に求められるとマイモンは考える。「素材」だけではない。その「形式」もまた「神的な知性」から湧き出てくるはずである。「神的な知性」そのものが「世界の諸事物の形式と可能性の創始者」になるとは、そうした事態を指している。

マイモンの考えを総括すれば、カントによる認識能力の区別も、対象が持っていたはずの「現象」と「物自体」という二つの意味も、すべて「無限なる神的な知性」のうちに還元され、その結果私たちの認識はその知性の完全性のグラデーションにしたがって成立するという図式になる。「Verstand」という言葉に関してマイモンに与して言えば、カントが説明するような「規則の能力」としての「Verstand」では、その本来の力がまったく限定的にしか理解されていない。そして、そうした無用の区別を堅持しているがゆえに「物自体」問題が生じてくる。

だがこうした悟性理論は、カントからすれば「ルール違反」であり、反則である。それゆえ『超越論哲学試論』へのカントの反論は、まずもってこの〈感性－悟性〉論に集中せざるをえない。かのヘルツ宛書簡でも、カントはマイモンの理論的混乱の主な要因としてこの点を指摘することで書簡を結んでいる。

> 〔…〕人間の悟性は特別に神的な知性と〔種的に〕同一のものだと想定することはできないのであって、たんに制限によって、つまり程度という点で神的な知性と異なるだけだと想定することはできないのです。つまり、人間の悟性は直観する能力ではなく、ただ思惟する能力だとしか見なされてはならないのです。この思惟する能力は、まったく異なる直観の能力（言い換えれば、受容性）を是が非でも自分の側につけねばならず、もっと適切に言えば、それを素材として持たねばならないのです。後者、つまり〔受容性としての〕直観はただ現象だけを私たちに提供するのであって、ことがらそのものは理性のたんなる概念であるのだから、これらの二つの能力をまったく混同してしまうことから生じるアンチノミーは、私の原則にしたがったア・プリオリな総合命題の可能性を演繹する以外には、決して解決されえないのです（KA XI, 54）。

カントはマイモンのような「知性の理念を想定する必要はまったくない」（KA XI, 52）と断じ、「純粋理性の二律背反」をもう一度読めばこの誤解は氷解するはずだと加えたうえで、ヘルツにこの書簡をマイモンに知らせるよう依頼している（KA XI, 49）。それでは、こうした認識の枠組みがスピノザ主義であるのはなぜなのか。カントはこの意図についてまったく説明していない。だが、この特徴づけの問題は、ただたんにカントがライプニッツ－ヴォルフ学派をそのように捉えていなかった（あるいは、ただカントにとってスピノザ主義者はそういう主張をする者たちだった）のだろうというだけのことではない。着目すべきは、カントの「私たちの悟性が神的な知性の一部に過ぎない」という言葉である。ここでのカントによる「スピノザ主義」呼ばわりは、「汎神論」や「唯物論」などの存在論的意味合いではなく、さしあたり認識論に限定された文脈で考えねばならない。

さて、スピノザは『エチカ』のある箇所でこう述べていた。「〔…〕人間精神は、神の無限な知性の部分である〔…〕。神が〔…〕人間精神の本質を構成する限りで〔…〕人間精神は事物を部分的に、つまり非十全に認識する」（第二部定理一一系）。カントがマイモンの「悟性」論の核心的特質を私たちの「人間の悟性」と「神的な知性とを同一のもの」だとしていることは、このスピノザの「知性」論と重なっている[30]。スピノザでは「第三種認識」である「直観知（scientia intuitiva）」（第二部定理四〇備考二）の可能性も認められるが、当然のことながら、カントにとってはそのような「直観的悟性」（KrV. A. 255/ B. 310）や「知的直観」は人間の知的能力として認められない。カントにおいては、そうした「感性」を超出するような「悟性」の行使は「蓋然的な」（ibid.）使用にしかならない。

以上から、こうした認識作用に関する理解の違いのうちに、カントとマイモンとの接点としてのスピノザ主義の意義が浮かび上がってくる。スピノザの場合は、「神的知性」と「人間精神」とのあいだには「実体」と「様態」とのあいだのものと同様の関係が成立していると考えられ、「人間精神」が「神的知性」の「様態」であることのうちに、それが「神的知性」の「部分」「一部であること」の本質がある。「直観知」を行使することとは、まさしく無限なる「神的知性」に参与すること、「*teil-nehmen*」だと解せる。他方で、マイモンの場合も同様に「人間の悟性」は無限なる「神的な知性」とその本性上同一のものであって、「程度」の差がつくかたちで行使されることで——カントの表現で言えば、「神的な知性」が何らかの「制限された仕方で」行使されることで——発現するものが、私たちの認識能力である。その意味で「スピノザ主義と同種のもの」と言えなくもない。そうした「無限な悟性」が「göttlich」と形容されるべきならば、なおさらそうである。

しかしながら、繰り返しになるが、カントにはこれはまったく容認できないことであり、マイモンの超越論哲学は、批判哲学以前の、スピノザ主義のたんなる焼き直しに過ぎないことになる。マイモンはこのヘルツ宛書簡のあと、たびたびこの自著の評価をめぐる書簡をカントに直接送りつけるのだが、カントはこれらすべてに返事を書かないまま放っておくことになる。

(2) マイモンのスピノザ主義——神の「制限」と「窓のシャッターを閉めろ」の逸話

メラメッドは、マイモンの哲学的な意味はスピノザとカントを結びつけようとしたことにあると解釈する。メラメッドはもう少し踏み込んで、たしかに彼が遺したテクストには見かけ上の逸脱が認められるものの、その根底において彼は一貫してスピノザ主義をとっていたというマイモン像を呈示する。「一七九〇年代半ば以降、マイモンはより懐疑主義的な立場をとるようになる。彼は、依然として経験の客観性は、独断的な形而上学のいくつかの要素（主に、経験の形式と内容の両方を創出する「無限な知性」という考え）を採用することによってのみ支持できると考えていた。しかしながら、懐疑主義者はいつでもよりラディカルな立場に訴えて経験の可能性〔そのもの〕を疑うことができるため、そうした手段では〔経験の〕確実性は保証できないのではないかとマイモンは説いた。このような懐疑的な転向にもかかわらず、マイモンはスピノザ哲学を完全に放棄することはなかった〔…〕」(31)。

(30) Elon 2021, 69. イーロンは、同書で先行研究を丹念に追跡し、特にメラメッドの図式に有力な証拠をもって反論を加えている。

マイモンは最初のベルリン滞在時には当地の啓蒙主義の自由な気風に期待していたが、彼がスピノザ主義を公言したこともあり、そのときは誰もが彼の風変わりな言動に眉をひそめた。彼が二度目にベルリンを訪れたとき、つまり「汎神論論争」が起こり始めたときのヤコービとメンデルスゾーンの「政治的」態度にも彼は非常に落胆した。すでに述べたように、ヤコービによるレッシングの「スピノザ主義」の暴露は、純粋に「汎神論」を議論しようという探求心からではなく、ベルリンの啓蒙主義者らのあいだに混乱を生み出してやろうという「政治的な」意図も含まれていた[32]。それに応じるメンデルスゾーンもまた「政治的な」配慮から、自分のスピノザ主義への隠れたシンパシーを覆い隠し、「純化されたスピノザ主義」などという弁明を持ち出すことで無用な批判を避けようとした。こうした動きを見たマイモンは、ドイツに思想家たちの自由で公平な言論活動が交わされる共同体が実現される希望を打ち砕かれた（vgl. MW *I*, 468f.）。メラメッドは、マイモンがこれらの教訓から人前で「スピノザ主義」を公言することを避けるようになり、その代わりにライプニッツ哲学を持ち出し始めたのだと解釈する。つまり、マイモンのスピノザ主義からの逸脱はベルリンの知識人たちと同様に哲学的なポリシーによるものではなく、生活上の必要から生じた「政治的動機」によるものだという[33]。そこからメラメッドはマイモンの反‐スピノザ主義的、非‐スピノザ主義的な言動がいわば世を忍ぶ仮の姿であって、彼が根源的にはスピノザ主義だったことを論証しようとしている。

しかし、メラメッドがその影響を過小評価している「スピノザ主義からの逸脱」はもっと根源的で重要な問題である。第一に、彼にとってスピノザ主義という思想は、彼がベルリン訪問以前から慣れ親しんでいた「カバラ主義」のひとつの形態に過ぎなかったということを考慮せねばならない。マイモンの最初のスピノザとの出会いの詳細は不明である。だが、彼は以下のような興味深い回顧をしている。

私はスピノザを読んだ。その哲学の深淵な思想と真理への愛はこの上なく私を喜ばせた。そして、**私はすでにポーランドでカバラ主義の著作がきっかけになって、まさしくそれと同じ体系へと進んでいたので、**それについて改めて熟慮し、〔…〕その真理を確信するようになった（MW *I*, 469f.）。

ここではカバラ主義の一般的特質を列挙してそれと比較するよりも、[34] マイモンの他のキーワードに着目するほうが賢明である。そもそも、スピノザ主義をカバラ主義と結びつけたのは一六九九年頃のヴァハターである。彼にとってはスピノザ主義もカバラも一種の無神論であったが、ヴァハターはそれらの教説をむしろ擁護する。よって、この両者を結びつけるのはマイモンのオリジナルではなく、ポーランドのユダヤ人コミュニティのあいだにもそうした思想的土壌があったのだろうと推察される（もちろん、後年の受容ではスピノザもカバラ主義も「無神論」の形態だとは限らない）。

第一に注目したいのは、「エンゾフ（Ensoph）」の概念である。この術語は哲学のタームとしては馴染みが薄いものだが、元々はカバラ主義の概念であり、「内在的原因」と訳されることもある。実は「エンゾフ」は、ヤコービが『スピノザ書簡』においてスピノザを特徴づけるときに用いたキーワードに他ならない。このこと

（31）Melamed 2004, 68.

（32）ヤコービは『スピノザ書簡』でライプニッツの哲学（合理論の体系）がその本質においてスピノザ主義と同じであり、どちらも「無神論」や「宿命論」に通じることを唱えていた（vgl. JW1.1, 247ff.）。これについてもすでに明らかにしたように（本書第1章2節参照）、真新しい議論ではなく、ランゲらのヴォルフ批判の際に持ち出されたものであった（Vgl. auch Israel 2001, 544–552）。

（33）Melamed 2004, 71.

（34）カバラ主義については以下を参照。Scholem 1980（ショーレム　一九八五年）。ヴァハターについては以下を参照。Gershom 1984; Folkers 1994, 71–95; Israel 2001, 645–52; 長島　二〇一三年、一一―二六頁。

は本来もっと注目されてもよいはずである。以下は『スピノザ書簡』でのヤコービの台詞である。

「無からは何も生じない（*a nihilo nihil fit*）」。このことをスピノザは哲学するカバラ主義者よりも、そして彼に先行する他の誰よりも抽象的な概念で考察しました。これらの抽象的な概念によって、スピノザは次のことに気づいたのです。すなわち、無限なものについて、それがどのような形像を身にまとっていたとしても、その無限なものにおけるいかなる発生によろうが、いかなる変化によろうが、無から或るものが措定されることに。それゆえ、スピノザは無限なものから有限なものへのいかなる移行も斥けます。彼はいかなる推移的、二次的、離れた〔ものどうしのあいだの〕原因も斥けます。そして流出するエンゾフの代わりに、内在的なエンゾフを措定しました。それは内在する、永遠に変化することがないような、世界の原因です。この原因はそれがもたらすあらゆる結果と一体であり――それらとひとつの、同一のものでしょう（JWI.1, 18）。

先のカントとのあいだの応酬では認識論的な文脈でスピノザ主義を問題にしたが、ここではむしろ存在論的な意味でスピノザ主義が理解されている。ヤコービが解する限りでは、スピノザの体系は世界の外部の超越者からの「流出」や「移行」ではなく、世界の原因を内在化させたのだという。そしてその原理が――「神」や「実体」というよりも――「エンゾフ」と呼ばれる。この内在的原因の考えは一七九〇年末にテュービンゲンで個人的な交友圏で『スピノザ書簡』を読み、「ヘン・カイ・パン」というスローガンのもとでカントやフィヒテを「合一哲学」によって乗り越えようとしたヘルダーリンへと直接流れ込むことになる[35]（この理論的進展と「合一哲学」への影響については、本書７章を参照）。ヘルダーリンが遺した『スピノザ書簡』からの数少ない抜粋は、まさにこの文章を書き出しており[36]、「無からは何も生じない」「内在的なエンゾフ」などの抜き出された言葉は、彼に非常に大きな印象を与えたものと思われる。よって「エンゾフ」は、元々古代ギリシャに由来する

「ヘン・カイ・パン」というスローガンが一八世紀末ドイツの超越論的哲学の受容という文脈で復活を果たすための、その直接的な〈概念のプロトタイプ〉として位置づけることが可能である。

それでは、無から何も生じさせないような、外部から原因を与えられず、それゆえ無から有へのいかなる「移行」も存在しないようなカバラ主義的な存在論とはどのような特質のものなのか。このことを理解するうえで鍵になると思われる概念を前もって示しておけば、それは「制限（Einschränken, Einschränkung）」（あるいは「制限された仕方」）である。この術語をカントが書簡でも持ち出していたことを想起されたい。

> 神の外部にあるすべての事物は、その本質においても実在においても、その原因として神に依存せねばならなかった。それゆえ世界の創造は無から生み出されたものとも、神に依存しないものからの形成とも考えられない。そうではなく、自ら自身による産出として考えられねばならない。存在者はさまざまな完成の程度を持っているので、その発生方法を説明するためには、神的な存在者のさまざまな**制限の程度**を想定しなければならない。これは、まさしく無限なる存在者から物質への制限だと考えなければならないので、この制限の始元を無限なものの中心（最下点）として、比喩的に想像してみよう（MW *I*, 140f.）。

ヤコービとまったく同じような口調で、マイモンもまた世界の外部からの因果的作用や無からの創造を否定する。そして有限な世界の事物の存在根拠を、世界に内在的に存在する神的なものの「自己産出」として理解する。もっと目を引くのは、有限な事物の完全性にはグラデーションがあり、その根源的原因の完全さの程度にしたがって、物質や事物の発生の様式が捉えられていることである。こうした無限者と有限な事物とのあい

（35）同様のテーマについては、以下を参照。Zimmermann 1999, 223–233.

（36）Vgl. StA4.1, 207.

だの関係の図式は、上述の「神的な知性」論やスピノザの「神的知性」論のそれとまったく同じである。よって〈無からの生成〉も〈無から有への移行〉も〈世界の外部からの創造作用〉も、ことごとく斥けられる。マイモンは同様のことをスピノザ主義によって以下のように捉え直している。

> 実際のところ、カバラとは拡張されたスピノザ主義（erweiterter Spinozismus）に他ならず、そこにおいては世界の発生が神的な存在者一般の制限から説明されるだけでなく、本質のあらゆる種の発生とその他のあらゆる存在との関係も神の特殊な特性から導き出される。すべての存在の究極の主体としての、究極の原因としての神はエンゾフ（すなわち無限なもの、それ自体で考察すると何ものにも述語づけされえないもの）と呼ばれる（MW *I*, 141）。

もちろんスピノザは「唯一実体」を「エンゾフ」とは呼ばないが、マイモンはおそらくカバラ主義の「Ain Soph」を念頭に置いているのだろう。マイモンは世界の物質的原因を「エンゾフ」としての「神」に求め、それを基底にして現実の世界のうちの存在者の秩序を理解する。

これらのことをマイモンがもっと「比喩的に」語ったエピソードがある。それは匿名の「Ｈ氏」との会話であるが、この「Ｈ氏」こそヘルツである[37]。マイモンはこの頃出会ったばかりのヘルツにスピノザの本質を説明しようとしたが、彼に哲学的な才能がなかったがゆえにその説明が理解できなかったのだという。

> 私は彼にスピノザの体系を理解させようとしたことがある。すなわち、すべての物体は唯一実体のたんなる偶有に過ぎないのだということを。彼は私の言葉を遮って言った。「いや！　そんなことはありえません！　私はあなたとは違う人間ではないですか。私たちはそれぞれ自分の現存を持っていないと仰っているんですか？」と。そこで私は、「窓のシャッターを閉めなさい！」と叫んだ。この奇妙な言葉に彼は驚いた。彼は、そのこと

で私が何を言おうとしているのか分からなかったようだ。そこでとうとう私は自分の言いたいことを説明した。「見てください、太陽が窓から差し込んでいるでしょう。この四角い窓からは〔室内に〕四角く光（Widerschein）が差し込んでいるのに、この丸い窓から差し込んでくる光の形は丸いでしょう。シャッターを閉めれば、これらの異なる光の形は完全に消えます」（MW *I*, 466）。

ヘルツの意見は非常に常識に適ったもっともらしいものである。「私」という個人（個物）と「あなた」という別の個人はたしかに異なる人格のはずであり、これは否定しようのない厳然たる事実である。この事実は「私」と「あなた」がたとえ同じ「人類」であろうと変わりはなく、現に今、違う人間が二人別々にいるではないか。ヘルツはそう言っている。マイモンが突然そう叫んだところで、窓を閉めたり窓からの光を見たりすることによって、なぜスピノザが理解できるようになるのかはまったく自明ではない。

さしあたり、これは当然のことながらスピノザの「実体‐様態」論を非常に単純化して寓話化している。この喩えでは「太陽光」はスピノザの「唯一実体」「エンゾフ」であり、部屋の窓から室内に差し込んでくる「光」は偶然的な「様態」や「属性」といった「偶有態」を表わしている。窓からの光がいかなる形で部屋に入ってこようとも、それはすべて「実体」から発せられている限りで、目に見える室内の光の形（つまり、世界のうちでとられる「様態」）は究極的には「太陽光」の変容態である。すなわち、「太陽」は部屋の明かりの「根拠」なのである。

この必ずしも洗練されているとは限らない譬えは、しかしながら、本書で追ってきたマイモンのアイディアを非常に簡潔に表現しえている。すなわち、「部屋の窓枠」こそマイモンが繰り返し唱えてきた「制限」の働

（37） Engstler 1994, 173, n. 69.

きを代理的に象徴しているのである。マイモンに沿って言葉をつけ加えれば、「太陽光」は「制限された仕方」（つまり、窓枠の丸や四角い形状）に応じた日光を部屋の壁に落とす、と譬えられる。存在者の「程度」や「グラデーション」は、ここではシャッターによる光の絞り具合に対応している。無論、神の存在という光源が何らかのかたちで「制限」されるのだとしても、その明るさが「太陽（つまり、神の存在）」から発せられた光であり、部屋の壁に投影された光がそこから放たれたものであることに変わりはない。概念的に言い直せば、このメタファーは根源から発せられた「光」と「部屋の光」とが「質的」には同じであるが〈量的差異〉によって区別されることも示している。だから「マイモン」と「ヘルツ」の違いも、スピノザの図式から言えば「窓枠にかたどられた光の姿」の違いに過ぎないことになる。

マイモンがこの比喩で伝えたかったのは、次のことだろう。すなわち、彼が命令するように、シャッターを閉め切れば部屋のなかがすべて真っ暗になってしまうように、有限者と「エンゾフ」との関係が遮断されてしまえば、「私」も「あなた」も世界の事物はことごとくその存在根拠を失ってしまう。マイモンの考えでは、「唯一実体」や「エンゾフ」がなければ「Widerschein」である個別的存在者もまた消えてなくなってしまうのである。マイモンはこれらのことを「シャッターを閉めろ！」のひと言で（！）言い表わそうとしていたはずである。

このエピソードでは、具体的な個物の〈リアルな存在〉が本当に存在していないのか、あるいはそれらを「実体」がどう規定するかということ（つまり、「実体」に由来する「マイモン」と「ヘルツ」の区別がなぜ生じるのか）はさしあたり明らかにされない。ここでは事物の究極的な根拠と「制限」の関係だけが問題であり、マイモンにとっては、その関係についての教説こそがスピノザ主義の要諦だったわけである。

マイモンとヘルツの会話の齟齬は、超越論的立場と経験主義的立場とのあいだの問題対象のすれ違いと表現してもよい。この問題意識のずれは、彼の最後の言葉がヘルツの常識的な疑問への直接的な回答ではなく、「これらの異なる光の形は完全に消えます」であることからも読み取れる。『シャッターを閉めて日光を遮れば窓からのどんな「光」も消えることから、すべての「光」は「現存」の根拠を同じく「太陽」のうちに持っていると言えるではないか、それとまったく同様であるにもかかわらず、「私」と「あなた」があたかも異なる存在根拠を持っているかのごとく誤って錯覚しているならば、その者には哲学的なセンスが欠けている。』これがこの挿話でのマイモンの見解である。これに対して、私たちが二人の別々の人間であるという厳然たる経験的事実を否定し、それらがともに「唯一実体」の「偶有態」に過ぎず、究極的に言えばひとつの同一の「実体」がとる仮象の姿でしかないという理説をヘルツは呑みこむことができていない。

D・イーロンは、マイモンがこのことを伝えたかったのであれば「部屋の壁を壊せ」と言ったほうが適切だったとする。というのも、窓が壁ごとなくなってしまうと個物の区別が一切消失して「唯一実体」しか存在しない状態を疑似的に示すことができたからである。(38) しかし、私たちの理解では彼の命令は「シャッターを閉めろ」でなければならない。なぜなら、彼にとってスピノザは「無世界論」であり、(39) その教説の要諦は「唯一実体」しか存在しないことというよりも、「エンゾフ」の「制限態」が実際には実在しないことにあったからである（もっとも、究極的かつ唯一の問題（本来これらは重点の違いでしかないのだが）。マイモンにとって最大の哲学的な関心事（さらに言えば、究極的かつ唯一の問題）は、個物どうしの差異やそれぞれの存在論上のステータスではなく、私たちを含めた世界のすべての有限者がことごとく「エンゾフ」の「制限態」であることを立証することなのである。ヘルツのような疑問に答えることは、マイモンにとっては何ら哲学的な価値がない。

(38) Elon 2021, 53.
(39) 「無世界論」については本書5章3節を参照。

さて、このことをカバラ主義的術語で言えば「ツィムツム（Tzimtzum, Zimzum）」の教義[40]であり、スピノザの「実体-様態」論は実質的にこの「神の自己制限」と同一視しうる[41]。こうした「実体」論がマイモンのオリジナルかどうかについては、はっきりしない。ただ、こうしたコンセプトが明確に『スピノザ書簡』でのヤコービによるスピノザ主義論とパラレルな関係にあるとは言えるだろう。マイモンにとっては、スピノザ主義が「ツィムツム」と同じだったのであり、その逆ではない。とはいえ、こうした思想の痕跡は「エンゾフ」というかたちをとって残り、マイモンの考えとは逆に、カバラ主義がスピノザ主義へと還元されることになる。それによって、結果的に「エンゾフ」は「合一哲学」の系譜のなかに流れ込んでいくという運命を辿る[42]。翻って考えるに、マイモンの「神的な知性」論もまた、――彼が批判哲学に出会うはるか以前の、ポーランド時代から「カバラ主義＝スピノザ主義」に馴染んでいたのであれば――こうしたカバラ主義的＝スピノザ主義的な「制限」の図式の転用とも解釈しうるだろう。そしてカントもまた――それがカバラ主義とは考えなかったであろうが――マイモンの筆致から図らずもこのことを言い当てたとも言える。

とはいえ、マイモンの思想はやはりスピノザ主義のバリエーションのひとつであると解釈する余地も依然残されていると言えるかもしれない。そうではないことは、本書5章3節においてマイモン独自の「神的な知性」論を究明することで明らかになるだろう。

(40) シュルテは「ツィムツム」の観点からシェリングを読み解いている。Schulte 1994, 97–118.

(41) Melamed 2012, 178.

(42) その論理的分節化の理論的進展については、本書７章を参照。

第2部　哲学の「根本原理」とその理論的進展

――「理性」と「感情」

第3章　テュービンゲン・シュティフトにおけるフラットの「形而上学」

カントの批判哲学は、教科書的な単線的－図式的整理ができるほど単純なかたちでドイツの思想界に受け止められたわけではないことはすでに指摘した。その論争状況は、カントの著作や書簡、およびカントへの批判を企てた著作を検討すればある程度解明することが可能である。しかしながら、特別な「嗅覚」によって批判哲学の価値を察知し、カントへの直接的な挑戦を挑むことができたのは、世代的に言えばヤコービ（一七四三年生まれ）やマイモン（一七五三年生まれ）、ラインホルト（一七五七年生まれ）らであり、例外としてそうしたアプローチで活躍したのはせいぜいシュルツェ（一七六一年生まれ）やフィヒテ（一七六二年生まれ）までだった。とりわけ、後に「ドイツ観念論」と呼ばれる一大潮流を作り出すことになる者たちの大多数はいきなり『純粋理性批判』を手に取ったわけではない。哲学史上でも難関な同書は、その価値が分かっていたところで、若い学生が何の予備知識もなしに一頁目から捲っていっても到底独力で消化できる代物ではない。後続する世代は、すでにちらほら出版されつつあった解説書や書評などを頼りにして、誰かの目を介してカントを受容しているのである。だから当然、当時のカント解釈はカントとの直接対決によるものだとは限らない。よって内容に関しても、彼らが入手できた参考書のカント理解が現在の私たちが知っているカント論と同じとは限らない。ヘーゲル、ヘルダーリン、シェリングらの超越論的哲学との対決を通じた思想形成を解明するためには、まず同時代のカント像をできる限り再現することから始めなければならない。

ここで重要になるのが、第一に、テュービンゲン・シュティフトの学術的環境[1]と講義であり、第二に、当地で発行されていた学術雑誌『テュービンゲン学術報知（*Tübingische gelehrte Anzeigen*）』である。長年のドイツ観念論研究では、カント哲学の受容と普及が辿った運命は多くの点で誤って伝えられてきたが、こうした事情はテュービンゲンの受容についても例外ではない。何よりもまず注意すべきは、テュービンゲン・シュティフトは当時のドイツの大学のなかでは例外的にカント哲学に対してオープンに議論ができる環境にあったことである。たしかに、テュービンゲン・シュティフトは神学のための教育機関であり、哲学的論争の最前線の舞台になるような場所ではなかった。シュティフトの規模は小さく、学生数も二〇〇から三〇〇人ほどで、卒業生のほとんどは神学者や牧師、あるいはギムナジウムの教師になるのが通例だった。[2] そうした場所柄もあり、当時の教授陣はカント哲学にそれほど熱を上げていたわけではなく、むしろ懐疑的でさえあった。

その教授陣のなかで特に例外的に書評活動を通して表立ってカントを扱っていたのが、臨時で哲学部の員外教授を務めていたJ・Fr.・フラット（Johann Friedrich Flatt, 1759-1821）だった。フラットは遅くとも一七八六年には『純粋理性批判』に取りかかっており、同年にカントに関係する書評を公にしている。[3] 彼の論調もまた批判的であったが、それは決して閉鎖的な空気を生むような性質のものではなく、むしろカントに対して非常に開かれたものだった。その証拠に後年シュティフトで「補習教師（Repetent）」を務めるニートハンマーやディーツは、神学よりもカントに熱中し、やがて後輩の神学生たちにカントを指南するようになるのだが、彼らは思想や授業内容が原因で補習教師の職を解かれることはなかった。以上のように、カントに通暁した哲学教授の講義の聴講と、優秀な補習教師たちとの討論が許されていたという当時のドイツでは極めて例外的な教育環境がヘルダーリンやヘーゲル、シェリングらに提供されていたことをまず押さえねばならない。ゲッティンゲンや「栄光の時代」に突入しつつあったイェーナには劣るであろうが、テュービンゲンが哲学を志望する学生にとって悪くない都市であったこともまた事実なのである。

したがって、シュティフトというこうした特殊な文脈で受容されるカント、ラインホルト解釈は――良い意味であれ、悪い意味であれ——先行者による一定の「バイアス」がかかったものにならざるをえない。問題はその「文脈」や「バイアス」が（クローズドで排他的なものではないとはいえ）どのようなものだったのかである。これらのことをM・フランツとE-O・オンナッシュによる研究成果を踏まえて明らかにし、ヘーゲルらシュティフトの学生たちのカント-ラインホルト受容をより実態に近いかたちで解明するのが本章の目的である。よって、これまでのドイツ古典哲学のシュティフト研究の成果は尊重しつつも、それらの細部は一度脇に置いて、当時の問題圏を踏まえて全体像を構成し直そうというのが本章の狙いである。(4)

ヘーゲルはテュービンゲン・シュティフトを卒業後、ベルンで家庭教師をしていた。彼はシュティフトを卒業して以来シェリングとは疎遠な時期があったが、一七九四年の年末にシェリングが執筆した論文の広告を目にしたことをきっかけに筆をとった。(5) そのときはまだシュティフトに在学中だったシェリング宛ての一二月二

---

(1) 初期ヘーゲルについては、以下のものを参照。藤田　一九八六年、伊藤　二〇〇三年、六三—八〇頁、佐山「愛の倫理」、七七—八五頁、「ヤコービとヘーゲル」、二六七—二八一頁、「ヤコービとスピノザ論争」一四五—一六八頁、「ヘーゲルのスピノザ受容」、三二三—三四八頁。

(2) Fuhrmans 1975, 53.

(3) Brecht 1977, 384.

(4) テュービンゲン・シュティフトのコンステラツィオンについてはフランツの論集（Franz（hrsg.）2005）で詳しく論じられている。

(5) ヘーゲルは書簡の冒頭で「僕は（ほんのこの前）パウルスの『メモラビリエン』での君の論文の広告を読んだ」（Br. 11: HKA III/1. 13）と言っている。このときヘーゲルが目にしたのは一七九三年のシェリングの論文「太古の神話、歴史的伝説、哲理について」の広告だった。これはパウルス（Heinrich Eberhard Gottlob Paulus, 1761-1851）の編集する『メモラビリエン』という雑誌に掲載されたものだが、その広告に出会うまで、書簡の一年以上前にすでに出版されていたこの雑誌をヘーゲルが手に取ることはなかったようである。ヘンリッヒによれば、テュービンゲンの若きカント主義者たちはこのパウルスの雑誌に論文を載せることをこぞって目指していたのだという（vgl. Henrich, *Kontext*, 53）。その論

四日付けの書簡がそれである。この書簡の冒頭でヘーゲルは「君は〔相変わらず〕昔の道を進んでいるようですね」（Br. 11; HKA III/1, 13）として、自分と同じようにシェリングが相変わらず神学批判を継続していると思い込んでいるのだが（ヘーゲルは自分とシェリングの問題関心が同じであることを確信したからこそ連絡を取ろうと考えたのであろう）、実際にはそうではないことはシェリングの返信ですぐに明らかになる。この両者のあいだの認識の違いはさておき、ヘーゲルはこの書簡の最後で当時の哲学論争を踏まえてテュービンゲンの様子を伺っている。

ところでテュービンゲンの普段の様子はどんな感じでしょうか。**ラインホルトやフィヒテのような人物が講壇に立たない以上は、まともなものは出てこないでしょうね。**おそらく、そこ以外のどこも旧い体系がのさばるようなところはないでしょう（Br. 12; HKA III/1, 14）。

「ラインホルトやフィヒテのような人物」とは、「根元哲学」や「知識学」といった「学の学」としての「哲学」構想を進展させていた超一級の超越論的哲学の学者を指している（この背景については本書1章を参照）。それでは、この「旧い体系」がもっぱらカント以前の形而上学体系を意味するのかと言えば、事態はそう単純ではない。あるいは一見すると、この書簡に端的に表われているように、概してヘーゲルはシュティフト全体に手厳しい評価を下しているように見える。たしかにヘーゲルが不満をぶつけているのは当時のテュービンゲン・シュティフトを支配していた旧態依然とした学問体制（主にその神学論）やその雰囲気に対してであり、(6)一部の学生たちはそれにうんざりしていた。さらに教授陣たちが、批判哲学が教義的神学に与えるネガティブな帰結や影響に反対し、概してその成果をむしろ「正統派」神学の擁護のための補助とすることを目指しており、彼らのカントの講義がそのための予備や準備作業であったことは否定できない。

しかし本書で明らかにしたいのは、一部の例外を除いた多くの学生たち（特にヘーゲル）にとって、シュティフトの講義はネガティブなだけではなく、ポジティブな価値も持っていたということである。何よりも、さしあたり聖職者を志望して入学してきた若きドイツ人学生たちはシュティフトの講義で当時の最先端の超越論的哲学との邂逅を果たしている。いわば、後年のドイツ観念論と呼ばれる一連の思想の「種を蒔いた」のはテュービンゲン・シュティフトの教育だったとも表現できる。このことは過小評価すべきではない。

これらのことを明らかにするために最も重要なことは、ヘーゲルの書簡の「ラインホルトやフィヒテのような人物が講壇に立たない以上は、まともなものは出てこないでしょうね」という言葉を正確に理解し、この書簡でヘーゲルが矛先を向けている対象にもっとしっかりとピントを合わせることである。

これまでの研究では、この書簡はヘーゲルのシュティフト批判とストレートに結びつけられ、彼（とシェリング）の教授陣批判と解釈されてきた。しかし、よく注意して読めば、シュティフトで講壇に立っている教授陣はここでは直接批判されていない。出てくるべき「まともなもの」とは、講義を受け取る側、つまり学生である。だから、批判の対象はシュティフトで講義を受けている学生たちなのである。「旧い体系」は学生たちのあいだでのさばっていたに過ぎない。ヘーゲルの書簡の言葉を敷衍すると、彼は「フィヒテやラインホルトの

文に対する当時の書評はシェリング全集の註に六つ列挙されているが（vgl. HKA I/1, 189）、松村は一七九五年のヘーゲルの断片と全集三巻の抜粋にそこからの抜書きがあることから（vgl. Text 29, GW1, 197ff.; GW3, 212）、その雑誌が『新神学雑誌（*Neues theologisches Journal*）』第四巻二分冊（一七九四年八月）ではないかと推定している（松村　二〇〇七年、二〇八頁）。

（6）「当時シュティフトには、フランス革命に応じて、学内規則やドイツの国家を批判しようとする学生たちの急進的な動きがみられた。彼らの旧体制への批判は、同時に彼らの教師たちのルター主義正統派神学にも向けられていた。その際彼らは、聖書批判と理性宗教を一致させようとしていたパウルスや、啓示の可能性を否定しかねないディーツの急進的なカント解釈に依拠していた」（久保『初期ヘーゲル』、二九頁）。

ような超越論的哲学陣営の超一流の学者に学生が感化されない限り、シュティフトから『本物』は出てこない」と言っているのである。だから、書簡の続きの箇所の「旧い体系は数名の優秀な頭脳の持ち主には影響を及ぼさないにしても、その他の大部分の機械的な頭脳しか持たない者たちには流布してしまう」(Br. 12) とは、教授への批判ではなく、まだシェリングが在学しているシュティフトの学生のレベルの低さを揶揄しているのである。『今の学生が本物に育つには、現状の教授陣をもってしては難しいかもしれない』、ヘーゲルはそうシェリングに同意を求めており、例外的に優秀な頭脳を持つこの在学生に同情しているのである。

よって、この書簡でヘーゲルが指している「まともなもの」「まともな人物」とは「超越論的哲学」の陣営、あるいはそれらの理論によく通じている超越論的哲学への賛同者だということになろう。このヘーゲルの書簡には「旧い体系」への嫌悪感と表裏となったヘーゲルの超越論的哲学への共感と、それへの（まだぼんやりとした）[7]期待が表われていた、と解せる。

もちろん、この頃交わされた書簡で「正統神学」が批判されるとき、テュービンゲンの教壇がまったく批判対象になっていなかったわけではない。もっと言えば、ヘーゲルとシェリングが「正統派」という言葉をネガティブな意味で使用していることも確かである。しかしながら、先のヘーゲルの発言の意味が不思議なほど見過ごされてきたことも事実である。したがって、シュティフトの講義がすべてカビの生えたような無味乾燥なものだったかどうかについて、さしあたり判断を保留せねばならない。この点を慎重に見極めることで、イェーナ期以前のヘーゲルのうちに埋もれている理論哲学的、形而上学的な思索を当時の思想の配置関係を踏まえながら掘り起こすことも可能になるだろう。

以下では、まずはテュービンゲン・シュティフトの当時の学術的環境を確認してから、上記のフラットの講義内容のもとになった主著の主張を検証し、当地におけるカント哲学の普及と受容の実態を確認していこう。

それらを通して、ドイツ古典哲学で展開されるテーマの主要ないくつかの点がすでにフラットによって開陳されていたことを明らかにすることで、シュティフトがドイツ古典哲学に対して持っているポジティブな意義を示そう。それによって、ドイツ古典哲学の基礎となる超越論的哲学の受容の特色も判明するはずである。

第1節　シュティフトの学術的環境

(1) シュティフトの教授

一七八〇年末のテュービンゲンでは、カントとラインホルトの哲学への関心が非常に高まっていた。それは宗教的、神学的問題だけではなく、理論的分野についても同様であった。フランツは、適切にも当時の様子をこう評価している。「いずれにしても一七九〇年頃のテュービンゲン・シュティフトの神学的-哲学的論争は、それまで一般的だったものよりもはるかに精緻だったと想像せざるをえない」(8)。テュービンゲン・シュティフ

(7)　この一ヶ月ほど後の書簡（一七九五年一月末と推定されている）で、ヘーゲルはシェリングに、ラインホルトについてはあまり知らない旨を告げており（vgl. Br. 16 : HKA III/1, 18）、さらにその後の四月一六日付けのシェリング宛ての書簡では、「夏にはフィヒテの知識学を研究するつもりだ」（vgl. Br. 25 : HKA III/1, 25）と述べている。周知のように、ヘーゲルはこの発言の六年後の一八〇一年の『差異論文』で、シェリングと並んでフィヒテとラインホルトを集中的に論述の対象にすることになる。よって、この時期のヘーゲルもフィヒテやラインホルトに関する知識を持っていたことは確実だが、しかしながら、書簡やこの時期の断片が間接的に示していることを勘案すると、ヘーゲルは一七九五年の時点では超越論的哲学の理解度に関してヘルダーリンやシェリングに大きく後れをとっていたと考えざるをえない。かの年末の書簡の時点でも、彼がフィヒテやラインホルトを充分に理解していたとは到底考えられない。

(8)　Franz, Paradoxe Konstellationen, 39.

トがこうしたレベルの高い環境にあったのは、当時の最先端の哲学に関するディスカッションが教授と学生、さらには先輩と後輩とのあいだでも交わされていたことに起因する。当然のことながら、このような学習環境に恵まれたのは特に後進の者たちにとって幸運なことだった。

まず教授陣について具体名を挙げれば、一七七七年から一八〇六年までシュティフトの校長を務め、哲学部の員外教授でもあったシュヌーラー（Christian Friedrich Schnurrer, 1742–1822）(9)や、神学者としてドイツ全土に名が知れ渡り、テュービンゲンで「すべての教師の教師」(10)とも言える立場にあったG・Ch・シュトール（Gottlob Christian Storr, 1746–1805）がいた。超越論的哲学に関して言えば、カント哲学をテュービンゲンでいち早く紹介したJ・Fr・アーベル（Jacob Friedrich von Abel, 1751–1829）(11)と、本章で詳しく取り上げるフラットが挙げられる。

テュービンゲンでは、論理学者にしてライプニッツ主義者であったプルーケ（Gottfried Ploucquet, 1716–1790）が一七八二年二月に脳卒中で倒れたため、「論理学・形而上学」講義の担当者が予期せず空席となり、それ以降講義担当者が不在の期間が数年続いた（この人事はプルーケが存命だったことによる）。彼が復職することはなかった。フラットは神学生時代にはさしあたりシュトールの影響下にあり、一七八〇年に神学部を卒業した後、司書としてシュティフトに残り、一七八二年には補習教師を務めた。それから一七八四年から八五年にかけてゲッティンゲンで研鑽を積んだ後、一七八五年にテュービンゲンから招聘されたことで彼は空席だった「論理学・形而上学」の員外教授に就任する。このとき彼は二六歳だった。その後、一七九一年にアーベルが正式にプルーケの後任に着任したことでフラットはポストを神学部の教授へと転じることになり、一七九二年からは神学部の正教授の職に就くことになる。

ヘンリッヒによれば、一七八八年以降はすでに前任者の意向は反映されず、実質的にフラットがテュービンゲンの理論哲学の授業全般の方針を掌握していた。(12)具体的には、プルーケがライプニッツの影響のもとで作成した教科書(13)から、最初期のカント支持者として知られるウルリッヒの説を採用した教科書へと変更がなされた。この些細な変更がドイツの思想史にとって持つ意味は私たちが想像するよりもはるかに重大かもしれない。シュティフトに入学したばかりのヘルダーリンとヘーゲル（八八年入学）、シェリング（九〇年入学）は、そ

---

(9) シュヌーラーは徹底的に近代的な釈義者であり、個人的にはフィヒテに熱狂的でさえあった（vgl. Hanke 2012, 33）。

(10) Henrich. *Konstellationen*, 196.

(11) アーベルはカールスシューレ時代のシラーの教師であり、かつその後は良き友人でもあった。彼はシュティフトで「論理学・形而上学」講座を担当しており、最も多くの学生たちが彼のもとに集っていた（Jacobs 1989, 62）。後年、ヘーゲルがイェーナで「論理学・形而上学」という題目の講義をしたり、「論理学・形而上学」を区分とした学構想を残したりしたことは知られているが、このタイトルはヘーゲルの独創ではない。「論理学・形而上学」はイェーナ大学をはじめとした当時の大学の科目名として一般的なものであって、主として理論哲学の分野を指していた。これは、ライプニッツ－ヴォルフ学派の伝統にしたがったものである。

ところで、細かい点であるが、アカデミー版シェリング全集の註にはアーベルが一七九〇年にテュービンゲンの「実践哲学」の教授に就任した人物であることが書かれている（vgl. HKA III/1, 274）。だがこれは正確ではない。彼は一七九一年から「理論哲学」を講じており、後に本人の希望もあって「実践哲学」（当時は道徳学と政治学、自然法などが「実践哲学」に属していた）へと転じたというのが正しい（vgl. Jacobs 1989, 62）。

(12) Vgl. Henrich. *Konstellationen*, 174.

(13) プルーケの教科書が遺した影響について、フランツによる以下の指摘は重要である。「若きシェリングはプルーケの肯定判断の理論に通暁していた。この理論は、教程として使用された彼の『哲学の理論的解明（*Expositiones Philosophiae Theoreticae*）』でも紹介され、使用されていた。彼は、いささか確信がなく、それゆえにプルーケの名前に言及することはないのだが、たしかに『哲学の形式の可能性について』で言及し、さらに「自我」論文のなかで再びそれを引っ張り出している。このことは、彼がプルーケの考案した記号「>」を演算に使っているという事実によってのみ明らかになる。プルーケはこの記号を「−」という記号の否定的等価と定義しており、この記号は命題において、あるいは二つの項の結合において、肯定されたコプラを表わしている。シェリングはこの記号「>」を不等号または相違の記号、あるいは等号の否定記号と解釈している」（Franz. *Tübinger Platon-Studien*, 113）。

の知的形成のごく初期の段階においてフラットを通して超越論的哲学に触れることになったのだから。

従来の研究では、フラットは「テュービンゲン正統神学」の名のもとでシュトールやジュースキントら他の教授と一緒くたに解されてきた傾向があったのだが、もはやそうした見方を全面的に維持することはできない(14)。というのは、カント（および八四年以降主にイェーナで広まりつつあった親カント派）へのレスポンスという点で、フラットに比肩する指導者はテュービンゲンには存在しなかったからである。フラットこそが当時のシュティフトにおけるカントの普及に大きな影響力を及ぼしたのである(15)。本書が彼の「形而上学講義」に注目する理由はまさにここにある(16)。

概して、彼の講義には伝統的な神学論だけではなく、当時の最先端のカント哲学はもちろん、それを補完し完成するものと目されていたラインホルト哲学も盛り込まれていた(17)。実際、フラットは現代の私たちが「神学校」「神学」と聞いて、先入観を持って漠然とそう思い込んでいるようなただの哲学の「門外漢」などでは決してない。むしろ当時のドイツのなかでも特にカントに通暁していたと言える人物の一人であって、『テュービンゲン学術報知』でカントやラインホルトの著作の書評を通して当時の哲学的論争の最前線の場で活動していた「哲学」の学者だった。こうした学術的背景も手伝って、当時のテュービンゲンのシュティフトの学生たちのあいだで批判哲学やラインホルトの「根元哲学」にも少なくない関心が寄せられていたわけである。一七九〇年頃にはまだ学生だったヘルダーリン、ヘーゲル、シェリングが各自の才能だけで独り立ちしていったというのは幻想であり、彼らを一流に育て上げたのは間違いなくシュティフトの特別な環境である(18)。

(2) シュティフトの学生たちと補習教師

次に補習教師を挙げれば、バルディリ、コンツ、シュトイトリーン、その次の世代にはディーツとニートハ

ンマーといった哲学史に名を残している実力者たちが揃っていた。彼らは教壇に立ちつつ、教員どうしでも相

(14) このような解釈を典型的に示しているのが、バイザーである（vgl. Beiser, *The Fate of Reason*, 210）。彼はフラットを「テュービンゲンの頑固者」と定式化しているが、こうした特徴づけは、フラットの形而上学的な知見の独自性を覆い隠すものと言わねばならない。同様の批判はすでに提出されている（vgl. Franz, *Tübinger Platon-Studien*, 129：Onnasch, Jacobi and German Idealism, 228）。ただし、ヘーゲルとシェリングが「正統神学」という言葉を明らかに悪口として用いているにもかかわらず、それらの批難が「テュービンゲン正統神学」の受け止め方として「歴史的に見て正しいか」（Franz, *Tübinger Orthodoxie*, 155）どうかを吟味したり、ジュースキントが実際には「古いテュービンゲン学派の代表者ではない」（Onnasch, Tübinger Fichte-Kritik, 179）ことを論証したりするようなアプローチでは、ヘーゲルとシェリングの哲学的な動機を解明することはできないことにも留意すべきである。つまり、ヘーゲルとシェリングの「テュービンゲン正統神学」への「（不当な）理解」と彼ら自身の哲学的モチーフは、それぞれ分けて考察しなければならない。以下も同様の指摘をしている（Hanke 2012, 60f.）。

(15) Henrich, *Kontext*, 70.

(16) フラットの「心理学講義」については、ヘーゲルのこの時期の断片との対応がすでに一九三六年にホフマイスターによって示されている。その概要は以下を参照。Flatt, *Philosophische Vorlesungen 1790*, 16ff.

(17) Vgl. Beiser, *The Fate of Reason*：Jacobs 1989：Henrich, *Grundlegung*：田端『序説』、五七四頁以下。

(18) それでも、シュティフト内での若きシェリングの異質さは際立っていたと見なさねばならない。当時のスペシメンの一覧を見ればそのことははっきりする。スペシメンとは慣例的に学生がマギスター論文の提出に先立って提出する習作のような論文であるが、学生のシェリングが提出したタイトルは「異名なき哲学の可能性について、ラインホルトの根元哲学に関するいくつかの所見を付して」と、「理論的理性批判と実践的理性批判の一致について、特にカテゴリーの使用に関して、および叡知的世界の理念を後者〔実践的理性〕におけるひとつの事実による実在化に関して」である（vgl. Jacobs 1989, 284）。「異名なき哲学」とは「根元哲学」の別名であり、「学の学」構想を主題にしたものと推察される。田端が指摘しているのは、一七八五年から一〇年ほどのあいだでラインホルトの名前を単独で挙げたものは他になく、シェリングの論題が異例であったことである（田端『序説』、五七五、六〇五頁）。以上から、彼の「根元哲学」へのとりわけ鋭い問題関心はシュティフト内の講義や交友圏からだけでは説明できず、シェリング自身の生来の資質によるものだと解するべきだろう。とはいえ、後述するように、それでもシェリングもまた間違いなくフラットに影響を受けたひとりである。

互に議論を交わしており、一七八八年にヘルダーリンとヘーゲル、さらに遅れてシェリングもこの知的交友圏に合流した。

シュティフトでの超越論的哲学の受容に関して特に重要なのは、学生たちのカント－ラインホルト受容には方針の異なる二つのグループが存在したということである[19]。シュティフト内にこうした二つの方向性が見られたことは偶然ではなく、当時のドイツでのカント受容の反映ないし縮図と見なすべきだと思う。

一方では、ラインホルトをもっぱら『カント書簡』の著者と見なし、そこで彼が展開した道徳宗教的な関心からカント－ラインホルトを受容するサークルであり、バルディリ（Christoph Gottfried Bardili, 1761–1808）やコンツ（Carl Philipp Conz, 1762–1827）、C・Fr・シュトイトリーン（Carl Friedrich Stäudlin, 1761–1826. 後年ゲッティンゲンの神学部の教授に就任）らが中心のグループがあった（彼らはフィヒテやシュルツェと同年代である）[20]。このバルディリらの交友圏は、文芸に通じていたいわゆる文学青年の集いという性格の強いもので、元来「詩人の会」[21]と呼びならわされてきた。このサークルでも超越論的哲学へと関心が向けられていたわけである。『カント書簡』はたんにカントの解説書ではなく、もっと広範に、〈「信」か「知」か〉という時代的な問題を反映していたことで読者に広く受け容れられた。

『カント書簡』におけるラインホルトの時代診断は「ちょうどこの時期に公然化したスピノザ論争に体現されていたような、神の存在をめぐる「狂信家」と「独断論的形而上学者」との不毛な対立、つまり「盲信」と「不信仰」との「不幸な二者択一」を克服することにほかならない[22]」。そしてこの「対立を最終的に止揚し、宗教と道徳を再統合する――そして〔『カント書簡』の〕「第三書簡」以降に明確に述べられるように、理性的道徳宗教を「再建」する――展望を切り拓いたのである。〔…〕こうして「書簡」は、この「時代の欲求」と最新の批判哲学の実践的「帰結」とを巧みに結びつけることによって、多くの読者を獲得したといえるのである[23]」。バルディリのサークルがこの「多くの読者」に含まれることは言うまでもないだろう。

他方で――第一のグループに比して、比較的若い世代の学生がこれに属していた――Ｉ・Ｃ・ディーツ（Immanuel Carl Diez, 1766–1796）やニートハンマー（Friedrich Immanuel Niethammer, 1766–1848）ら（フランツの推定では、Ｇ・Ch.・ラップ（Gottlob Christian Rapp, 1763–1794）[24]もここに出入りしていたかもしれない）によって形成されていたグループでは、哲学の理論的な基礎づけという、後年のドイツ古典哲学の哲学の中心となる「学構想」の問題により強い関心が向けられていた。そこでは『カント書簡』よりも、むしろ主としてラインホルトの「表象能力理論」に注目が集まっていた。いわば、ここでのラインホルトは『試論』の著者であった。

ところで、これらのグループに名を連ねている面々を見てすぐさま気がつくのは、彼らの多くが補習教師の職に就いていることである。補習教師の立場を知るためには、当時のシュティフトの教育システムを確認しておく必要がある[25]。まず、哲学部の位置づけについて。当時の多くのドイツの大学と同じように、シュティフトの最上位の学部は神学・法学・医学であり、哲学はその導入や予備学に位置づけられていた。神学部に進学を希望する学生は、まず哲学部を修了し、マギスターを取得せねばならなかった。哲学部で習得すべき科目は論

(19)　Franz, Paradoxe Konstellationen, 33–42, bes. 38f.
(20)　バルディリとコンツについては、Franz, *Schellings Tübinger Platon-Studien* の「Bardili und Conz」の節を参照（138–149）。
(21)　Leube 1954, 102f. 他にはラインハルト（Carl Friedrich Reinhard, 1761–1837）が属していた。
(22)　田端『序説』、五一頁。
(23)　同上。
(24)　ラップとヘーゲルについては、以下を参照。Henrich, *Konstellationen*, 284ff.; Hnake 2012, 40ff.
(25)　以下の整理は、Flatt, Einleitung による。

理学、形而上学、倫理学の他に言語学、歴史学、数学・物理学などだった。基礎的な論理学や数学は通常入学後すぐに試験をパスすることで修了できるため、マギスターになるために二年間で学ぶ科目は、実質的には聖書解釈に必要な「言語批評学」に加えて「形而上学」「道徳学」「歴史」「数学／物理学」の五科目になる。

次に、教員について。こちらも当時の大学システムと同様に、講義には「公的講義（öffentliche Lektion）」と「私的講義（private Kolleg）」があった。「公的講義」は無料であるが、いわゆる必修科目であり、学生には出席が求められた。他方で「私的講義」では担当教員が授業料を徴収することが許されていた。正教授の身分の教官は必ず「公的講義」を担当せねばならなかったが、授業料を取る「私的講義」も持つことができた。だが員外教授は「私的講義」しか担当する権利を持たず、そこで徴収した授業料によって生計を立てていた。すなわち、当時シュティフトの正式な課程では、正教授の講義の他に員外教授による演習も行なわれていたのである。哲学部での五科目の講義は、各コマ一時間、週に六日行なわれた。現代の感覚からすれば、大学生がこれだけの講義の単位を取得するにはかなり多忙な学生生活になるだろう。だが、シュティフトの学生が「私的講義」を選択する場合は、この「必修科目」に追加で自分の興味がある講義を受けねばならなかった。教員・学生の両者に義務的に課される「公的講義」よりも自由な「私的講義」の内容の方が当然魅力的であったであろうから、フランツが推測しているように、「公的講義」を「自主休講」にして「私的講義」に出席することも少なくなかっただろう。(26) 欠席が原因で落第することはなかったようである。

員外教授だけではなく、補習教師(27)と呼ばれる教師もまた講義を受け持つことがあった。「補習教師」とは、すでに卒業生のうち各学年の成績最優秀者五名程度が選抜される教員であり、彼らが牧師の試験を通過するまでの期間、シュティフトの教授の講義内容を復習し、学生の理解を補完する役割を担っていた。とはいえ、興味深いことに「Repetent」は講義内容を繰り返すだけの「チューター」や「ティーチング・アシスタント」

のような仕事だけではなく、彼らにはある程度大きな裁量が与えられていた。彼らの講義は好きなテーマを設定することが許可され、それは神学である必要さえなかった。つまりシュティフトのレクチャーには、担当教員の身分によって大きく分けると「正教授の演習」の他に「員外教授による演習」と「補習教師による演習」という三つのカテゴリーがあり、学生がそこに志願して講義を受けるという形式がとられていた。補習教師について言えば、学生らに最も近い立場の先輩――それも、最も出来の良い非常に優秀な先輩、いわば後輩たちが思い描くエリートコースに乗っている先輩――が、学習だけではなく、彼ら自身が最近興味を持っていることがらについてもあれこれと教えてくれていたのである。(28)

ヘーゲルやヘルダーリンらが在籍していた時期には、コンツ、バルディリ、ガープが補習教師の職に就いており、今でもその題目の一部は知ることができる。たとえば、一七九〇年にバルディリは「神学における世俗的著述の使用について」を講じており、それにはレンツ、ヘーゲル、フィンク、ヘルダーリンらが登録し、机を並べた。(29)他方でコンツは「エウリピデスの悲劇について」を開講したが、それにはヘルダーリンだけが出席したようである。(30)バルディリは一七九〇年末にシュツットガルトのカールスシューレの哲学教授に招聘されてシュティフトを去り、次いでコンツも一七九二年までシュティフトで補習教師を務めた後、一八〇四年に

(26) Flatt, Einleitung, 23.
(27) 「Repetent」は「復習教師」と訳されることもある。だが、「Repetent」は復習だけをするわけではないため、本書では「補習教師」と訳す。
(28) 教授、補習教師、学生とのあいだの交流は、各グループで「水平的に」行なわれたのではなく、横断的に、「垂直的に」なされた（vgl. Jacobs 1989, 110）。
(29) Jacobs 1989, 65.
(30) Ibid.

テュービンゲン大学に招かれた。バルディリとコンツは補習教師のうちでも強い影響力を持っていたが、コンツの「セネカ講義」は特に盛況であった。よって、後輩である学生たちのあいだで最も大きな影響力を持っていたのはコンツだったようである。(31) バルディリとコンツはヘルダーリンらシュティフトの学生に「一方ではメンデルスゾーン、ガルヴェ、ヘルダー、ヤコービあるいはカントを読むのに、他方では古代の詩人や哲学者を読み始めるのにどうすればよいのか」を具体的に示してやったのであり、彼らは学生らにとって「最も身近なお手本」だった。(32) 良き補習教師は良きメンターでもあった。

ヘーゲルについて言えば、さしあたりラインホルトの「表象能力理論」にはさほど関心は持たず、むしろ『カント書簡』的な問題に惹かれていた。しかしながら、一七九五年一月末のシェリング宛書簡では、彼は最近カント研究を再開したことを告げた後、次のように言っている。「カントの重要な帰結を、僕たちにはなお普通のことであるいくつかの理念に適用したり、カントにしたがってこの理念に手を加えてみたりしたいのです。もっと深く〔カントに〕徹しようとする最近の努力を、僕はまだほとんど知りません。ラインホルトのものも同様です。というのは、僕にはこの思弁は理論的理性に対してのみ、いくらかの意義を持っているに過ぎないからです〔…〕」(Br. 16: HKA III/1. 18)。だとすれば、このときのヘーゲルの理解はいささか複雑で、彼の個人的な問題関心はバルディリやコンツ、シュトイトリーンの交友圏に近いが、それに対するラインホルトの意義を彼は認めることができず、むしろディーツやニートハンマー的な「哲学の理論的な基礎づけ」路線にその意義を認めているように思われる。

年末の言と併せて推察するならば、当時のヘーゲルにとってラインホルトはもっぱら『試論』の著者だったと言える。けれども、彼はその「表象能力理論」の哲学理論的な意義、『寄稿集Ｉ』が示した「学の学」構想のインパクトを十全に受け止めるまでには至っていない。もっとも、当時まだヘーゲルがラインホルトを充分に消化しきれていないことも考慮に入れねばならないだろう。ヘーゲルがその哲学的な意義に気づくまでにはもう少し時間を要する。

シュティフトの学術的環境は以上のようなものだったが、そのなかでもフラットの影響力は他の教授陣からはやはり抜きん出ていたと言わねばならない。フラットは員外教授の身分だったが、プルーケの代役という事情があったため「公的講義」も担当することができた。彼が員外教授に就任した当初六、七人であった受講者は一七八七年以降に急増し、「少なくとも半数、しばしばほぼすべての学生が」[33]出席を希望するようになる。当時のシュティフトの一学年の学生数が三〇人程度の規模であったのに対して、フラットの授業には少なくとも二〇人前後がこぞって参加していた。そのなかには、バルディリの演習にともに参加していたレンツ、ヘーゲル、フィンク、ヘルダーリンも当然含まれている[34]。私たちが注目している彼のカント講義について言えば、参加者はいくぶん減り一二人程度であった[35]。補習教師の演習の参加者が二、三人であることも珍しくなかったことを勘案すれば、これらの数はかなり突出した数字であると言える。これはフラットの講義内容に劇的な変化が生じた結果というよりも、——彼の特殊な身分のゆえに、フラットの「私的講義」がそれほど高額でなかったことが人気に一役買ったこともあるだろうが——ラインホルトに由来する全国的なカントの流行がテュービンゲンにまで波及した表われであると見なすのが自然であろう。

(31) Jacobs 1989, 69. ディーツが熱狂的なカント主義者であったのに対して、コンツは彼のカントへの心酔ぶりには距離を置いていたようである（vgl. StA 6.1, 389）。Vgl. Henrich, *Grundlegung*, 886–934.

(32) Franz, *Tübinger Platon-Studien*, 139.

(33) Jacobs 1989, 67.

(34) 彼らは一七九〇年の「経験的心理学」やキケロの講義にもいたとされる（ibid.）。

(35) シェリングも含まれていた一七九二年入学の学生たちについて言えば一九人中九人がカント講義に参加した。

（3）反カント陣営と親カント陣営との論争

当時のドイツの思想界には書評活動を介した強力な「反カント陣営」が形成されていた。したがって、先にヘーゲルは「テュービンゲン以外には旧い体系が跋扈するようなところはない」と皮肉を言っていたが、それはもちろん修辞的な誇張であって、実際はそうではなかった。一七八〇年代後半からいくつかの大学を拠点とした反カントキャンペーンが張られており、反カント陣営の主導的人物には、ライプニッツ‐ヴォルフ学派の総本山であるハレ大学教授のエーベルハルト（Johann Augustus Eberhard, 1739–1809）を中心として、他には同大学のマース（Johann Gebhard Maaß, 1766–1823）、シュッツトガルトのシュヴァープ（Johann Christoph Schwab, 1743–1821）、ゲッティンゲンのフェーダー（Johann Georg Heinrich Feder, 1740–1821）らがいた。こうしたカントへの反発は散発的、偶発的、個人的なものというよりは、一種の時代的なムーブメントであった。

ドイツ全土で活発になってゆくカント受容のなかで、テュービンゲンもまたその牙城のひとつと見なされるまでに至っていた[36]。テュービンゲンがそのような評判を得たのは、フラットの非常に大きな影響による。概して、フラット自身のカント解釈の基調は反カント的、反ラインホルト的であったと言える。フラットは一七八八年に『因果性概念の規定と演繹および自然神学の基礎づけのための断章、カント哲学との関係において』（以下、『断章』と略記する）を、翌一七八九年には『宗教一般の道徳的認識根拠に関する書簡』を公刊している。彼は他にもいくつかカントやラインホルトの『試論』に関する書評を公開したが、先の『断章』のカント批判がフェーダーやマースに歓迎されたことでドイツ哲学界でのフラットの立ち位置は確定した。これらの一連のカント批判を通じて、フラットもまた反カント陣営の代表者のひとりと目されるようになったのである。

他方のカント‐ラインホルト陣営、親カント派は『一般学芸新聞』上でこれらのムーブメントに対抗した。当時『一般学芸新聞』は親カント的な論調をとる雑誌の代表格であり、「カント派の機関誌として、これら両潮流〔経験論者と伝統的合理主義者〕の反カント単行書ほとんどすべてを取り上げ、書評というかたちで批判の論陣を張ることになる」[37]。その『一般学芸新聞』でラインホルトはフラットへの反論を載せ、これ以降彼は名指しで批判される存在となる。テュービンゲンには、フラット以外にこのような影響力を持った教授は存在しなかった。

ただし、さしあたり注意しておかねばならない点が二つある。ひとつは、フラットは学生への講義においては、おそらく不偏不党を心がけていたことである。現に彼は一七九〇年の夏学期（四月一一日から九月二九日まで）[38]の形而上学講義では、親カント派に属して批判哲学の普及に大きく貢献したJ・シュルツによる解説書である『解明』に加えて、他ならぬラインホルトの『カント書簡』と『試論』を推薦図書にしていた[39]。つまり、フラットの講義はカント批判を教室で披歴するものではなく、論争的というよりも釈義的であり、教育的配慮から批判のトーンは抑えられたものだったと推察される。「反‐カント主義者」の教育内容までもが「まともではない」とは限らないのである。

もうひとつは、ヘーゲルは神学部へ進学した一七九〇年以降、フラットではなくシュトールのもとで神学を

(36)　田端『書評誌』、五九頁以下も参照。
(37)　田端『書評誌』、六二頁。
(38)　Jacobs 1989, 81.
(39)　Onnasch, Einleitung, XVII–XVIII. またオンナッシュによると、ディーツが一七九〇年六月二一日のニートハンマー宛書簡で「ラインホルトの卓越した本で、私は〔カントに〕通暁しました」（Diez, *Briefwechsel*, 16）として、彼がラインホルトの『試論』を高く評価しているのはフラットの影響があったからだという。通常その哲学的教養形成の過程が明らかにされないシェリングもまた、一七九一年春以降に『純粋理性批判』に取り組み始めた頃にシュルツの『解説』を参照している（Plitt 1869, 27）。彼がシュティフトの講義にほとんど感銘を受けなかったことを踏まえれば、補習教師の指導だけではなく、フラットの助言（同級生や補習教師を通じて伝わった可能性もある）は大いに役に立ったはずである。

研究していたことである[40]。先の一七九四年末の書簡の後半ではヘーゲルはシュトールのカント宗教論批判[41]に目を通したことと、さらにその批判が近いうちに少なからず影響力を持つであろうという自らの好意的な見込みを伝えている（vgl. Br. 12; HKA III/1, 14）[42]。このことから、シェリング宛ての書簡の時点のヘーゲルにとって、シュティフトの教授のなかではシュトールの存在感が最も大きかったのだと思われる。

第2節　フラットのカント論の源泉
――ウルリッヒの『教程』におけるカントの「拡張」

ドイツの哲学界の批判哲学に対する反応は、当初は鈍かった。それはテュービンゲンも例外ではなく、『テュービンゲン学術報知』にカントに関する書評が初めて載ったのは一七八六年二月一六日のことだった。書評者はフラットである。彼はテュービンゲンに帰還していた一七八六年になってから本格的にカントに関する出版活動を開始し、やがて『純粋理性批判』にも取り組むことになる。この『テュービンゲン学術報知』の書評は、当時の他の雑誌と同様に匿名で発表された。だが、匿名とはいえ執筆者の資格を持つ教授はそれほど多くはなく、その書きぶりや選ばれたテーマからシュティフトを知る関係者には著者が容易に推察できるようになっていた。この時期のシュティフトで彼よりもカントの著作と集中的に対決していた人物は他にはおらず、フラットはこのテーマに関するほとんど唯一の情報源とも言えた。

このときイェーナでは、シュッツ（Christian Gottfried Schütz, 1747–1832）やウルリッヒ（Johann August Heinrich Ulrich, 1746–1813）が『純粋理性批判』の理念を普及させるべく、すでに大学の教育プログラムにも批判哲学の内容を盛り込んでいた。一七八四年の五月には、ウルリッヒは「純粋理性批判でカントが解明した点を実際に利用しようとしている最初のひと」（*Rezensionen*, 78）という評価を得ていた。フラットがカントに関心を持った最初のきっかけもウルリッヒの『論理学・形而上学教程』に接触したことだったと思われる。イェーナに比べると、テュービンゲンはカント受容という面で大幅に後れをとっていた。とはいえ、それでも一七八六年二月はまだカントの著作の書評が掲載されること自体がようやく活発化し始めたばかりの時期であり、哲学史的に見ても、フラットのカント書評はごく初期のカント受容のひとつに数えられる。(43)

---

(40)　藤田正勝は、従来ヘーゲル自身に帰されてきたベルン期ヘーゲルの「主観的宗教」と「客観的宗教」との区別がシュトールに由来していることを指摘し、その意義を強調している（藤田、前掲書、一八頁）。また、藤田が述べているように、シュティフトへの批判的な言及が存在することをもって、それがヘーゲルにネガティブな影響しか与えなかったと見なすのはことがらの一面を強調するだけの見方であろう。かつてのヘンリッヒは、このネガティブな側面を強調し過ぎていたように思われる（Henrich, *Kontext*, 33-37）。

(41)　シュトールの論評『カントの哲学的宗教論の評註』（一七九三年）はラテン語で書かれ、翌年彼の弟子のジュースキントがドイツ語へと翻訳している。さて、このカントの宗教論とは、もちろん一七九三年の『たんなる理性の限界内の宗教について』である。このシュトールの論文の要点については、久保が非常に簡明にまとめている。久保『初期ヘーゲル』、二九―三〇頁。

(42)　カントはこのシュトールの書に目を通したようで、翌年出版した第二版に付された序文でシュトールの論評に言及している。「ご尊名を名のられた方も匿名の方もおられるが、この論考についての尊敬すべき方々の〔…〕ご意見を考慮できなかった。とくにテュービンゲンの有名なシュトール博士の「若干の神学的所見」がそうであって、博士は常日頃の明敏さをもって、同時にかぎりなく感謝したくなるほど熱心に、また公平に本稿を審査してくださったが〔…〕それにお応えできるかどうか約束しかねている」（KA VI, 13）。ただし、シュトールのカント批判は、思想史的にはヘーゲルが見込んだほどの大きな影響は残さなかった。むしろ、このヘーゲルの発言の意義は、彼がこの時期にまだシュトールの影響下にあったことを間接的に示していることにある。ベルン期のヘーゲルには、コンディリスも指摘するように、『たんなる理性の限界内の宗教について』の読書の痕跡が認められる（Kondylis 1979, 240；久保『初期ヘーゲル』、五七頁）。

概して、フラットの狙いはカントが『純粋理性批判』で「神の宇宙論的証明」や「物理神学的証明」を理論的に不可能だと退けたことについて、むしろそれらを評価し、自然神学の可能性を擁護することにあった。フラットのアプローチの特徴は、早い時期にカント、ラインホルト、ヤコービらとの論争によって彫琢された哲学的な方法論で神への信仰を容認しようとした点にある。その証拠に、彼の『断章』や重要な書評は『実践理性批判』の刊行以前に執筆されており、「講義録」でも『純粋理性批判』を主に取り扱っている。これらで主たる課題となるのは、カントの「因果性」概念と「カテゴリー」論である[44]。よって、さしあたりカント受容の経緯をクロノロジーに沿って追跡していく必要がある。以下では、まずカント普及の経緯について整理していく。

イェーナでのカント受容は一七八四年に始まった。ヒンスケが指摘しているように、ラインホルトの『カント書簡』をきっかけにしてカントが爆発的に流行したというのは後世の「伝説」に過ぎず、相対化されるべき単純化された見方である[45]。批判哲学の流布は、ヒンスケの言葉を借りれば、カント支持者たちの「救済的革命[46]」あるいは「先見の明に裏づけられた狂信的なアプローチ[47]」の賜物であった。

このことを強烈に推し進めたのはカント主義者のシュッツであるが、もうひとり重要な人物に当時のイェーナ大学哲学部の正教授のウルリッヒがいる。当時イェーナ大学にはヘニングスという別の古参の教授もいたが、ヘニングスはカントをほとんど理解できておらず、批判哲学に否定的な立場をとっていた。それに比して、ウルリッヒはカントを支持するばかりか、一七八四年の春とかなり早い時期にカントを講義内容に反映させようと試みていた。彼が著わした『論理学・形而上学教程』（一七八五年）は、その成果である。

ただし、ウルリッヒへのカントへの態度はいささか屈折している。ウルリッヒは当時の多くの哲学者がそうであったように、元々ライプニッツ-ヴォルフ学派の潮流に属していた。ウルリッヒはそうした人物でありながら例外的にカントを熱烈に受け入れた学者だったのであり、これはむしろ驚くべきことである。しかしながら、このことはウルリッヒが忠実なカント主義者になったことを意味するわけではない。『教程』でさえ「多くの点で批判的であるため、〔忠実なカントの〕門弟の著作とは考えられない。この著作をよく調べてみると、ウルリッヒのカントへの転向が部分的には利己的で戦術的なものだったという結論に抵抗することは難しい。ウルリッヒは『教程』において自らの形而上学的目的のためにカントを利用したのである。ウルリッヒは『批判』を将来の形而上学、とりわけ彼が展開したばかりのネオ・ライプニッツ的形而上学への序説だと考えていた」[48]。後年ウルリッヒはカントへの批判的な傾向を強めていくことになるが、この『教程』でさえ真の意味

---

(43)　ヘンリッヒは一七八五年のシュティフトの学生のスペシメンにカントを扱ったものが認められることから、テュービンゲンのカント受容は早く、それも急速に広まったことを指摘している。その際ヘンリッヒはこの流行の背後に間違いなくフラットの影響があったと指摘している（Henrich, *Grundlegung*, 71）。

(44)　ところで、なぜ神学研究に軸足を置いているはずのフラットが「因果性」やカテゴリーの超越論的使用という理論哲学的な問題機制を扱うのか。それは必ずしも直接的に明示されていないが、その理由は『純粋理性批判』の内容というよりも、むしろその受容の経緯にあるように思われる。具体的に言えば、フラットはカントが『純粋理性批判』で神の存在証明を論じていることから同書に関心を持ったのではなく（すなわち、純粋に個人的な問題関心からではなく）、彼のカント受容がウルリッヒやエーベルハルトといった学者のカント論に影響されているからであるように思う。特に、彼はウルリッヒの教本をテュービンゲンでの哲学教育に導入し、講義内でも副読本として紹介している。つまり、フラットもまた時代的な要請からカントに取り組んでおり、彼のカント論もまた時代のコンテクストのうちに位置づけられねばならないのである。

(45)　Hinske 1995, 237. 同論文は「批判哲学以前」のカント哲学がシュッツによって取り上げられていることを例示している。これらを踏まえれば一七八四年という比較的早い時期にシュッツが難解な批判哲学を充分な水準で理解していたことも不思議なことではないと言える。

(46)　Schröpfer 1995, 93.

(47)　Ibid. 92.

で「カント主義者」によるものではなかったのである[49]。

とはいえ、ウルリッヒの『教程』は、カントの普及という点に関して言えば、さしあたり当時の思想界にポジティブな影響を与えた。一七八五年一二月一三日付けの『一般学芸新聞』の書評（ALZ, 1785, Nr. 295）はウルリッヒが自らの体系に取り込もうとカントを利用していることを承知しつつ、次のように評価している。「この教本を現在のところこの類のもののうち唯一無二のものとして際立たせている最も重要な長所は、この教本があらゆる点で吟味するに値するカント的体系を絶えず考慮していること、そして著者がカント的体系を、自分が納得した限りであれ、自らの体系に織り込もうとする鋭敏なやり方にある」（*Rezensionen*, 243）。ウルリッヒの『教程』だけではなく、この書評もまた『一般学芸新聞』の「カント哲学の一般的かつ地域を越境した受容というユニークなプロセス[50]」の重要な一翼を担うことになる。

だが、このウルリッヒ書評の意義は、上述のような歴史的なものにとどまらない。むしろ興味深いのは、その内容である。書評者は（同紙の編集長シュッツではなく）シュルツである[51]。このシュルツの書評は「批判哲学の立場とその成果を支持しながらも、「公平無私」という書評原則に基づいて『批判』の初版が孕んでいた曖昧さや表現上の問題点をも率直に指摘した最初の書評[52]」であった。だがそれだけではなく、注目すべきことに、この書評には後のフラットのカント解釈に繋がるウルリッヒの論点もまた取り上げられている。

それではウルリッヒはカントをどう読み、シュルツはそれにどのような判定を下したのか。書評子によれば、ウルリッヒは、たとえば「分析判断」だけではなく「総合判断」もア・プリオリでありうること、数学的認識と哲学的認識とが区別されること、「感性」と「悟性」が二つの異なる感得作用であること、空間と時間が「直観」のア・プリオリな「形式」であること、「カテゴリー」が私たちの思惟の「形式」であることなど、批判哲学の核心的なテーゼをほぼすべて受け入れている（vgl. *Rezensionen*, 244）。彼の「カテゴリー」論にもまた概ね同意している。問題はその先にある。ウルリッヒは特に「原則論」の「第二の類推」を挙げ、カントの「因果性」が経験（現象）の領域にのみ適用されることを「狭すぎる」（*Rezensionen*, 245）[53]と批判する。彼は数学と哲学の区別を認めたうえで、「数学の領域以外では、それなくしては経験の可能性そのものが消えてなくなってしまうような命題以外には、ア・プリオリな総合的根本命題が客観的実在性を持つことをカント自身は確信できなかった」（ibid.）という。ここでいう「それなくしては経験の可能性が消えてしまうような客観的実在性を持つ命題」とは、端的に言えば「カテゴリー」のことである。このウルリッヒの反論は、カントにおいて「カテゴリー」が妥当するとされる領域以外にも「因果性」が適用されうる場合があることに向けられている。つまるところ、「現象」以外の「物自体」の領域でも「因果性」が成立しうるはずだとクレームをつけている。よって、彼のカントへの批判は「因果性」概念の「拡張」によって示される。彼の批判は「超越論的演繹」への批判ではなく、あくまでも「第二の類推」への異論というかたちをとってなされるのだが、この一見不自然な戦略はおそらくウルリッヒの反論が「物自体」概念に向けられていることから生じている。

（48）Beiser, *The Fate of Reason*, 204.
（49）ラインホルトのカント宛書簡によれば、ウルリッヒは講義で以下のように述べていたという。「カントよ、私は君の棘となる。カント主義者たちよ、私は君たちのペストとなる。〔…〕」（KA X, 526）。
（50）Schröpfer 2003, 197.
（51）KA X, 421. シュレーファーは、ウルリッヒ書評を「編集者兼書評者」としてのシュッツの四つの功績のうちのひとつに数え上げ、「この新しい哲学が専門家の世界で受け入れられ始めたことを告げる」ものだったとしている（Schröpfer 2003, 197）。だがこの書評者はシュルツである。以下を参照。Henrich, *Grundlegung*, 524; Beiser, *The Fate of Reason*, 206; 田端『書評誌』、二八頁。
（52）田端『書評誌』、二八頁。
（53）Vgl. auch Ulrich, *Institutiones*, §177.

それでは、カントは「第二の類推」で何を述べていたのか。周知のように「第二の類推」では「すべての変化は、原因と結果との結合の法則にしたがって生起する」(KrV. B. 232) こと、つまり「因果律」が主題となる。以下で取り上げる論争のキーワードがこの「変化」であることに注意しておこう。この箇所は、内容上ヒューム的な因果論への反論と見なせる。カントは「経験が、諸知覚の必然的結合の表象によってのみ可能である」(KrV. A. 177/B. 218) ことを示そうとしており、それによって私たちが異なる経験内容どうしの知覚の関係をいかにして理解するかを説いている。この場合の「経験」とは、「経験的認識」「知覚を通じて客観を規定する認識のこと」(ibid.) を指す。この客観の規定は「統覚」の「必然的統一」に根拠づけられる。具体的に言えば、「根源的統覚」が「構想力」の図式機能を経由することで内官に関与し、時間という形式のもとで、知覚された多様（感覚の素材）が必然的に統一されることで成立する。この必然性を担保するのが「統覚」である。カントによれば、「時間はそれ自体でそのものでは知覚されえない」(KrV. B. 233) ので、「経験的に、先行するものと後続するものとが、**客観に即して**規定されることも**ありえない**」(KrV. B. 233)。「事象A」と「事象B」のあいだの時間的生起・継起は、客観のうちの規定ではなく、「構想力の総合的能力」(KrV. B. 233) によって二つの知覚を結合することによって成立する。現象について「私が言いうることは、現象において二つの状態が互いに引き続いて生じるということではなく、一方の把捉が他方の把捉に引き続いて生じるということだけである。このことはたんに何か主観的なものに過ぎないのであり、いかなる客観をも規定せず、それゆえ何らかの対象の認識（現象における対象の認識とさえ）とは見なされえない」(KrV. A. 195/ B. 240)。ただし、カントによれば「経験の類推」には二つの制約がある。ひとつは「経験の類推」は「超越論的使用」ではなく、「経験的使用」の原則としてのみ有効だということであり (KrV. A. 181/B. 224)、もうひとつは「類推」が「構成的原理」ではなく、「統制的原理」にしかならないことである。[54]

しかしながら、カントは「第二の類推」で「現象の多様なものの把捉はいつでも継起的である」（KrV. A. 189/B. 234）とも述べる。このことを説明するために、彼は一見するとまったく異なるタイプの例を持ち出す。ひとつは、目の前に建っている家を認識することであり（vgl. KrV. A. 190/B. 235）、もうひとつは川上から川下へと流れてくる一艘の船を見る経験である（vgl. KrV. A. 192/B. 237）。カントにとってはどちらのタイプの把捉もともに「継起的」だが、後者の船の航走の例のほうが継起の説明に適しているだろう。たとえば、川の流れに沿って上流の地点P_1に流れている船を見たとしよう。そして、同じ川の下流の地点P_2に船があることを見たとする。これらの出来事をそれぞれA、Bとしたとき、カントにしたがえばAとBの時間的な前後関係は知覚の内容そのものには含まれていない。ここで彼は、知覚された出来事の継起（時間的な順序、前後関係）について説いている（もちろん、船が上流から下流へ流れていくことは厳密には「原因－結果」関係とは呼ばないだろうが、ここではそれは問わない）。

繰り返しになるが、この前後関係の機序を規定する根拠は客観（世界）の側にはない。「たんなる知覚によっては、互いに継起する諸現象の客観的関係はあくまでも未規定なままである」（KrV. B. 233f.）[55]。カントによれば、その根拠を提供するのは「規則」（KrV. A. 196/B. 241）であり、「因果性」の「カテゴリー」である（vgl. KrV. A. 189/B. 234）。この純粋悟性概念のおかげで、私たちは未規定にとどまっていた船の運動に関する二つの知覚の

（54）「それゆえ経験の類推とは規則に過ぎないのであり、この規則にしたがって、諸知覚から経験の統一は発現するはずであり（経験的直観一般としての、直観そのものがどう発現するのかではなく）、諸対象（諸現象）の原則として構成的に妥当するのではなく、ただ統制的に妥当するだけである」（KrV. A. 180/B. 223f.）。

（55）「私たちは、諸現象においてしか諸時間の脈絡におけるこうした連続性を経験的に認識しえない」（KrV. A. 199/B. 244）。

原因－結果関係（時間的な順序）を規定できる。カントはここで時間の「順序」を時間の「経過」と混同しないよう注意し、たとえAとBが「同時に」起こるような時間の経過が一切存在しない場合でも、それらのあいだの「順序（因果関係）」そのものはなお残るとする（vgl. KrV. A. 203/B. 248）。

以上から、カントは「因果性」を「経験そのものの根拠であり、それゆえ経験にア・プリオリに先行していた」（vgl. KrV. A. 196/B. 241）とし、あらゆる経験が「継起的」であることを説明する。「時間は現存するものが後続するものへと連続的に進行する可能性のア・プリオリな感性的条件を含んでいるが、それと同様に、悟性は統覚の統一を介して、諸現象が時間において占めるべきすべての位置を、原因と結果の系列を通じて連続的に規定する可能性のア・プリオリな条件であって、その系列における原因は、結果の現存在を不可避に引き起こし、それゆえこのことによって時間関係の経験的認識をあらゆる時間にとって（普遍的に）、ゆえに客観的に妥当させる」（KrV. A. 210f./B. 256）。以上が「第二の類推」の結論である。

ところで、このカントの説明に異論を唱えたのがマイモンなのだが（vgl. VTP. 71ff.）[56]、ウルリッヒもまたカントの「第二の類推」の説明には納得していない。彼は「第二の類推」を細かく引用しながら論述を組み立てる。ウルリッヒが着目するのは、カントによる以下の論述である。

> 〔…〕私は把捉の主観的な継起を諸現象の客観的な継起から導出せねばならない。というのは、さもなければ把捉の主観的な継起はまったく未規定であり、いかなる現象も他の現象から区別されないからである。[57]

カントは現象そのものについて、ある一連の知覚が「ひとつの規則にしたがって」「現象においてもひとつの継起が見いだされうると言う権利を与えられる」（KrV. A. 193/ B. 238）とも述べるのだが、一見すると、これは「第二の類推」に反する奇妙な議論のように見える。というのは、これはあたかも現象の側に「原因－結果関係」の機序が見いだされると説いているように思われるからである。

だが、カントの主旨に変わりはない。この叙述のポイントは、経験の一連が「ひとつの規則にしたがって」いることと、「権利を与えられる」ことにある。カントの要点は〈主観的な表象の継起〉と〈客観的な現象の継起〉とを区別したうえで、客観的な現象がＡからＢへと継起しているのだと私たちが妥当な判断を下す際の「権利づけ」「正当化」を論じることにあり、すでに述べたように、その「権利づけ」を担保するのが「因果性」の「カテゴリー」に他ならない、ということである。よって「因果性」は「正当化」の「条件」(KrV. A. 193/ B. 239f.) あるいは「あらゆる知覚の形式的条件」(KrV. A. 199/ B. 244) とも呼ばれる。それゆえ「因果性」という「規則」は「ア・プリオリに経験に先行する」のである。地点P_1の知覚Ａと地点P_2の知覚Ｂの例に即して言い直せば、ＡとＢのあいだの「因果関係」を主観の思惟（「カテゴリー」を通じた推論的思惟）が見てとることによって、〈ＡがＢの「原因」であり、ＢがＡの「結果」である〉と把捉した二つの内容が互いに関係づけられることになる。これが「諸現象の客観的な継起から把捉の主観的な継起を導出する」ことの意味であり、よって「諸現象の客観的継起」の認識は「因果性」のアプリオリテートに支えられていると言えよう。カント受容の観点から言えば、ここでカントがライプニッツの「充足根拠律」[58]を改釈し、「因果性」の「カテゴリー」のひとつだと位置づけ直していることに注意をしておくべきである。「それゆえ、**充足根拠律**とは可能な経験の

(56) この問題については、以下の研究が参考になる。Beiser, *The Fate of Reason*, 300–303; Bonsiepen, Maimons Einsicht, 377–406.

(57) Vgl. A. 193/ B. 238; *Rezensionen*, 245; Ulrich, *Institutiones*, §309.

(58) ライプニッツはクラーク宛第二書簡で「充足根拠律」を簡潔に「どんなものでもそれがそのようなものであって、他のようでないのはなぜなのかということの理由」であり、「充分な理由が必要であるという原理」のことだと述べている（Leibniz 1965, 356）。

根拠である。すなわち、それは諸現象の関係について、時間の継起的系列における諸現象の客観的認識の根拠なのである」(KrV. A. 200f./ B. 246)。

さてウルリッヒは、このアプリオリテートの次元にある「因果性」の理解について大いにクレームをつける。ウルリッヒの論証はいささか飛躍しているのだが、彼はカントとは逆に、本来は「因果性」が「充足根拠律」であるはずだと考えている。彼によれば、或るものが時間のうちに存在しようが存在しまいが、その或るものが存在する根拠を問うことは原理的には可能である。すなわち、存在するすべてのものは「充足根拠律」のもとにあると言えるのだという(*Rezensionen*, 245)。このことは、彼がライプニッツの枠組みで超越論的哲学を解釈していることを意味している。そこでウルリッヒはア・プリオリな超越論的制約としてのカント的「因果性」をライプニッツ的な「充足根拠律」に置き換えることで、前者を「拡張」すべきだと主張する。具体的に言えば、本来「類推」は「時間」という形式を介してしか発動しないのだが、ウルリッヒは「第一の類推」を踏まえて時間が持つはずの別の機能に注目する。ウルリッヒにとっては、物の存在は時間から分離されてはならず、物が存在していることのうちには、それが時間のうちに現われることが含まれていなければならない。彼によれば、「時間」形式のうちに変転する「現象」の根底に持続する「実体」が存在せねばならないという「持続性の原則」は、「実体」が「現象」の「原因」(ibid.) でなければならないことにまで拡張されるべきである。

ウルリッヒは、カントがその手前で立ち止まらざるをえなかった要因を、カントが時間を直観の「形式」のみに限定していること、そして「物自体」を「現象」の「原因」と理解していないことのうちに求めている。ウルリッヒにとって、これらのカントの欠陥は「原因と結果との結合の法則」たる「第二の類推」における「狭すぎる」「因果性」論として顕在化する。それゆえ、彼のカント批判は「時間は直観のたんなる形式ではありえず、客観的に物自体にも帰属されねばならない」（*Rezensionen*, 246）[59]ことに集約される。ウルリッヒが「第二の類推」を集中的に取り上げるのは、彼にとってこれが「カテゴリー」の「権利問題」ではなく、「物自体」のステータスと「因果性」の適用範囲の問題だからであろう。

ウルリッヒの批判の核心的なポイントは、カントの「類推」を「充足根拠律」論として読み替えることにあり、「充足根拠律」としての「因果性」は「現象」だけではなく、「現象」の「原因」としての「物自体」にも適用されるべきだとすることにある。だから、ウルリッヒにとっては「因果性」はカントのように現象内在的なだけではなく、超越論的にも使用されることになる。これがウルリッヒによるカントの「拡張」の内実である。

それでは、『一般学芸新聞』でウルリッヒの書評をしたシュルツはこの議論をどう受け止めたのか。シュルツはウルリッヒの異論が「超越論的演繹」を取り上げていないことに起因しているとしつつも、彼の疑念のうちに「自分自身の疑念を見いだしたと告白せざるをえない」（*Rezensionen*, 246）と率直に吐露する。シュルツは「カテゴリー」の演繹が「権利問題」であることを承知したうえで、「第二の類推」の不明瞭な点へ疑問を呈している。「カントがカテゴリーないし総合的概念の客観的実在性を演繹するのは、それなしではいかなる経験も不可能になるであろうからである。さて、カントは経験〔という語〕のもとで、ときには私にとっての、主観的にしか妥当しないたんなる知覚判断（*Wahrnehmungsurtheile*）、経験的判断を理解したかと思えば、またあるときには客観的に、つまり誰に対しても妥当するような経験判断（*Erfahrungsurtheil*）を理解している」（*Rezensionen*, 248）。

（59） Vgl. auch Ulrich, *Institutiones*, §177, 309.

ウルリッヒとシュルツの疑問は次の点にある。一方で、もし「経験」がたんなる主観的な経験だった場合（シュルツの例で言えば「太陽に照らされると石が熱を持つ」）、「カテゴリー」を適用しなくともそうした判断を下すことは（カント的な意味ではなく、一般的には）可能である。手元にある熱を持った石を知覚し、その対象に主観的な経験的判断を下すことは、「太陽の熱」と「石の熱」とのあいだの普遍的・必然的な結合（すなわち、「日照」と「石の熱」の継起のあいだの必然性）を主張することとイコールではない。ウルリッヒの例で言えば、「ド、レ、ミ」という三つの音の継起」は、その音の「原因」（ここでの「原因」とは「ミ」に先行する「レ」、「レ」に先行する「ド」）を考えることとなしに聴くことが可能である。他方で、「カテゴリー」が客観的な、遍く通用する「経験」の制約であることを指しているならば、それは同語反復に終わる。よって、ウルリッヒは「それ以上のことを証明しようとしたカントの意図からすれば、これはあまりにも乏しい」（*Rezensionen*, 245）ものと判定し、シュルツはそうした批判を誘発した要因として「主観的判断」と「客観的判断」の混同を指摘しているのである。書評の末尾に、シュルツは「原因」と「相互性」の「カテゴリー」を自然現象に適用することは不可能なのではないか（つまり、「類推」での把捉の説明が成り立っていないのではないか）という異論を提出し、それが法則にしたがっているように見えるのは、私たちが「ただたんにア・ポステリオリな知覚を通じて学習するだけではないか」（ibid.）と、控えめにではあるが、（経験主義的な観点から）たしかに自らの見解を示している。

非常に興味深いことに、「現象」の「原因」としての「物自体」論や、カント自身が「カテゴリー」を超越論的に使用しているのではないかという、その後のドイツでのカント受容の主要な争点の原型がすでに一七八五年の時点で――まだ粗雑なかたちではあれ――「カント主義者」かつ「カント批判者」のウルリッヒによって彫琢されていたのである。さらにそれだけではなく、驚くべきことにウルリッヒ書評の起草者シュルツもまたこの点に同意している。つまり、イェーナの「カント・プロパガンダ」は外部から思われているほど一枚岩ではなかったことになる。[60] カント自身について言えば、シュルツの書評がなければ、おそらくウルリッヒの『教程』にもさほど関心を示さなかったはずである。カントはウルリッヒ書評の書評者がシュルツであることをシュッツからの書簡で知らされていた。当時の批判哲学の孤立無援ぶりを勘案すれば、ほとんど唯一の例外ともいえる「弟子」の批評には注目せざるをえなかったはずである。[61] ウルリッヒとシュルツによる異論は、二版での「超越論的演繹」や「観念論論駁」などの重要な改訂に影響を与えることになる。[62] その限りで、ウルリッヒとシュルツの書評が批判哲学の普及に対して果たした役割は、やはり小さくないものだった。

第３節　「形而上学者」フラットのカント論 ——シュティフトの「超越論的哲学」受容

（1）フラットによるカント関連の書評の要点

フラットは元々シュトールに師事していたが、彼は補習教師を務めた後、一七八四年から一七八五年にかけ

(60) フランツはウルリッヒを「非カント主義者（Nicht-Kantianer）」と表現している（Franz, Praradoxe Konstellationen, 37)。もちろんこの表現が意味すべきなのは、批判哲学に内在的な観点からカントを克服しようとしていることであり、彼の思想の根底にはカントへの賛同がある限りで、経験論者などの「反カント主義」とは異なる。

(61) カントは『自然科学の形而上学的原理』の序文で『教程』への書評に言及しているが、彼はもっぱら演繹論の観点からしか応答していない（KA IV, 474ff.)。よって、この反論ではまともな論争にならない。

(62) 田端『書評誌』、一一八頁。またエルトマンによれば、ウルリッヒが「観念論論駁」の改訂に影響を与えたのだという（vgl. Erdmann 1973, 206ff.)。以下の文献も参照。城戸　二〇一五年、一三〇—一四五頁。

てゲッティンゲンに遊学している。フラットはこの時期を境にカントに言及するようになる。その要因が、彼がシュティフトの外の空気に触れたことだけであるかは定かではないが、ゲッティンゲンの知的風土が彼のカント研究に貢献したことは間違いない。それでは、こうした批判哲学陣営の最前線の論争に対するフラットの反応はどのようなものか。彼の最初の書評は一七八六年二月に掲載されており、それは『純粋理性批判』ではなく『人倫の形而上学の基礎づけ』を対象にしたものだった。この書評ではカントの「理性的存在者」の概念が不明瞭であること、彼の道徳法則が経験的な要素を軽視し、それゆえに経験的な幸福の原理を破壊していることなど、エーベルハルトと同様の合理主義的な立場からカントへの批判が展開される（TGA 1786, 106f.）。

続いてフラットは、一七八六年の四月二四日の書評でウルリッヒの『教程』を取り上げる。彼は批判哲学が持つ画期的な意義を強調することから論を起こす。「すべてを粉砕するカント哲学が頭をもたげ始め、新たなヒエログリフと神秘によって今にも哲学界に広く革命を起こしつつあるところだ」（TGA 1786, 258）[63]。「すべてを粉砕するカント」はもちろんメンデルスゾーンの有名な言葉を受けているのだが、そうした時代的にインパクトをもった形容を受け取りつつ、フラットはウルリッヒの『教程』を「最良で、最も役に立つハンドブック」（TGA 1786, 258）として、この時流に最も適した教本であることを際立たせている。『教程』では、カントの神学に関する叙述は――まったく見られないわけではないが――やや主題から外れており、カントへの批判も主に理論哲学的な問題をめぐって展開されていた。それでもフラットがこれほど同書を高く評価しているのは、この教本があらゆる同時代の哲学書に先駆けて、時代的な要請に応答しているからである。彼はウルリッヒの「類推」論（『教程』三〇八、三〇九節）に関して、「カントの演繹が極めて不十分であり、結局のところそれは何にも繋がらないか、あるいはそれ自体がすでに普遍的な根拠律〔充足根拠律〕を前提としているかのいずれかである」（TGA 1786, 260）という分析にほぼ同意し、カントの「因果性」の適用範囲の不適切さを指摘する。後述するように、この書評の「因果性」には『断章』の主要なモチーフがすでに現われている。

シュルツの書評と異なるのは、『教程』の三六〇節に関連づけて、彼が「自由」や「神の存在証明」などの神学的な問題機制を扱っている点である。ウルリッヒへの書評にすでにフラット自身の神学的立場がはっきりと現われているのは注目すべきことであり、非常に重要である。フラットは作用因を魂のうちに求めないことだけがウルリッヒとライプニッツの違いであること、ウルリッヒの「自由論」の基本線がライプニッツ的決定論であることなどを順次指摘する（ibid.）[64]。フラットにとっての問題は、ウルリッヒが「神の宇宙論的証明」に反対していることである。この書評では綱領的に述べられているに過ぎないが、フラットは「宇宙論的証明」と「物理神学的証明」とを組み合わせることで「神の存在証明」は完成するのだと述べる（TGA 1786, 260）。このことから一七八八年の『断章』の主要な論点は『純粋理性批判』解釈だけではなく、すでに『教程』読解のうちで登場していたと言える。フラットは一七八六年にはすでに『純粋理性批判』のポテンシャルに気がついており、「現在という時代の要求」（TGA 1786, 258）に応答すべく、ウルリッヒを基準にしてそれを測定することをこの書評で説いているのである。

フラットは翌一七八七年五月一五日号の『テュービンゲン学術報知』で経験心理学者シュミートの『カントの著作簡易用語辞典』（一七八六年）の書評を寄稿する（TGA 1787, 170-176）。シュミートの解釈の最大の特徴は、カントのア・プリオリ／ア・ポステリオリの区別を「生得性」という観点から理解することにある。たしかに「ア・プリオリな概念」も「生得的な知識」も経験から得られるわけではないという意味では、同じであると

（63）「ヒエログリフと神秘」への拒絶と憧れは啓蒙主義の「標準的な標語」でもあった（vgl. Flatt, Einleitung, 32）。

（64）Ibid. ウルリッヒの『自由論』における彼のカント批判と自由論については、以下を参照。田端『序説』、三〇六頁以下。

言えなくもない（ただしカント自身は「ア・プリオリなもの」が「生得的なもの」だとは考えておらず、「生得的概念」を超越論的哲学のうちに位置づけていない）。カント解釈としての正当性はともかく、シュミートが行なおうとしていることは、批判哲学とそれに先行する哲学とのあいだに共通する要素があることを説くことによって、前者を後者のうちに解消することであり、はっきりと言えば、カントをライプニッツに還元することである。(65) そのために、シュミートはいくつか論拠を挙げながらカントの「ア・プリオリな概念」が「生得的概念」であることを証明しようとする。(66) この『辞典』もまたシュルツの『解明』とともにカントの副読本として広く受容されたのだが、ウルリッヒと同様に、シュミートもまた晦渋な批判哲学の語彙を伝統的で馴染のあるライプニッツの術語に翻訳することで、その難解さを取り除こうとしたと言える。

さて、この『辞典』書評ではカントが「カテゴリー」の適用範囲を現象に制限したこと、「物自体」と時間の問題などに対するフラットの問題意識がよりはっきりと輪郭づけられている。これは、彼が強烈にウルリッヒの影響下にあることを物語っている。とはいえ、この書評には書評者自身の関心が強く反映されてもいるので、この書評の論点をフラットの問題意識を中心にして瞥見しよう。

フラットの書評は二つの疑問をめぐって展開される。すなわち、第一に「カントは「超越論的感性論」において「変化」という表象は内的直観の主観的形式にのうちにのみその根拠を持ち、いかなる客観そのものにも「変化」を帰すことができないと主張する。しかし、カントはいくつかの箇所で「物自体」の性質について私たちはまったく何も知らないのだと自信たっぷりに断言してもいる。だとすると、カントはいったいどうしてそんなことが分かったのだろうか」（TGA 1787, 171f）と彼は問う。カントは「物自体」の性状について積極的に語ることができないのだから、〈「物自体」が変化しない〉と主張することには根拠がない、というわけである。さらに私たちは「物自体」について積極的に知りえないのだから、カントは或る客観（「現象」）と「物自体」

体」の性状とのあいだに何らかの関係が「少なくとも、部分的にさえ」(ibid.) 成り立たないことを断定する論拠も呈示できていない、とフラットは考える。フラットは、「感性論」において「直観の形式」としての「時間」が具体的で経験的な時間から抽象されたものではないこと（「経験的な素材から」形成されたものではないこと）をカントが論証できていないことを証拠にして (vgl. TGA 1787, 171f.)、超越論的哲学の時間概念が「直観の形式」に限定されていることを不当だとし、むしろ「物自体」が時間的規定を持ちうること、つまり客観の側に客観的な継起（「変化」）の規定が認められうることを主張する。フラットの理解では「客観」と「物自体」の性状は連動しうるのだから、「物自体」のうちにも「時間」や「（時間的）変化」という規定が認められねばならない。この異論は「第二の類推」に集中していた前年までのものから、明らかに一歩先へ進んでいる。さらに言えば、これはウルリッヒとシュルツの〈カント拡張路線〉が、より洗練されたかたちで定式化されたものだと理解しうる。というのは、フラットの批判はライプニッツの枠組みへの取り込みだけではなく、批判哲学そのもののうちでカントを反駁しているとも評価できるからである。

第二に、フラットは『純粋理性批判』において「カテゴリー」が「現象」にしか適用できないとしている一方で (vgl. KrV. A. 240)、「物自体」が「現象の原因である」(vgl. KrV. A. 288) とされるのは整合性がないことを、『辞典』の参照箇所を挙げないまま取り上げる。この「現象の原因」としての「物自体」論もまたウルリッヒ／シュルツが提出していたものなのだが、重要なのは、フラットがここで独自の理解をつけ加えていることである。フラットによれば、カントの言う「超越論的客観」とは「根源的存在者 (Urwesen)」のことであり、この「根源的存在者」にも「カテゴリー」は適用されうるべきだという (TGA 1787, 173)。さらに――これは非常

(65) Schmid, *Wörterbuch*, 11.

(66) カントと「生得的観念」については、以下を参照。山根　二〇〇五年、第3章。

に奇妙な読み方なのだが――フラットはこの「根源的存在者」としての「神性」に「因果性」の性質を帰すことができるとカント自身が述べていたと理解する[67]。その真意は短い書評の文章からは定かではないが、文脈から推察するに、その理由はこの主張のうちに彼の二つの問題意識が反映されていることに由来していると思われる。

まずフラットにとっては、カントが「現象」の客観的実在性を証明しようとするならば、認識の「形式的条件」としての「因果性」では不十分であり、実際のところ、「物自体」を「現象」の実在性を担保する「原因」と見なさなければそれは不可能な主張である。よって、「超越論的対象」は「現象」の「原因」でなければならないし、そうした使用をせざるをえない（さらに言えば、フラットの分析では暗にカント自身がそのように使用してしまっている）以上、「カテゴリー」の「超越論的使用」は明示的に認められねばならない。フラットが見るところによれば、カントは「少なくとも実在性、原因、実体に関しては」「時間という制約」を持たない別の「カテゴリー」を設けなければならない（TGA 1787, 174）。だが、カントはこれらの区別を説明すべき箇所でもまったくその期待に応えていない。要するに、フラットは特に「関係」の「カテゴリー」は超越論的に使用されるはずだという嫌疑を呈しているのである。フラットの見立てによれば、この区別を導入したとしてもカントの構想は維持しうる。

次に、フラットにとって「原因」や「実体」などの問題機制は初めから神学的、宗教的、道徳的な問題と連動している。したがって「カテゴリーを超越論的対象に適用できるのか」という問題は、フラットにおいては「根源的存在者としての神の存在証明を批判哲学の枠組みで論駁できるのか」という問題とつねに関連づけられる。フラットは言う。

カント自身が道徳と自然神学の目的のために設定した命題が意味のない空虚な言葉や恣意的な主張であってはならないとするならば、道徳と自然神学〔という問題〕に踏み込んだ途端に、原因と実体の概念の適用に関してライプニッツの理念を基底に据えねばならないのではないだろうか（TGA 1787, 173）。

ウルリッヒと同様、フラットもまた「充足根拠律」を採用することでカントの「因果性」が持つ欠陥を克服しようとしている。

フラットのカント解釈の要点をまとめると次のようになる。フラットにとっては、カントは時間という「形式」に従属する「カテゴリー」とそうではない「カテゴリー」とを区別をすべきであったにもかかわらず、それを説明していない。両者の区別がなされるべきであることは、彼が「物自体」を「現象の原因」と見なしていることから明らかである。そしてこの混乱が原因でカントは「因果性」の「カテゴリー」の使用を整合的に説明できていない。さらに、その際カントは「物自体」が時間的な規定を持たないことを安請け合いしてしまっているが、このことは批判哲学の枠組みでは断定できないはずである。「超越論的感性論」も「第二の類推」もこれを証明できていない。

これに対してフラットは、「物自体」が「変化」の性状を持つことを認めるべきだと主張する。それによって初めて「物自体」は真に「現象の原因」たりうる。[68] フラットは、時間という制約のもとで妥当する「カテゴ

(67)　フラットは、その論拠として初版の「経験の類推」の一節である一七九頁を指示しているが、そうした議論はカントのテクストには見いだせない。

(68)　最近、ワンがフラットに関する専門的な研究文献を刊行した（Wang, 2022）。ワンは「実在性、原因、実体」の「カテゴリー」をカントが暗に「時間という制約」を越えて使用しているというフラットの批判について、ヤコービの「超越論的観念論について」での「観念論」と「実在論」のジレンマと同じものだと解釈している（Wang 2022, 7）。だが本書の見立てでは、フラットの批判のポイントはそこにはない。たしかに、ヤコービのカント批判は「物自体」や客観の「実在

リー」とそうではない「カテゴリー」とを区別することは、批判哲学の理論的枠組みを損なうものではないと言う。

着目すべきは、「因果性」について、カントは「神」を召喚せずに論じるという点で新たな「因果性」論を呈示したと評価できるのだが、フラットはこの概念を再び「神」の問題圏に引き戻し、合理主義的、ライプニッツ的な根拠律によって改めて神学論の問題として解釈しようとしていることである。先に彼がウルリッヒとライプニッツの立場を神学の観点から考察していたことを確認したが、彼自身の問題意識がカント読解に反映された結果、シュミート書評では以下のような読み方がなされている。すなわち、カントは暗黙裡にすでに「因果性」の「カテゴリー」を超越論的に使用していたのだが、「カテゴリー」論をカントよりいっそう精緻化することで、カントとは異なる神学的結論に到達することができる、と。そう受け取れば、カントが『純粋理性批判』で「因果性」を「神性」に帰属させていたという彼の奇妙な読解の理由も一応理解できる。

つまるところ、彼はシュミート書評で「カテゴリー」論の改変を提案している。だとすると、いまや彼が『純粋理性批判』に取り組む動機はたんに時代的な要請からだけではなく、それがフラット本来の領域である神学への理論的基礎を与えるという別の意義を持つからでもあると言える。そのオプションの成果は、一七八八年の『断章』の「因果性」論で初めてまとまったかたちをとる。

(2) ヤコービ書評におけるフラットのヤコービ批判

フラットの『断章』の序文には一七八七年一一月一日という日付けが打ってある。注目すべきことに、フラットはその僅か一週間後の一一月八日付けの『テュービンゲン学術報知』にヤコービの『デイヴィド・ヒューム』の書評を寄稿している。このヤコービへの書評もまた重要な資料のひとつに数え上げられるべきである。フラットはカントと同程度にヤコービを重要視しており、この偉大なる人物への惜しみない賛辞を至るところで繰り返し表明しているが、その敬意の根底にはヤコービへの思想的な共鳴がある。(69) 一七九〇年四月二九日付けの『スピノザ書簡』第二版への書評では、「しかし書評者〔＝フラット〕がその本質を理解し、それを自分の言語に正しく翻訳できると考える限り、今のところ、彼とは異なる考え方をする他の哲学者の誰よりもこの著者に同意している」(TGA 1790, 268f.) とまで言っている。

ヤコービへの書評でも『断章』でも問題の中心は依然として「因果性」概念である。この概念に関して、ヘンリッヒによる以下のような指摘は重要である。

> 〔テュービンゲンにおいて〕フラットは早い時期から哲学的な独立性を確立しており〔…〕カントの全的理論に正面から対抗できるほど大きな存在だった。まさに**因果性の理論によって**彼は自らがそのような立場を維持し、さらに発展させることができると自負した。〔…〕フラットは他の多くの哲学的問題、特に道徳哲学の問題を扱った。しかし、それらの問題に関連して彼の因果性論と同様に独立し、練り上げられ、フラット〔自身〕も繰り返し適用するような、そうした立場に到達したことは〔テュービンゲン以外では〕どこでも認識されていない。(70)

性」を暗に前提にしてしまっている中途半端な「主観主義」だという点を衝いていた（本書2章を参照）。しかしこの批判の重点が批判哲学の持つ実在論的要素を暴き出すことだったのに対して、フラットの批判の軸足はカントが「関係」の「カテゴリー」の「超越論的使用」をしていることを前提にしたうえで、批判哲学の枠組みで「因果性」を位置づけ直すべきであり、そのためにカントの「物自体」論を改変すべきだということに置かれている。よって、カントが「観念論（主観主義）」と「実在論」とのあいだの二元論に陥っているというヤコービの「ジレンマ」は主題ではないと思われる。

(69) Henrich, *Grundlegung*, 64f. Vgl. auch TGA 1787, 713; TGA 1790, 266.

(70) Henrich, *Grundlegung*, 69f.

この評価が正しいとすれば、彼の「因果性」論の特色はどこにあるのか。そして、この概念をめぐって彼のカントとヤコービへの批判的な立場をどのように位置づけることができるのか。フラットの著作を考察することで、これらを明らかにしていこう。

フラットが自負しているように、彼はヤコービの問題意識をかなり的確に捉えている。書評者は、ヤコービにとって「私たちの外部」の物の実在性は、理知的な推論に根拠づけられているのではなく、「啓示という言葉以上に適切な言葉で表現できない」ような「直接的な確信」によってもたらされるとし、これを「彼の体系のなかで最も重要な命題」としている（vgl. TGA 1787, 715f.）。そしてヤコービの実在論的立場が彼固有の「原因と結果」「延長と継起」の演繹に由来するとし、これらの概念の導出という点においてカントの「超越論的観念論」と対立していることを適切に指摘している。カントによれば、「物自体」はいかなる実在性も持たず、すべてが主観の形式のうちに回収されてしまうことになるが、これはつまるところ「私」の実在性すら確証できないニヒリズムになる。よって「私」は「空虚なまやかし」（TGA 1787, 716）である。つまり、この書評でのカント批判の矛先は初版に残されていた「主観主義」に向けられている。

フラットは概ねヤコービに同意しながらも、彼に対していくつか疑問を呈している。第一に、たしかに「啓示」によってもたらされる「直接的な確信」は「信」を通じてしか獲得できないかもしれない。だが、ヤコービが理性的な論証知に置き替えて直接知を原理的に拡張しようとするならば、改めてそれを原理として確立せねばならない。もっと言えば、後者に置き換える前に、ヤコービはまず観念論と実在論とが両立しえないことを示さねばならない。このフラットの疑念には、彼がカントの形式主義的な認識作用が「現象」の領域に制限され、「物自体」にまで適用されないことを非難しつつ、「因果性」概念を「拡張」することでカントを乗り越えようとする態度がはっきりと現われている点で非常に興味深い。

第二の異論も第一の批判と同様の立場から発せられている。すなわち、たしかに「物」の実在性の感得は知性的推論ではなく感覚に由来し、「信」によってしか到達できないかもしれない。しかしながら、或る「現実的な現存在」に関するあらゆる認識がもっぱら直接的な確信に由来するとは限らない。この「現存在」は、実質的に「神の存在」と同義である（vgl. TGA 1787, 720）。フラットは「必然的な原理」にしたがって非感性的な「原因」へと理知的な推論を通じて到達しうると考える。(71)

第三に、フラットは「同時存在」は純粋に論理的な関係ではなく「時間性」をすでに含んでいるはずであるという主張から異論を展開する。ヤコービはライプニッツ‐ヴォルフ主義を支持しているのだが、それにもかかわらず彼の時間的な「原因と結果」論がライプニッツ‐ヴォルフ的な論理的（非時間的）な「因果性」論とどう整合性がとれるのか不明である、とフラットは述べる（vgl. ibid.）。

これらの批判の大筋は一七九〇年の『スピノザ書簡』書評でも繰り返される。この「現代において最も注目すべき著作」への書評はこれまでのスタイルとは異なり、原文からの引用が多くを占める。フラットの関心は第二版の序文の「人間の自由について」(72)と「第七付録：思弁哲学の歴史：スピノザ主義の成立」に集中している。私たちはフラットが抜粋している付録が「第七付録」であることに注目すべきである。というのも、「ヘン・カイ・パン」論は「第一付録」と「第七付録」に登場するが、ヤコービ自身はわざわざ「第一付録」の

(71) フラットの見る限り、ヤコービ自身も「神の存在証明」の理性的な論証をしているという。よって、論証知によって「神の存在」に到達する道も残されているはずだという（vgl. TGA 1787, 720）。

(72) この序文は命題の羅列から構成されているが、フラットが抜粋するのは以下の番号が付された命題である。すなわち、二七、二八、二九、三〇、三一、三二、三三、三四、三六、三九、四二、四三、四六番である。序文に関して、フラットは、ヤコービの「原因」概念がライプニッツやヴォルフの「充足根拠律」とは異なることや、彼の「信」概念への牽制が必要なことを再論している。

キーワードに「ヘン・カイ・パン」を指定しているにもかかわらず（JW1.1, 152）、フラットは「第七付録」こそが「この著作の最も重要な論考」（TGA 1787, 720）だと標榜したからである。フラットこそ同付録の「因果性」論としてのスピノザ主義の「ヘン・カイ・パン」を重視した人物に他ならないのである。概してドイツ古典哲学は「第七付録」の思想と密接に関連しているが、その潮流を主導した者たちの多くがテュービンゲンで学んだことはおそらく偶然ではない。

それでは「第七付録」は何を説いているのか。同付録でヤコービは、スピノザ主義の「ヘン・カイ・パン」が事物の時間的な継起を「理性概念にとってはすべて同時的に存在していた」（JW1.1, 253）と解することによって、「時間における創造」（JW1.1, 254）という「生成」論が持っていた難問を克服したことを主張している。すなわち、時間が存在する以前に時間が存在せねばならないという矛盾をスピノザ（「ヘン・カイ・パン」の哲学）は「すべてが必然的で、同時的であり」、事物のあいだの唯一の関係は「依存関係の継起」（JW1.1, 253）でしかないとすることによってその代替案を示したという。留意すべきことに、このときヤコービは自らのスピノザ論の要点を「根拠（*Grund*）」の概念と「原因（*Ursache*）」の概念との混同として呈示し、「因果性」論として提出し直している[73]。ヤコービにとって「原因」とはあくまで時間的、経験的概念に過ぎない。これらの問題圏が接続されることによって、後年のカント、ヤコービ受容における両者の接点はより明確になる。

それゆえ充足根拠律のうちで見られるように、この両者〔根拠と原因〕をひとつにすることは許されない。〔…〕根拠律は次のように言う。すなわち、すべての依存的なものは或るものに依存している。因果律は次のように言う。すなわち、なされるすべてのものは、或るものによってなされねばならない。根拠における「依存的な」という言葉では、その言葉は「或るもの」によってすでに与えられている。それと同様に、原因における「なされた」という言葉において、その言葉は「或るもの」によってすでに与えられている。これらの二つの命題は同一の命題である。それゆえ普遍的で、論証的必然的な妥当性を持っている。しかし、**あらゆる制約されたものは何かしらの制約を持たねばならない、という命題によってこれらをひとつにすることができる。**この命題もまた同一のものであり、それゆえに同様に普遍的かつ必然的である（JW1.1, 256）。

ここにはいくつか複数の混線したモチーフがひとつの命題のもとにまとめ上げられている。まず「根拠」と「原因」という区別すべき原理は「充足根拠律」によって総合することができないことに注意が向けられる。純粋に論理的な継起関係である「根拠」が或る物事どうしの依存関係であるのに対して、「原因」は「行為」の関係であり、時間のうちで生じるとされる（vgl. JW1.1, 257）。これらは区別しうるにもかかわらず、ヤコービはこれら二つの命題を「同一の命題」だとし、さらにそれらは「制約されたもの（自然的なもの）」と「無制約なもの（超自然的なもの）」とのあいだの論理的関係に集約できるとする。だが、この異なる原理の統合はどのようにして可能になるのか。

ヤコービにとって理性的・論証的知は「制約されたもの」の領域内でしか作動しない。「制約されたもの」とは、有限な事物の総体を指す。この「制約されたもの」の領域を越え、自然の外部の「超自然的なもの」の認識へと進もうとするところに「理性」の錯誤が生じる（vgl. JW1.1, 258f.）。

分類し、結合し、判断し、推論し、再把握することによって理性が持ち出してくることができるすべてのもの

---

(73)　周知のようにヘーゲルは「信仰と知」でヤコービの「原因」と「根拠」の混同を批判したが（vgl. GW4, 348, 352）、彼に先立ってヤコービの「因果性」論を「論理」と「時間」の混同として退けていた人物もフラットだったのである。他にも、『スピノザ書簡』の「第七付録」に認められる「直接性」「媒介」論がヘーゲル的な用法の先駆けであることが指摘されている（Henrich, *Konstellationen*, 237f.）。

は自然の事物だけであり、理性自身も制約されたものとしてこれらの事物に属しているのである。しかし、全自然、あらゆる制約された存在者の総体はそのうちに含まれているもの、つまり多様な現存在、変化、形式的戯れなど以上のものを探求する知性に啓示することはできない。すなわち、全自然は、本当の始元、何か客観的な現存在の実在的な原理は決して啓示することができないのである（JW1.1, 259）。

ヤコービにとって「制約されたもの」は「無制約なもの」にもとづいているのだが、いかなる論証知もその「無制約なもの」――それは「神」とも呼ばれる――に到達することはできない。ゆえに、私たちはそれを「超自然的なものが存在する！（*Es ist!*）」という「事実（*Tatsache*）」だとしか表現しようがない（vgl. JW1.1, 261）。この「事実」にはライプニッツ‐ヴォルフもカントも到達できない。よって、「充足根拠律」もカント的「因果性」も、かの「実在的な原理」を打ち立てることはできないのである。

この「神」へと至る通路こそヤコービが「信」と呼ぶものなのだが、注目すべきことに「因果性」の概念はまったく破棄されるのではない。ヤコービによれば、私たちは「因果性」の関係を「媒介されたもの」（JW1.1, 263）と解する必要はない。「まして、因果性一般はたんに媒介されたもの〔…〕とは考えられえない」（ibid.）。つまり、彼の「因果性」は論証的知性に限定される能力ではなく、〈原因‐結果〉の推論はその一側面に過ぎない。「因果性」を一般的に、もっと広く感性にも訴えかけるような作用として捉えれば、むしろ「因果性」には「神」への通路を確保する働きという重要な役割を帰することが可能である。ヤコービによれば、「私たちに固有の因果性の意識によって」「神」や「実在的な原理」を「直接的に」感じ取ることができる（ibid.）。これまでの議論を踏まえれば、ヤコービは「因果性」を或るものどうしの「依存関係」として、これまでの（スピノザ以外の）哲学者よりも広く理解していると言えよう。

したがって、「原因」と「根拠」を総合する命題は、〈あらゆる「制約されたもの」は「無制約なもの」を制約として持たねばならない〉として呈示される。これが「第七付録」の「ヘン・カイ・パン」概念の要諦である。つまり、このときの「ヘン・カイ・パン」論は超越者と世界とのあいだの関係を「因果性」という観点から捉え、それらを論理的に統合することに重点がある。

以上のことを鑑みれば、ヤコービの総合的命題に対するフラットの異議申し立ての理由も見えてくる。

この二つの命題の他に、第三の命題、つまり因果性の非-同一的な、あるいは総合的根本命題を想定することが必要なのではないだろうか。決定論や宿命論に陥ることなく、この第三の命題を妥当なものとして受け容れることはできないのだろうか（TGA 1790, 271）。

フラットの疑問は「神が創造主であると考えられている限りにおいて、どのような原因の概念が神に適用可能なのか」（ibid.）という表現のうちに凝縮される。また書評の続きで、彼はヤコービへの批判を〈「無制約なもの（超自然的なもの）」の存在から「神」という最高の知性的存在者の証明へと至る道程が不明瞭であること〉としても定式化している（vgl. TGA 1790, 272）。つまり、「無制約なもの」を「神」と断定しうる根拠はいったいどこにあるのか、という疑問である。

両者の論争はヤコービの論証過程の不備というよりも、彼らのあいだの「神」の理解の違いに由来している。というのは、ヤコービにとっては「無制約なもの」が「神」であることは説明の必要がない自明のことだからである。事実、ヤコービは『スピノザ書簡』第二版「第七付録」の「原因」と「根拠」との区別を説いた箇所（vgl. JWI.1, 256）で、『断章』でフラットから向けられた初版への批判に言及し、フラットへの謝意を表明しつつこの疑問へ明確に応じることは避けている(74)。

（3）『断章』（一七八八年）の「因果性」理論――作為的理性と自然的信

フラットの『断章』にはいくつか特徴的な性格がある。まずタイトル（『因果性概念の規定と演繹および自然神学の基礎づけのための断章、カント哲学との関係において』）が示すように、『断章』はカント哲学との関係から「因果性」概念を新たに規定し、それを「自然神学」の基礎づけに適用することを目指している。『断章』はフラットの最も独創的な著作と言えるのだが[75]、その理由は、この著書で彼がかの「第三の命題」を自らで確立しようとしているからである。ただし、その方法論そのものはまったく独自のものではなくウルリッヒにしたがっている[76]。

同書はまず「因果性」概念の「規定」、すなわち概念の定義から始まり、それを「演繹」する。これは彼が「事実問題」と「権利問題」を区別していることを意味している[77]。すでに述べたように、フラットのカント論はウルリッヒ－シュルツの延長線上にある。それに加えて、彼は当時の有力なカント主義者であったシュミートの著作などを通じて批判哲学の核心を「第二の類推」と「因果性」論に見定めていたこともすでに指摘した。さらに注意すべきは、彼のカント論がほぼすべて『純粋理性批判』のみに依拠していることである。フラットは『純粋理性批判』だけでなく『実践理性批判』にもアクセスすることができ、両者のあいだの内容上の差異に気がつきながらも、あえて一貫して『純粋理性批判』の内容を重視する。よってフラットは神学や道徳的領域に属する問題圏に強く関心を惹かれながらも、彼のカント理解は『実践理性批判』の内容によって修正されていない。したがって『断章』が指し示している「カント哲学」とは、実質的に『純粋理性批判』の内容だけを指している。

本書の問題設定を踏まえ、ここではフラットの「因果性」を「因果性」論一般として妥当かを再評価することはしない。彼の究極的な目的が「どのような原因の概念が（創造主としての）神に適用可能なのか」という命

（74）ヤコービが名指しでフラットに応答したことの意味は、両者の表面上のやりとりに留まらず、フラットとヘーゲルの関係を解明するための貴重な証拠を彼が意図せず私たちに残してくれたことにもある。すなわち、注目すべきことにヘーゲルが「信仰と知」においてヤコービを批判する際に参照している『スピノザ書簡』の頁こそ、まさに「第七付録」の、このフラットの名前が記された箇所に他ならない（vgl. JW1.1, 256；*Beyträge*, 21；GW4, 348）。このことから、ヘーゲルがヤコービ批判をしたときにフラットのことを念頭に置いていたことはほぼ間違いないと断言することが可能であり、さらにそれだけではなく彼がフラットに与したと解釈できる。つまり、「信仰と知」における「原因」「根拠」をめぐるヤコービ論は、フラットがヘーゲルに遺した痕跡を私たちに暗に示しているのである。もう少し踏み込んで言えば、一八〇二年のヘーゲルのヤコービ論はテュービンゲンでの論争を下敷きにして提出されたものだと見なすことができる（vgl. Onnasch, Jacobi and German Idealism, 242）。

（75）Henrich, *Grundlegung*, 61. フラットは『テュービンゲン学術学術報知』の一七八八年六月に自著広告と思われる論考を寄稿している。

（76）構成に関しても、『断章』はウルリッヒの『教程』に沿っている（Flatt, Einleitung, 38）。フランツ／オンナッシュによれば、『断章』の章立てはウルリッヒの『教程』の体系的類型からすれば「fragmentarisch」であり、ゆえにこの論文は「Fragmentarische Beyträge」と名づけられたのだという。

（77）フラットは「カテゴリー」の演繹に関する「事実問題」と「権利問題」の区別をカントから引き継いでいる。すなわち、『断章』は「因果性」という「カテゴリー」、つまりア・プリオリな概念が或る対象といかに関係するのかという正当化の問題を論じており、その意味でカントの「演繹」の概念は正しく理解されている。だが、フラットはこの「演繹」をカント的な意味で『断章』に適用しているわけではない。彼によれば、概念の規定は「最も普遍的な根本原理を完全に列挙する」ことを目的としており、それによって「問題を完全に、かつ明確に規定することが可能になる」（*Beyträge*, 32）。よって、「権利問題」は次のように理解される。すなわち、「悟性がカテゴリーを使用する権利づけは、どこまで拡張されるのか」（ibid.）。カントと同様にフラットも「悟性」の適用可能な範囲を確定することを課題とするが、「列挙」という方法論を採用する点において、フラットはカントとは別の道を歩む。フラットの主な対象である「因果性」に即して言えば、「列挙」とはこの概念が含む内実的な規定や構成要素を数え上げ、それらのうちの最も一般的、普遍的な規定を取り出し、それを「因果性」の原理として確立することを意味する。その「因果性」概念が客観的な妥当性を持つことを証明することが、彼にとっての「演繹」である（Vgl. Wang 2022, 54ff.）。よって、フラットの「因果性」の「演繹」は（カント的に言えば）「純粋悟性概念」に制限されない。

題の証明にあることを確認しておくだけで充分である。以下では、このコンテクストでのフラットの意義を考察していく。

さてヒュームの「因果性」論が客観的な妥当性を放棄したのに対して、カントはそれを主張するものの、その際の客観性は「悟性」の形式性のうちに求められた。彼の形式主義的、主観主義的傾向は、ヤコービが批判した初版の「第四誤謬推論」に特に強く表われていたと言える。さらにウルリッヒ以降、その範囲を「現象」に制限したこともまた問題にされてきた。『断章』の議論はこれらの問題圏を正統なかたちで受け取っている。

まずフラットはヤコービの議論を踏まえて（『断章』は『スピノザ書簡』第二版以前に出版されている）これまでの歴史上の推論のタイプを三つに分類する。一つ目は「時間的な継起」であり、経験的「因果性」に相当する。これはヒュームが唱えたものである。二つ目は「非時間的な、純粋に論理的な継起」であり、ライプニッツ－ヴォルフ的な「因果性」論に対応している。そして三つ目は「時間的継起」と「論理的継起」とをともにひとつの「因果性」のうちに組み入れた「混成概念（gemischter Begriff）」（*Beyträge*, 27）である。もちろん、これは先の書評に表われていた、「決定論」や「宿命論」に陥らずに必然性を説く「第三の総合概念」のことであり、フラット自身が説く「因果性」論もこのタイプに含まれることになる。

フラットが「因果性」概念を歴史的に分類することから議論を始めている狙いは、カントの「超越論的弁証論」の「神の存在証明」の議論を歴史的に相対化することにある。具体的に言えば、カントの論証では本来「自然神学的証明」「宇宙論的証明」「存在論的証明」が否定され、「道徳的証明」にのみ余地が認められるのだが、フラットはその証明がカントの枠組みから出てもなお有効なことを示すことで、かえって「自然神学」のために応用しようとする。この戦略的な態度は、彼がやや自由なかたちでライプニッツの「私は神の実在を証明するために使われてきたほとんどすべての手段は良いものであり、より完全にすれば役に立つと思います[78]」

をエピグラムとして引用していることからも推察される。彼はまさにカントを「より完全な」手段にすることで自分流の「神の存在証明」を完成させようとしている。この彼の問題意識を踏まえなければ議論を見通すことは困難である。

「時間的継起」と「論理的継起」の総合が何を意味しているのかについては、フラットが引用するヤコービの『デイヴィド・ヒューム』の例を引き合いに出すのが最も分かりやすいだろう。

三角形の概念からは、その三角形という概念のうちにある三つの角の概念が推論される。そしてその三角形もまた、時間という観点からいえばその概念のうちで、言い換えれば、主観的、現実的には三つの角より以前にある。しかし自然においては、言い換えれば客観的には、三つの角と三角形は同時に存在する。理性概念においては、原因と結果はどこにでも同時的で互いのうちにある（zugleich und *ineinander*）。この理性概念は主語に対する述語の関係、全体に対する部分の関係からとられたものであり、客観的なもの、つまり概念の外部に存在するような産出や発生をまったく含んでいない（JW2.1, 51；*Beyträge*, 21）。

三角形とは三つの頂点と三つの辺を持つ図形だが、ヤコービはこの図形とその構成要素（角）との関係から「継起」を説明している。この例のポイントは、私たちが「主観的に」、つまり実際に三角形を把握する際には「三角形」という図形全体が（時間的に）先に与えられてから、その後に「角」が成立するという「因果関係」（時間的な前後関係）が適用されるのに対して、「理性概念」という純粋な論理の領域では「三角形」という全体

（78）原文をそのまま引用すると、次の通りである。「Je crois, que presque tous le moyens, qu'on a employés pour prouver l'existance de Dieu, sont bons, et pourroient servir, si on les perfectionoit」（*Beyträge*, 176）。典拠は明示されていないが、おそらく『人間知性新論』四部一〇章のテオフィルの言葉からの引用と思われる（『ライプニッツ著作集　認識論『人間知性新論』下』、二三六頁）。

と各頂点は「同時に」成立していることを対比することにある。後者の純粋に論理的な「因果性」理論には外部が存在せず、よって「全体」と「構成要素」のあいだには時間的な前後関係は存在しない。ヤコービの表現で言えば、すべては「ineinander（互いのうちに）」の関係にある。

この「因果性」論が、先の「因果性一般はたんに媒介されたものとは考えられえない」という「ヘン・カイ・パン」論と軌を一にしていることは明らかである。すなわち、――主語に対する述語づけという論点からも推察されるのだが――この「三角形の概念」と「角」の関係は「神（実体）」と「様態（個物）」の関係を擬している。よって、この比喩は「時間における創造」という矛盾へのヤコービの解答と見なしうる。こうした視点から見れば、ヤコービは「ヘン・カイ・パン」によって「時間性」と「論理性」を統合しているように見える。

ヤコービの「三角形」の比喩に対して、フラットは「発生」概念が「理性概念」には含まれておらず、「原因」と「結果」が「同時的」で「互いのうちにある」ことには充分な根拠がないとする。「根拠づけられるものと根拠、したがって原因と結果が互いに他のものに内在すると考えねばならない必要はあるのだろうか」（*Beyträge*, 22）。フラットの関心が、いかなる「原因」概念が神に適用可能なのかにあることを踏まえると、彼がこうした疑問を呈するのは当然と言える。フラットは、そもそも「同時性」なるものは或る事象A、Bがともに「時間のうちに」存在するという前提のもとでのみ有効なはずだとし、ヤコービが「因果性」にかんする「第三の総合概念」の構築に失敗していると結論づける（vgl. *Beyträge*, 26）。

この論争がウルリッヒ－シュルツによるカント批判と同一のコンテクストのなかにあることをもう一度思い起こしておこう。ウルリッヒはカントの「狭すぎる」「因果性」論を難じ、「カテゴリー」という主観の側の「形式」のうちに「因果性」を根拠づけることに反対し、「充足根拠律」を擁護していた。「〔カントの〕因果律、つまり何かが生じること、あるいは何かが存在し始めることのすべては、ひとつの規則にしたがうところの或るものを前提にしているという原理は、あまりに狭すぎる。この原理に関して〔…〕何かが〔現に〕存在しているが、それが他のようでもありえたことについて、〔…〕、何かが生じることについて言えば〔…〕それはすでに普遍的な充足根拠律のもとにある」(*Rezensionen*, 245)。それでは彼の影響を受けたフラットはこの主張をどう評価したのか。実のところは、彼はすでに一七八六年の『教程』への書評のなかで自らの意見を表明している。

「もし何か或るものがそれ以外でもありうるならば、なぜそれがそうであって、他のようではないのかという規定的な根拠がなければならない」〔というのがウルリッヒの命題である〕。彼は正当にもこの原理を受け入れ、それにしたがって思惟することは一種の自然的必然性（Naturnothwendigkeit）であると信じている。だが私たちは後者〔の命題〕に対して、ただ次のことを付け加えねばならないだろう。すなわち、充足根拠律や因果性という形而上学的原理は、私たちの自然のうちに根拠づけられた**主観的な思惟法則を客観的なものへと必然的に移譲すること**にもとづいており、この原理は論理的な根拠律といった〔…〕ものから非常に容易に、いくつかのやり方で導出することが可能なのだ、と（TGA 1786, 260）。

フラットは「因果性」の根拠づけは、彼が「自然」と呼ぶ客観の側にではなく、「主観的な思惟能力」を客観に適用することでなされるはずだと考える。「思惟」という主観の側の能力に「因果性」の根拠を求める限りで、フラットはカント的な路線をとっているように見えるが、彼は明白にカントの理論からは逸脱している。フラット自身もカントとの違いに自覚的であったため、自らの方法論を好んで「形而上学的演繹」と呼ぶ（vgl. *Beyträge*, 55）。

まず彼が理解する主観の「思惟能力」とその適用とは、感性から与えられた「素材」に「純粋悟性概念」の「形式」を付与することではない。フラットからすれば、カントのいう「カテゴリー」のアプリオリテートは「悟性」の主観的な思惟法則の必然性を経験的に証明することによってさらに確証されねばならない限りで不十分である（*Beyträge*, 50f.）。彼がここで提出している論点は、「原因」「因果性」のステータスが究極的にはどこに求められるのかである。フラットの場合、それは私たちが「意志」にもとづいて現実の世界に何らかの作用を及ぼすという「成果」を残したときの経験からも獲得できるとされる（*Beyträge*, 63）。このとき「意志」はカントの区分にしたがって言えば「選択意志」にあたる。ただし、こうした経験的な正当化では「すべての出来事が原因を持つ」という「最も普遍的な原則」を根拠づけることはできないため、『断章』の探求は「因果性」の根拠が「主観的な思惟法則」という普遍的な原理に根拠づけられねばならないという議論へと移る。

フラットは、ウルリッヒとまったく同じような調子でカントの「超越論的演繹」の本質を「発生するものはおしなべて原因を前提とし、〔その前提と〕不可分に結びついている」（*Beyträge*, 50）ことのうちに見る。それに対して、フラットは「因果性の最も普遍的な原理」たる「純粋に超越的な原因の概念に関係する」「因果性」には二つの原理が含まれているとする。すなわち、「発生の原理」と「偶然性の原理」である。「発生の原理」とは「発生するすべてのもの」の「因果性」の原則であり、「偶然性の原理」は「〔現に今あるように〕存在する以外に存在しうるすべてのもの、一般に偶然的に現存するすべてのものは、経験的な意味においてではなく、超越的な意味において原因を前提とする」（*Beyträge*, 91）ことを指す。

これらの区別を踏まえ、フラットは「想定される〔経験〕心理学的な法則が本当に理性の法則だとすれば、ここで問題になる因果性の最も普遍的な原理は、そもそも経験から引き出されたものではなく、すべての経験に先立つ、私たちの思考力の法則に基礎づけられていることに疑いの余地はない」（*Beyträge*, 96）[79]とし、この想定のもとで「最も普遍的な因果性」を根拠づけようと試みる。このことは、因果的連関の究極的な根拠の源泉が「思惟の主観的必然性」にあることを意味する。結論だけを述べれば、フラットの「因果性」論は次のようにまとめられる。

> それ以外のものでありうるもの〔＝偶然的なもの〕はすべて、純粋に超越論的な知性において、そのような原因を前提としている（*Beyträge*, 101）。

この命題は「偶然的に現実的なものは、概してその現実性が他の現実的な或るもののうちで根拠づけられているようなものとして——超越的な意味で原因を前提するものとして——考えられねばならない」（*Beyträge*, 103）。さらにこれは次のようにも変換される。「あらゆる変化、そして発生するところのものは、そもそも超越的な知性において原因を持っている」（ibid.）。

だが、彼の「因果性」論はさらなる合理的な根拠づけをすることができない。ゆえにフラットは「主観的な思惟の法則」と「客観的な現実」のあいだに対応関係があるという隠れた前提を持たざるをえない。(80)「私たちの思惟法則」と「現実」とのあいだの「調和」ないし「一致」は、ただ想定され前提されるだけである（*Beyträge*, 123ff.）。これが合理的、論証的な証明の臨界点なのである。そしてこの前提こそ、まさにカントが拒絶するものに他ならない。

実際『一般学芸新聞』でのシュルツのウルリッヒ書評を目にしたカントの反論がまさにこの点を取り上げている。彼は『自然科学の形而上学的原理』（一七八六年）の「序文」で「訝しくも現象が悟性法則に一致する

(79) フラットがこうした想定を支持するのは、彼がテーテンスの影響を受けているからである（vgl. Flatt, Einleitung, 33）。
(80) Henrich, *Grundlage*, 63.

〔と考える〕がゆえに、かの怜悧な書評者〔＝シュルツ〕は予定調和に逃げ道を求め」ざるをえないが、「予定調和」を持ち出したところで「客観的必然性」が根拠づけられることはなく、「主観的必然性」しか生じない限りでそれは「いっそう酷い悪」だとしていた[81]。カントにとっては「思惟法則」と「現実」が一致することは私たちには断定できず、「客観的必然性」はあくまでも「カテゴリー」のうちにしか根拠づけられえない。フラット自身も「充足根拠律」を持ち出すのではなく、率直に証明の限界を認めている。だが重要なことに、彼はこのように言う。

> この前提はただ信じられるだけであり、証明されるのではない。というのも、まさにここがあらゆる証明の限界だからである。しかし、これは完全に反論の余地のない前提であるだけでなく、私たちの自然そのものによって強制されている前提でもある（*Beyträge*, 125. Anm.）。

この「信」への訴求は明らかにカントの設けた境界線を踏み越えている。だが、この点にこそフラットがヤコービに思想的に共鳴した最も強烈な理由がある。フラットからすれば、カントが「発生」を「カテゴリー」の外部として持ち、それゆえつねに「発生」を「前提」とせざるをえないことにこそ、カントの不十分さがあった。よってこの越権を強いているのはカントだとも言えなくもない。

最も重要なことに、「信」という点でフラットとヤコービを結びつけているのは、パスカルである。パスカルに着目することで、彼らが「自然」を強調する理由も見えてくる。フラットは先の命題を根拠づけるためにパスカルを引用する。「私たちには、どんな独断論もそれを打ち破ることができない証明の力がある。〔…〕私たちには、どんな懐疑主義もそれを打ち破ることができない真理の観念がある[82]」。ところで『スピノザ書簡』のヤコービは「スピノザ主義の六つの命題」において「あらゆる人間的認識と作用のエレメントは、信である」（JW1.1, 125）と説いていた。その際彼が引き合いに出すものもまた、このパスカルの言葉なのである。「自然は懐疑主義者たちを困惑させ、理性は独断論者たちを困惑させる。――私たちには、どんな独断論もそれを打ち破ることができない証明についての力がある。私たちには、どんな懐疑主義もそれを打ち破ることができない真理の観念がある」（JW1.1, 129f.）[83]。フラットの立場がカントよりもヤコービに近いという指摘はまったく正しい[84]。このことは、先に見た一七八七年の『デイヴィド・ヒューム』への書評にもはっきりと認められる。

ヤコービ哲学の主要原理に関して。一方で、あらゆる理性による証明の第一原理を真理だとする、他方で、何か現実的なものが存在するという確信は理性的根拠にもとづくものではなく、もとづくこともできないが、理性の法則にしたがって思惟し、それを現実的なものへと適用することで得られるあらゆる確実性はそもそも証明が不可能なものに関する確信によって可能になる限りで、私たちは信がすべての人間的真理や認識の原理と見なすことができると完全に確信している（TGA 1787, 718）。

これらの両者の確信の根底にあるものが、パスカルへの共鳴なのは明らかだろう[85]。彼らにとって人間の作為的な「理性」の脅威に対抗するのは「自然」であり、「感覚」であり、「信」なのである。それだけではなく、

(81) KA IV, 476. Anm. Vgl. auch KrV A. 783/B. 811.

(82) フラットが引用する原文は以下。「Nous avons une impuissance de prouver, invincible à tout le dogmatisme. [...] Nous avons une idée de la vérité, invincible à tout le pyrrhonisme.」(*Beyträge*, 125)。また次の箇所も併せて参照。パスカル　一九七三年、二四八頁。

(83) フラットは「impuissance de prouver（証明の無力）」、ヤコービは「impuissance à prove（証明についての無力）」と書いている。Vgl. Onnasch, Jacobi and German Idealism, 234. また以下も参照。パスカル、前掲書、二七八頁。

(84) Vgl. Henrich, *Grundlegung*, 64 ; Onnasch, Jacobi and German Idealism, 233.

(85) パスカルについては、以下も参照。Henrich, *Grund*, 74–85.

「自然」は「理性」の限界を越える通路を私たちに示してくれる。フラットは、最終的に懐疑主義に対抗する「自然」や「信」へと向かう限りで、カントではなくヤコービ的潮流に属しているのである。ヤコービの「信」とはおおよそ次のような方向性を目指している。

> 私たちは自ら自身を創造したり、教育したりしません。私たちは決してア・プリオリに存在しているのではなく、ア・プリオリに知ったり行為したりすることもできません。何も経験することはできません。――経験なしには。〔…〕賢明であることも、高潔であることも、敬虔であることも、理性を弄することによっては不可能です。私たちはそ〔の高み〕に向かって動かされなければならず、動かなければなりません。人間は有機化されねばならず、自分自身を有機化しなければなりません。この強力な理法をこれまでのいかなる哲学も変えることはできませんでした。〔…〕私たちは目がなくとも物を見ることができるメガネをでっち上げることを断念する時が来ているのではないでしょうか。そうならばもっと良いでしょう！（JW1.1, 130）

ヤコービが擁護する「信」は懐疑主義者には見えない。とはいえ、この「信」は妄信的な態度を要求するものでもない。というのも、それでは「目なしで物を見るメガネ」を掛けることを要求することに等しくなってしまうからである。そうではなく、ヤコービ的な「信」とは私たちの経験一般に先立つような、形而上学的な「信」である。だからこそ、フラットは「これは完全に反論の余地のない前提であるだけでなく、私たちの**自然そのもの**によって強制されている前提でもある」と端的に宣言するのである。彼らにとってこれは論証的な不備ではなく、そうだとしか表現しようがないのである。

ただし、非哲学者ヤコービと哲学者フラットには「感覚」の評価について明確な違いもある。「現実的な定在のあらゆる認識が感覚に根底を置いていることはおそらく否定されえない。しかし、現実的な定在のあらゆる認識はもっぱら、そして直接的に感覚だけから由来するのだろうか。しかし、理性は必然的な原理にしたがって、感覚を通して直接的に認識される現実的なものから他の現実的なものへと――つまり、感覚された結果から非感覚的な、感覚不可能な原因へと推論することはできないのか」（TGA 1787, 719f.）。フラットは感覚の決定的な役割を認めつつも、理性を放棄することはない。だからこそ彼にとってはカントを自然神学に適用することが焦眉の課題なのであり、「決定論や宿命論に陥ることなく」混成的な「因果性」論を打ち立てることが重要なのである。つまり、フラットは『スピノザ書簡』が呈示した〈理性と信の二者択一〉においても総合的な道を取ろうとしている。

「因果性」の「混成概念」によって、フラットは以下のように結論づける。第一に「因果性」の原理はあらゆる「現象」に及ぶだけではなく、「発生」と「変化」すべてにも及ぶ。カントの枠組みで言えば、超越論的対象も含まれる。第二に「あらゆる変化、そして発生するところのものはそもそも超越的な知性において原因を持っている」という命題は、「変化」がその変化とは独立した「不変のもの」を前提にしていると解される。だが第三に、彼の「因果性」はあらゆる事象が例外なく時間的に先行する「現象」によって説明されることまでは要求しない。したがって、ある現象を「奇跡」や「啓示」として理解する余地を残している。

最後にフラットの「因果性」論がどのように彼の神学論に寄与したのかについて、その要点を簡潔に確認しよう。そもそもカントによれば「自然神学」とは世界の「秩序と統一」から「世界の創始者」の性質や存在を推論する神学であり、そのうちでも「物理神学」は「自然的秩序と完全性の原理」としての「最高叡智者」を対象にする（vgl. KrV. A. 632/B. 660）。つまり、それは経験的に認識される自然を目的論的に捉え、その目的や特定の経験から自然の最上位概念や属性、世界の究極的原因を推論しようとする理性の働きにもとづく神学である。この可能性を擁護するのが彼の「神の論理的-神学的存在証明」（*Beyträge*, 177）である。フラットは『断章』第四章で『純粋理性批判』の「最高善」を取り上げる。フラットによれば、「私たちの主観的な思惟法則と客観的なものとの調和ないしアナロジーという前提」から導き出されるのは「最高に叡智的な創始者」であるる（*Beyträge*, 176f.）。それによって「神」は主観と客観の「調和」の「根拠」「原理」として、その存在が証明されるという。この理論的な裏づけをもって彼は「カノン」章を取り上げる。カントは初版で「神と、今は私たちに見えないが希望される世界〔…〕がなければ、道徳の輝かしい理念は拍手と称賛の対象ではあっても、企図と実践の動機づけの力にはならない」（KrV. A. 813/ B. 841）と主張していた。他方で、彼は道徳性の原理は「実践的な使用」のうちでのみ「客観的な実在性」を持つとも説いていた（KrV. A. 808/ B. 836）。フラットは「幸福と道徳の調和」に「客観的妥当性」がいかにして付与されるのか、そして「最高の叡智者」を前提とせずに人々に道徳的行為を惹起する「動機づけ」が不在であることなどを「理解できない」とする（*Beyträge*, 178）。

フラットは「物自体」には「変化」という性状が含まれていなければならないというウルリッヒの路線を推し進めた。すなわち、それは「カテゴリー」の「超越論的使用」を認めることを意味している。さらに――これはカントの釈義的解釈としては誤りなのだが――人間には「物自体」の性質があり、そのような性質は「魂」や「神」として考えられる。そうした超越論的客観にも「変化」は適用可能であり、そうでなければ道徳的変化（つまり、道徳的により良い精神へと向上すること）も不可能になり、道徳そのものに意義を見いだせなくなるとした（*Beyträge*, 149ff. 153ff.）。それゆえ彼にとって「変化」が「超越論的客観」にも適用されることを示すことで、十全な意味でカントを神学に適用できるわけである。

すでに私たちが見たように、『断章』の前年の一七八七年に彼は「カント自身が道徳と自然神学の目的のために設定した命題が意味のない空虚な言葉や恣意的な主張であってはならないとするならば、道徳と自然神学

〔という問題〕に踏み込んだ途端に、原因と実体の概念の適用に関してライプニッツの理念を基底に据えねばならないのではないだろうか」と述べていた。この問題に対するフラットの疑問は、以上のように『断章』の「因果性」によってさしあたりの解決を見たのである(86)。

ヘンリッヒは、フラットがテュービンゲンにおいてカントに正面から「哲学的に」対抗していたと述べていたが、本書の議論からフラットの「因果性」論は、勝義には哲学的かつ宗教的‐神学的だったと言うべきだろう。というのも、彼はあくまでも「自然神学」の擁護のために哲学を利用していたからであり、こうした特徴づけは両者の総合的（折衷的）な立場を自認した彼に相応しい。とはいえ、彼がカントに対抗するだけの「独立性を確立していた」という点に限定すれば、ヘンリッヒの評価はやはり正しいと思われる(87)。

(86)　この論争もヘーゲルが参照していたことを伺わせる余地が大いにある。彼は「信仰と知」の「C. フィヒテ哲学」でカントとフィヒテを批判して「自然神学」のひとつである「物理神学」を擁護した際に「**自然**は物理神学における永遠の真理の表現である」（GW4, 405）と述べた。ヘーゲルがカント‐フィヒテを批判するにあたって「自然神学」にコミットし、その原理を理性ではなく「**自然**」に求めたことのうちにフラットの影響を看取することは難しくないだろう。ヘーゲルが理性に対して「自然」によって物理神学を擁護するとき、名前を明示していなくとも、彼は事実上フラットを支持しているのである。イェーナに到着して哲学に転向したばかりのヘーゲルがフラットを参考にした可能性は高い、というよりも、そのように考えるのが自然である。少なくとも「信仰と知」の「因果性」論と「自然神学」論は哲学史的観点からすればまったくオリジナルのものではない。

(87)　ヘーゲルの師であるシュトールは、テュービンゲンで「シュトール学派」と呼ばれる学派を生み出すほどの影響力を持っていた。シュトールは「啓示」の可能性を積極的に認めようとするが、この点に関してはフラットも同調していた。ただし、フラット自身の立場は「シュトール学派」とは相容れないものだった。この当時テュービンゲンとカント‐ラインホルト哲学との関係で最も重要な人物のひとりであるディーツは「啓示」の可能性を否定するのだが、彼にはフラットの影響が見られる。彼は、批判哲学の道徳的証明が成立しないというフラットによるカント批判をもう一段ラディカルにすることで、「啓示」そのものが不可能だと確信するに至ったようである。ディーツは、自らとフラットの立場とのあいだに特定の側面では類似性があることを認めつつ、その違いにも敏感だったようである。一七九〇年九月二日のニートハ

第4節　フラットの形而上学的思惟──形而上学講義（一七九〇年）から

フラットの筆記録は一九六〇年代にヘンリッヒによってテュービンゲンで発掘された。その筆記録は一七九〇年夏学期の「心理学・形而上学講義」であり、クリュプフェル（August Friedrich Klüpfel, 1769–1841）というヘーゲルと同窓の学生の手になるものである。この筆記録を整備した講義録は二〇一八年にフランツとオンナッシュによる編集とコメンタリー付きで出版された。それによってテュービンゲンでの教育活動とヘーゲル、ヘルダーリンらが受けたであろう超越論的哲学の講義内容が再現された[88]。本節ではこれらの成果を踏まえてフラットの哲学活動の詳細を再構成していこう。

一七九〇年頃のドイツの大学で支配的だったのはライプニッツ‐ヴォルフ学派だった。後にカントと論争をすることで知られるハレ大学のエーベルハルトは批判哲学の興隆を受け、カントとライプニッツとの比較を通じて後者の復権を目論んだ。一七八八年に創刊した『哲学雑誌』[89]創刊号の序文でエーベルハルトは同誌の目的をこう説明している。すなわち、「読者にケーニヒスベルクの哲学者の哲学の独自性」（PM I/1, 5）を紹介し、「この新しい哲学の言語を古いものと比較することによって」（PM I/1, 6）「この哲学的改革の必然性と限界とをより精緻に判定し、両者の価値をより正確に評価することである」（ibid.）と。伝統的な合理主義者であるエーベルハルトの意図は、──シュミートが『カント辞典』で行なったように──カントをこれまでの伝統的な哲学の言語に「翻訳」することでカントの革新性を中和することにあったと言える。これは実質的に、批判哲学をライプニッツの枠組みのなかに置き直すことを意味していた。

それでは、テュービンゲンのフラットのスタンスはどのようなものだったのか。通例、彼はエーベルハルトらの陣営に数え上げられ、合理主義的立場からカント批判を展開した人物として知られている[90]。たしかに、フラットもまたライプニッツ‐ヴォルフ主義の影響下でカントを理解していたし、彼自身も自ら好んでエーベルハルトに接近してる[91]。だが、フラットの著作や講義録を検討すれば、その特徴づけには収まらない彼独自の特殊なカント論があることも事実である。本書の見立てでは、フラットの（彼自身の表現を使えば）「総合的な」理解がドイツ古典哲学のカント受容に大きな影響を残したと思われる。

ンマー宛書簡で彼は「どうか私をフラット主義者（Flattianer）とは思わないでください」（Diez, *Briefwechsel*, 35）と述べている。ディーツは、批判哲学の道徳的証明が成立しないというフラットによるカント批判をもう一段ラディカルにすることで「啓示」そのものが不可能だと確信するに至ったようだが、それをフラットの立場と重ねないようわざわざ友人に頼んでいるのである。あるいはヘンリッヒによれば、シュティフトにはディーツをはじめとした「フラットの教説を無効にしようとしていた」グループが存在し、一七九五年の「哲学的書簡」によってシェリングがその集団の「中心人物」と位置づけられるようになった（Henrich, *Grundlegung*, 1568）。

(88) 日本では、次の文献がフラットのカント講義をヘーゲルの『論理学』を視野に入れて論じている。山根　二〇一三年。ただし、この論文はフラットの講義録出版以前のもので、講義録の内容から取られたものではなく、またフラットの著作を考察するのではなく、ほぼ全面的に（講義録の出版以前の）フランツのまとめに拠っていることに留意する必要がある。

(89) テュービンゲンの思想に対するこの創刊号の重要性は見逃されてきた。この創刊号には教会と啓蒙主義の関係に関する論文が所収されており、ディーツが書簡でこの『哲学雑誌』に言及している（Diez, *Briefwechsel*, 8f.）。ヘルダーリンは、『哲学雑誌』のなかからディーツが引用したことのある論文だけに言及していることから、ヘルダーリン、ヘーゲル、シェリングらの啓蒙論は、ディーツの指導的役割のもとエーベルハルトに影響されたと思われる（vgl. Macor 2012, 84）。

(90) たとえば、以下を参照。田端『書評誌』、五九頁以下。

(91) フラットは一七九〇年五月一七日付けの『テュービンゲン学術報知』にてラインホルトの『人間の表象能力の新理論試論』（一七八九年）の書評を掲載し、その後ラインホルトは『寄稿集』第一巻でフラットに反論するなど両者の論争は公

（1）フラットの講義の概要

テュービンゲンではカントは驚くべき早い時期に学生によって取り上げられている。ウルリッヒの『教程』が正式にシュティフトの教科書になる以前の一七八五年に、グロス（Karl Heinrich Gros, 1765–1840）がスペシメンでカントを明確に主題化している[92]。だが、グロスのようなアプローチは例外的であり、概してシュティフトでのカント受容の特徴は――エーベルハルトがそうしたように――カントのうちに伝統的な教説を見いだすことにある。スペシメンの一覧を見ると、ロック、ストア主義、懐疑主義、あるいは趣味論などとの比較がなされていたことが伺える。とはいえ、これらの題材の多様さから明らかなように、エーベルハルト的な路線とは異なって、テュービンゲンの彼らはカントをライプニッツに置き換えようとはしていないし、ライプニッツの優位を示そうともしていない。こうした柔軟なカント受容は、ウルリッヒや当時最もポピュラーなカント教本のひとつだったシュルツによる解説書などの教本の影響だけでは説明できない。以下で示すように、これらはほぼ間違いなくフラットの貢献によるものである。テュービンゲンからディーツやニートハンマーといった多士済々な学者が生まれたことを踏まえると、このことは過小評価すべきではない。

フラットは一七八九／九〇年の冬学期に前任のライプニッツ主義者プルーケの教科書を変更し、講義内容をウルリッヒの『教程』に沿ったものにした[93]。『教程』の内容は（「論理学・形而上学」というタイトルではあるものの）ほぼ存在論的なトピックのみで構成されているが、講義録は『純粋理性批判』全体の要約とウルリッヒの『教程』の二七五節以降の主要部分の逐条的解説から構成されている。もう少し具体的に言えば、フラットは「超越論的感性論」から「時間・空間」論を、「超越論的分析論」からは主に「カテゴリー」論を選抜し、最後に理性の「理念」について軽く言及している。全体を通して言えば、フラットにとって形而上学の核心である「因果性」の問題が中心的に論じられ、その説明を踏まえてカントの「因果性」論を取り込みながら、それへの反論を加えていたウルリッヒの教科書に移るという配慮がなされている。

構成だけではなく内容についても随所に教育的配慮の痕跡が認められる。フラットは、カントの最大の問題関心が「純粋数学、幾何学、純粋算術、形而上学」などの「理論的学」に「ア・プリオリな総合判断が含まれる」（PV, 324）と証明することにあるのだとしている。さらに学習者の便宜のために親カント陣営と反カント陣営の著作を挙げ、それぞれがどのような特質のものなのかコメントを加えている。今日的な水準から見ても、この分類と理解もまた適切であると言える。たとえば、親カント陣営の優れた著書として、前述のシュルツの解説書の他にシュミートの『カント辞典』、ラインホルトの『カント書簡』と『人間の表象能力の新理論試論』を紹介している（PV, 327）[94]。その一方で、反カント陣営の著作には、たとえばフェーダー、アーベル、ヴィツェンマン、エーベルハルトなどのものが列挙されている（PV, 328f.）。フラットは反カント主義の著作にも通暁しており、フェーダーには優れた洞察が認められることや、上述のような『哲学雑誌』のカント解釈の狙い

になる。フラットには、エーベルハルト編集の『哲学雑誌』とフェーダー、マイネルスが編集する『哲学叢書（*Philosophische Bibliothek*）』が援護射撃をした。前者は合理主義の立場から、後者はロック主義、経験主義的思想を背景にして『断章』を称賛した。そうした状況のなかで、フラットはラインホルトへの「反批判」の場に『哲学雑誌』を選んでいる（PM II/3, 384–390）。

（92）Jacobs 1989, 259. タイトルは「カントの体系の吟味草案」である。

（93）その要因はカントの興隆の他に、ライプニッツ主義が時代にそぐわないものとなりつつあったことにあるように思われる。フラットは一七八四から八五年にゲッティンゲンに留学していたが、当地ではフェーダーやマイネルスといった経験主義の陣営からモナド論が批判されて以降、ライプニッツ主義が求心力を失いつつあった。

（94）シュミートの辞典に対しては「これほど優れた辞典は他にはなく、カントの著書を読むのに非常に役に立つ」としながらも、いくつかの項目がカントの意にそぐわないことを注意している（PV, 327）。ラインホルトの作品には「カント哲学を研究しようとする者にいきなり薦められるものではなく」（ibid.）、カントが説いた通りにその理念を伝えようとする意図はないと指摘している。この助言もまた適切である。

も理解していた。

エーベルハルトはこの雑誌をライプニッツの体系がカントのものよりも優位にあること、そしてカントが持っている良いところもライプニッツから得ることができることを証明するために企画したようだ。ライプニッツはエーベルハルト氏ほど怜悧な擁護者をかつて手にしていなかっただろう。彼はライプニッツの体系をつねに好意的に示し、それと同時にカントを敵意に満ちたかたちで呈示する方法をこれまで誰にも見られなかったほど知っている（PV, 329）。

こうした過去の哲学者たちとカントとの比較のスタイルのうちにエーベルハルトらとフラットの大きな違いがある。フラットは『断章』の冒頭部と同じように、「論理学・形而上学」講義でもカント哲学を歴史的に位置づけ、一般化することから話を始めている。やはりその目的はカント的な理念の由来を歴史のなかに位置づけることでそれを批判哲学の文脈の外へと置き、相対化することである。とはいえ、フラットもまたカントをライプニッツによって「翻訳」することができると考えていたようである。

カントの体系は、ア・プリオリな知が前提にされてることによってこそ純粋な経験主義との〔違いが〕際立つ。まさしくこのテーマにおいてライプニッツはカントと非常に似ている。つまり、ライプニッツは感性的知覚ではなく、ただ人間の認識能力からのみ得られるような表象や法則が存在するという限りでカントと一致している（PV, 321）。

いくつかの点でライプニッツはカントから逸れているが、それでも両者は本質的に一致しており、ただ表現のうえで異なっているだけである。たとえばカントがア・プリオリな表象が私たちに生得的に備わっているなどと言っている箇所はどこにもないのに対して、ライプニッツは生得的概念について語っている。しかし、根本的にはライプニッツがその概念のもとで理解しているのは、カントがア・プリオリな表象と呼ぶものに他ならない。また、ライプニッツはその概念のもとで〔或るものを〕真だと認識するだけのたんなる能力を理解しておらず、〔…〕カントと同様に、概念が生得的に存在することを拒否する。さらに彼は、たんに感性的知覚によってだけでも私たちが概念を意識しうることも認めている（PV, 321f.）。

フラットの狙いは、カントの理念の本質的な部分のいくつかを学生と共有し、それを哲学史のなかに位置づけることである。実際に、彼は――エーベルハルトとは違い――ライプニッツだけではなく、比較対象としてロックやプラトンも引き合いに出している。その彼の教育上の狙いがおそらく首尾よく成功したことは提出されたスペシメンのタイトルが物語っていると言える。それでは、このライプニッツへの「翻訳」が可能だとする根拠はどこにあるのか。以下では、「因果性」論を経由することによってその理由を解明したい。

（２）フラットのカント講義の特色――「因果性」をめぐって

フラットがエーベルハルトに接近して『哲学雑誌』に寄稿したこと、カントのうちにライプニッツ的思想を読み込もうとしていること、そして彼がウルリッヒの『教程』を採用していることの背景には、どのような一貫した立場が認められうるのか。一見した限りでは、このことを見通すのは困難である。だが本書の見立てでは、「因果性」概念に着目することによってこれらの疑問はすべて明らかにすることができる。

さて『純粋理性批判』では「因果性」「原因と結果」は「関係」の「カテゴリー」で主題になり、とりわけ「第二の類推」で問題になる。だがカント解釈としては奇妙なことに、フラットはそれ以外の箇所への解説でも随所で「因果性」や「原因」の概念に言及している。例を示そう。彼はまだ「超越論的感性論」に対応する

「総合判断」と「分析判断」の違いを説明する箇所ですでにこう説いている。「総合判断とは主語と述語の結合や分離が矛盾律や同一律から導出されえないような判断である。たとえば、**あらゆる変化は原因を持っている**」(PV, 323)。「少なくとも『**あらゆる変化は原因を持っている**』はア・プリオリな総合判断である」(PV, 325)。「カントによれば、形而上学にもア・プリオリな命題はある。たとえば、発生するすべてのものは原因を持っている、など」(ibid.)。

私たちが注意すべきは、フラットにとっての批判哲学の核心的な主張は、徹頭徹尾「因果性」論をどう正当化しうるかという点にある、ということである。このポイントは、テュービンゲンで批判哲学を学んだ者のカント解釈を正しく理解するうえで最も重要である。すでに述べたように、フラットの講義はかなり公平な判断のもとで中立的な立場から行なわれていた。もちろん、字面どおりに『純粋理性批判』を追跡していないからといって、それが直ちに解釈的な正しさを損なうことを意味するわけではない。だが「因果性」論だけに絞って見れば、そこには明白に解説者自身の読み込みや姿勢が反映されていると言わねばならない。

筆記録によれば、時間と空間が「直観」の「形式」であるという教説についてこう述べられている。「フラットによれば、空間と時間の仮説はかなりもっともらしいが、まだ充分に証明されたわけではない。変化が事物そのもののうちで客観的実在性を持たないという点について、フラットはカントに同意できない」(PV, 342)。カントの「カテゴリー」論に対しても、彼は「直観」と「カテゴリー」とを媒介する「図式」の機能にはあまり注意を向けることなく、「いかなる権利で原因という純粋悟性概念を物自体に適用できるのか」(PV, 359) と疑義を呈している。つまるところフラットの疑問は、カントは「表象」の「素材」としての私たちの外部の事物の存在を前提せねばならないはずであるにもかかわらず、それをはっきりと認めていないことに向けられている。この疑念はヤコービが初版の「第四誤謬推論」の主観主義的、観念論的傾向を指摘して以降、カント自身も自覚していた『純粋理性批判』の急所と同じである。たとえ時間と空間が「直観」の「形式」であろうと、感性的な知覚が「カテゴリー」によって分節化されようとも、肝心のその「表象」の「素材」なくしては、そもそも客観的に妥当な認識は生じえない。よってフラットが執拗に取り上げている「因果性」問題は狭義の「カテゴリー」論ではなく、むしろ「物自体」の問題圏に属するものと見なしてよい(95)。

フラットの「原因」とは、――こちらもヤコービらのカント解釈と同様に――もっと広く「表象」の「原因」を意味しており、「表象」の実在的な根拠のことを指している。もちろん、カント自身は「物自体」が「表象」の原因であるとは考えていない。しかしながら、私たちの客観的に妥当する「表象」に先行する或るものをカントが必要としていることは、解釈者にとって大きな疑問だったはずである。さらに「表象」の「素材」に関して言えば、徹底した主観主義でも実在論でもなく、それゆえに読者に中途半端な印象を与えていたこともまた否定しがたい事実である。

先述のようにこの点を衝いたのはヤコービだったが、ウルリッヒもまたカントの中途半端な要素を批判していた。フラットに先駆けて彼はカントの「因果性」論を「狭すぎる」とし、その「拡張」を目論んでいた。よって、ウルリッヒの異論は「時間は直観のたんなる形式ではありえず、客観的に物自体にも帰属されねばならない(96)」こととして現われてくる。ウルリッヒの批判のポイントは、カントの「第二の類推」をライプニッツ

---

(95) そう理解すれば、この文脈でラインホルトが批判されていることにも説得力がある。「ラインホルトも同じ過ちを犯している。――彼は、つねに私たちの外部の所与の素材によって表象が規定されていることについて語っているが、彼の表象能力理論全体においてこの命題を導出しうる前提はどこにも見いだされない」（PV, 359）。フラットのラインホルト批判は、彼が「物自体」を「表象」の「素材」として、素朴にその実在を前提にしてしまっていることに向けられていた。

(96) Ulrich, *Institutiones*, §177, 309.

的な「充足根拠律」論として読み替えることにあり、「充足根拠律」としての「因果性」は「現象」だけではなく、「現象」の「原因」としての「物自体」にも適用されるべきだとすることにあった。この「拡張」はカントをライプニッツ化することに他ならない。

以上を踏まえれば、フラットがカント講義にウルリッヒの『教程』を採用したこと、彼がライプニッツとカントを重ね合わせていたこと、そして形而上学の核心を「因果性」論のうちに見定めていたこととの繋がりが見えてくるはずである。つまり、フラットはウルリッヒを基準にすることで、形而上学としてのカントのポテンシャルを測定し、それを学生に伝えようとしていたのである。極端に言えば、「超越論的感性論」も「純粋理性の理念」も彼にとっては些末な問題に過ぎない。フラットの最大の関心事は、「原因」という「カテゴリー」の客観的で妥当的な使用がどの程度まで認められうるのかにある。彼がウルリッヒの教本を高く評価しているのは、同書がこの課題に答えているからである。

講義で彼は『教程』三〇八節へコメントの際に「充足根拠律」「因果性の原理」を取り上げ、それらをすべての哲学者の体系の「最も興味深いテーマ」であり、「最も重要である」とさえ述べている。フラットは『テュービンゲン学術報知』でウルリッヒの書評をした際も彼の「類推」解釈を評価し、カントの「因果性」の適用範囲の不適切さを指摘していた（TGA 1786, 260）。「フラットは、ウルリッヒとともにそれがア・プリオリな総合原理だと断言できると信じている」（PV, 401）。この両者にとってライプニッツが重要なのは、カント的理念がすでに認められるからというよりも、「充足根拠律」というより拡張された「因果性」論を提出していたからだと思われる。

（3）フラットの「因果性」論がドイツ古典哲学に残した影響

一七九〇年代にライプニッツ主義がカントに勝利することはなく、時代の主流はラインホルトの流れを継ぐフィヒテらの超越論的哲学へと移っていくことになった。そのなかでカントをライプニッツ主義的に改変するというウルリッヒやエーベルハルト、フラットらの思想は影響を残すことはなかった。だが、ウルリッヒをたんに「親カント派」とし、エーベルハルトとフラットを「反カント主義」だと整理するのは事態をあまりに単純化し過ぎているように思われる。ウルリッヒについて言えば、彼はむしろライプニッツ主義によってカントの乗り越えを企図していた「非カント主義者」であった。その「非カント主義者」に感化されたフラットもまた、エーベルハルトと同様の合理主義的な「反カント主義者」ではない。まず、フラットは独自の見解を盛り込みつつも、かなり正確にカントをめぐる論争を理解している。そして、彼は「充足根拠律」を支持しつつも、ウルリッヒを参照しながら独自の「因果性」論を呈示していた。とはいえ、その際の彼の主要な狙いは明らかにカントをライプニッツへと「翻訳」することにはなかった。フラットはカントとライプニッツとを折衷することを目指していたのである。

だが、フラットのカント解釈の中心が「因果性」論に置かれていたとしても、ヘルダーリン、ヘーゲル、シェリングらのカント論にはそうした痕跡は認められないのではないか。たしかにその指摘は正しい。それではフラットの「論理学・形而上学」講義の意味はどこにあるのか。本書の見立てでは、彼の「因果性」論はむしろシュティフトの神学論とスピノザ主義受容に大きな影響を与えたように思う。

フラットは講義に先立って一七八八年に『断章』を発表していた。そこで彼は、――講義冒頭でそうしていたように――カント的「因果性」論を哲学の歴史のなかに位置づけるとともに、ヒューム、ライプニッツ－ヴォルフを架橋する「混成概念」（*Beyträge*, 27）としての「因果性」論を提出していた。重要なことは、フラットがその「因果性」論をもとにして『スピノザ書簡』をテュービンゲンに紹介したことである。(97)『テュービンゲン学術報知』で同書を書評した際、彼は「人間の自由について」と「第七付録」を集中的に論じ、この付録を最も重要な論考だと評していた。この「第七付録」こそ、ヤコービが「因果性」論を「ヘン・カイ・パン」に関連づけたドキュメントに他ならない。

ところで、初期ヘーゲルの思想史研究で知られるハリスは「ヘン・カイ・パン」をヘーゲルの「生」の概念と重なるものとし、当時のドイツにおけるプラトンの流行という文脈でこれを理解する[98]。さらにバイザーとヘンリッヒもまたプラトンの影響を評価しつつ、それに加えてポスト・カント時代の思想的源泉がヤコービに由来するスピノザ主義にあるとする点で一致しており、この見方は現在の研究でも定説のひとつとなっている[99]。

しかし本章で考察してきたように、テュービンゲン・シュティフトでの「ヘン・カイ・パン」受容には、プラトンとヤコービとは異なるもうひとつ別のコンテクストが存在する。それこそがフラットの「因果性」論である。テュービンゲン出身者の思想家のうち、シェリングは「知的直観」を「より良き生のヘン・カイ・パン」と捉えるのだが（vgl. HKA I/1, 253-4）、ヘーゲルは自らの哲学やその方法論を「ヘン・カイ・パン」によって特徴づけたことはなかったし、自らでそれを「生」に重ねることもなかった。当時のコンテクストを踏まえると、異質な「ヘン・カイ・パン」論を唱えているのはシェリングなのである[100]。

若い世代のうちでヤコービとフラットの「因果性」をめぐる論争の成果を最も色濃く受け継いだのは、『スピノザ書簡』の核心を「*causa immanens*」「Ensoph」という原因概念に認めていたヘルダーリンである。とはいえ、それでもヘーゲルとシェリングが当地の論争とまったく無関係だったことはありそうもない。というのも、「因果性」論で問題になる「神」「超自然的なもの」「無制約なもの」は、ポスト・カント時代ではかたちを変えて「経験の可能性の制約」としての「絶対者」論として時代の核心的課題となるからであり、彼らの哲学もまさしくこの問題圏に属しているからである[101]。

たしかに後にヘーゲルの「絶対者」論や「合一哲学」の祖型となる「生」の概念は「精神の連盟」の共有財産のひとつであり、ここでの議論をもとにヘーゲルとヘルダーリンは独自の全体論的な「生」の構想を生み出した。この「生」概念は、ヘーゲルにおいてはいわゆる「無限性」へと、ヘルダーリンにおいては差異をまったく含まないようなたんなる「存在そのもの」から「自らを差異化する一者」へと展開していく（本書7章を参照）。しかし、ヘーゲルをはじめとした当時の「絶対者」論のコンテクストで、ハリスのように「ヘン・カイ・パン」を留保なしに「生」などの個々のモチーフと重ねることには慎重でなければならない。あるいは、ヘーゲルのフランクフルト期の断片のモチーフを「ヘン・カイ・パン」に逆照射することも慎むべきである。シュティフトで受容された「ヘン・カイ・パン」はプラトンを再構成したり、「愛」や「生」の概念を発展史的に分析したりするアプローチではまったく明らかにならないような、フラットの隠れた影響のもとで「因果性」論の文脈で継承されたと考えられる。

(97) 「形而上学」講義ではスピノザは「実体」というトピックに関して登場するが、「因果性」との関係では取り上げられていない。
(98) Harris 1972, 103f.
(99) Beiser, *German Idealism*, 364f.; Henrich, *Grundlegung*, 1554f.
(100) シェリングはカントを扱ったフラットの私的講義に参加していた（Henrich, *Grundlegung*, 1561）。
(101) Beiser, *German Idealism*, 5; Henrich, *Grundlegung*, 866. ヘンリッヒはより明確にヤコービが『スピノザ書簡』で述べた「無制約者」の概念がポスト・カント時代の「絶対者」論で反復されていると指摘している（Henrich, *Grundlegung*, 1530）。

第4章　フィヒテの「知識学」の受容

第1節　「知識学」の基本的な課題

カント哲学の精神に触発されたフィヒテは、当時まったく無名の存在であったにもかかわらず、『あらゆる啓示の批判の試み』によって気鋭の若き哲学者として世に知られるようになった。一七九三年の復活祭に『啓示批判』の第二版を出版した後、彼は『一般学芸新聞』の書評を引き受けた際にシュルツェの『エーネジデムス』（一七九二年）に衝撃を受け、独自の「学理論[1]」である「知識学」を構想するに至ったことは周知の事実だろう。しかしながら、――不思議なことに、このことは研究史ではあまり深刻に受け止められていないのだが――カントの批判哲学に感化され、「啓示」の機能やその制約の探求に関心を寄せていたはずの若きフィヒテが、なぜエーネジデムス（シュルツェ）による「根元哲学」批判に衝撃を受け、「学理論」の再構築を自らの課題として引き受けねばならなかったのか。この一見不自然な「学理論」へのコンバートと、初期の「知識学」構想が置かれたコンテクストには、その重要さに比して、充分な注目がなされてこなかったように思う。

さしあたりその大きな要因として考えられるのは、彼が『啓示批判』第二版で新たに「意志」論を挿入した際にラインホルトのそれを取り込んだことである。この時期のフィヒテはラインホルトの言う「意志の自由」

（1）「Wissenschaftslehre」とは根本命題に立脚した哲学であり、かつ体系的統一を持った「学」を意味する。ブレジールは「Wissenschaftslehre」を「Science of Knowledge」と訳すのは誤りであり、「Doctrin of Science」あるいは「Theory of Scientific Knowledge」とすべきだとした（Fichte 1988, xv.）。このことを示す際に本書では「学理論」という術語を使用する。

論がなお「経験的」であることに疑念を抱いており、それと同時に「根元哲学」が基礎に据えた「意識の事実」たる「意識律」――『寄稿集Ⅰ』で呈示された「意識において、表象は主観によって主観と客観とは区別され、かつこの両者に関係づけられる」という命題(2)――も経験的な事実を拠り所にしていることを批判していた。(3)このような傾向は、「根元哲学」の原理に含まれていた経験的な要素を克服し、新たに「自我」の「能動性（Thätigkeit）」から「学」としての哲学を基礎づけようとした彼の「知識学」の基本的なスタンスを先取りしている点で非常に興味深い。(4)

もうひとつ重要な概念として、フィヒテはラインホルトから「知的直観」概念を受け継いでいる。ラインホルトの「知的直観」は、カントが『純粋理性批判』で想定していたような、神的存在にのみ可能な、素材なしで対象把握を可能にするような叡智的能力ではない。それは主観が持つ表象能力の「形式」を直観する能力であり、表象の純粋な「形式」を直接的に把握する感得能力であり、一種の「内的直観」「自己直観」である。(5)たしかに一七九四年の『全知識学の基礎』（以下、『基礎』と略記する）では「知的直観」という術語は表面的に現われてはおらず、それはむしろイェーナ期に「知識学」の推敲を重ねるにつれて表立って登場してくる。だが「知的直観」は一七九三年以来、フィヒテの思想の基本的概念であり続けていたと考えねばならない。フィヒテ研究においては長らくこのラインホルトとの対決の詳細は不明だったのだが、一九七一年にフィヒテ全集にて「エーネジデムス書評」の準備をしていたこの時期の草稿が整備されて出版されたことで、ようやく当時のフィヒテの思想形成の状況を知ることが可能になった。『根元哲学についての私独自の考察（Eigne Meditationen über ElementarPhilosophie）』（一七九三年、以下『私独自の考察』）と『実践哲学』と呼ばれる原稿がそれである。両者は併せて『基礎』の「理論的部門」と「実践的部門」の祖型と言える。これらの草稿には、すでにR・ラウトやD・ブレジール、J・シュトルツェンベルクらが初期知識学への影響の観点から考察を加えている。(6)これらの研究はみな、『私独自の考察』の決定的な意義を認め、ラインホルト由来の「知的直観」の方法論的意義を強調する点で一致している。「知的直観」という術語の不在は、必ずしも初期知識学に「知的直観」の理念がないことを意味しない[7]。その理念は「反省」という術語へと流入することになる[8]。

一七九二年八月のある書簡で、フィヒテはすでに「批判に値する体系」、「批判を必要としている体系」があるのではないかと仄めかしており（vgl. GA III/1, 319）、九月の書簡では『啓示批判』の「代わりになるような広範囲な作品」（GA III/1, 341）の、同月のシェーン宛書簡でも「まったく新しい包括的な作品」（GA III/1, 349）の構想があることを告白している。翌一七九三年四月二日のカント宛書簡では、「私のプラン」として「『啓示批判』をさらに基礎づける」（GA III/1, 389）準備があることを伝えている。しかしながら、フィヒテはもっと早く『啓示批判』の不十分さと「学理論」の必要性を自覚していたように思われる。彼はカントを訪問した当初は「カントは本当に老衰してしまっている」（GA III/1, 243）とさえ考えていたにもかかわらず、そのカントに

（2）Reinhold 2003, 167. 引用は同書に示されている初版の頁数による。
（3）田端『序説』、三九一頁を参照。
（4）田端は、このときのフィヒテが「事行」に相当するものを「根源的事実」と呼んでいることを指摘している（田端、同上）。
（5）Vgl. Stolzenberg 1986, 6 ; Breazeale 2014, 197–229 ; 田端『序説』、一三一頁。
（6）Stolzenberg 1986 ; Lauth, Fehlverständnis ; Ders., Die Frage ; Breazeale 2014.
（7）すでに『私独自の考察』では「自我は直観的である」（GA II/3, 27）と説明されている。
（8）フィヒテにおいては、「知的直観」が遂行されるときには、つねにすでに感性的直観の客観への関係づけがなされており、「知的直観」には反省によってただ媒介されたかたちでしか接近できない。つまり、その直接性において反省を根拠づけているところのものが「知的直観」なのだが、それは直接的に接近されうるのではなく、反省の客観というかたちで規定されうるだけである。フィヒテがそれを用いていかにして「体系としての哲学」を理論化したのかについては、以下を参照。Breazeale 2014, 197–229.

宛てた一七九一年八月一八日の書簡で「私があなたにそれ〔『啓示批判』の原稿〕を謹呈したことをご容赦くださいと言いますのも〔出来が〕悪いことを自覚していますから」(GA III/1, 254) と釈明している。故郷の親友のヴァイスフーンにも出版前の原稿を見せたようだが、彼への書簡（一〇月二一日）でそれに言及し、「私自身は——著者としてのうわべの謙遜ではないのですが——心からこの原稿に満足していません」(GA III/1, 268) と吐露している。イェーナに招聘された一七九四年の七月には同氏に「『啓示批判』は非常に凡庸だと思う」し、「印刷に回したのは、本当にカントが勧めてくれたのと金銭的な必要からだった」(GA III/2, 181) とまで述べている。

だが、フィヒテがそこまで言う本質的な原因は、著作を急いで書き上げたからでも経済的事情から出版したからでもなく、もっと理論的なものである。というのは、一七九一年のヴァイスフーンへの書簡で次のように述べているからである。「正しい前提から正しい結果に到達するのは何も目新しいことではないのです」(GA III/1, 269)。この「正しい前提」に達することこそ「学理論」を再構築することであり、「学理論」としての「知識学」が打ち立てられることによって達成されるものに他ならない。すなわち、「エーネジデムス書評」に取り組む以前どころか、『エーネジデムス』が出版される前からフィヒテの最大の関心事は「学理論」にあったのである。フィヒテが一七九三年の秋にテュービンゲンのフラット宛ての書簡の草案において『エーネジデムス』を「私たちの一〇年のあいだの注目すべき作品に数え上げています」と最大限の評価を送っていたことは知られているが、そのあとに続く以下の文言も——従来はあまり着目されてこなかったのだが——それなりの重要さを帯びてくる。すなわち、「『エーネジデムス』は、**私はすでに以前から予感はしていたのですが**、カントやラインホルトの功績のあとになってさえも哲学がまだ学の状態にはないことを私に確信させました」(GA III/2, 18)。フィヒテが『エーネジデムス』に集中的に取り組んだのがベルンから帰ってきた後（一〇月三一日以降）であることを踏まえると（vgl. GA III/2, 19）、この発言は一時の思いつきや誇張などではなく、この予感が芽生えたのは少なくとも三年ほど前だと見積もらなければならない。彼が『エーネジデムス』に衝撃を受け、一七九四年にかけて異常な熱意をもってこの書評に取り組んだ理由は、シュルツェの思想内容からだけでは到底説明がつかない。その要因は、元々彼が気にかけていた積年の課題にシュルツェが触れていたからなのである。さらに言えば、フィヒテにとってそれは『啓示批判』から一貫して保持され続けた関心事だった。よって一七九四年の初期の「知識学」構想はラインホルトの「根本命題哲学」の改作を狙ったものであることが明らかになるのだが、その具体的なポイントは実際に『基礎』の論点を考察することでしか示されえないだろう。それを解明するのが本章の狙いである。

ところで、「学理論」（体系としての「学」）としての「知識学」を考察するうえでもうひとつ重要な要素がある。それは「学」と「スピノザ主義」との関係である。一般的に言えば、一七八〇年代までのドイツではスピノザ主義的な体系を標榜することは宿命論的、無神論的哲学を支持していると受け止められかねない危険な戦術だった。『スピノザ書簡』以降、ヤコービやフラットなどのスピノザ主義を支持する者もスピノザの体系を採用するというよりは、そのうちに含まれる「信」の理念や汎神論的傾向に惹かれていたということはすでに見てきたとおりである（本書3章を参照）。しかしこれらの世代に対して、フィヒテのスピノザ（主義）への態度は明らかに異なっている。彼にとってスピノザは体系哲学としてもっと肯定的に捉えられている。このことは彼が『基礎』の「理論的部門」を「体系的スピノザ主義である」（GA I/2, 282）とさえ特徴づけていることからも明白なことなのだが、実際のところ、そのような態度は一七九三年から維持されている。『私独自の考察』を見る限り、スピノザはカント、ラインホルト、マイモンに比べて従属的な意義しか持っていないように見える。だが『実践哲学』のある箇所では「非我を変容し、それに無制約な法則を与える」（GA II/3, 236）哲学について、欄外にこのように書きつけられている。

> この法則は〔…〕非我の性状そのものの法則だと見なされる。ここ〔非我を原理とする哲学〕では理論的理性そのものが非我を呈示している〔と考えられるがゆえに〕、自我はまったく存在しない。あるいは、ただひとつの実体が存在する〔とされる〕。この体系を首尾一貫して追求したのがスピノザ主義である。スピノザ主義は健全な悟性に矛盾し、自我が存在するという命題に矛盾する。――スピノザはこの命題を否定する。このことからスピノザは私の哲学によって反駁されえないということが帰結するように思われる。――このとき、どうすればいいのか――望むらくは、スピノザが再び現われ、私たちの体系を発見し、彼が自分の体系を破棄してくれればよいのだが。――だが、この〔理論的理性の〕限界を越えて証明することは不可能なのだろうか。――**私は不可能だと思う**〔…〕」(GA II/3, 236f.)。

ヤコービがそう理解していたように、スピノザの哲学は客観を原理にしたもののなかで最も論理的で首尾一貫した哲学だと捉えられている。その論理的な強固さゆえに、「知識学」はスピノザを論駁することができないのである。しかしながら、それだけではなくフィヒテは一七九五年七月二日付けのラインホルト宛書簡において「スピノザの体系からは、私の〔哲学〕が最も適切に説明されうるのです」(GA III/2, 348)とまで述べている。「知識学」はスピノザ主義と原理を異にしており、本来それは――不可能であっても――反駁すべき対象であるにもかかわらず、読者の理解（フィヒテの言う「説明」）という点からすれば、親密性を持っているというのである。

これが意味するところは、実のところそれほど複雑ではない。『基礎』によれば（フィヒテは同書の随所でスピノザを批判しているのだが）、フィヒテにとって可能な哲学の体系は二つしかない。つまり、「批判的体系（批判的哲学)」と「独断論的体系」である（vgl. GA I/2, 279f.）。両体系は同じく論理的に首尾一貫したものであるが、「主観（フィヒテの表現によれば「自我」）」を原理とするか、「客観（「物自体」）」を原理とするかという点で、それぞれ体系の極端な形式を代表している。重点を移せば、両体系は原理が違うだけであり、哲学体系としてはともに同じような完全性を備えているとも言える。そしてこの点にだけ即せば、スピノザは「知識学」と双璧をなすもうひとつの体系哲学なのであり、それゆえに最も評価すべき体系だと言えるのである。つまり「首尾一貫した体系性」という性格においてフィヒテとスピノザは共通している。フィヒテによれば、「懐疑論」は体系たりえない。なぜなら、それはそもそも体系の可能性すら否認するからである（vgl. GA I/2, 280）。

『基礎』第一部のこの箇所には、さらにいくつか重要な論点が含まれている。まず、フィヒテが「知識学」を構想するようになった直接的な誘因となったと言われるマイモンとシュルツェ（エーネジデムス）らは、彼にとってたんなる「懐疑主義者」ではない。「ヒューム**や**マイモン、エーネジデムスといった批判的懐疑主義者は異なっている。批判的懐疑主義者はこれまでの根拠の不十分さを発見し、まさにこのことによってより確実な根拠がどこに見いだされうるのかを示唆していた。この批判的懐疑主義によって、たとえ内容についてではないにせよ、学は形式において得るところがあったのだ」（ibid.）。フィヒテが言うように、マイモンやシュルツェらは「学」構想そのものを否定したわけではなかった。よってマイモンとシュルツェを「（たんなる）懐疑論」だと形容するのは、本来適切ではない。むしろ重要なのは、彼らが「批判的」だということの内実である（この点は後述する）。

次に、「批判的哲学（批判主義）」と「独断論」との違いについてである。フィヒテによれば、「批判主義」は「絶対的自我」を端的に無制約な、その他の何ものによっても規定されない原理に据え、一切の「物」を「自我」のうちに定立されたものだと考える（vgl. GA I/2, 279f.）。この立場を徹底すれば、それは「知識学」になる。これに対して、「自我」を越え出て「物」を原理にする場合、それは「独断論」と呼ばれる。フィヒテは「批判哲学」が「自我」のうちにとどまる限りで「内在的」（GAI/2, 279）であるのに対して、「独断論」はそれを越え出る「超越的な」（ibid.）体系だとする。彼にとってこの独断論の徹底された形態こそがスピノザ主義なのである。

ここまでの整理や対比は単純である。だが、次いで「物自体」の主張についての取り扱いになると、フィヒテにはいささか混乱が認められる。フィヒテによれば、独断論は「物自体」を何の根拠もなしに仮定する点で不当だという。「スピノザは意識の統一の根拠をひとつの実体のうちに措定する。そのうちで意識は質料（表象の規定された系列）についても統一の形式についても必然的に規定されている。しかし、私は彼に問う。さらにこの実体の必然性の根拠を、その質料（実体のうちに含まれる様々な表象系列）についても、その形式（この形式にしたがって実体のうちであらゆる可能的な表象が汲み尽くされ、ひとつの完全な全体をなすはずである）についても含んでいるものは、何であるのか、と。彼はこの必然性に対して、私にそれ以上根拠を挙げずに、端的そうだからとしか言わない。スピノザがそう言うのは、絶対的に第一のもの、最高の統一を〔ただ〕想定せざるをえないからである」（GA I/2, 280f.）。フィヒテはこの「実体」を「物自体」と同一視するが（vgl. GA I/2, 280）、ここでは「物自体」は物の表象の「客観的実在性」を生み出す源泉として理解されている。[9] フィヒテがこうした意味で「物自体」を理解しているのは、カントではなく、ホンメルにしたがっているからである。

やや唐突に「物自体」が原理として立てられていることによって争点が見えにくいのだが、ここでの「独断論」と「批判主義」――後者がフィヒテの立場であり、実質的に「観念論」と同義である――という立場の対比は、或る表象の根拠（あるいは、表象を成立させる原理）を「客観」だけから説明するのか、「主観」だけから説くのかをめぐっている。よって、ここで「独断論」と呼ばれる立場は「実在論」であろうし、私たちの意識

（主観）でさえ事物の様態のひとつであるという含意があるならば、唯物論とも形容されうるかもしれない[10]。

そもそも、カントにとってバークリーが「独断的観念論」（KrV. B. 276）であったように、一般的に言えば、独断論と観念論は原理的に対立する立場ではない。それでも「ひとつの実体＝物自体」を原理にする体系が「独断論」と呼ばれるのは、カントの「独断論」批判にまで遡ることができるかもしれない（vgl. KrV. B. XXX）。当然「知識学」は「物自体」にはいかなる意味でも独立した実在性を認めず、すべて「主観」から表象の客観的妥当性を説明するのだが、それを示すだけでは完全に独断論的態度への批判にはならない。「知識学」の「理論的部門」が「体系的スピノザ主義」の様相を帯びつつも、「各人の自我そのものを唯一で最高の実体である」（GA I/2, 282）とすることだけが、つまりどちらの原理を採用するかということだけが「知識学」と「スピノザ主義」との違いであるとされるのはこのためである。「知識学への第一序論」にて、「自我」と「物の自立性」のどちらを原理とすべきか「理性にもとづいて決定する根拠は存在しえ」ず、「観念論者と独断論者の違いをもたらす究極的な根拠は、彼らの関心の違いである」（GA I/4, 194）とされているのも、同様のことを意味している。

だが、理性の権限を吟味することなく恣意的に原理を設定する方法論的態度を「独断論」と呼ぶならば、フィヒテと「関心の違う」立場からすれば、彼にも独断論の嫌疑がかけられるのではないか。有名な例を挙げれば、実際「知識学」にこうした批判的な目を向けたのがヘルダーリンである。ヘルダーリンの診断によれば、「知識学」は「観念論」か「独断論」かの瀬戸際に立っていた。一七九五年一月二六日付けのヘーゲル宛

（9）「独断論者ホンメルにとって〔…〕表象は「物自体」の産物である」（Lohmann 2004, 58）。『基礎』で言及される「独断論」はしばしばホンメルを指している。
（10）フィヒテにとってスピノザは「純粋意識」を認めない立場だった（vgl. GA I/2, 263）。

書簡にはこうある。

〔…〕当初、私は彼に対して独断論の疑いを大いにかけていた。推測することが許されるならば、フィヒテは岐路に立っていただろうし、あるいは今もなお立っているように思われる。——彼は意識の事実を理論において越えようとしている。彼の発言の多くはこのことを示しているし、それは確かなことだ。これまでの形而上学者が世界の現存在を越えようとしたときよりも、いっそう際立って超越的である。——彼の絶対的自我（＝スピノザの実体）はあらゆる実在性を含んでいる。絶対的自我がすべてであり、それ以外は無である（Br. 19）。

ヘルダーリンの「独断論」との疑いは、「物自体」に相当する「客観」を原理にしていることではなく、「主観」の側に特定の絶対的な原理を超越的・独断的に据えようとしていることに向けられている。フィヒテ自身は、自分が「自我」のうちにとどまっている限りで「知識学」が超越的だとは考えないだろう。しかしながら、ヘルダーリンをはじめとする読者にとってもそうだとは限らない。「（絶対的）自我」からあらゆる「物の実在性」や「表象の客観的妥当性」が湧き出てくるのだと「知識学」が主張するのであれば、それもまたある種の「独断論」に見える可能性も当然ある。フィヒテ自身も「自我」を「実体」と呼び変えていたが、『基礎』ではこうも言われる。「自我がすべての実在性の端的に規定された全範囲を包括しているものとして考察されるならば、それは実体である」（GA I/2, 299）。「根源的には、ただひとつの実体、自我のみが存在する。このひとつの実体のうちに〔…〕あらゆる可能的な実在性が措定されている」（GA I/2, 300）。こうした表現が不当な誤解を余計に誘発してしまっているとも言える。

ヘルダーリンがフィヒテの「絶対的自我」を「超越的」だと言っているのは、無論フィヒテ本来の意図とは違う点を指している。彼は書簡の続きでこう述べている。「したがって、この絶対的自我には客観は存在しない。というのは、そうでなければ、あらゆる実在性が絶対的自我のうちに存在することはない、ということになるからだ。しかし客観のない意識というものは考えられない。私自身がこの客観であるときには、私はそのようなものとして必然的に制限されているし、また、時間のうちでしか存在しえないはずだから、絶対的ではない。ゆえに絶対的自我のうちでは意識は考えられず、絶対的自我である限りで、私は意識を持たない。その限りで、私は（私にとっては）無であり、したがって絶対的自我は（私にとっては）無である」（Br. 19-20）。つまり、フィヒテが体系の原理としての、経験の可能性の制約としての「自我」を考えているのに対して、ヘルダーリンはこの「第一根本命題」から特定の対象についての意識（経験的意識）が導き出せないことをもって「知識学」を「独断論」だと言っている。フィヒテの「絶対的自我」が「スピノザの実体」だというヘルダーリンの解釈は、このすれ違いから生まれている。

さて「観念論」的体系は或る物そのものの実在性は否定するが、その物の表象の実在性までは当然否定しない。「知識学」はそれを「自我」の働きというひとつの原理から説明するのであり、それゆえに「私たちはどのようにしてたんに主観的に過ぎないものに客観的妥当性を認めるに至るのか[11]」を示すことが課題となる。「第一序論」はもっとはっきりと「知識学」の課題をこうまとめている。すなわち、「哲学の課題」は「必然性の感情をともなう表象の体系の根拠」「必然性の感情そのものの根拠」「あらゆる経験の根拠」を解明することである、と（vgl. GA I/4, 186）。「知識学」は「自我」の外部にある外的事物としての対象が与えられることを表象の実在性の制約とすることはできない。つまり、いかなる意味でも「経験」を前提とすることはできず、その実在性の究極的な根拠はすべて「自我」のうちに存在しなければならない。その根拠こそが「強制の感情」

（11）「知識学の第二序論」より引用（GA I/4, 211）。

(GA I/2, 378) である。

この「感情」は「第一序論」では「必然性の感情」(GA I/4, 186) とも言われる。経験において私たちのうちに生じるこの「必然性の感情」は外部からの作用から生じるという意味で「強制」という性格をともなう。すなわち、「感情」とは対象が「自我」の能動的な活動を特定の活動へと強制することを介して「自我」の「受動性」によって「自我」のうちに生み出される産物である。ゆえにこの「感情」は当然、喜怒哀楽などの経験的な情動ではないし、その発現の仕方についても、後者は自分の外部の或るものごとから触発されて主観のうちに生じるのに対して、前者の場合ではその源泉が究極的には自らの「能動性」に求められる点でまったく異なっている。したがって――私たちは通常そのように考えないだろうが――「自我」の「受動性」はその「能動性」と関係づけられる限りでしか考えられない。「あらゆる受動は非‐能動性である。したがって、受動は能動と関係づけられることによってしか規定されえない」(GA I/2, 297)。「能動」なくして「受動」なし、と言ってもよい。フィヒテは「物自体＝実体」からの因果的な触発を「表象の制約」とは考えない。「知識学」では「或るものを事実として要請することは許され」ず、むしろ「或るものがひとつの事実であるということ」を「証明」する (GA I/2, 363)。

フィヒテが問題にしていることがらは、通常の世界における経験の次元ではなく、その可能性の制約、つまり経験そのものを可能にするメタ・レベルの次元である（よって、当然のことながらヘルダーリンの「絶対的自我である限りで、私は意識を持たない」という批判は的外れである）。「絶対的自我」のうちには「根源的に絶対的因果性の要求が存在する」(GA I/2, 404)。

とはいえ、その「無限な能動性」もまた単独では「客観」の制約にはならない。「絶対的自我」の端的な「自己措定作用」は、「非我」の「反定立」をともなって初めて十全に観念論的哲学の原理たりうる。すなわち、自我の根源的で端的な自己措定作用（「絶対的因果性」）は、阻害をともなってしか発現しないのである。この阻害こそが「障害（Anstoß）」である（vgl. GA I/2, 355, 362, 369, 389）。『基礎』の決まり文句である「自我の能動性がなければ障害もない」「障害がなければ、自己限定もない。――さらに自己限定もなければ客観もない」（GA I/2, 356）は、こうした「能動性」と「障害」の相互制約の関係を端的に表現している。

ところで、この「障害」がどこに由来するか――「自我」か「物自体」か――は「理論的部門」ではそれが論じるべき領域の「外にある」がゆえに棚上げにされる。この「表象の説明のために想定されねばならなかった障害が、いかにして、また何によって自我（自身）に生じるのかという問題」（GA I/2, 362）は『基礎』第五章の「実践的部門」で初めて究明される。それが「実践的部門」へと持ち越される要因は、「意識」一般の可能性の制約を「絶対的自我」の「無限な能動性」とそれが「障害」されることによる自我と非我の相互制限を解明する「理論的部門」だけでは、「障害」が「絶対的自我」自身のうちに根拠づけられず、そこから演繹されないからである[12]。

そもそも、非我が自我のうちに措定されうるのだとすれば、自我そのもののうちでそのような他所からの影響の可能性の制約はあらゆる他所からの現実的な働きかけに先立って、**絶対的自我のうちに根拠づけられていなければならない**。或るものが自我に働きかける可能性を、自我は根源的に、端的に**自らのうちに**措定せねばならない。自我は自らの自身による絶対的な措定作用を毀損することなく、他の措定作用に対していわば自らオープンでなければならない。したがって、もしいずれ差異が自我のうちに現われてくるのだとすれば、すでに自我そのもののうちに根源的に差異が存在していなければならないだろう。もっと言えば、この差異は**絶対**

（12）「理論的部門」から「実践的部門」への展開については、以下も参照。大河内　二〇一〇年、五一―八二頁。

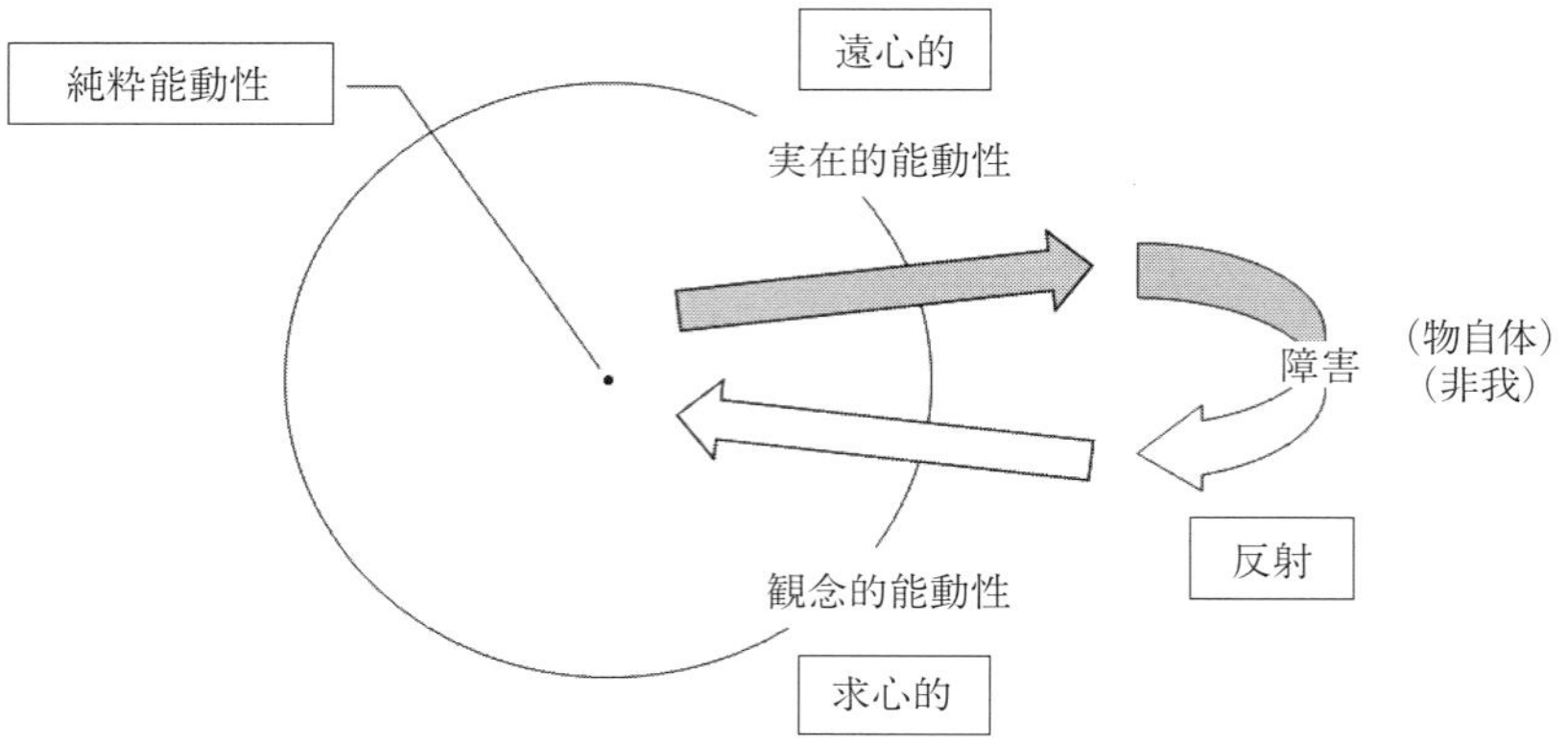

的自我そのもののうちに根拠づけられていなければならないだろう（GA I/2, 405）。

さしあたり「絶対的自我」の活動とその「障害」は「意識」のメタ・レベルで「根源的かつ前意識的に[13]」生じているがゆえに、通常の意識のうちに現われることはない。逆に言えば、特定ののについての「意識」や「表象」はこれらの作用の結果として成立していることに過ぎず、そのプロセスも「感情」も、いわば前意識的なものなのである。よって「障害はどこに由来するか」という「実践的部門」の課題への応答は「絶対的自我」の「能動性」から「障害」の出来を説明することでなされる。これが「障害を絶対的自我のうちに根拠づける」ことの意味である。フィヒテはこれを「因果関係」（GA I/2, 388）と見なし、「絶対的自我は非我があらゆる表象の究極的根拠である限りで非我の原因であり、非我はその限りで絶対的自我の結果である」（ibid.）ことと約言する。

さて「絶対的自我」にはただ「無限な能動性」しか帰属されないが、そもそも「障害」とは、自我の「能動性」が折り戻され、自らのうちへ追い返されるところにその阻害として現われる。

フィヒテは、この「純粋能動性」は自我が自らで発した作用である限りで自我自身と「同質で」(GA I/2, 405) あるが、それが「或る地点で障害され」(GA I/2, 405)、自らへと反射してくる限りで（そしてその限りでのみ）「異質なもの」(ibid.) でもあると捉え直し、これらを改めて二つの方向の「能動性」として提出する。すなわち、フィヒテはこれらの両「能動性」を（ⅰ）「障害」に向かい、それを乗り越えようとする「遠心的方向」(GA I/2, 406) への運動である「実在的能動性」(GA I/2, 413, 423) と、（ⅱ）「実在的能動性」とは反対に自らへと帰還的に向かう「求心的〔方向〕」(GA I/2, 406) への運動である「観念的能動性」(GA I/2, 413, 423) と特質づける。この（ⅰ）（ⅱ）の作用が互いに制約し合うところに「障害」は生まれ、その結果私たちの客観やそれについての意識も成立する。「実践的部門」では、この反射運動が自我と非我との交互規定ではなく、自我の「自らの自身との交互規定」(GA I/2, 409) であることが解明される。

以上のようにして、まったく差異を含まないはずの自我の「無限な能動性」のうちに異質で疎遠な作用を根拠づけることは「能動性」の作用する方向性を二つに分節化することから始まる。この反射的構造からも明らかなように、自我の根源的な「無限な能動性」が「障害」に先んじて存在することは、すでに述べた通りである。自我の「絶対的自発性」という「要請」は「因果性一般への根源的努力」(GA I/2, 408) と、こうした反射的構造とを根拠にして自我自身のうちに基礎づけられることになる (vgl. ibid.)。

こうして「理論的部門」では非我が「端的に（つまり、さらなる根拠づけなしに）」自我に反立された（自我が制限された）のに対して、「実践的部門」では自我が非我を制約していることが示される。これは意識以前のレベルで「感情」として成立していることに過ぎないのだが、フィヒテは五章以降、この根源的な「感情」を起点に

(13) Lohmann 2004, 65.

してそれらを順次高次に展開する。そのプロセスは、この「感情」の諸形態を自我に「対自化」[14]させる過程として描かれる。

その詳細には深入りできないが、ここではすべてが「絶対的自我」の「純粋能動性」に収斂するわけではないことに留意しておく必要がある。たしかに、フィヒテ自身も「非我は、そのものとしてはそれ自体で実在性を持たない」(GA I/2, 294) と述べている。だが続けてこう主張している。「しかし、自我が受動する限りで非我は実在性を持つ。これは交互限定の法則による。〔…〕自我が触発される限りでのみ、非我は自我に対して実在性を持つ」(ibid.)。フィヒテがこの自我と非我の対抗関係が今後の考察で重要だと述べたように、「実践的部門」の第三定理では、「障害」を超えて非我を限定しようとする自我の「努力」は非我の「対抗努力（Gegenstreben）」(GA I/2, 416) という制約のもとでのみ働き、この両「努力」が「均衡」を保つというテーゼが呈示される。ここにもいわゆる交互限定の法則が認められる。このように「純粋能動性」と「障害」とが交互限定の関係にあって「絶対的自我」に「障害」が制約となる限りで、「知識学」の原理の発現の仕方は「スピノザ主義」の体系とはまったく異なっている[15]。

ところで、この『基礎』「実践的部門」の議論から『私独自の考察』のとある箇所の意義が浮かび上がってくる。すなわち、そこでフィヒテはラインホルト的な「意識律」と「論理的命題（矛盾律）」の関係について、「これら両者の命題はたんにひとつであるべきか、それともそれらは二つの命題をなしているべきなのか」(GA II/3, 30) と逡巡している。この両者の優位－従属関係は『エーネジデムス』で挙げられていた論点でもある。さらに同草稿は根本命題と後続する命題、自我と非我とのあいだの「循環」(ibid.) にも説き及んでいる。これらのことは、フィヒテが『基礎』の準備段階でラインホルト流の「根本命題哲学」の直線的な演繹方式に疑問を持っていたことを意味している。そうだとすれば、『基礎』五章が『私独自の考察』への自己回答と見なしうることが明らかになるだろう。たしかに『基礎』は「絶対的因果性」たる「絶対的自我」の「純粋能動性」を根本原理にしている。ただし、この「能動性」は「障害」（「客観的能動性」）なしには発動しない。ヘルダーリン的な誤解は前者が制約なしに単独で作動し、すべての客観を直線的に導出できると解していることにある。すなわち、「知識学」とは根本原理からの単純で独断論的な演繹体系であるという誤解である（これはヘルダーリンだけではなく、当時の論者でも現在の研究でも見かけるごくありふれたものである）。しかしながら『基礎』の原理はそうではなく、「障害」を介して第一根本命題が絶えず漸進的に正当化され、そのつど交互限定の法則のもとで暫定的に根拠づけられるという「循環」のうちにある。「理論的部門」がスピノザ主義に見えるのは、その原理が持つべき「障害」の由来が「絶対的自我」自身のうちに根拠づけられないがゆえに、「実践的部門」までは暫定的に演繹体系（＝「スピノザ主義」）の体裁をとらざるをえないからである。

だがスピノザ主義が原理からの直接的な（いわば「障害」なしの）演繹体系であるのに対して、「知識学」は原理たる「純粋能動性」が非我なしに発動し、後続の諸命題を直接的に規定することはない。こうした体系観を

(14) Lohmann 2004, 65；田端『インターフェイス』、一六二頁。

(15) もっとも、この「知識学」が体系の原理の解明に成功しているかは別問題である。久保はこう述べる。「自我と非我の関係は、非我が自我を制約する理論的な場合と、自我が非我を制約する実践的な場合とに分けられる。だがこの二つの関係もそれぞれ抽象的な成分でしかなく、実際には単独には存在しない。現実的意識は何がしか理論的意識であると同時に実践的意識であるだろう。〔…〕しかしフィヒテは『基礎』では必ずしも充分にその同時性を捉えたとは言えない。彼は理論的自我の分析から出発し、そこでは解明されなかった理論的認識の対象を実践的自我の努力の立場から説明し、更にその実践的努力を反省によって根拠づけようとした。つまり、理論→実践→理論→実践→…という、理論的関係と実践的関係との循環関係を認めたにすぎない」（久保『生と認識』、七五頁）。「構想力の一元論的モチーフが自我と非我との二元論ないし不可知論に拘束されている問題は、実践的部門でも結局解決されておらず、ただ先送りされただけであるように思われる」（同上、八三頁以下）。

呈示している限りで、フィヒテはラインホルトともスピノザ主義とも異なる理念に立脚している。彼は、後者二つの体系とは原理の発動の様式の理解、体系の展開の理解において根本的に異なっているのである。この「循環」を認めている点で、『基礎』は一七九二年夏以降のラインホルト（いわゆる「ラインホルトⅡ」）[16]と歩調を合わせている。少なくとも、彼はラインホルトが自覚した「意識律」にもとづく根本命題哲学が抱えている（抱えていた）弱点に、ラインホルトとともに気がついていると言える。

しかしながら、フィヒテは「スピノザ主義」という疑いを当時実際に払拭できたのだろうか。フィヒテにとってスピノザは「自我は存在する」という命題を越え、「客観」（「物自体」、「存在するもの」）を原理にする体系を意味していた（vgl. GA I/2, 264）。ヘルダーリンがフィヒテに「独断論」の嫌疑をかけていたのは、おそらく彼が「実践的部門」に通じていなかったことが大きな要因と思われる。[17]とはいえ、フィヒテを「スピノザ主義」のバリエーションのひとつだと解釈したのは、当初のヘルダーリンだけではなかった。むしろそれは当時の一般的な「知識学」理解だとも言える。次節では、手始めにフィヒテの盟友ヴァイスフーンの見解からこのことを究明していく。

第２節　「知識学」は「スピノザ主義」か

(1)「主観的スピノザ主義」としての「知識学」

批判哲学に触れることで哲学に目覚める前のフィヒテの哲学的素養がどの程度のものだったのか、その詳細は不明である。ライプツィヒ大学に復学した一七八七年頃、フィヒテは同大学の法学部教授のホンメル（Karl

Ferdinand Hommel, 1722–1781）の思想に親しんでいた。ホンメルの著作には理神論、決定論な思想が含まれており、その影響のもと当時のフィヒテは一部で決定論に与していたようである[18]。よって、彼はすでにライプニッツ－ヴォルフ主義やクルージウスなどの提起した自由意志の問題圏にもかなり早く馴染んでいた。こうした彼の関心からすると、決定的な物証はないものの、ほぼ間違いなく一七八〇年代にスピノザ主義やスピノザ論争にも触れていたと思われる[19]。

この頃のフィヒテの活動と、初期知識学がドイツでどのように受け止められていたのかを知るために鍵とな

（16）「ラインホルトⅡ」とはヘンリッヒが一七九二年以降のラインホルトの根本的転換を特徴づけるのに用いた術語である（Henrich, *Konstellationen*, 234; 236ff.）。ラインホルトが哲学的、理性的原理と「健全な常識」との相互補足関係（「循環」）を認めるようになったことについては、次のものも併せて参照。田端『序説』、二八三頁以下。この「循環」的体系理念を「常識」論文でニートハンマーが採用していることについては、以下を参照。Frank 1997, 18 Vorlesung; 田端『書評誌』、二三六頁以下。

（17）田端『インターフェイス』、四七頁以下を参照。

（18）Vgl. Lohmann 2004, 31ff. トラウプは初期のフィヒテが「断固とした決定論」であったというテーゼに批判を加えている（Traub 2022, 178f.）。

（19）「彼の基本的に活発な哲学的関心から考えれば、フィヒテはヤコービのメンデルスゾーンとのスピノザ論争を追いかけ、関連する著作を読んでいたと考えざるをえない。このことは一七九九年の春にラファーターに宛てた書簡のなかで、ラファーターが、おそらくチューリッヒで知り合ったときからフィヒテがヤコービのスピノザ解釈を「是認」していたと知っていたことに言及している箇所からも明らかである。カントの批判によって考えを改める以前のフィヒテは、確信的な決定論者であった――彼自身やこの時期の彼に関する証言から伝わってくるあらゆるものによれば、おそらくライプニッツ学派の通例に従ったやり方であった」（Lauth, Fehlverständnis, 31）。
ただし、スピノザ論争におけるヤコービがフィヒテのスピノザ論にどの程度影響を与えたのかについては、少なく見積もるほうが適切かもしれない。K・ハマッヒャーは、フィヒテのスピノザ論に直接的な影響を与えたのはマイモンだとしている。Vgl. Hammacher 1989, 243–263.

る人物のひとりがヴァイスフーン（Friedrich August Weißhuhn, 1758–1795）である。ヴァイスフーンはシュールポルタでのフィヒテの同級生であり、フィヒテより年長の彼は一足先に同校を卒業した。フィヒテは一旦一七八〇年にイェーナ大学の神学部に進学し、翌一七八一年にライプツィヒ大学に転学したのだが、彼はライプツィヒで密にヴァイスフーンと意見交換をしていた。フィヒテが経済的事情から学業を一時中断し、チューリッヒで家庭教師になった一七八八年頃、一方のヴァイスフーンは重い病に罹り、ライプツィヒからほど近いテューリンゲンのショーネヴェルダの実家で療養を余儀なくされた。フィヒテがライプツィヒ大学に再復学し、批判哲学の持つ意義に気がついた一七九〇年にもライプツィヒにはフィヒテの親友の姿はなかった。同年一一月、フィヒテはチューリッヒで知り合った妻のヨハンネにこう書いている。「私にはザクセンに友人がいる（しかし、彼にはもう二年半も会っていない。というのは、彼はずっと田舎にいるから）。彼は若い頃、知識も知性も人並み以上だった。〔…〕しかし、ここ数年彼はおそらく取り返しのつかないほどに健康を害している。私ももう会えないかもしれない」（GA III/1, 187f.）[20]。

実際ヴァイスフーンの哲学的素養はかなりのものだったようで、フィヒテは哲学に関してかなり彼の影響を受けたと思われる[21]。残念ながら当時交わされた会話の詳細は不明だが、いくつかの書簡に重要な証言が残されている。一七九四年一〇月二六日イェーナにいたシラーはエアハルト（Johann Benjamin Erhard, 1766–1827）にこう伝えている。

フィヒテはイェーナでもうすぐ厳しい立場に立たされそうです。彼はライプツィヒのヴァイスフーンという旧友をイェーナに呼び寄せていますが、彼は非常に優れた哲学的頭脳の持ち主だそうです。しかしこのヴァイスフーンはフィヒテの体系には非常に厳しい目を向けているようで、それが**主観的スピノザ主義**だと宣言しており、それに反対するものを書くことになるでしょう。[22]

その二日後の一〇月二八日にも、同様にシラーはゲーテに「フィヒテ自身の仲間内の強力な反対者」が彼の体系は「すべてが主観的スピノザ主義になる」と批判しているのだと伝えている。[23]フィヒテからすれば、自分の体系がスピノザ主義に見えることはあっても、「主観的なスピノザ主義」なるものが存在することは認められないだろうが、――というのは、スピノザ主義は「自我は存在する」というテーゼを認めないのだから、彼にとっては一種の形容矛盾である――シラーはこのフレーズを気に入っていたようである。エアハルトのほうも直後の一〇月三一日付けのシラーへの返信でこう言っている。「私が今日までフィヒテの体系を見てきた限りですが、ヴァイスフーンという人はそれに非常に適切な名前を見いだしたと思います[24]」。

これらの書簡とまったく同じ時期、一〇月二七日のニートハンマーのエアハルト宛書簡でもフィヒテが話題になっている。「私たちは〔カントの〕批判が物自体とその証明とを時代遅れにして以来、一連の古い党派が批判的な装いをまとって再び登場してくるのを見ました。超越的宿命論、非決定論など。そのひとつが〔…〕

(20)　実際にはヴァイスフーンは恢復し、ラインホルトの後任としてイェーナ大学に招聘されたフィヒテは当地に彼を呼び寄せ、一七九四年八月からフィヒテの家で暮らした。その後ヴァイスフーンは一七九五年春に亡くなった。

(21)　フィヒテは、『啓示批判』が出版された頃の一七九一年一〇月一一日付けの書簡でヴァイスフーンに「題名から分かるように」「この理念はあなたに負っています」とさえ述べている（GA III/1, 267）。ヴァイスフーン自身の見解は不明だが、同書が当初カントの宗教論として受け止められたことを踏まえると、間違いなく彼は凡庸ではなかったのだろう。

(22)　*Fichte im Gespräch 1*, 160.

(23)　Ibid.

(24)　Ibid. 161.

超越的スピノザ主義です。フィヒテはスピノザが客観によって企てたことを主観によって行なっています。スピノザが一切を客観のうちに置いたのに対して、フィヒテは一切を主観のうちに置いています。つまり、一方は客観を、他方は主観を神性にしたのです」[25]。エアハルトもニートハンマーもイェーナでラインホルトの講義に出席していたが、そもそも彼らはひとつの原理を基底に据える「根本命題哲学」のプログラム自体に懐疑的な立場をとっており、それゆえ当然のことながらフィヒテへの評価も否定的にならざるをえない。だが「知識学」が（主観的にせよ、超越的にせよ、いずれかの意味で）「スピノザ主義」だという評価は、「フィヒテの仲間内でも」という表現からも窺い知れるように、出版直後の一七九四年一〇月には党派的な立場を越えて、すでにかなり一般的な理解だったようである。

ヴァイスフーンにせよ、ニートハンマーにせよ、フィヒテ的体系への賛同から「知識学」を「スピノザ主義」のバリエーションと受け取っているのではなく、むしろフィヒテを否定的に受け止めているがゆえに「スピノザ主義」と呼んでいることに注意が必要である。ヴァイスフーンは、当時イェーナでシュミートの編集によって発行されていた『道徳性、宗教、人間の幸福のための哲学雑誌』という雑誌において、一七九四年五月に出版された『知識学の概念について』を書評している[26]。彼はこの登場したばかりの超越論的哲学と著者に絶えず敬意を払い、逐条的に同書を説明するという「書評者」としての義務を全うしながらも、最後にその「判定者」として自らの見解を呈示している。それによれば、「フィヒテ教授が導いてくれたところからの眺めは、以下の理由で私には好ましく思われない。つまり、そこで示されたものごとは私の自然な目では何も捉えることができず、それをしたところで、その眺めからは自然な知性では何も把握することができないからである」[27]。彼はこの「不快感」[28]を根拠づけることはできなかった。だが、それはヴァイスフーンの「判定者」としての能力不足からではない。むしろそれは立場の違いゆえに生じていることであるから、彼が書評で理由を挙げられないのは当然なのである。

補足すれば、ヴァイスフーンの書評は「知識学」への批判としては不適切である。彼の「知識学」論は明らかにフィヒテの超越論的な問題機制を捉えておらず、それを経験的にしか読むことができていない。言い換えれば、彼はフィヒテが経験的意識の導出ではなく、そもそもその可能性の制約を解明しようとしていることを理解していない。彼の理解は一七九五年に報告されたヘルダーリンのそれと同じ立場から発せられており、その限りで当時よく見られた誤読のひとつに数え上げられる。

さて、先述のような「知識学」の評判は明らかにテュービンゲン・シュティフトの関係者のフィヒテ受容にも濃い影を落としている。イェーナに赴いたヘルダーリンも、テュービンゲンでほとんど教師に頼らず独立不羈に哲学を研究していたシェリングも、イェーナ大学で哲学講義を持っていたこのニートハンマーに助言を求めている（vgl. StA 6.2, 191, 203）。先に見たヘルダーリンの「絶対的自我＝スピノザの実体」論も、以下の一七九五年二月のシェリングのヘーゲル宛書簡も、このイェーナでのフィヒテ評の延長線上にある。

> 僕はスピノザ主義者になってしまいました！　驚かないでください。〔けれども〕君は『どのように？』とすぐに聞きたくなるでしょう。スピノザにとっては、世界（つまり主観に対する、客観そのもの）が全だった。〔しかし〕私にとって、それは自我なのです。批判主義的哲学と独断主義的哲学との本当の違いは、批判主義が絶対的（客観によって制約されていない）自我から出発するのに対して、独断主義は絶対的客観、あるいは非我

(25) Niethammer, *Korrespondenz*, 108f.
(26) Weißhuhn, 1794, 139–158.
(27) Ibid., 157.
(28) Ibid., 158.

から出発するということにあるように僕には思われます。独断主義の最高の一貫した〔形態〕がスピノザの体系へと至るのに対して、批判主義はカントに行き着きます。哲学は無制約なものから出発しなければなりません――私にとってあらゆる哲学の最高の原理は、純然たる、絶対的自我なのです。つまり、自我は、それがたんなる自我である限りで、客観によってはまったく制約されていません。そうではなく、それは自由によって制約されています。あらゆる哲学のアルファにしてオメガは、自由なのです（HKA III/1, 22）。

独断主義の原理が「非我」とされていることを除き、批判主義と独断主義とを体系の双璧としていることといい、両者の違いを原理の位置づけのうちに見てとっていることといい、これら一連の整理はフィヒテの口調そのままである。もっとも、フィヒテにとって批判的哲学の極北が「知識学」であったのに対して、シェリングにとってのそれはあくまでもカントなのだが。

さらに言えば、このときのシェリング自身の「スピノザ主義者」だという言葉にも留意が必要である。彼は「絶対的自我」の「自由」、つまり純粋な「能動性」から出発する限りで明らかにスピノザ主義者ではない。この「自由」はまったく経験的なものではなく、超越論的原理を指しており、フィヒテの言う「絶対的因果性」に他ならない。そのような「最高原理」を「絶対的自我」に指定する限りで、彼は批判哲学者であり、観念論者であり、フィヒテ主義者なのである。たとえシェリング自身が「神は絶対的自我に他ならない」（HKA III/1, 23）と付け加えようとも、自然の代わりに「自我」を「実体」とする以上、彼の「スピノザ主義」は本質的に「主観的スピノザ主義」と称されるものと同一であり、まさしくヴァイスフーンにとっての「知識学」の立場を意味している。彼の（「主観的」という形容詞のつかない）奇妙な「スピノザ主義」は少なくとも「自我」論文までは維持される。彼のスピノザ主義の告白がニートハンマーから吹き込まれたことによるものだとは限らないが、この「知識学」論がシェリングのオリジナルでないこともまた確かである。

だが、シェリングがフィヒテ主義者を自称しない彼なりの理由もある。さて、フィヒテにおいて「批判的体系」としての「知識学」は、「客観」に「無制約なもの」を据える形而上学としてのスピノザ主義的な実在論＝独断論を抹殺したわけではなく、またそうすることも理論的には不可能だった。「独断論と批判主義に関する哲学的書簡」（一七九五年一一月—九六年四月。以下、「哲学的書簡」）のシェリングもこう述べている。

〔批判主義と独断主義の〕両体系は、必然的に絶対的同一性を目指す。ただ批判主義は主観の絶対的同一性を直接的に目指し、客観の主観との一致は間接的にしか目指さない。これに対して、独断主義は絶対的客観の同一性を直接的に目指し、主観と絶対的客観との一致は間接的にしか目指さない（HKA I/3, 97f.）。

この対立する二つの体系は「等しく可能であり」（HKA I/3, 75）、その目標への「接近の仕方」（HKAI/3, 103）において区別される。だが「両体系は同じ問題を持っているが、しかしこの問題はまったく理論的ではなく、ただ実践的にだけ、つまり自由によってのみ解決されうる。この問題の解決には、批判主義に至るか独断主義に至るかの二つの解決策しかない」（ibid.）。「独断主義は〔…〕自らの体系を実践的に完成させるために理論的な領域を去っているので、理論的には反駁不可能である。〔…〕だから実践的に、つまり端的に独断主義に対立する体系を自らのうちに実現することによって反駁されうる」（HKA I/3, 109）。シェリングの見解はフィヒテの診断とほぼ同様のものである。

シェリングは別の箇所で「実在論はその完成形において〔…〕観念論になる」（HKA I/3, 100）と言っている。「知識学」もまた「絶対的自我」からあらゆる「実在性」が湧き出てくると考える限りで、この「観念論」と同一線上にあるとも言える。とはいえ、フィヒテとシェリングでは「実践」という言葉に込めている意味が異なっている。シェリングの場合、「実践」は「理論的理性」と「実践的理性」の合一を意味している。それは一七九五年のヘーゲル宛書簡の「スピノザ流の倫理学」が目指すものと同じであり、その統合を目指す限り、あくまでも彼の立場は「スピノザ式」の解決策なのである。

（２）「転倒したスピノザ主義」としての「知識学」

もっと興味深い「知識学」評を提出しているのがJ・バッゲセン（Jens Immanuel Baggesen, 1764–1826）とヤコービである。前者は一七九七年の書簡で、後者は一七九九年の『フィヒテ宛書簡』で「知識学」を「スピノザ主義」との関連づけで理解していることを示している。

フィヒテがチューリッヒにいた頃、ラファーターからの依頼で一七九四年二月二四日から四月二六日までのあいだ、ラファーターの自宅に六人ほどが集まって月曜日から金曜日まで毎日午後五時から超越論的哲学についての私的な講演が行われていた。そのメンバーにはエアハルトやヘルベルトなどがいたが、ラファーターの家で開催するよう取り計らったのがバッゲセンだったようである。エアハルトやラファーターなどの面々がフィヒテのために集結するというのは一見すると奇妙だが、その目的はエアハルトらのフィヒテへの嫌悪感を解消することだった[29]。その原稿は現存していないが、三月一日付けのベッティガー宛書簡によれば、ここで披露されたのは「私（＝フィヒテ）の新しい体系の概観」（GA III/1, 71）であり、これ以降彼は「哲学」「知への愛」（GA III/1, 72）や『私独自の考察』での「根元哲学」という名称に代えて「Wißenschaftslehre」（ibid.）という術語を使うようになる[30]。バッゲセンは、ラインホルトの「根元哲学」だけではなく「知識学」にも通暁しており、さらに言えばおそらく最も早く「知識学」を知ったひとりだった[31]。

バッゲセンは一七九七年秋のヤコービへの書簡で、或る見慣れない図形の比喩によってフィヒテとスピノザの関係についての考えをまとめている。そこで彼は「知識学」と「スピノザ主義」とが互いに転倒した関係にあると定式化している。

私の見る限り、形而上学には二つの体系しかありません。〔…〕それはスピノザ的体系とフィヒテ的体系の二つの一般的な体系です。それらは互いに限りなく似ており、かつ限りなく似ていません。それは二つの三角形のようなものですが、一方の頂点が他方の底辺〔の上に重なって〕いるという違いがあります。私は大胆にもこう主張したいのですが〔…〕、これらの体系は、三角形が三つの辺から構成される唯一の図形であるのと同じように、純粋理性の〔…〕理念から構成される唯一可能な二つの体系です。〔…〕私には カントの批判は体系とは思えません。

私がこれらを唯一の〔可能な二つの体系〕だと呼ぶのは、私が第三のものを知らないからではなく（懐疑主義を体系に持ち込むのは矛盾していますから）、それらにかの古き「ヘン・カイ・パン」が共通しているからです。〔…〕スピノザによれば「パン（全）」は「ヘン（一）」の母であり、フィヒテによれば「ヘン」が「パン」の父なのです。(32)

(29) Frank 1997, 386.

(30) このときフィヒテは「知識学」を公にするまで「まだ数年はかかるだろう」（GA III/1, 72）と述べている。ラウトの推測では、これは『基礎』にあたる狭義の「知識学」を指しているのではなく、「自然学、社会学、道徳学、宗教学」を含んだ「知識学」の原理にもとづいた諸学の体系を意味している可能性もあるという（Lauth, Die Frage, 64）。

(31) フィヒテ研究ではバッゲセンは稀に言及されるのだが、彼の思想が正面から扱われることはほぼ皆無と言ってよい。そうしたなかで、例外的にボンデリがバッゲセンを主題にしている貴重で有益な研究を行なっている。Bondeli, *Kantianismus*, 262–282.

(32) Baggesen an Jacobi, 21. Sept. 1797, in *Baggesen's Briefwechsel* 2, 213f.

フィヒテが「第二序論」を公開する前に書かれたこのバッゲセンの見解は、私たちが考察してきたなかで最も図式的に、かつ明瞭にフィヒテとスピノザの関係をスローガン的にまとめている。もちろんこの「三角形」は体系を表現しており、「頂点」は体系の「原理」を象徴している。ひとつの原理から首尾一貫した体系を導き出そうとすれば、それは自ずと「主観」か「客観」か、いずれかから出発せざるをえないので、ひとつの体系を志す限り第三のものはない。これはフィヒテが言っていたことであり、もっと言えば「超越論的観念論について」でヤコービが「最も強力な観念論」の登場を予言できたのも、カント的な（ヤコービには不徹底な）観念論が踏み出す方向がひとつしかなかったからである。バッゲセンもこのことを適切に理解している。また、体系においては一方は他方の方向へと徹底的に進行するしかないので、互いの「底辺」は他の三角形の「頂点」に重なる。もう少し詳しく言えば、「根本原理」は後続の諸命題をツリー状に規定するはずなので、図式的に示せばその全体は「三角形」にならざるをえない。これは、ラインホルトが当初試み、後に放棄することになる「根元哲学」の「根本命題」と後続の「諸命題」の規定関係も同様だった[33]。

この書簡の受信者であるヤコービは、このフィヒテ的な「強力な観念論」は理性が「知」の「質料」そのものをも生み出すような肥大化を引き起こすと考えていた。「超越論的観念論について」でも、彼はスピノザが「唯物論」を首尾一貫した「観念論」へと変容させることを果たしえなかったと見ている。ヤコービの一貫した立場からすれば、或るものの実在性は、「信」と呼ばれ「感情」として発現する「直接的確信」のなかに基礎づけられる。ヤコービの反応について言えば、彼は一七九四年の『知識学の概念について』の段階ではフィヒテの哲学に好印象を抱いていたようだが、『基礎』についてはゲーテからの感想の催促を半年も放置した挙句に一七九五年三月になってから返信し、しかもかなり否定的な評価を下している。そこでは、彼にとって「知識学」は「スピノザ主義」というよりも「ニヒリズム」に映っていた[34]。一七九九年になってヤコービは

『フィヒテ宛書簡』において「知識学」をスピノザ的実体の唯物論的なバリエーションとして「物質なしの唯物論」と呼び、超越論的観念論は「転倒したスピノザ主義（ein *umgekehrter* Spinozismus）」（JW 2.1, 195）だと断言するようになった。これは、ドイツの知識人界で『知識学の概念について』から維持されている「観念論は首尾一貫した唯物論へと変容・転倒させると『スピノザ主義』になる」という見解と軌を一にしている。

それでは、ヤコービの「転倒したスピノザ主義」というフレーズはバッゲセンに触発されたものなのだろうか。ラウトはこの解釈を真っ向から否定している。ラウトは、まだ先のバッゲセン書簡のときには彼が「知識学」を熟知していなかったこと（さらに言えば一七九七年一〇月二一日のバッゲセンへの返信ではラインホルトの哲学もよく知らないと答えている）[35]を重く受け取り、シェリングの影響で「スピノザ主義」の「転倒」に気がついたのだという[36]。

たしかに、そうした解釈を排除する完全な理由はない。ラウトもまたバッゲセンの示唆がヒントになったかもしれないことを認めてはいる。しかしながら、ヤコービは『フィヒテ宛書簡』でスピノザとフィヒテの関係を図式によって整理し、そのことについて「私が**この図**〔！〕を選んだのは、転倒したスピノザ主義というイメージによって知識学への入り口を見つけたからです」（ibid.）と言っている。ヤコービに対して「知識学」と「スピノザ主義」の関係を、それも「図」によって示していたのはバッゲセンに他ならない。その肝心の「図」

（33）田端『序説』、二〇〇—二二〇頁を参照。
（34）ヤコービが一七九五年一月末以降、フィヒテの「主観主義」に疑念を深めていたことは以下を参照。Vgl. Radrizzani 1998, 43-62.
（35）*Fichte im Gespräch 1*, 463.
（36）Lauth, Das Fehlverständnis, 38f.

はこうである。

唯物論から観念論への変換は、もう少しのところでスピノザによって実現されていたことだろう。思惟実体と同様に、延長〔実体〕の根底にあり、両者を不可分に結びつけている実体は直観不可能な、ただ推論によってのみ証明される主観と客観の絶対的な同一性であり、その同一性のうえに新たな哲学の体系が知性の自立的な哲学の体系が根拠づけられるのです。スピノザに自分の哲学的な立方体を配置し直すという考えが浮かばなかったのが不思議です。彼が客観と呼んだ上の面、思惟の面を、彼が主観的で形式的なものと呼んだ下の面に代え〔てひっくり返し〕、それから、それでもなお自分の立体が同じものなのか、ことがらの唯一の真なる哲学の内実が変わらないのかを調べればよかった。絶対に間違いなくこの試みによって彼の手元ではすべてが変わっただろう。つまり、彼にとってそれまで実体だったところの立方体が二つのまったく異なる本質のうちのひとつである質料が彼の目の前で消えるだろう。そしてその代わりに燃え上がるだろう、燃料を必要とせずに燃える炎のように場所をとらずに自分自身だけで燃える炎が。それこそが、超越論的観念論である！（ibid.）

「立方体」の二つの底面は、それぞれ知の「形式」とその「素材」、つまり「主観」と「客観」とを代理的に象徴しており、それらは互いに対面に位置している。よってこの図は「観念論（フィヒテ）」と「唯物論（スピノザ）」の原理には接点がなく、この対極的な二つの体系は互いに並列に対置されていることを意味している。おそらく、この「図」はバッゲセンに触発されて思いついたはずである。そして彼の三角形の比喩がヤコービに「知識学」への「入り口」を提供したはずである。シェリングにおいては、おそらくそうした図式的な整理がなされたことはなかった。彼の「哲学的書簡」のうちには、両者の体系を入れ替え可能な鏡写しの関係にあると見なすような発想はないのである。ヤコービに馴染みの「ヘン・カイ・パン」の譬えも彼の理解を大いに

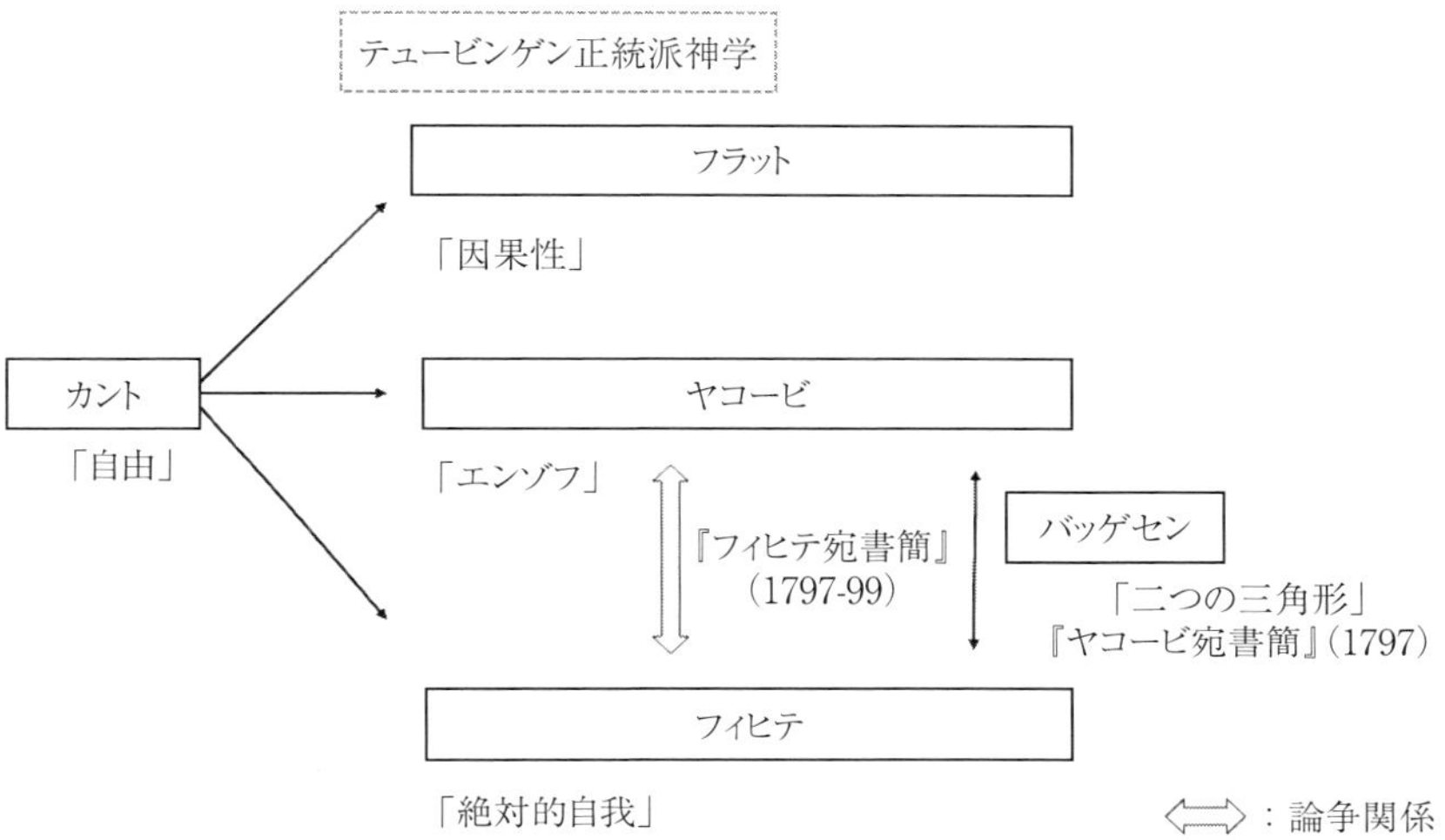

促進したはずである。ヤコービは「超越論的観念論について」におけるカントへの主観主義批判を土台にして「知識学」を吸収したはずである。もっともヤコービが『フィヒテ宛書簡』で言っているのは、「知識学」が「スピノザ主義」の原理を転倒しただけの体系と解すれば自分には理解しやすかったということであり、そう仮定すればスピノザ自身が（フィヒテ的体系と同じ内的構造・演繹体系にもとづいているのだから）「超越論的観念論」を考えついたとしても不思議はなかっただろう、ということなのだが。とはいえ、ヤコービは「互いに限りなく似ており、かつ限りなく似ていない」というバッゲセン的な両者の関係を例示しようとしている。(37)

よって、ことがらとしては、ヴァイスフーンの理解もバッゲセンとヤコービの理解も同様のものと言ってよい。ただし、前者と後者二人では力点に違いがある。一七九五

(37) ヤコービ全集の編者も先のバッゲセンからの書簡での「三角形」がヤコービを触発したのだと解釈している（Vgl. JW2.2, 652）。全集は書簡の日付けを「九月一二日」としているが、これは誤記であろう。

年のヴァイスフーンらの理解では「知識学」は「スピノザ主義」の主観的な変容であることに注意が向いていた。それに対して、バッゲセンにおいては両者が正反対の「原理」を持つ対極的な体系として並び立っていることが説かれている。つまり、フィヒテが「主観的スピノザ主義」と言いうるならば、スピノザは客観的知識学とでも言うべきものと解されている。そしてこの後者のバッゲセン的なフィヒテ論は、ヤコービによる「転倒したスピノザ主義」としての「知識学」理解とまさしく同じであり、ヤコービが「立方体」を転倒させれば「超越論的観念論」の火が燃え上がる（「燃料」なしで「燃える炎」とは、主観の働きだけから客観の実在性をも証明する哲学を比喩的に表わしている）と表現しているのは、バッゲセンの「三角形」のイメージと同様の事態に他ならない。[38]そして、おそらくフィヒテ自身が『基礎』の「理論的部門」で考えていたことは後者に近いはずである。「スピノザ主義」は「自我」を原理にした観念論が登場した結果、スピノザ本人の意図とは関係なく、観念論の特徴づけにさえ転用されるようになったのである。フィヒテ自身の「知識学」が「体系的スピノザ主義」だという特徴づけは、その意味では正しい自己診断と考えられるのである。

(38)　このバッゲセンの発言や、ヴァイスフーンの比喩はその後の哲学史にはっきりとは残らなかったようである。ヘーゲルは「信仰と知」において、「ヤコービが言ったように、この〔フィヒテの〕観念論はスピノザ主義の立方体の転倒ではない」(GW4, 392) と述べており、フィヒテ—スピノザの（疑似的）転倒関係はヤコービに帰せられている。このヘーゲルの発言は、当時共同戦線を張っていたシェリングを引用していない限りで、ヤコービの意味する「図」がシェリングに由来しないことの間接的な証拠となる。

なお、ヘーゲル全集の新訳の訳注では「「立方体」とはスピノザにおいて「思考」と「延長」と「実体」の三面が一体であることを指す」(『ヘーゲル全集第３巻』、五六九頁) とされているが、この解説は正しくないように思われる。本文で論述したように、この比喩は「主観」と「客観」のいずれを「原理」にするのかという「底面」(バッゲセン的に言えば、「頂点」と「底辺」) を問題にしている。「思考」と「延長」と「実体」の三面が一体であることを示すのに「立方体」という図形を用いる必要はないし、そもそも「立方体」によって「三面」の関係を説明しようとする意図が不明である。この「三面が一体」であることは、「客観（あるいは、主観）」を原理にした結果、その体系の内部で生じたことを指すに過ぎないはずである。

第5章　フィヒテ vs.「批判的懐疑主義」

第1節　一七九三年一〇月の「階段での哲学談義」から『エーネジデムス』へ

フィヒテがかなり早い時期から「学理論」の必要性を感じていたことはすでに述べた。だが、彼は当初それを打ち立てるための方途をまったく知らなかった。このことはバッゲセンの書簡が証言している。彼はラインホルトに宛てた一七九四年六月八日の書簡で、その約七ヶ月前の一七九三年一〇月末のフィヒテとの会話を回想している。この会話はドイツ古典哲学の歴史にとって重大な意味を持つことになる。

> フィヒテとの仲はすぐに友情に変わりました。彼が初めて私のもとを訪ねてきたとき〔…〕私たちは階段のところで会い、一時間近くそこで「意識律」について立ち話をし、私は哲学にはより高次の〔原理〕は存在しないと主張しました。フィヒテはそれに反対しましたが、そのとき彼は『そういう可能性もあるのだ』とするにとどまったのです。この討論、あるいは階段での哲学談義の結果、私のほうはあなた〔＝ラインホルト〕の第一命題からもう一段より深く、純粋な自我主義へと降りて行くことができるかもしれないという主張に至りました。彼は自分の新しい原理について何も言わなかったのですが、目に見えてそのことに驚いていました。フィヒテのほうは、哲学者としてはラインホルトが自分のすべてであり、あるいは〔近いうちに〕そうなるだろうと告白し、言いようもないほどあなたを尊敬していると感謝し、ある点ではあなたからは離れ、カントからも距離を取っていることを告白していました。[1]

（1）*Fichte im Gespräch* 1, 59.

出迎えたバッゲセンは上段で来客に対応したであろうから、ちょうど両者の位置関係が象徴しているように、この会話を境にしてフィヒテはこのラインホルトに通じた詩人よりもさらに下へと深く降りて行き、より純粋な根源的・主観的原理によって哲学をすることになる。フィヒテはこの「階段での哲学談義（Treppenphilosophie）」からラインホルトの「表象」理論をより深化させるというインスピレーションを得たのである。だが、この「純粋な自我主義」――ヤコービの言葉で言えば、「思弁的な自我主義」（JW2.1, 112）――への方向性はまだ示唆されたに過ぎない。一七九三年一一月頃から翌年にかけてフィヒテはバッゲセンから得たヒントをもとにして、ラインホルト的な「意識律」から「純粋な自我主義」への道を発見すべく、ラインホルトの「根元哲学」とシュルツェの『エーネジデムス』に取り組んだはずである。

『エーネジデムス』――正式なタイトルは『エーネジデムス、もしくはイェーナのラインホルト教授によって展開された根元‐哲学の基底について――理性の越権に対する懐疑主義の擁護を付して』――は、当時ほとんど無名だったヘルムシュテット大学哲学部のシュルツェが古代の懐疑主義者の名を騙って一七九二年に公表した(2)。少なくとも一年は著者が誰なのか不明なままだったが、この作品は広く高い評価を得た。ハウジウスも、ラインホルトの門弟のヒュレボルンやアビヒトも、マイモンやフィヒテも、ほとんどすべての哲学界の主要人物がシュルツェに賛辞を送った。その意義に気がつかなかったのは、当のラインホルトだけだった(3)。「ドイツの哲学界から根元哲学が姿を消したのは、主に『エーネジデムス』のせいである(4)」。

私たちは、何よりもまずシュルツェの基本的な立場を押さえておかねばならない。彼はカントの「理性はあらゆる自らの企図において批判に服さなければならない」（KrV. A. 738/B. 766）というプログラムに完全に同意している。シュルツェにとって「懐疑主義者」は「最も熱心な」「理性の完全性」を支持する立場を意味する(5)。懐疑主義は理性の権能を否定するのではなく、ましてや反‐批判主義ではない。実際にシュルツェは「時間・

空間」論、「物自体」の不可知性などの批判哲学の主要な教説を擁護する。このことから『エーネジデムス』の副題の意味も理解できる。つまりシュルツェは、批判哲学には未解明の「前提」があり、「根元哲学」がその「基礎」たる「原理論」を提供しようとしていることを積極的に受け容れており、その意味で彼らと出発点を共有しているのである。したがって懐疑主義は「哲学において物自体が存在するかしないかについて、そしてその性状についても、また人間の認識の諸力の限界についても、異論の余地なく確実かつ遍く妥当する諸原則にしたがった或るものが確立されていない、とする主張に他ならない」(*Aenesidemus*, 24) と規定されているものの、シュルツェ自身はそれほどラディカルな立場をとっていない。フィヒテが述べたように、彼の懐疑主義は「批判的懐疑主義」と呼ばれるのが相応しいだろう。(6) シュルツェの哲学は批判哲学の「精神」と対立せ

---

(2) 以下、同書からの引用は Aenesidemus と略記し、初版の頁数を記す。
シュルツェのラインホルト批判の概要と要点については、以下のものが参考になる。Beiser, *The Fate of Reason*, Chap. 9; Frank 1997, 10, 11 Vorlesung; 久保『ドイツ観念論』、一五九—一七七頁、田端『序説』第6章、内田 二〇一七年。『エーネジデムス』の哲学文庫版にはフランクによる有益な導入が付されているが、これはフランクの前掲書の内容の一部 (Frank 1997, 263–295) がそのまま掲載されたものである。

(3) Beiser, *The Fate of Reason*, 267; Frank 1997, 266f.; 田端『序説』、二四七—八頁。

(4) Beiser, ibid.

(5) Vgl. *Vorrede*, in *Aenesidemus*.

(6) 一般に「懐疑主義」とは何か確実な知を不可能だとする立場を指すが、それではシュルツェはなぜ「批判主義者」ではなく「懐疑主義者」を自称するのか。バイザーによれば、その理由は、カントの批判主義の主要な理念があらゆる信念を理性の吟味に晒すことだとすれば、批判主義自身もそうした批判的吟味に晒されねばならないからであり、そうでなければ批判主義そのものも一種の独断論的な形而上学に堕ちてしまうからである (Beiser, *The Fate of Reason*, 270)。よって、バイザーはシュルツェの懐疑主義を「批判のメタ‐批判」だと特徴づける。本書では割愛するが、しかしながらそうしたプロジェクトを採用するならば、こうしたシュルツェ自身の立場そのものもさらなる批判されねばならないという理論的な問題を抱えかねないことは、つとに指摘されてきた (Beiser, *The Fate of Reason*; Elon 2019, 87–112)。

ず、むしろその延長線上にある。

以上を踏まえ、本書に関係する限りで（シュルツェ自身の懐疑主義の要点とその妥当性に関してはこれまでの研究ですでに究明されてきた[7]）シュルツェの「根元哲学」批判の重要な論点だけを抜粋すれば、以下のようになる。すでに述べたように、シュルツェは「哲学にはこれまで、他のすべての命題の確実性を直接的または間接的に根拠づける最高の遍く妥当する原理が欠けており、そのような原理を発見し確立して初めて哲学は学の威厳を主張できる。この点について私は『根元哲学』の著者と完全に同意見である」（ibid., 53f.）と言う。また彼は、その原理が「表象」理論のうちに見いだされるべきである点にも同意している（ibid., 54）。

とはいえ、シュルツェは主に以下の三点で根元哲学を批判する。（1）「意識律」は「矛盾律」という、より高次の論理に従属しているのだから、最高の根本命題たりえない（ibid., 60f.）。また、「意識律」が「表象」の制約だけを規定する限りで後続の諸命題を直接導出するわけではないので、「意識律」はそれらの「実質」を規定することもない（ibid., 62 Anm.）[8]。（2）「意識律」が表現する「関係づける」「区別する」という術語によってラインホルトがいかなる作用を意味しているのかは曖昧であり、一義的に規定できない（ibid., 65ff.）。（3）ラインホルトが考えるように、「意識律」は意識のあらゆる状態に妥当しない（ibid., 71f.）。たとえば、シュルツェによれば「直観」（ibid., 72）は「客観」と「表象」が未分離のままの感得作用を指すが、その場合には「主観」は「客観」と「表象」とを区別できない。あるいは、それらを区別した途端にその直観は「直観」ではなくなってしまう。このように例外が存在することから、「意識律」は（大多数の意識の状態を示しえてはいても）すべての状態に通用するわけではない。これらの点からシュルツェは「意識律」を「学」の最高原理に据えることを批判する。

ところで、本書全体のテーマとの関係で言えば、『エーネジデムス』に挿入されたヒューム論は注目に値する。[9]『エーネジデムス』はカント-ラインホルト主義者のヘルミアスと、シュルツェ自身の立場の代理をするエーネジデムスとの書簡の体をとっているが、非常に奇妙なことに、「第一、第二、第三書簡」を配した後に『寄稿集Ⅰ』への長い註解を入れ、さらにその註解の途中にカントへの批判とヒューム的懐疑主義の擁護を挟んでから「第四、第五書簡」を配置している。よって、このシュルツェのヒューム論は彼のカント批判の文脈で理解するべきである。カントに対するシュルツェの異論の要点は、端的に言えば「因果性」の「カテゴリー」の超越論的使用に向けられている。

〔…〕理性批判で想定されているように、ある総合命題に付随する必然性の意識がそのア・プリオリな、かつ心からの起源であることの誤謬のない徴候を構成するというのは正しくない（ibid., 143）。

『エーネジデムス』に先立って、一七九一年にライプニッツ主義者のエーベルハルトが「意識律による批判的観念論論争の最終的解決」において「意識律」が「根拠律」に服しており、経験的原理であるという異論を呈示していた。[10] つまり、シュルツェではなくエーベルハルトが初めて「意識律」を「合理主義（この場合はライ

（7）特に、ラインホルトの立場から論じた以下のものが参考になる。田端『序説』、第6章。

（8）たとえば、「或るものには色がある」という「類」的な命題が、「これは赤い」などの「種」的な命題を規定できないのと同様である（vgl. Beiser, *The Fate of Reason*, 274f.）。体系の「in（うちに）-モデル」（＝後続の諸命題を「内包」する）と「unter（もとに）-モデル」（＝最高原理のもとに諸命題が統制される）については、KrV, A654ff./B. 682ff. を参照。また、ラインホルトが当初、根本命題を「in-モデル」ではなく「unter-モデル」で考えていたこと、およびラインホルト的な「unter-モデル」が後続の諸命題を規定することが不可能であることについては、以下の指摘を参照。田端『序説』、二一七頁以下。

（9）正当にもシュルツェのヒューム論の意義を強調したものとして、以下を参照。Frank 1997; Gesang 2009, 17-30.

（10）Bondeli, Zu Fichtes Kritik, 200f.

プニッツ主義）」と「経験主義」との対立を背景にして、合理主義の立場から「意識律」を経験的命題として批判したのである。シュルツェもまた「意識律」を経験的な総合命題だと見なす。シュルツェの「総合命題」は、カント的に言えば「総合判断」である。ここでシュルツェはア・プリオリな総合判断の持つべき必然性（客観的妥当性）の「起源」、つまり何がそれを保証するのかという問題を取り上げている。シュルツェは、「超越論的観念論について」でヤコービが提出したものとまったく同様の立場から、カントが「因果性」の「経験的使用」への制限を侵犯していることを難じている。

実在的に現存する諸対象の作用に由来する私たちのあらゆる認識は、私たちの心にもとづいており、この認識の特定の部分に見いだされる必然性もまた外部の事物が私たちの心を触発し、その触発において認識を引き起こす特定の仕方によって生み出されるものである、とも考えられる（ibid.）。

シュルツェの見るところでは、カントは「原因」としての「心（精神）」と「結果」としての「判断」とのあいだに原因‐結果関係を認めているが、それはまったく異論の余地がないものではない。つまり、それは「私たちの認識において必然的なものは本当に心に由来し、心から湧き出るものであるとどうして言うことができるのか」（ibid. 177）と問う余地を残している。シュルツェによれば、こうした「因果性」のア・プリオリな妥当性についてカントはヒューム的な懐疑に答える必要があるという(11)。ただし、これらの批判には哲学論争的な価値はほとんどないと言ってよい。というのも、私たちがこれまで見てきたように、これらの経験主義的な立場からの誤解はすでに繰り返されてきたものであって、カントに与して言えば、彼はこうした類の異論には超越論的哲学の問題を適切に捉えていないと応答することができるからである。

それでは、彼のヒューム論の意義はどこにあるのか。それは、――これまでほとんど言及されてこなかったのだが――おそらくシュルツェがこのときヤコービを参照しており、このヤコービの思想が間接的にフィヒテに流れ込んだと考えることができる点にある。たとえば『基礎』の次の箇所、すなわち「感情」論の末尾に配置された「実在性一般については、つまり自我の実在性についても非我の実在性についても、ただ信（*Glaube*）が生じるだけである」（GA I/2, 429）というフィヒテの「信」論は、従来はもっぱらヤコービへの応答と解釈されてきた。[12] これについてハマッヒャーは『エーネジデムス』でシュルツェが「私たちの外部の表象」の実在性の「信」について語っていること（vgl. *Aenesidemus*, 233）に着目し、例証を交えてフィヒテがそれを受容したことを指摘している。[13] この指摘が正しいとすれば、フィヒテに対するシュルツェのヒューム論の意義はヒューム的な「因果性」論を彼に示したことではなく――というのは、シュルツェの言うような「心」と「総合命題」の関係は超越論的哲学にとってさほど意味を持たないのだから――、フィヒテがそこからヤコービの「信」概念を受け取ったことにあるように思われる。

もうひとつ、フィヒテはシュルツェから重要な論点を受け継いでいる。それは「抽象」と「経験的な」根本命題解釈である。すでに述べたように、シュルツェはラインホルトの「意識律」という命題を判断として理解している。ラインホルトにとっては、「意識律」は或る直接的な「事実」を表現してはいても、その命題は

（11）「それゆえ、ヒュームは『理性批判』の著者に対して、まず批判哲学の基礎において因果性の命題の適用がいかなる正当性でなされたのか、またこの哲学がどのようにして〔…〕それとは異なる原因〔…〕の結果と見なすようになったのかについて答えることを要求するだろう」（*Aenesidemus*, 138）。

（12）Loock 1997; Perta 2004, 93ff.; 久保『生と認識』、八二頁以下、田端『インターフェイス』、一六六頁。フィヒテ自身も一七九四年九月二九日付けでフンボルトに書簡を送ったとき、ヤコービ宛てに書簡を同封した。そこで彼は「特別な確信」という点でヤコービと一致していることを本人に伝えている（GA III/2, 202）。

（13）Hammacher 1989, 247.

「主語－述語」という形式の判断ではない。よって、「意識とはXである（Xということである）」という総合判断だと見なすのは不適切である。だが、シュルツェによれば「意識律」とは経験的に与えられた特定の意識状態から「抽象」されたものに過ぎず、「特定の経験に束縛されていないような事実を表現していない」(ibid. 73f.) のだという。シュルツェにとっては、経験的なもの、所与のものから抽象された産物は、たとえその産物そのものが経験的な事実ではなくても「経験的」なのである。[14] ラインホルトであれば、「意識律」は経験的命題などではなく、純粋な内省および反省からもたらされたものだと反論するかもしれない。ここでは、この「意識律」が究極的に経験に由来するかどうかという問題には深入りしない。重要なのは、シュルツェの異論が経験主義的な懐疑論者の立場から発せられていることと、それが初期のフィヒテに対して持っている意味である。

フィヒテは『エーネジデムス書評』において「意識律」は「分析命題」であるとする。この定式には、ラインホルト批判としてもシュルツェ受容としてもあまり意義が認められないように思われる。むしろ、「意識律」は「経験的な自己観察」にもとづくという主張が注目に値する。

さてフィヒテの『エーネジデムス書評』は、まずラインホルトに与して「意識律」は「論理的な矛盾律にしたがう。しかし、この命題の実質（*Materie*）は矛盾律によっては規定されない」(GA I/2, 44) とし、矛盾律に抵触しないという消極的な意味ではそれに従属するものの、矛盾律は命題の真理や内実がそこから湧き出てくるような積極的な意味で「意識律」を規定しないとする。すなわち、哲学の根本命題は形式面で矛盾律にしたがうが、矛盾律が内容に関して「意識律」を規定するわけではない。次に「意識律」が「表象作用という働きそのもの（Handlung des Vorstellens selbst）、意識の作用」を表現するのであれば、それは「明らかにひとつの総合、しかも最高の総合であり、あらゆる可能な総合の根拠でもある」(GA I/2, 45)。つまり、哲学の根本命題はすべての総合（カント的に言えば、総合判断）の範例として機能する限りで、他のすべての総合（判断）の「根拠」であるべきだという意味で「総合的」でなければならないという。

重要なことに、フィヒテはシュルツェのように経験主義的な懐疑論者の立場から「意識律」を批判するのでもなければ、ラインホルトのように「意識律」はいかなる抽象にももとづいていないのだとも言わない。さしあたり、フィヒテは「意識律」もまた「抽象」によるものだと認めている。「よって全哲学の頂点に据えられる意識律は経験的な自己観察にもとづいており、たしかにひとつの抽象を表現している」（GA I/2, 46）。これからフィヒテは有名な「事実」と「事行」の区別に言及し、こう結論づける。

> 意識律はたんなる事実とは別のものに根拠づけられねばならない。〔…〕意識律は他の根本命題にもとづく定理であるが、その根本命題からア・プリオリに、すべての経験から独立に厳密に証明される。〔…〕しかし、実質的な根本命題はまさに事実（That*sache*）を表現するのであってはならず、事行（That*handlung*）をも表現できなければならない（ibid.）。

『エーネジデムス書評』では、フィヒテはこれ以上の説明はできないと断っている。とはいえ、〈事実としての根本命題〉から〈事行としての根本命題〉への旋回――これはラインホルトからフィヒテへの根本命題哲学の深化を象徴している――は、フィヒテの関心が「意識律」の経験的要素を取り除くことに向けられており、

(14)　ボンデリは次のように述べている。「この文脈で経験的な命題を問題にするのは奇妙かもしれない。しかし、当時はカントも経験的命題をこのように語っていたことを認めなければならない。たとえば、有名な「私は思惟する」は、経験的所与一般によってのみ成立しうるような「私が思惟する」という行為の表現として理解される限りにおいて「経験的命題」と特徴づけられる」（Bondeli, Zu Fichtes Kritik, 202）。

後年の『基礎』での超越論的哲学や「自我」の「自己措定作用」の論理を先取りしていると解しうる。それでは、「経験的な自己観察」という一見奇妙な方法論はいかにして正当化されるのか。田端は次のように言う。「フィヒテはラインホルトのいう「反省」を「自己観察」と呼び換えているが、この場合、「観察」の対象が経験的であるのか（この場合、「意識律」は経験からの「抽象」命題ということになる）、「観察」の仕方が経験的であるのか（この場合、ラインホルトの「単なる反省」なるものが純粋な直接的自己省察になっていないということになる）、フィヒテは明確に説明していないが、おそらく両者を含意しているのであろう」(15)。これについて本書ではもう少し分節化してみたい。

おそらくフィヒテは、「意識律」が特定の経験的な意識の現象から抽象されたものであるがゆえに「経験的である」というシュルツェによる批判の一部を受け容れたと考えられる。彼は、シュルツェのように「意識律」が頂点に位置する「根本命題」として後続するあらゆる種的、個別的意識の内実を統制する命題だとは考えていない。だが「事行」が示しているように、フィヒテにとって「根本命題」は表象作用そのものを表象するような、自己意識的な構造体でなければならない。よって、「根本命題」としての「意識律」を具体的‐経験的な特定の表象の「抽象物」とは考えない限りで、フィヒテはシュルツェにしたがっていない。このことは『私独自の考察』において「観察」が表象能力の「形式」を直観する「知的直観」に関連づけられていることから明らかになる。

根元哲学には、正しい観察と、その観察の正しい理解という二つのことが属している。――1について。何が観察されるべきか。――観察とは経験的なものである――純粋な知的直観もあるのではないか。表象能力の諸形式は、まさにここで論じていることであるが、純粋に知的に直観されるだろう。――しかし、この知的直観は部分的には、まず自発性の、つまり思惟の先行する表現にもとづく。〔もし思惟が〕正しくなければ、直観は正しくないものとなる。自発性は現存するものにしたがって直観を産出するが、その性状にしたがってそうするわけではない（GA II/3, 24-25）。

この綱領的テーゼは、『エーネジデムス書評』での「絶対的主観、自我は経験的直観に与えられるのではなく、知的直観によって措定される」（GA I/2, 48）ことに対応している。「絶対的主観」とは「表象されないような表象するもの」（ibid.）であり、「知的直観」によって捉えられる「表象作用そのもの」を指す。この点に至って、明らかにフィヒテはシュルツェのように哲学の「根本命題」を「表象の表象」としては考えておらず、むしろあらゆる表象の根源的構造そのもの、表象の制約を「根本命題」に据えねばならないことに気がついている。「抽象」は、シュルツェ本来の意味から若干弱められつつも、「知的直観」や「反省」と結びつけられることによって「事実」と「事行」との区別づけに貢献している。『知識学の概念について』六節では「いかなる抽象も反省なしにはありえず、いかなる反省も抽象なしにはありえない」（GA I/2, 138）とされ、『基礎』では「さしあたり、事行とひとが〔誤って〕見なしうるようなものについて反省し、実際には事行に属さないようなものすべての抽象が必要である」（GA I/2, 255）と言われる。[16] この「反省」と「抽象」は、明らかに経験的なものを対象にしていない。ボンデリは簡潔にもこう述べている。

(15) 田端『序説』、二五二頁。
(16) 一七九四年二月二八日のチューリッヒ講義では、よりはっきりとこう言われる。「知識学とは体系ではなく、反省がもたらした体系の叙述である」（GA IV/3, 38）。『知識学の概念について』でもこう述べられている。「知識学が学である限り、知識学全体を支配する反省はひとつの表象作用（*Vorstellen*）である」（GA I/2, 149）。

フィヒテは〔…〕ラインホルトの欠陥、つまり〔彼が〕白状していない究極的根拠からの抽象を指摘しようとしただけではなく、そうした抽象の発生がいかにしてより高次の立場から説明されうるのかを示そうという野心を持っている。フィヒテは、抽象と反省が事行のモメントないし道具であること、言い換えれば、端的な自由の必然的な行為であることを前提にしている。この前提のもとでは、意識律はより正確には白状されざる抽象にもとづいており、それは抽象からの抽象、自由の行為としての抽象からの抽象として理解されなければならない。この抽象は、〔…〕『特性要綱』で解明されるように、事行の「忘却」に等しい。こうしてフィヒテは、抽象的な意識律の成果に事実的に到達する。ひとは意識律をもはや経験的とは呼べない。その理由は、意識律の根底には経験的規定、あるいは経験的なものからの抽象があるからではなく、意識律が所与のものや事実的なものを、その発生の連関がそれらとともにぼんやりしたまま表現しているがゆえにである。[17]

フィヒテが「経験的な（自己）観察」で意味しているのは、経験の可能性の制約としての「事行」の把捉である。フィヒテにとって、「観察」は「人間精神の実際的な《プラグマーティッシュ》歴史」の叙述であり、超越論的哲学者はその「立法者」ではなく「歴史家」である（vgl. GA I/2. 147）。フィヒテはプラトナーからこの術語を受け継いだのだが、フィヒテに独自なことに、それは「反省」を方法論にしている。ブレジールはこう述べている。

> 知識学で述べられる実際的な歴史は、〔…〕自我の人為的で合理的な構築物であり、自我の自由で自明な概念にもとづいている。対象に対する哲学者の関係は観察者であると想定されているに過ぎないが、フィヒテは繰り返し、自我の発生に関するア・プリオリな超越論的観察（あるいは、「知的直観」）をいかなる現実の出来事の状態に関する事実的報告とも混同してはならないと警告していた。まさにそれゆえに、フィヒテは知識学を経験的心理学と混同してはならないと主張し、自らの哲学がそのように受け取られることに当惑していた。そうした〔自我の〕行為は、そのようなものとしては通常の意識や経験のうちには決して生じない。それにもかかわ

らず、もしそうした行為が観察され、記述されるとすれば、それは哲学的反省という異種的な領域のうちでのみ、つまり〔日常の〕経験的な経験全体の領域からはっきりと抽象された理論的領域においてのみ起こりうる。(18)

超越論的哲学の目標とは通常の経験の発生的な解明である。その限りで、フィヒテにとってラインホルトの「反省」は「対象」も、その「仕方」も経験的である。というよりも、経験的でしかない。この点に関して、フィヒテはシュルツェの「経験的な」根本命題解釈と、そうした方向性からの異論の一部を受け容れたように思われる。

これらの見立てが適切だとすれば、シュルツェの『エーネジデムス』が「知識学」に与えた影響は全面的なものではない。それはたとえ彼が「シュルツェはしばらくのあいだ私を混乱させ、私とともにラインホルトを打倒し、私にカントへの疑いを持たせ、私の全的体系を根底から覆しました。野外では住むことはままならない！　だから何も役に立ちません。私の体系を再構築せねばなりません」(GA III/2, 28)(19)と述べていたとしても、である。この書簡での告白や先のフラット宛書簡での全面的な称賛に対して、『エーネジデムス』の持つフィヒテへの影響はあくまでも限定的である。

このことは、「経験」や「抽象」といった術語レベルの影響だけではなく、シュルツェの基本的なスタンスからも跡づけることができる。エーネジデムスからヘルミアスへの「第二書簡」ではこう述べられている。

しかし、〔…〕それにしたがって私たちが何を知り、何を知りえないのかが規定されうるところの、真なる、遍

---

(17) Bondeli, Zu Fichtes Kritik, 210.
(18) Breazeale 2014, 89.
(19) 一七九三年一二月中旬のシュテファニー宛書簡。

く妥当する原理が哲学において発見され、打ち立てられるやいなや、そして、表象能力の限界に関する確実で、もはやまったく揺らぐことのない認識に到達する哲人の努力がこれ以上ないほど成功した暁には、懐疑主義もまたすぐさま終焉を迎えるだろう（*Aenesidemus*, 29）。

シュルツェは、カント／ラインホルトの体系の代わりとなる代替モデルを呈示することはまったく目指していない。彼は、あくまでも批判哲学のプログラムの徹底化を行なっているだけであり、もしシュルツェの懐疑主義が成功し、体系哲学を反駁しえれば（つまり、カント的「批判」が成就すれば）、シュルツェの懐疑主義そのものもまた不要になる。[20] このことから推察すれば、フィヒテは根元哲学的プロジェクトの徹底化という彼のスタンスを受け取ってはいるが、シュルツェには固有の体系化のプログラムは存在しない。したがって、フィヒテが『エーネジデムス』から衝撃を受けて、突如として「知識学」の構想を思いついたというのは「神話」に過ぎない。体系を「再構築」せねばならないというフィヒテの要求は、『エーネジデムス』からではなく、もっと広範なコンテクストから理解せねばならないのである。[21]

第２節　フィヒテとフラットの「友情関係」――フラット的「因果性」から「事行」へ

シュルツェの他に、フィヒテの「学理論」構想に大きな影響を与えたと思われるカント批判者が二人いる。それはフラットとマイモンである。

フィヒテは一七九三年六月一二日、ダンツィヒからチューリッヒへの道中でテュービンゲンを訪問した。彼の訪問の目的のひとつはフラットに会うためだったと推察されている。[22] 当時学生だったシェリングも、七月に当地を去ることになるヘーゲルもフィヒテには面会しなかったようである。[23] これに対して、シュティフトの神学部教授シュヌーラーがフィヒテに会っていることから、どうやら『啓示批判』の著者フィヒテは最新の宗教の専門家として当地の有力者だけに謁見したようである。シュヌーラーはニートハンマーへの書簡において、自分がカント哲学の「門外漢」だったために有益な内容の議論はできなかったこと、それにもかかわらず彼に「最上級の喝采」を送ったことなどを伝えている。[24] フィヒテのほうも後の妻ヨハンネに「多くの敬意の表明」を受けたと明かしている（vgl. GA III/1, 416）。シュヌーラーがカント哲学に触れていること、そしてシュティフ

(20) Vgl. Elon 2018, 137f.

(21) オンナッシュは、『エーネジデムス』が一七九三年五月頃にはフィヒテの手元にあったにもかかわらず、一一月頃までフィヒテがそれを読んだ形跡もなく、それに触発された様子もないことを指摘している。オンナッシュは、ラインホルトの根本命題を最初に「打倒」したのはエーネジデムス（シュルツェ）ではなく、フラットだったと解している。Vgl. Onnasch, Fichte im Tübinger Stift, 28.

(22) Ibid. 22.

(23) Vgl. Lauth 1967, 341 : Onnasch, Tübinger Fichte-Kritik, 172. オンナッシュは二〇〇七年の見解を後に修正し、「ヘーゲル、ヘルダーリン、シェリングがフィヒテを少なくとも目撃したこと（gesehen haben）は、ありふれた推察だが証明することもできる」（Onnasch, Fichte im Tübinger Stift, 28）としている。その傍証として彼が挙げるのが、一七九五年一月六日にシェリングが「前回フィヒテが来たときに」（HKA III/1, 16）とヘーゲルに書いていることから、そこにはフィヒテが当地を「複数回」訪れていることが含意されており、一七九三年六月の訪問時にも知己を得ていたことが推察されうる、というものである（ibid. Anm. 17）。だが書簡などがすべて残されていない以上、これは推察の域を出るものではなく、六月に両者のあいだに面識がなくとも解釈上の不整合は生じない。フィヒテが何度かテュービンゲンを訪れたことを人伝に聞いたことも当然ありうる。

(24) *Fichte im Gespräch 1*, 51. Vgl. auch, Jamme/Völkel, *Hölderlin und der deutsche Idealismus 1*, 256.

トで最もカント哲学に通じていたのがフラットであることから、フィヒテはほぼ確実にフラットとは専門的な議論を交わしたと思われる。現存する同年秋の書簡の書きぶりからも、両者のあいだにはすでに面識があったことは充分に伺える。

彼らのテーマは批判哲学だったはずである。当時の討論は記録されておらず、書簡は一七九三年一一月の一通を残して散逸してしまっているが[25]、その詳しい内容をもっと具体的に推察して再現することはまったく不可能ではない。現存する書簡の他にその手がかりになるテクストは一七九三年一〇月三〇日付けの『一般学芸新聞』に掲載されたフィヒテの『クロイツァー書評』と、同月二七日付けのフラットによるカント宛書簡である。これらを相互に突き合わせることでフラットの重要性が見えてくる。

フラット宛てのフィヒテ書簡は、フィヒテが『エーネジデムス』の感動を伝えたこと以外の文脈で引用されることはほとんどなく、ほぼすべてがフィヒテとシュルツェ＝エーネジデムス研究で話の枕程度に使われるだけである[26]。だが、この書簡のうちには重要な情報が示唆されている。この書簡でフィヒテは、フラットからの「好意」と「友情関係」の一部に与った「幸運」に言及している（vgl. GA III/2, 17）。フランツの推測にしたがえば、これはたんなる社交辞令ではなく、もっと戦略的なものである。すなわち、彼は五月末のヨハンネへの書簡で「文芸的活動で」身を立て、それによって「成功」するために必要な「コネクション」をこの旅で確保しようという心づもりを伝えていた（vgl. GA III/1, 411）。フィヒテがフラットとの関係を確認し、滞りがちになっている返事を待つように頼んでいるのには彼なりの必要性があったのである[27]。この発言は婚約者を安心させるためでもあろうが、おそらく半分以上は本音から出たものだろう（だからこそ、この旅で彼がまだ実績もない初対面のシュティフトの学生たちとゆっくり歓談したなどということはありそうもない）。そのことはさして問題ではない。最も重要なのは、この話の流れで非常に重要なキーワードがいくつか登場することである。

フィヒテはこう書いている。

あなた〔＝フラット〕が私に持っている好都合な見解、つまり『私が自立した思索（Selbstdenken）の道であなたと一緒に歩調を合わせて進むことができる』という見解に何か報いるべきだと感じています。ですが、その恩義を果たすにはしばしの猶予をお願いしたいのです[28]（GA III/2, 17f.）。

これは明らかに人柄や頭脳の明晰さに感銘を受けたといったような社交辞令の範囲を越えており、この表現からは、フラットが哲学的な論争のある面においてフィヒテよりかなり先を行っていたこと、そしてフィヒテがそれを自覚していたことが伺える。

さらにこの「Selbstdenken」あるいは「Selbstdenker」という表現は、当時の哲学者たちのあいだの書簡で

(25) フランツは、一七九三年の夏頃には書簡のやり取りがあったはずだが、少なくとも二通は書簡が交わされただろうと断定するにとどめている。二通である根拠は、フィヒテが「前便のあなたが〔私に〕ご教授くださったことへのお返事」(GA III/2, 17) と記しているからである。Franz, Auseinandersetzung mit Kant, 216.

(26) 管見の限り、この書簡の内容とコンテクストを解明しようとしているのはフランツとオンナッシュだけである。

(27) Franz, Auseinandersetzung mit Kant, 216.

(28) フィヒテ全集の編者は、この括弧内の台詞「私が自立した思索の道であなたと一緒に歩調を合わせて進むことができる」をフラットが述べたことのそのままの引用だと解釈しているが、そう解釈すると意味合いがまったく異なってしまう。つまり、フラットが「私のような自立した思索者に対して、あなた〔＝フィヒテ〕が後を追ってきてくれるならば喜ばしい」ということをフィヒテ本人に伝えた、という話になってしまう (vgl. GA III/1, 438)。これは会話として不自然なだけではなく、テクスト批判的にも誤っている。というのは、当初フィヒテはこの箇所を「私があなた〔＝フラット〕とともに思惟し、あなたの同行者になれると考えてくださっていること」(GA III/2, 17, Z. 30f.) と表現しようとしていたことが確認されているからである。以下の指摘も参照。Vgl. Franz, Auseinandersetzung mit Kant, 216, Anm. 100; Onnasch, Fichte im Tübinger Stift, 29f. Anm. 19.

は言及対象を讃える意味で稀に用いられることがあるのだが、フィヒテにおいてもかなり珍しい表現と言える。どうやらこの形容は「学理論」に通暁した人物を指す際に限って使われるようである。たとえば、チューリッヒでの私的講義に参加したばかりのバッゲセンが親友のラインホルトに宛てて、フィヒテとエアハルトを対極的な「自立的な思索者」[29]と讃えており、フィヒテもまた一七九三年二月二〇日のラインハルト宛書簡において、そうした文脈でこの表現を用いている。すなわち、彼はラインホルトの「根元哲学」でさえ「批判哲学の精神」ではなく、ただその「文字」に沿っているだけだということを最近「ある自立的な思索者との対話」で悟った（この「自立的な思索者」が誰なのかは不明だが、おそらく宮廷説教師のシュルツだと言われており、フラットではない）[30]。それは「第一原理」への「疑い」というかたちで顕在化し、そうしたかりそめの独断論的な第一原理は、たとえ代替案がなくとも「撥ねつけねばなりません。もしこの〔ラインホルト的な〕第一原理が拒絶されるべきでないならば、哲学全体が崩壊してしまうでしょう。その代わりに、反論の余地のないヒューム的懐疑主義よりもはるかに厳しい最も不幸な懐疑主義をとることになるでしょう。しかし、持ちこたえられないような体系よりは、私はそうしたものを受け容れたいのです」(vgl. GA III/1, 373f.)。

　まず指摘すべきは、フィヒテがこの頃に「意識律」への疑いをより強めていることであって、この時点でラインホルトへの疑義は決定的なものとなっている。次に重要なのは、彼の懐疑主義への奇妙なシンパシーである。この発言から『基礎』でのヒューム、シュルツェ、マイモンへの称賛の背景と、彼自身が懐疑主義をとらない理由が説明されうる。すなわち、懐疑主義者はカント‐ラインホルト的な基礎づけが不十分であることを暴露する限りで決定的に重要な一方で、彼らは体系哲学というプログラムそのものを破壊しかねない。フィヒテにとって体系哲学と懐疑主義は両立しえない。体系哲学者フィヒテにとっては懐疑主義は欺瞞的な体系よりはマシだが、それは体系を放棄することを意味するがゆえに、最終的には受け容れがたいのである[31]。逆に言えば、それほどラインホルトの哲学は容認できないということになる。

　これらのことは何を意味するのか。それは、フィヒテの主たる関心がヒューム的懐疑にも耐えうるような「自由」論、「因果性」論に向けられることを意味すると考えられる。そして、カントに対してそうした「因果性」論から反論を加えていたのがシュルツとフラットに他ならない。後述するように、これらの状況証拠からヤコービ、マイモン、フラットからフィヒテへの思想的な流れが見えてくる。

　実際、フィヒテは先の書簡でフラットの議論への回答を待ってもらう代わりに、『一般学芸新聞』に掲載された『クロイツァー書評』（一七九三年一〇月）を参照するよう頼んでいる。そこでフィヒテが「偉大なる**自立的な思索者**」（GA I/2, 9）たるラインホルトに突きつけている論点こそ「意志の自由」「絶対的な自己能動性」に他ならない。フィヒテの書評は当時のカントの「理性の因果性」論、シュミートの「叡智的宿命論」、そしてラインホルトの「意志」論などを背景にして展開されるが[32]、フィヒテの主張のポイントだけを抽出すれば、

（29）*Fichte im Gespräch 1*, 116.

（30）オンナッシュはフィヒテ全集の推定に反対し、この「Selbstdenker」はフラットだと推定している（Onnasch, Fichte im Tübinger Stift, 30）。だが、この推測は成り立たないように思われる。その理由は、一七九三年五月のはるか以前にフラットとフィヒテが直接会って「対話」し、「意識律」についてフラットが批判的に語るというのは、時系列的にも互いの置かれた立場的にもありそうにないからである。フラットの著作や書評を読んでいたことを排除する理由はないが、フィヒテが「Gespräch」と言っている以上、その相手とは言葉を交わしたはずである。ちなみにこの「会話」がなされた時期は、フィヒテがカントに集中的に取り組み、『啓示批判』を書き終えたあとの一七九一年八月から一七九三年二月のあいだのいずれかだという推定しかできない。

（31）フィヒテとは対照的に、ヘーゲルは『精神現象学』で「自己を完遂する懐疑主義」（GW9, 61）を通じて「学」を生成させるという企図をしたことはよく知られている。

（32）この論争の包括的な論点とそれへのフィヒテの自由論の意義については、以下を参照。田端『序説』、第7、8章。

「選択意志」としての自由と「絶対的自由」としてのそれとを区別するべきだということに集約される。前者である経験的‐現象的な領域に現われる自由の「規定態（Bestimmtseyn）」は、叡智的で根源的な後者の「規定する働き（Bestimmen）」を根拠にしてしか成立しない。彼はこれらを区別したラインホルトの功績を認めつつ、有限な存在者である私たちがその発現と根拠との連関をいかにして認識するのかというカント以来の難問に触れているのである。言い換えれば、叡智界にある「原因」と、感性界に現われるその「結果」としての行為のあいだをどう関連づけるのかが問題であり、フィヒテはそれを「叡智的自我」と「経験的自我」の規定‐被規定関係として呈示している。フィヒテの回答の哲学理論的妥当性は今は問わないが[33]、彼はそれをラインホルトのように経験的領域である「事実」のうちで確証することを拒否し、「作用そのもの」を問題にしている限りで、ここでは「事実」と「事行」と同様の区別が意識されている。

興味深いことに、書評者はカントの『純粋理性批判の無用論』を参照しながら、解決策のひとつとしてなぜか「予定調和」説（GA I/2, 11）を持ち出してくる（フィヒテ自身が「予定調和」説をとっていないことは後述する）。その理論的成否はさておき、本書の見立てでは、フィヒテがフラットに同書評を参照するよう指示した理由のひとつはおそらくこの点にある。『クロイツァー書評』の「因果性」論がフラットの影響のもとで構想されたのかは判然としない。しかしながら、ハマッヒャーの推定によれば、マイモンの「因果性」論に満足していなかったフィヒテは、フラットの『断章』に目を通したことでヤコービの「因果性」構想に触れていたのだという[34]。フィヒテのスピノザ論争への関わり方の詳細が不明であることはすでに述べた通りだが、仮にフィヒテが『スピノザ書簡』を研究していなかったとしても、シュルツェの『エーネジデムス』とフラットの『断章』からヤコービの思想を吸収することは充分可能だったと思われる。さらにフィヒテが『断章』を通読したという見解が正しければ、先の書評でのフィヒテには奇妙な「予定調和」説へのコミットメントを説明する要因のひとつにはなりうるように思う。フラットこそ、カントの「予定調和」「充足根拠律」「因果性」論を独自の「因果性」論によって補完することを目論んでいたからである。

フィヒテがこうした反応をした要因として、フラットからフィヒテへの私信でフラットが自由に関する自説を披歴したのだと推察される。フランツの解釈では、彼は自由論に関してフィヒテから有用な「説明」がなされることを諦め、同じ議論について（あるいは、四つの論点に集約して）カント自身に書簡を送ることにしたのだという。[35] それが一七九三年一〇月二七日付けのカント宛書簡（KA XI, 461-64）である。

改めて推測される事実関係を整理すると、以下のようになる。すなわち、フラットはカント的自由について少なくとも四つほどの疑問を持っており、それをもとにフィヒテへ書簡を送った。一一月書簡の書き出しで、フィヒテが言う「前便のあなたが〔私に〕ご教授くださったこと」（GA III/2, 17）の内容は、現存するカント宛書簡の内容と重複しており、実質的にそれらを指している。フラットは知り合いになった新進気鋭の「カント

(33) ここでは「叡智界に想定された自由の究極根拠とそれの作用結果と想定される行為の自由との連関問題に説得力ある説明を与える」ことが課題だが、「フィヒテ的解決策が、カントのあるいはラインホルトの解決策の難点を克服しているとは、とてもいえないだろう」（田端『序説』、三六二頁）。

(34) Hammacher 1989, 251.

(35) Franz, Auseinandersetzung mit Kant, 216.

フラットがカントに呈示した質問は以下である。①「どのような（因果性の）原理が推論の大前提として採用されねばならないのか。この推測の結論は以下である。『道徳と幸福との完全な一致は原因を前提にするのか』」（KA XI, 461）。②「（純粋な）原因の概念は、それが（絶対的に）自由な本質そのものに適用される限りで、どのように考えられねばならないのか」（ibid. 462）。③「道徳的な改善は、それが自由に関連づけられる限りで、どのように考えられねばならないのか」（ibid.）。④「次の命題、『神は、その道徳的な完全性を毀損することなく、〔道徳的に〕改善された人間に対して、自らの定在の全体において、（それ自体として考察すれば）幸福の威厳に対応するところのものとして、幸福のより高次な程度を与えることができる』は、道徳神学の根本命題に矛盾するのか」（ibid.）。

主義者」に意見を伺ってみたが、他に有力な異説や反論がなかったので（もしかすると、返事がなかったことで自説の説得力への確信をより強めたのかもしれない）カント自身にも尋ねてみた、ということである。この推理は大いに成立しそうに思われる。そうだとすれば、カント宛書簡のやや始めに登場する「何人かの鋭利なあなたの哲学の崇拝者たち」から「満足いく説明をまったくもらえなかった」（KA XI, 461）ことには、おそらくフィヒテも含まれる。

この書簡の分析はすでにフランツによってなされており、フラットの「因果性」論はすでに本書で論じたので、ここでは詳しい論究は割愛し、以下の「規定する働き」に関する共通点だけを確認しておこう。この書簡でフラットは彼独自の「充足根拠律」を「因果性」論に組み込むべきではないかとカントに述べている。彼は一方では、シュミートの「叡智的宿命論」に反対する立場から「ライプニッツ－ヴォルフ的な充足根拠律は無制限に叡智的なものに適用できないのではないか」（ibid.）と問う。だが他方で、或るものが「原因を持つ」（ibid.）という事態も考えられねばならないという。これは『断章』で呈示された「因果性」論である「あらゆる変化、そして発生するところのものはそもそも超越的な知性において原因を持っている」（*Beyträge*, 103）の変形と見なしうる。これに同調するように、『クロイツァー書評』の書評者もラインホルトによる「充足根拠律」批判に対して違う角度からさらなる批判を加えている（GA I/2, 9）。

> 自ら自身による（意志への）絶対的能動性という規定することに充足根拠律はまったく適用されえない。というのは、この規定することはひとつのものであり、単一のものであり、完全に孤立した行為だからである。すなわち、規定することとそのものは、同時に規定されること（das Bestimmtwerden）でもあり、規定するもの（das Bestimmende）は規定されていること（das Bestimmtwerdende）なのである（GA I/2, 10f.）。

フラットもフィヒテもライプニッツ－ヴォルフ的な「充足根拠律」を拒否している点では共通している。だがフラットが独自の「充足根拠律」を支持しているのに対して、フィヒテは一部で「予定調和」説を容認している。また、フラットは「事行」にあたるものを問題にしていないにもかかわらず、フィヒテはその根源的作用をいかなる「因果性」論によって理論化しうるのかを主題にしている。本書では、この不可解な「充足根拠律」と「予定調和」説の登場の理由を彼自身の立場のためでもクロイツァーへの配慮からでもなく、フラットの影響によるものだと解したい。

一七九三年一〇月のフィヒテは「事実」の根底にあるはずの「純粋能動性」、つまり「事行」を把握し、それを表現すべくこうした奇妙な言い回しを用いている。だが、それはまだ自我の「能動性」とは定式化されておらず、さらにはそれへのアクセスは「知的直観」でも「反省」でも「抽象」でもない。本来架橋不可能に見える叡智界の「原因」と感性界におけるその「作用結果」とを「因果性」論によって結びつけること、つまり「自由の因果性」を「自然の因果性」に解消しないように一元論化し、それへのアクセスを確立すること、これがフラット宛書簡の「自由に関する探究」(GA III/2, 18) の指す内容だろう。しかしながら、このときはただ「充足根拠律ではない」という暫定的な結論が下されているだけである。本来であればここで登場してもよかった「知的直観」は『エーネジデムス書評』以降にしか認められない。よってフィヒテの『エーネジデムス』への熱狂は——従来よりも、もう少し具体的に特定して——ラインホルト的「知的直観」の応用を閃いた『私独自の考察』なしにはありえなかったことが分かるだろう。

フィヒテが同年一二月六日の(後年まで友情関係が続く)ニートハンマー宛ての書簡でも「因果性のカテゴリー」が現象にのみ適用されることを話題に出していることから(vgl. GA III/2, 21)、おそらくフィヒテの当時の最大の関心はやはり「因果性」論だったと思われる。そしてフィヒテが『基礎』で「絶対的自我」に「絶対

的因果性」という特質づけを繰り返し行なうのには、以上のような見えない背景があると考えられるのである。(36)

彼が『クロイツァー書評』のなかでフラットに最も承認してもらいたかったのは、この「純粋能動性」という根源的な「能動性」への洞察だったはずである。もっとも、まだそれは評価を受けるに相応しい適切な表現（つまり「*Tathandlung*」）を獲得しておらず、そこからあらゆる「実在性」が説明されることも示されていない。私見では、おそらくフィヒテはこの新しい暫定的なアイディアをフラットに（高く）評価してもらい、あわよくば「一緒に歩調を合わせて進む」対等な「同行者」たりうるともう一度お墨つきを得たかったのだと思う。言うまでもなく、それへの洞察は、焦眉の課題であるラインホルト的な原理を越える「学」の構築のための方法論に直接関係している。何より、このことこそ『エーネジデムス』の衝撃が他ならぬフラットに伝えられた理由を最も十全に説明してくれるように思われる。この「自立した思索の道で」フラットと盟友として協調するための道具立てとなる「事行」の理念の発見によって、フラットを越えて、後に「イェーナの魂」となる超越論的哲学者が誕生することを後年の私たちは知っている。

第３節　マイモンの「連合体系」の非体系性

(1) マイモンの基本的な立場（I）——スピノザ主義への批判

シュルツェによるラインホルトの「意識律」批判は、それがあらゆる認識や表象の「可能性の制約」を究明するという超越論的哲学的課題を標榜しておきながらも、その解決策やアプローチがなお経験的であることに向けられていた。超越論的哲学の立場をとらないヤコービらによる「物自体」批判の主要な問題も、カントが「物自体」の「実在論的な機能」を隠れた前提としていることに向けられていた。

これらのことから言えるのは、当時の主要な時代的問題機制が「超越論的哲学（観念論）」と「実在論」とを純粋に一元論化することにあり、「観念論」陣営はそれをひとつの根本命題から説明するような「学」を樹立せんとしていたということである。これに反対する陣営は、超越論的哲学が或る所与の「経験」を「事実」として前提することを絶えず警戒している。初期知識学の成立も、ドイツの思想界における（スピノザではなく）「スピノザ主義」への関心の高まりも、以上のことを背景にしている。

マイモンは、シュルツェと並んでポスト・カント哲学に影響を残した人物として知られており[37]、フィヒテの「知識学」構想の成立もその影響下にあったと言われている。だが、フィヒテによるマイモンの著作への言及はあまり具体的ではなく、残されたテクストにはマイモン本人への称賛ばかりが目立つ[38]。とはいえ、内容やト

---

(36) これは「実践的部門」の「努力」の概念に結実する。すなわち、『知識学の概念について』では「絶対的因果性」は「表象に対立するものとして、表象されえないものとして、因果性ではないような因果性として表象されねばならない。しかし、因果性ではないような因果性の概念とは努力の概念である。この因果性は、そのものは思惟されえないような、無限なものへの接近が完了するという制約においてのみ思惟されうる」(vgl. GA I/2, 151) とされる。

(37) シュルツェとマイモンの懐疑主義がポスト・カント哲学に与えた影響の概要については、以下を参照。Henrich, *Grund*, 790. Anm. 104.

(38) 一七九五年三月／四月のラインホルト宛書簡でフィヒテはこう述べている。「マイモンの才能に対する私の尊敬の念は限りないものです。私は、彼を通してこれまでずっと理解されてきたカント哲学の全体が、そしてあなた方によってさえも根底から覆されたと固く信じていますし、それを証明する準備もあります。ですが、彼がなしたことすべてに誰も気づかないまま、ひとは彼を見下しているのです。私は将来の数世紀後には私たちは痛烈に嘲笑されることになるだろうと思います」(GA III/2, 282)。『基礎』でもたびたびマイモンは言及されるが (vgl. GA I/2, 261f., 264)、引用されるマイモンの論文は「哲学の進歩について」や『新論理学試論』である。

ピックなどから彼の影響がどの程度であったのかを追跡することは可能である。

私たちは、すでにマイモンのスピノザ論がカバラ主義にもとづいていること、「感性」と「悟性」というカント的二元論を「神的な悟性」論のもとで無効だと見なしていたこと、そしてそれらにしたがって独自の「エンゾフ」論を提起していたことを見た（本書2章）。それでは、マイモンは「スピノザ主義者」だったのだろうか。実際のところ、マイモン自身はこのことを明確に否定している。『超越論哲学試論』にはマイモン自身による「註と解説」が付けられているのだが、そのなかのとある重要な箇所で彼はこう述べている。

カント氏はたんに自らの事実の可能性を示しているに過ぎず、その事実をただたんに前提しているだけである。これに対して**私の事実は確実であり、可能的でもある**。私はただ、どのような仮説を受け容れればそれが**理解できる**（*begreiflich*）ようになるのかと問うているに過ぎない。それゆえ私の問いは、私が比較した他の問いと同様、たんに哲学的好奇心に根拠があるだけで超越論的哲学に属するものではない。しかし、**私の解決策は最も一般的なものであり**、それゆえに超越論的哲学の対象にも関係しうるものであって、その他に超越論的哲学にのみ関係するカントの問いによって促されたのであるから、私はそれをここに含める権利があると信じたのである（VTP, 364）。

そしてこう続ける。

ここに**スピノザ主義**を認める読者もいるだろう。この種のあらゆる誤解を防ぐために、私はここで金輪際最後にきっぱりと（ein für allemal）宣言しておくが、一般的に信じられているように、私は事物の表象や概念が事物そのもの、その現存に属するところのものとそれほど異質的なものだとは考えていない。そうではなく、私の場合、事物そのものはその事物の表象や現存の外部にある。後者〔事物の表象や概念〕の実在性は、たんに前者〔事物そのもの〕の否定や制限にもとづいているに過ぎない。したがって、事物とその表象はひとつの無限な知性においてはひとつであり、まさしく同一のものなのである（VTP, 365)。

直前にカントへの異論が挿入されていることからも分かるが、これはカントがヘルツ宛書簡で披露していた「スピノザ主義」との解釈への反論である。この文章にはマイモン自身の立場がかなりの密度で凝縮されている。すなわち、それは彼の「スピノザ主義」解釈と「事実問題」への応答である。

まず「無限な知性」論と「制限」に関連するスピノザ主義について考察しよう。当時スピノザ主義は「決定論」「無神論」あるいは「汎神論」と捉えられることが通例だったが、カントは認識論的な観点からマイモンをスピノザ主義だとして、その「無限な知性」論を批判していた。とはいえ、マイモンが「誤解」だと断言しているように、彼自身はそう考えていないし、無神論も汎神論も支持していない。実際に『超越論哲学試論』にはそうした主張は認められないばかりか、そもそも同書には（先に引用した箇所を除き）スピノザへの言及すら存在しない。それでもカントにとって彼がスピノザ主義的に映った理由は、すでにヘルツ宛書簡の解釈から指摘した。

しかし、マイモンが「スピノザ主義」というレッテル貼りに対してこれほど一切譲歩しないのは、彼のいささか驚くべきスピノザ理解にもとづいている。すなわち、「スピノザ主義」とは「無神論」ではなく「無世界論（Akosmismus)」である、と。すでに見たように、マイモンのこうしたスピノザ論は「汎神論論争」とは無関係であり、彼はまずカバラ思想に出会い、後にそれと同様の教説として「スピノザ主義」を吸収した。その彼の「スピノザ主義」をより正しく解釈するためには、一七九三年の「哲学における放浪」を参照する必要がある。

どのようにすればスピノザ主義的体系を無神論的体系にすることができるのか、このことは理解できない。というのは、それらは互いに正反対だからである。無神論的体系においては神の存在が否定されるのに対して、スピノザ主義的体系においては**世界の存在が否定される**。それゆえ、スピノザ主義的体系は**無世界論的体系**と呼ばれるべきだろう（MW *I*, 154）。

スピノザ主義的体系はあらゆる異なった作用の直接的な原因としてのひとつで同一の実体を想定し、それらの作用はひとつで同一の主語の述語として考えられねばならない。彼によれば、この唯一の実体であり、あるときにはこの実体のもとで現われ、またあるときにはほかの属性のもとで現われる。スピノザにおいては、物質と精神はひとつで同一の実体であるとき、独立した本質であるだけでなく、唯一の、それ自身だけで存立する本質である。〔…〕この体系においては、統一が実在的（*reel*）である。他方で、多様なものは理念的（*idealisch*）であるに過ぎない。それに対して、無神論的体系においてはその反対である。多様なものこそが実在的であり、それは事物そのものの本性のうちに根拠づけられている。その一方で、自然の秩序と合法則性のうちに認められる統一は、この体系によればたんに偶然的であり、私たちはそれにしたがって認識のために恣意的な体系を規定するのである（MW *I*, 153f.）。

マイモンによれば、スピノザ主義と無神論は「神」か「世界」かのいずれかを否定し一切排除する点で区別され、その限りで両体系は反対の関係にある。スピノザが「統一」たる「神」を「実在的」だとするのに対して、無神論は「多」たる世界の「多様なもの」にのみ実在性を認め、「神」をそれらの根拠として要求しない。議論を整理すると、この文脈ではスピノザ主義は〈主観と客観のいずれかを原理にするのか〉という観念論と実在論の対立ではなく、〈「神（唯一実体）」にのみ「実在性」を認めるのか、そうした究極的根拠を排して「世界（多様なものの総体）」だけが実在的だと主張するのか〉という問題設定のもとで主題になっている。マイモンにとっては、スピノザ主義は「世界」を「神」に還元し、「多」たる世界の事物に実在性を認めないがゆえに、無世界論によって特徴づけられるのである[39]。

とはいえ、次のような疑問が生じる。すなわち、「統一」と「多様なもの」との関係において「統一」を本質的だと説くことと、それを最もラディカルにして「多様なもの」がまったく存在しないとまで徹底化することとは完全にイコールではないのではないか、と。つまり、偶然的で多様な事物が「神」や「一なるもの」に存在の根拠を持つと考えることは、「世界が存在しない」と考えることと同じではない。

その理由は明示されていないが、おそらくマイモンは「シャッターの比喩」と同様の観点からスピノザ主義が「無世界論」だと主張しているように思われる。すなわち、マイモンが「エンゾフ（実体）」と有限な存在者について、〈存在者は、無限な存在者からそれぞれの程度にしたがって制限がなされることで存立する〉[40]とし、「すべての物体は、唯一実体のたんなる偶有に過ぎない」というかたちで、極端な存在論的意味合いで「世界」

---

(39) スピノザ自身は「思惟」と「延長」は互いに解消されるようなものではなく、それぞれが独自に、それだけで考えられることを指摘していたため（たとえば、第一部定理一〇）、スピノザが「延長」の「実在性」を認めていないとするのは釈義的なスピノザ解釈としてはもちろん不正確である。このことは以下の文献も指摘している。Vgl. Melamed 2004, 75f.

(40) 有限者の「制限」や「否定」という性格について、一七九三年の「哲学の進歩について」ではこう強調される。「パルメニデスにならって、スピノザは『知性によって把握される実在的なもののみが現存し、有限な存在者においてこの実在的なものと結びつけられるものは、実在的なもののたんなる制限に過ぎず、いかなる現存も帰属されえないような否定に過ぎない』と主張する」（MW *IV*, 62f.）。メラメッドによれば、これは『エチカ』第一部定理八備考一の「有限であるというのは、実際には何らかの本性の現存の部分的な否定のことであり、無限であるというのは、その絶対的な肯定である」を承けたものである（Melamed 2012, 175, 185）。さらに、こうした「エレア主義的な」スピノザ解釈はピエール・ベールの影響を受けたものであり（Melamed 2004, 76, n. 33）、「哲学史講義」におけるヘーゲルのスピノザ論はこれらの延長線上に位置づけられるという（ibid., 94ff.）。

を理解していることが原因である。言い換えれば、この「無世界論」は〈真に実在的なものは「唯一実体」だけであること〉の裏返しなのである。

マイモンにとって、スピノザ主義は無世界論である限りで『試論』の立場とは決定的に区別される。よって、メラメッドはマイモンが生涯「（汎神論としての）スピノザ主義」を一貫して支持していたとしたが(41)、この見解には重大な誤りが含まれていることが分かる。ここで『試論』の「註と解説」でマイモンが「私の問い」と「私の解決策」が「私の事実」に関係すると述べていたことを想起されたい。無世界論はこの「事実」そのものさえ否定してしまうがゆえに、彼は「スピノザ主義」をとらないのである。かつてのスピノザ主義への好意的な態度は、批判哲学を受容した『試論』では完全に放棄されている。

それでは、マイモンの「事実」とはどのようなものであり、彼の「問い」と「解決策」はどのような特質のものなのか。これらの問題は彼のカント批判と地続きであるため、マイモンがいかにして批判哲学を「改革」しようとしたのかを次に考察しよう。

(2) マイモンの基本的な立場（Ⅱ）――「無限な知性」・「物自体」と「事実問題」

いささか複雑なことに、カントはこの「無限な知性」論からマイモンをスピノザ主義だと判断したのだが、むしろこの教説のうちにこそ彼のオリジナリティがある。さらに言えば、この「無限な知性」は、メラメッドがこのテーマの探求において「副次的な重要性」しかないものとして中心的に取り扱わなかった概念でもある(42)。

「無限な知性」は先のマイモンの言う「私の解決策」に関係しており、彼が解決しようとしているのは批判哲学の「事実問題（quid facti）」である。「カント氏がたんに自らの事実の可能性を示しているに過ぎず、その事実をただたんに前提している」とは、カントが『純粋理性批判』の演繹論で「権利問題（quid juris）」だけを取り上げたことを非難している。

カントによれば、「ア・プリオリな諸概念が対象と関連しうる仕方を示す説明」が「それらの諸概念の超越論的演繹」であり、この演繹は「権利問題」と呼ばれる（vgl. KrV. A. 85/B. 117）。「権利問題」では「純粋悟性概念」がいかにして経験的に獲得されるかを解明するのではなく、私たちが「純粋悟性概念」をつねにすでに「直観」に適用して認識を成立させていることの権利、権限、正当性が問われる。言い換えれば、経験的演繹が或る概念の所有が生じた事実に関係するのに対して、「超越論的演繹」では経験に対するア・プリオリな概念の適用可能性の根拠が問題である。この「経験の可能性の制約」を解明するという超越論的哲学の課題への回答は「経験とは経験の形式のア・プリオリな諸原理を、つまり諸現象の総合における統一の普遍的な諸規則を根底に持っているのであり、そうした規則の客観的実在性は、必然的な条件として、つねに経験において、それどころか経験の可能性においても示されうる」（KrV. A. 156f./B. 196）というものである。この「超越論的真理」（KrV. A. 146/B. 185）が演繹論の結論である。

カントに対して、マイモンは「事実問題」こそが哲学の解くべき課題だと考える。すなわち、問うべきは「権利問題」が解明した「条件」が実際に成立するのかどうかである。彼によれば、批判哲学者が「権利問題」に従事するのに対して、懐疑主義者の任務は「事実問題」の究明にある（vgl. MW *IV*, 69f.）。マイモンは、カントが「カテゴリー」が適用されうる「可能な経験」の存在を論点先取的に前提していると批判するが、彼の見るところ、そもそもこうした適用の問題（つまり「権利問題」）が生じるのは、カントが「感性」と「悟性」とい

(41) Melamed 2004, 68–71.
(42) Ibid. 93, n. 93.

う二つの異なる認識能力の教説を唱えているからである。批判哲学によればこれらが協働することで客観的な表象は成立するが、そもそもこのような異質的な両者を架橋せねばならないがゆえにその権利づけが必要になるのである。

カントの体系によれば、感性と悟性はまったく異なる二つの認識の源泉であるが、すでに示したようにこの問題〔＝規則の能力である悟性が、自分の外部の所与を自らの規則に従属させることができるかという権利問題〕は解決不可能である。これに対して、ライプニッツ－ヴォルフの体系によれば、両者は同種の認識源泉から由来する（両者の差異は、認識の完全性の程度のうちにのみ存在する）。したがって、かの問題は容易に解決する。たとえば原因の概念を考えてみよう。すなわち、BがAに連続する必然性である。カントの体系では、いかなる権利で（必然性という）悟性概念を（時間継起という）直観の規定に結びつけるのか、このことは理解できない（VTP, 63）。

〔…〕ライプニッツ－ヴォルフの体系によれば、時間と空間は、不明瞭ではあるけれども、事物一般の関係と相関の知性概念である。それゆえ、私たちは正当にもこれらを知性的規則に従属させることができる。私たちは無限な知性を（少なくとも理念としては）想定する。この知性においては諸形式そのものが同時に思惟の客観でもある。言い換えれば、無限な知性は自らで（理念の）事物のあらゆる可能的な関係と相関を産出する。私たちの知性もまさにこの知性と同一であって、その制限された様式であるだけなのだ（VTP, 64）。

マイモンが提案する解決方法は、「無限な知性」を想定することである。具体的に言えば、それは（1）「感性」と「悟性」を「知られざる共通の根源から発現する」異質な二つの認識能力だとするカントの説を否定し、（2）「規則の能力」としてではなく、私たちの感覚や印象さえ生み出すような「Verstand」を「無限な知性」として想定することによって遂行される。マイモン自身の理解では、この概念はスピノザ的なものではなく、ライプニッツ－ヴォルフ的なものである。これは実質的に、カントの術語で言う「感性的直観」を「概念の一種、あるいは段階的規定態」として[43]『純粋理性批判』の教説を修正することを意味する。

以上から「無限な知性」論によってマイモンが何を企図しているのかも明らかになるだろう。マイモンの言う「**私の事実が確実であり、可能的でもある**」とは、彼が「無限な知性」論によって「権利問題」と「事実問題」をともに解決しようとしていることを示唆している。というよりも、「権利問題」と「事実問題」の区別そのものを無効化していると表現するほうが適切かもしれない。マイモンは「無限な知性」論によって「最大の難問」とさえ述べていたカントの抱える問題を「除去したと信じている」(VTP, 65)。

さて、画期的なマイモン研究で知られるエングストラーは「権利問題」と「物自体」問題とを区別すべき別の問題圏のことがらだとし、「権利問題」こそがマイモンの核心的な課題だったとする。[44]エングストラーがこの区別を強調するのは、新カント派的な哲学史観とは別の文脈にマイモンを位置づけようとしているためである。よって彼はカッシーラー、ヴィンデルバント、クーノ・フィッシャーらに言及しつつ、彼らが「誤って」「物自体」問題をマイモンに投影してしまっていること論証しようとしている。[45]しかし、エングストラーが考えるように両者をまったく異なる領域に属する問題として厳密に断絶させることは不可能なように思われる。よって、彼が言うように「物自体」問題を過小評価することはできない。[46]

(43) Bondeli, *Apperzeption und Erfahrung*, 304.
(44) Engstler 1990, 21.
(45) Ibid., 57–61.
(46) 同様の指摘は以下の文献も参照。Elon 2021, 90ff. マイモンの「物自体」については以下を参照。Beiser, *The Fate of*

ところで、マイモンにとって重要な課題は「どのような仮説を受け容れればそれ〔＝カントの事実〕が理解できるようになるのか」（VTP, 364）であった。こうした問題意識を反映して、マイモンは一度だけではあるが「quid juris」を「quid rationis（理性問題）」と変換している。

私の疑問は、どのようにしてそれが**理解できる**ようになるかである（quid juris は私にとっては quid rationis を意味する。というのは、合法則的なものが正当（rechtmäßig）だからであり、思惟に関しても、思惟ないし理性の法則に適ったものこそが正当だからである）（ibid.）。

エングストラーが指摘するように、マイモンはここで「rechtmäßig」を二重の意味で用いている。すなわち一方では「妥当する（gültig）」の意味であり、他方では「理解できる（begreiflich）」の意味である[47]。このことは何を意味するのか。それは、マイモンが「権利問題」のもとでア・プリオリな概念をア・ポステリオリな対象に適用する「妥当性（*Gültigkeit*）」を考えているのと同時に、その適用の「把握可能性（*Begreiflichkeit*）」「説明可能性（*Erklärbarkeit*）」をも考えていることである[48]。これは——エングストラー自身の評価とは反対に——彼の「権利問題」の射程がもっと広範囲に渡っていることを示唆している。これにともなって、「無限な知性」論もまたカントが解明しなかった事実の「妥当性」をよりよく根拠づけるのと同時に、その事実をよりよく説明するという「把握可能性」にも及んでいると考えねばならないだろう。それゆえ「権利問題＝理性問題」が「物自体」問題にも関わっていることは明白である。両者の問題圏は別ではなく、多くの点で重なり合っている。マイモンによる批判哲学の「改革」が成功するならば、カント的な「権利問題」と「事実問題」との区別は必要なくなり、それゆえ「自発性と受動性」「現象と物自体」という二元論的に断絶されたものを架橋する必要もなくなるような認識理論上の改革が行なわれることも意味するだろう。

ところで、この「無限な知性」が「理念」として想定されるとはいえ、この理念が「統制的理念」なのか「構成的理念」なのかは一見した限りでは明らかではない。すでに示したように、マイモンによれば「無限な知性」のうちでは「事物」とその「表象」――つまり、私たちの外部に客観的に存在する事物と、その事物についての主観的な「表象」――は完全に一致し、かつ同一のものだとされていた。だが「無限な知性を（少なくとも理念としては）想定する」という叙述だけからは、その概念的な地位は不明である。とはいえ「註と解説」では「無限な知性」にも「客観的実在性」を帰属させることを明言している。それによれば、私たちは「無限な知性」そのものに「客観的実在性」を認めるのではなく、「それが私たちに客観的実在性を獲得させる限りにおいてのみ」（VTP, 366）その性格を認めることができるという。言い換えれば、「無限な知性」は経験の超越論的な制約である限りで「実在性」を認められる権限を有するが、経験を超越している限りで「無限な知性」そのものに「実在性」を付与することはできないのである。このことは、この概念の構成的な地位について語っていると言える。

　だが、他方でマイモンは「その逆も然りである」と付け加え、「直観は最終的に無限な知性のうちに解消されることによってのみ客観的実在性を獲得する」（ibid.）とも言われる。こちらは「理念」一般が持つ反対の機能、つまり「無限な知性」の統制的な働きについて説明している。以上のように『超越論哲学試論』の「無限な知性」の機能は、厳密に受け取れば「両義的」(49)に解されている。

Reason, 306–9.

(47) Engstler 1990, 62.

(48) Ibid.

(49) Beiser, *The Fate of Reason*, 295.

しかしながら、マイモン哲学全体としては「統制的理念」としての「無限な知性」のほうに比重を認めるべきだと思われる[50]。K・クレマーは簡潔にもこう定式化している。「無限な知性が有限な知性の理念として特徴づけられるならば、このことは、無限な知性が私たち（有限な知性）をたんなる所与に満足するのではなく、その完全な可能性について、よりいっそう洞察を得るよう導いてくれるような統制的理念であることを意味している[51]」。イーロンはこの理念と有限な知性との関係を強調している。「この理念は人間的な、つまりそれ自身は有限な知的認識主観の不可分な構造的メルクマールを表現している〔…〕。この主観は、漸進的で近似的に接近する完成の力動学においてこの理念に自らを方向づける[52]」。

それでは、こうした「無限な知性」論によってカント的な認識論的枠組みはどのように「改革」されることになるのか。マイモンによれば、「感性」とは「無限な知性」の制限された様式を意味する。ゆえに、それは「受動性」という特質や「私たちの外部」にある「所与のもの」から「触発」されるという性格では考えられない。そうではなく、「自発性」を持つ「無限な知性」から発せられる作用を私たちが「受動」と感じるだけに過ぎない。このことは、私たちの背後で、いわば無意識下で起こっていることなので、通常の意識には現われてこない。

カント氏が直観の素材に関して非常に頻繁に使用する「与えられる（gegeben）」という言葉は、カントにおいて（そして私にとっても）私たちの外部の原因を持つような、私たちのうちの或るものを意味しない。というのも、それは直接的に知覚されえず、ただ〔知性的に〕推論されうるだけだからである。しかし、所与の結果から特定の原因への推論は絶えず不確かである。なぜならば、結果はひとつ以上の原因から生じうるからである。それでも、知覚がその原因へと関係することにおいては、この原因が内的なものなのか、外的なものなのかはつねに疑わしいままである。そうではなく、〔「与えられる」とは〕たんなるひとつの表象に過ぎず、私たちのうちにあるその発生様式を私たちは知らないのである（VTP, 203）。

マイモンはシュルツェの『エーネジデムス』より三年早く「直観の素材」「私たちの外部」の物が認識の「原因」とはなりえないことを指摘している。もう少し言えば、マイモンは「物自体」（ヌーメノン）も「表象」の「原因」たりえないと主張している（vgl. VTP, 415）。シュルツェ＝エーネジデムスに対して、マイモンが着目する「表象」の「原因」とは「表象力そのもの」（ibid.）である。彼の理解では、「所与」とか「触発」とか「私たちの外部」などといった考えは、突き詰めて言えば、私たちの意識が不完全であるがゆえに生じる錯覚に過ぎない。私たちの意識は――カント的術語で言えば――自らを経験の「創始者」としては知らないので、その自らの根源的な「自発性」への自覚の欠如から、「自分の外部に」その「原因」を求めることになる。私たちはその根源的生産性を知ることができない。その完全な自発性には漸進的に接近することだけが可能であるに過ぎず、それは有限な知性にとって究極的で理念的な目標点であるにとどまる。

マイモンは、この「無限な知性」と「錯誤」を次のような鏡の比喩によって説明している。

この幻想は、次のように考えることができる。時間と空間における直観の客観の表象とは、いわばあらゆる表象の超越論的主体（すなわち、自らのア・プリオリな純粋形式によって思惟された純粋自我）によって鏡（すなわち、経験的自我）のうちに作り出された像である。しかしその像は、鏡の背後にある或るものから（つま

(50) その理由は、バイザーが指摘するように、後年のマイモンがこの構成的な性格を重視しなくなることも挙げられる（ibid.）。
(51) Krämer 1990, 188, Anm. 8.
(52) Elon 2021, 164f.

り、自分自身とは異なる客観）から来たものであるかのように見える。〔その立場からすれば〕直観の経験的な（素材）は、（光線のように）本当に私たちの外部の或るものから、すなわち（私たちとは異なる）外部から与えられる〔ように映る〕ことになる。しかし「私たちの外部」という表現に惑わされてはならない。〔カントによれば〕空間そのものは私たちのうちの形式に過ぎないのだから、その表現はあたかも私たちと空間関係にあるものであるかのような〔印象を誘発している〕。そうではなく「私たちの外部」とは、その表象において私たちが自発性を意識していないような、すなわち（私たちの意識との関係で）たんなる受動であっても能動性ではないような私たちのうちの或るものだけを意味している（VTP, 202f.）。

カントとマイモンとの対比を際立たせるならば、前者が「感覚」を純粋な「受動性」、つまり「自発性」そのものの欠如だと見なしているのに対して、後者は「自発性」の意識の欠如だと考えている。マイモンの比喩に倣えば、こう言い直すことができる。すなわち「経験的自我」は自分自身が鏡に映っているのを見る。その像は自らの「自発性」が生み出しているにもかかわらず、そのことは意識されない。それゆえに、この主観は鏡の向こう（つまり、私たちの外部）から客観がやってきているかのような錯覚に陥る。簡潔に言えば、鏡のなかの人物が他者であるかのように見えている。だが、「経験的自我」という鏡のうちに映っているのもその姿を映しているのも「私」以外ではないのと同様に、「超越論的主体」の「自発性」にはまったく「外部」が存在しない。この主体の産出作用に「外」がある（私たちを触発する客観がそれだけで存在する）と考えるのは、究極的には幻想でしかない。そうした錯誤は、光線（自発性）の反射作用を知らないという意識の不完全さのゆえに起こるのである。「物自体」ではなく、主体の「絶対的自発性」から「表象」や「受動」を説明するモデルが事実上すでにフィヒテの『基礎』のロジックを先取りしていることは、多くの研究者が指摘している通りである。

(3) フィヒテによるマイモンとの対決

とはいえ、不思議なことに『基礎』では『超越論哲学試論』への直接的な言及は認められない。その代わりに、フィヒテは「第一根本命題」の末尾で「哲学の進歩について」のライプニッツ論に触れている。だが、そのライプニッツ理解はいささか見慣れないものである。

「自我は存在する」〔という命題〕を踏み越えるとき、ひとは必然的にスピノザ主義にならざるをえないことにもう一度注意しておこう（**ライプニッツの体系はその完全性において考えればスピノザ主義に他ならない**、ということはサロモン・マイモンの非常に一読の価値がある論文「哲学の進歩について」で示されている）（GA I/2, 264）。

この発言の真意と、フィヒテがそれをどう受け取ったのかは必ずしも明らかにされてこなかった[56]。それを解明するには、マイモンの思想をもっと包括的に捉え直す必要がある。

---

(53)「たとえば、マイモンがアプリオリな総合判断を検討した後に主張した思惟の産出的な性格を作用的・心理的なものと捉え、それが心理主義だと判断することはできない。というのも、かれのいう「産出」は、超越論的な統一根拠、すなわち超越論的自我からの基礎づけに相当する、対象（実的客観）構成の方法的・過程的性格を表現しているに過ぎないからである」。瀬戸　一九九〇年、四九頁。

(54)「鏡」の比喩に言及したものとして、以下を参照。Frank 1997, 125f.：Elon 2021, 146ff. イーロンはこの「鏡」の比喩を「窓」と関連づけ、ライプニッツからの影響があったことを指摘している。

(55) Vgl. Beiser, *The Fate of Reason*：Krämer 1997, 275–290：Frank 1997：Breazeale 2014：Elon 2021. 主体の「自発性」の能力から「所与」を説明する以上、マイモンの哲学は「スピノザ主義（＝無世界論）」とはやはり区別される。

(56) フィヒテ全集の註もマイモンがライプニッツとスピノザとのあいだに類似性があったとしていたことを指摘しているだけで、それがいかなる意味で考えられているのかについてはまったく踏み込んでいない（vgl. GA I/2, 264）。

さて、マイモンはパルメニデスとスピノザの並行関係を説いた際に、その対比でライプニッツにも言及していた。そこでマイモンは「唯一実体」のみが「実在的」であり、有限者が「制限」や「否定」としてしか考えられないこと、スピノザに対置される体系が「無神論」であって、スピノザ的体系はむしろ「無世界論」と形容されるべきであることを述べていた（MW *IV*, 62f.）。ここで注目したいのは、「哲学の進歩について」においてマイモンが「ライプニッツの体系は、かの二つの体系の中間にある」（MW *I*, 154）と明言しているにもかかわらず、なぜスピノザとライプニッツが一致するのか、あるいは、なぜライプニッツがスピノザ主義のバリエーションに過ぎないのかである。その疑問に答えるためには、ライプニッツの体系が「神」をどう考えているのかという補助線を引かなければならない。

だが厄介なことに、マイモンはスピノザの体系はライプニッツのそれとは正反対であるとも述べている。このことは「哲学における放浪」で最も明瞭に語られている。

> ライプニッツの体系はそれ〔スピノザの体系〕とは正反対である。ライプニッツの体系は、客観における個別的なものとしての制限だけが存在すると主張する。
>
> 前者〔スピノザ主義者〕は制限が実在的なものなしには思惟されえず、反対に実在的なものは制限なしにも思惟されうると主張する。さらに、実在的なものはあらゆる存在者においてまさしく同一であり、それゆえただ唯一の実体のみが存在するのだと言う。後者〔ライプニッツ主義者〕は、たしかに制限は実在的なものなしには思惟されえないのだが、しかしそれ自身だけでそのものとして思惟されうると言う。したがって、制限された、それ自身だけで存立する存在者が可能であり、まさにこの制限によって個別的な物、すなわち〔それが〕現実的で〔あることが可能なのである〕（MW *IV*, 63）。

マイモンがここで考えている「制限」とは「モナド」である。彼の理解では「モナド」とは「予定調和」説を理解しやすくするために、そして「時計職人」としての「神」を想像しやすくするために導入されたものであるとされる（MW *IV*, 41-2）。そのためマイモンは、「モナド」をライプニッツが「唯一実体」を語る代わりの「虚構」[57]だと見なしている（MW *IV*, 52）。

いささか整理が複雑だが、ここではライプニッツが「モナド」によって「神」を語っていることだけに注目すればよい。マイモンは「スピノザ主義」と「無神論」とのあいだのバリエーションのなかに「ライプニッツ主義」を位置づけているのである。おそらくマイモンは、もしそこから「モナド」という「虚構」を除くならば、ライプニッツは「神」を認める限りでスピノザへと接近し、両者は一致する、と考えている。すなわち、「スピノザ主義」と「ライプニッツ主義」は「実体」と「制限」の実在性をめぐる見解という観点からすれば「正反対」であり、ライプニッツが「個別的なものとしての制限」そのものの存在を認める限りで両者は対置される。だが、実在性の根拠一般をめぐる最も極端な二つの体系形式というもっと大きな文脈からすれば、「ライプニッツ主義」は「神」を認める限りで「スピノザ主義（「神」としての「実体」を支持する有神論）」の側にあって、無神論に対抗している。たしかに、この分類のうちでは「ライプニッツ主義」はいずれの極地にも接していない。そしてこの文脈に限定すれば、それは「スピノザ主義」のほうに近い。フィヒテが言う「その完全性において」という表現はこのことを暗示していたのである。

以上のように、両者のケースでは比較の軸が異なっている。あるときには「スピノザ主義」とは正反対であ

(57)　この「虚構」はネガティブな意味ではなく、数学の「無限小」のような学問において概念的に必要不可欠なものを指している。この指摘と、マイモンのライプニッツ・スピノザ解釈の問題点については以下の文献が適切に指摘している。Bonsiepen, Maimons Einsicht, 400ff.

るとさえ表現された「ライプニッツ主義」が「スピノザ主義に他ならない」という一見不可思議な事態は、以上のように解釈すれば正当化されるだろう。非常に奇妙な結論なのだが、ゆえにマイモンにとって「ライプニッツ主義」は「スピノザ主義」よりも無神論に近いということになるはずである。[58]「ライプニッツ主義」とは「制限（モナド）」そのものの実在性を認める限りで穏当なスピノザ主義なのである。もう少しマイモンの議論を敷衍すれば、彼は「モナド」を神によって創造された独立した「実体」ではなく、「無限な知性」の一部だと捉えていたと思われる（とはいえ、私たちから見ればこの議論はまったくの極論であり、〈ライプニッツはスピノザか無神論かという二者択一で考えれば、どちらかと言えばスピノザに近い〉といった程度の意味しか持ちえないだろう）。

この解釈が正しければ、フィヒテはマイモンの要点を理解していなかったことになる。[59]というのは、マイモンが「無神論」との対比でスピノザ主義を考えていたのに対して、フィヒテは「観念論」との対比でスピノザ主義を捉えているからである。この両者のあいだに見られる齟齬は、マイモンにとって「スピノザ主義」が「無世界論」であるのに対して、フィヒテにとってのそれは「実在論」という正反対の体系を意味してしまうことから最も明白に指摘されうるだろう。

以上のように、『基礎』の表面に現われているマイモンへの言及にはそれほど哲学的な価値はない。したがって、彼がマイモンに全面的に依拠しているということはありそうもない。たしかに『知識学の概念について』のフィヒテは冒頭でこう述べていた。

> この論考の著者は最近の懐疑主義者たち、とりわけエーネジデムスとマイモンの卓越した著書を読むことによって、すでに以前から大いにありえそうだと思っていたことを充分に確信させられた。すなわち、哲学は最も鋭敏な人々の最近の努力によってさえ明証的な学の地位にまで高められていないということを（GA I/2,

109)。

フィヒテがマイモンから受け継いだ見解は、現代の「哲学」が「学」を打ち立てるという試みをまだ完全に成就していないことである。だがシュルツェと同様に、マイモンもまたこのプロジェクトの代替案を示してはいない。たしかに、マイモンは『超越論哲学試論』での試みを「連合体系」と呼んでいるのだが、それは彼にとって「非体系（Nichtsystem）」（VTP, 443）でさえあった。別の箇所で彼はこう明言している。すなわち、「哲学とは（すでにその名が示しているように）秩序づけられた認識の全体そのものというよりも、知的な傾向である」（MW *VI*, 135）。このことは、「連合体系」と呼ばれる彼の「哲学」が現実に到達可能なものではなく、あくまでも私たちの認識や探求を方向づける「統制的理念」でしかないことを意味している。マイモンは「有限な知性」が「無限な知性」へと絶えず漸進的に接近すべきだとは考えているが、彼にとって「哲学《フィロソフィー》＝知への愛」はそのプロセスそのものであるだけである。

「非体系」や「傾向」といった表現が端的に示すように、ポスト・カント時代の主流とは異なり、マイモンは哲学の究極的な課題を体系の構築やその原理の確立に認めていなかった。彼の哲学は、哲学の常識的な文法からすれば、認識論や存在論といった本来区別すべき別の問題圏を混同しまっているように見える。とはいえ、それは不備ではなく、まさにそうした複合的な破格のあり方にこそ彼の「連合体系」の特質があると理解

(58) フィヒテの発言を例外的に正面から取り上げているメラメッドも、マイモンにとってのライプニッツ主義は、スピノザ主義と無神論の中間にあるはずだということを指摘している（Melamed 2004, 78）。だが、メラメッドはマイモンの「ライプニッツ主義」の位置づけを、彼がスピノザ主義に不用意に接近しないための政治的理由によるものだと解している（ibid., 87f.）。

(59) 本書と同様の結論を導き出しているものとして、以下を参照。Bonsiepen, Maimons Einsicht, 406.

すべきである。何よりも、この点にこそマイモンが「私の解決策が**最も一般的だ**」と述べる理由がある。

これに対してフィヒテは――初期の著作に顕著に認められたマイモンへの称賛にもかかわらず――一七九六年にはこう述べている。「マイモン、エーネジデムス。しかし、非体系そのものを体系にしようとするのは不条理である」（GA II/4, 229）。なるほど「絶対的自我」と「無限な知性」の構想とのあいだに両者の類似性は認められうる。だが、フィヒテとマイモンは肝心の「哲学」の理解において明らかに異なっている。シュテファニー宛書簡でフィヒテは自らの危機意識を「野外では住むことはままならない！　だから何も役に立ちません。私の体系を再構築せねばなりません」（GA III/2, 28）と表現していた。この逸話に引っ掛けて言えば、マイモンは「野外で住むこと」をかえって是としているのである。(60)

ところで、むしろ近年の研究では術語レベルでの対応関係や『基礎』の準備期間に執筆された『私独自の考察』への影響などにより関心が向けられている傾向にある。(61)これに対して本書が注目したいのは、「経験の前提」となる「事実」の取り扱いである。このポイントは、カント以降の哲学においてヤコービが提出して以来、継続的に問題になり続けていたものであり、「根本命題」を樹立せんとする「学理論」のステータスに関わる。

これは非常に奇妙なのだが、なぜかフィヒテはマイモンが意識とは独立した或るものが存在すると主張したのだと理解しており、それによってラインホルトの「根元哲学」を批判したのだとしている（vgl. GA II/3, 23）。そこから、自分はマイモンとは違ってラインホルトの「意識の事実」を「精神の作用（*Handeln*）」といかにして一致させるのかを思慮しているのだと考えている。つまり、フィヒテは、自分とマイモンがまったく同じ観点からラインホルトへの批判を向けていることに気がついていないことになる。彼のマイモンへの理解はここでも不正確なのである。その要因について、クレマーはフィヒテが多くの著作からインスピレーションを受けながら、それらを自らのアプローチに合うように同化させ、「知識学」という新たな理論を組み合わせていった結果生じたことだと推理している。[62] この見立てが成り立てば、私たちが確実になしうることは、マイモンとフィヒテのあいだに類似性が見られても不思議ではない、という穏当な（あるいは消極的な）結論を下すことだけだろう。

しかし、フィヒテがマイモンを実際に誤解していたとは限らない。同じくクレマーは、フィヒテがこのときマイモンではなくシュルツェを念頭に置いていたにもかかわらず、名前を誤植した可能性があることを示唆している。[63] これまで本書が考察してきたマイモンとシュルツェに関する解釈によれば、この仮説のほうが実情に即していると思われる。というのも、シュルツェこそラインホルトの命題から経験的な要素を取り除くことを提起していた（フィヒテはこの論点を彼から引き継いでいた）からであり、そしてフィヒテの「知識学」がドイツ古典哲学の流れのなかでマイモンの後継であることは疑いえず、事実上フィヒテはマイモンのアイディアを「学」の構築原理へと応用したと見なしうるからである。すなわち、フィヒテの体系における「事行」の機能はマイモンの言う「表象力」の働きと同一であると言える。「事実」を支える〈根源的な能動性〉から私たちの「受動感情」を説明することによって、「物自体」概念も「因果性」論も必要としないような認識理論を呈示していた人物こそ、他ならぬマイモンだったのだから。

（60）Vgl. Elon 2019, 107.
（61）Vgl. Hammacher 1989 ; Elon 2019 ; Marinelli 2019, 223–230.
（62）Krämer 1997, 289.
（63）Krämer 1997, 288f. クレマーはこの可能性をシュトルツェンベルクに指摘されたのだと付け加えている。

第6章　フィヒテ－シェリングの知的交流

――「知的直観」をめぐって

第1節　問題の所在――「スピノザ主義者」シェリング？

シェリングは一七九五年二月四日付けのヘーゲル宛書簡において自分がスピノザ主義者になったと告白をしている。さしあたり、この「スピノザ主義宣言」の際に両者のあいだで念頭に置かれていたのは「ヘン・カイ・パン」というフレーズだっただろう。シュティフトの学生たちは、この有名なモットーを『スピノザ書簡』に登場するレッシングの思想としても受容したと思われる。シェリングの次の言葉を見れば、そのことは分かる。

僕たちにももはや正統派の神の概念は存在しません。――僕の答えはこうです。僕たちは人格的な実在よりももっと先に進んでいくのです。そうこうしているあいだに、僕はスピノザ主義者になってしまいました！――驚かないでください（HKA III/1, 22）。

これは、明らかに『スピノザ書簡』でのレッシングの次の言葉、

私にはもはや正統派の神性の概念は存在しません。私はそれを享受することができません。ヘン・カイ・パン！　私はそれ以外知りません（JW1.1, 16）

のオマージュである。

ゆえにシェリングの真意は、テュービンゲンの正統神学を拒否する自らをスピノザではなくレッシングと重

ねることにもあったと言える。「僕たち」とは、彼が同意を求めている書簡の相手であるヘーゲルも含んでいるかもしれないが、何よりもシェリングとレッシングなのである。

このシェリングの「スピノザ主義宣言」もまたドイツ古典哲学研究においてしばしば好んで言及されるものだが、これは必ずしも額面通りにシェリングを「スピノザ主義者」と見なすべきではないことはすでに指摘した。また、フィヒテとシェリングとのあいだで「実践」の理解をめぐって違いがあることもすでに考察した通りだが、この頃のシェリングを果たして「スピノザ主義者」と形容しうるのかに関しては、疑問符をつける余地が大いにある。

シェリング自身もこの告白の奇妙さを自覚しており、ヘーゲルに「君は『どのように？』とすぐに聞きたくなるでしょう」（HKA III/1, 22）と先回りして自らの意図を説明している。

スピノザにとっては世界（つまり主観に対する、客観そのもの）が全だった。〔しかし〕私にとってそれは自我なのです。批判主義的哲学と独断主義的哲学との本当の違いは、批判主義が絶対的（客観によって制約されていない）自我から出発するのに対して、独断主義は絶対的客観、あるいは非我から出発するということにあるように僕には思われます。独断主義の最高の一貫した〔形態〕がスピノザの体系へと至るのに対して、批判主義はカントに行き着きます。哲学は無制約なものから出発しなければなりません――私にとってあらゆる哲学の最高の原理は、純然たる、絶対的自我なのです。つまり自我は、それがたんなる自我である限りで、客観によってはまったく制約されていません。そうではなく、それは自由によって制約されています。あらゆる哲学のアルファにしてオメガは、自由なのです（ibid.）。

すでに述べたように、この評価はシェリング独自のものではなく、イェーナで流布していたフィヒテ評価の延長線上にある。それでも私たちの目を引くのは、シェリングがスピノザの「世界」を「客観そのもの」としてそれを「全」と同定し、そのうえでこの「全」が自分にとっては「自我」だと理解していることである。

だが、当然のことながら次のような疑問が生じる。すなわち、なぜシェリングは「フィヒテ主義者（批判哲学者）」ではなく「スピノザ主義者」を自称するのか。「自我」を原理に据える哲学が、「非我」という正反対の原理から出発する「スピノザ主義（独断主義）」を標榜することは果たして可能なのか。彼の整理にしたがえば、シェリングの哲学はスピノザの体系には至らないはずである。というよりも、私たちからすれば、彼が「スピノザ主義」という原理の違うものを自らの哲学のラベルとして自称することのほうが奇妙であると言わざるをえない。むしろ、シェリングは批判哲学の系譜に属すのが自然なように見える。

こちらも有名だが、シェリングは先の書簡のひと月ほど前の一七九五年一月六日付けのヘーゲル宛書簡でもスピノザに触れ、自分が「スピノザ流の倫理学（Ethik à la Spinoza）」に取り組んでいることを伝えている（vgl. HKA III/1, 17）。シェリングは、ここでもやはりスピノザに範をとっている。この「スピノザ流の倫理学」は、現在の私たちが想定するような規範を論じる倫理学ではない。そのプロジェクトの核心は次の点にある。すなわち、

> スピノザ流の倫理学は、そこにおいて理論的理性と実践的理性とが合一されるような、あらゆる哲学の最高の原理を打ち立てるはずです（HKA III/1, 17）。

とはいえ、この文言からだけではやはり彼が批判哲学者を自称しない理由は説明できない。むしろ、この問題意識は明らかに超越論的哲学のものである。この「理論的理性と実践的理性の合一」という言葉が意味することは必ずしも自明ではないが、このモチーフはシェリングがシュティフトに提出したスペシメンのひとつ

「理論的理性批判と実践的理性批判の一致について、特にカテゴリーの使用に関して、および叡知的世界の理念を後者〔実践的理性〕におけるひとつの事実による実在化に関して」を容易に想起させる。[1] シュティフト時代のシェリングの関心がラインホルト的な「根元哲学」――シェリングのスペシメンの表現を使えば「異名なき哲学」――構想に向けられていたことを思い起こすとき、この「理論的理性」と「実践的理性」の合一という課題は優れて当時の時代的な問題圏に属する。

よって、シェリングの「スピノザ主義」を理解するためには、この「合一」の具体相がいかなるものなのか、そもそもこうした「合一」がどのような「原理」によって可能になるのかを問うべきであり、これらの観点から初期のシェリングの著作が検討されるべきであろう。さしあたりキーワードとなるのは、かの「正統派の神の概念」を越える「哲学の最高の原理」たる「自我」と「知的直観」である。

第2節　フィヒテとシェリングの知的交流

総じて、初期シェリングは「学理論」構想に関してフィヒテと同じ前提から出発していると言える。その前提とは「哲学とはひとつの学であり、統一的な体系の形式を持ったひとつの全体である」というものである。そして「根本原理」となる「絶対的自我」の「純粋能動性」「無制約なもの」「自由」を学の基底に据えている点で、シェリングの「学理論」構想は「知識学」の理念を受け継いでいる。「哲学一般の形式の可能性について」（一七九四年。以下「形式」論文）も「自我」論文（一七九五年三月）も、さらには「哲学的書簡」（一七九五年一一月―九六年四月）でも、基本的にシェリングの根本的な問題関心はこの「最高の原理」の確立に向けられている。繰り返すが、これは極めてポスト・カント的な問題機制である。とはいえ、これらの著作を検討すると、『基礎』に対するシェリングの微妙な距離感が明らかになる。

　フィヒテはキールへと移ったラインホルトの後任として一七九四年の夏学期にイェーナ大学に着任し、来たるイェーナでの講義の聴講者のための予告を目的とした『知識学の概念について』を五月に、そして同年一〇月には『基礎』の第一部と第二部（すなわち、一章から四章まで）を刊行していた。イェーナに招聘される以前にチューリッヒにいたフィヒテは、当地に赴任するその道中で一度テュービンゲンに立ち寄った[2]。それが一七九四年の四月末から五月にかけてである。しかしながら、このとき当地でフィヒテがシェリングと会ったかどうかについて、私たちは確実なことを言うことはできない。両者が顔を合わせていたとしても、少なくとも親しく個人的な、込み入った会話を交わした可能性は低いようである[3]。

　シェリングはフィヒテの知識学に刺激を受けつつ、同年秋に「形式」論文をテュービンゲンのヘールブラント書店で出版した。その冊子は九月二六日付けでフィヒテへと送られており、このときに同封された書簡がフィヒテとシェリングの交流を直接的に示す最初の物的証拠である。シェリングが「形式」論文の「補遺」を執筆し終えた日付けは九月九日であることからして、彼は可能な限り急いでそれをフィヒテに送付したものと推定される。その後一七九四年末に[4]フィヒテはシェリングに『基礎』の第一部を送り、シェリングはすぐにそ

（1）もうひとつのスペシメンは、「異名なき哲学の可能性について、ラインホルトの根元哲学に関するいくつかの所見を付して」である（vgl. Jacobs 1989, 284）。

（2）ティリエットは適切にも「フィヒテの訪問は過小評価されてはならない」と指摘している（Tilliette 2015, 77）。

（3）Lauth 1975, 9–57.

（4）一七九五年一月六日付けのシェリングのヘーゲル宛書簡には「私はフィヒテ自らが仕上げた〔作品〕の最初〔＝第一部〕、『全知識学の基礎』を受け取りました」（Br. 15 ; HKA III/1, 17）と書きつけられている。

れを読み始めたようである。

周知のように『基礎』には第三部の「実践的部門」があり、それは翌一七九五年の七月末ないし八月に出版された。だが、不思議なことにシェリングは「実践的部門」には目を通していないようなのである。ニートハンマーが編集する『哲学雑誌』のための『基礎』の書評依頼を受けたシェリングは、一七九六年一月二二日（シェリングが「理論的部門」を手にして一年後、「実践的部門」が出版されて半年後）付けのニートハンマー宛ての書簡において以下のように述べている。

> フィヒテの知識学を書評してほしいというあなたの依頼は非常に喜ばしいものです。というのは、私自身、この著作を本当に研究するための充分な時間をこれまでとってこなかったからです。**その実践的部門は、今のところ一度も読んでいません**。私がフィヒテ哲学にまったく習熟してしまっているというあなたの好意的な判断は、あまりに好意的です。**とはいえ、その精神はおおよそ把握したと信じています**（HKA III/1, 40）。

この書評は残念ながら実現することはなく、続く同年三月二三日付けの返信において期限までに書評を仕上げることを約束できないので他の書評者を探すよう求めている（vgl. HKAIII/1, 49）。さて、それでは（シュティフト時代の大先輩への社交上の謙遜が含まれているとはいえ）「一度も目を通していない」著作を知悉しているのだというシェリングの自信はどこから来るのだろうか。

この時期の著作や書簡の内容を踏まえれば、シェリングがフィヒテの「精神」と見なしているものは、かの「学理論」構想と「絶対的自我」に他ならないことが分かる。おそらく、彼は「哲学のアルファにしてオメガ」たる「最高の原理」をフィヒテの「精神」と解しているからこそ、「充分に読んでもいない」フィヒテ哲学の「精神を把握した」と考えているのだろう。だが、ここでシェリングは『全知識学の基礎』よりも、むしろその出版時に併せて収録された『知識学の概念について』に依拠している。[5] この綱領的論文では次のように言われている。つまり「哲学はひとつの学である」（GA I/2, 112）。「学は体系的な形式を持っている」（ibid.）。「知識学とはそれ自身ひとつの学」（GA I/2, 120）であり「学一般の学である」（GA I/2, 119）など。これらの表現の指示するものが『基礎』の根本的なプロジェクトと重なっていることは疑いない。さらに『知識学の概念について』の第三部でフィヒテは「絶対的自我」の概念にまで説き及んでいる。すなわち、

> 自我が最高の概念である〔…〕。自我は、二つの観点から考察されねばならないだろう。〔第一には〕そのうちで非我が措定されるところのものとして。そして〔第二に〕非我に反立され、それゆえにそれ自身が絶対的自我のうちに措定されるところのものとして。後者の自我は、両者が絶対的自我のうちに措定されている限りで、そのことのうちで非我と同一である〔…〕（GA I/2, 150）。

もっとも、フィヒテ自身がこの箇所に続けて「努力」の概念に言及し、「第二の部門」である「実践的部門」が「最も重要である」（GA I/2, 151）と主張していることを踏まえれば、「表象の演繹」までしか扱っていない「理論的部門」だけでは「知識学」を理解したことにはならないのは『知識学の概念について』の読者にも自明なことだったはずである。それでもシェリングは、この「絶対的自我」のうちに「理論的理性と実践的理性とを合一させる」原理を認めており、なおかつそれを原理に据えた学を「スピノザ流の倫理学」と呼んでいる。だとすれば、——シェリングのフィヒテ解釈の正しさはひとまず措いておくとして——「絶対的自我」の理解のうちにシェリングのフィヒテ解釈の核心があるはずだ、と考えられよう。

（5）Vgl. HKA I/2, 70: ティリエットは「自我」論文が『基礎』ではなく、『知識学の概念について』に依拠していることを指摘している。Tilliette 1970, 59–88, esp. 73.

私たちがすでに考察したイェーナのフィヒテ受容からも明らかだが（本書第４章）、シェリングは「実践的部門」を読んでいないがゆえに「知識学」を「主観的スピノザ主義」と誤解している。よって彼は「絶対的自我」が「障害」なしに発動し、「知識学」とは主観を原理にした直線的に後続諸命題を導出する演繹体系であると誤って理解しているように思われる。

これらを踏まえると、シェリングがアーベルによる「形式」論文の書評にクレームをつけた理由やその争点も自ずから明らかとなる。アーベルはカールスシューレ時代のシラーの教師であり、かつその後のよき友人でもあった。彼は一七九五年二月九日の『テュービンゲン学術報知』にてシェリングの「形式」論文を書評したが、これがヘーゲルとシェリングの気に入らなかったようである。一七九五年八月三〇日付けのシェリング宛書簡でヘーゲルがアーベルに言及している。すなわち、

> 『テュービンゲン学術報知』における君の最初の著作〔＝「形式」論文〕への書評者は、その他の点では尊敬に値するかもしれないけれど、そのなかで**客観的な原理を最高のものであると考えるべきだと信じていることで、**本当に洞察を持っていないことを示していますね。——おそらくそれはアーベルに違いない！　でも君はこのどうしようもない書評者を〔…〕、〔うまく〕処理したわけだね（HKA III/1, 32）。

シェリングもまたアーベルの書評のすぐ後の三月二九日までに書き終えた「自我」論文の冒頭で、すぐさまこの評論に触れ「尊敬すべき書評者」が「この全体的な探究の本来的な要点をまさに衝いている」としつつ、アーベルの誤解に対してやや遠回しにクレームをつけている（vgl. HKA I/2, 74）。

実際、アーベルは先のシェリングの本来的な問題関心をまったく理解していない（もっとも、これはアーベルの学問的な資質のせいではなく、ごくありふれた誤解である）。彼の理解では、シェリングの「自我」論文は「客観的な

原理」によって「知の統一（つまり、知の可能性の制約）」を打ち立てようとしている。ゆえにアーベルにとってシェリングの試みは、あたかも批判哲学以前への逆戻りに映ったことだろう。しかしながら、すでに私たちが見てきたように、シェリングもまた「客観的な原理」は学の「最高の原理」たりえないと考えており、もちろんそれを打ち立てようとしているわけでもない。シェリングの理解では、それは「独断論」であり「非我」を原理にする哲学であり、究極的にはスピノザの体系へと通じている。ゆえに本来書評者とシェリングとのあいだで争点になるべき「この全体的な探究の本来的な要点」とは、「決して客観的ではないが、それでも全的な哲学を基礎づけるような原理が存在しえないのかどうか」（HKA I/2, 74）であった。つまり、本来の論点は「原理」であり、「絶対的自我」だった。

　興味深いことに、シェリングは自分とアーベルの理解の相違がかの「客観的な原理」をめぐったスピノザの捉え方の違いに起因していると考えている。[6] それでは、主観的な原理に基礎づけられる学とスピノザ主義はどのようにして両立するのか。以下では、このことを「自我」論文のスピノザ論に即して考察する。

（6）シェリングは「自我」論文で、アーベルのように「私たちの知における究極的なもの」を（『エチカ』第二部定理四三備考から）私たちの外部にある「無言の絵画」と考えるのならば、「私たちが知るということ（*daß*）」を知ることはない、と言っている（HKA I/2, 74）。

第3節　若きシェリングの介入
——当時の論争における「自我」論文の立ち位置

（1）「知的直観」をめぐって

シェリングが「自我」論文を脱稿したのは一七九五年三月二九日である。この日付けが同年四月以前だということはドイツ古典哲学研究にとって重要な意味を持っている。というのも、この四月から五月にかけて、ヘルダーリンが断片「判断と存在」を書いたと推測されているからである（本書では、ヘルダーリンがイェーナを退去する前の一七九五年四月から五月という年代推定にしたがう）。この断片が持つ思想史的な意義についてはここでは論じないが、注目したいのは、シェリングが「知的直観」に初めて言及するのがこの「自我」論文に他ならないこと、そしてヘルダーリンもまたこの断片で「知的直観」を用いていることである。

周知のことだが、そもそも「知的直観」はカントやラインホルト、フィヒテに由来する概念である。田端によれば、「知的直観」は次のように理解されてきた。

「ドイツ観念論史上、カントの「知的直観禁止令」を自覚的に踏み越えて、この術語を最初に使用したのはラインホルトである。彼はそれを、**主体が自らの働きの「形式」を直接に把握する働き**として使用した。次に、フィヒテが〔…〕〔一七九四年の『エーネジデムス書評』で〕**「絶対的な主観」を措定する働きとして**」用いている。「自我は「知的直観」において端的に自らを措定し、そのことによって端的に在る。ここでは「知的直観」はまだ絶対的主体の「端的な自己措定」そのものと漠然と同一視されており、その概念の特化された焦点は定まっていない」(7)。

概して、カントが禁止した「知的直観」とは対象を感性的能力に依存することなく、何らかの直接的な把握作用によって捉える叡智的能力を指している。カントは「知的直観」がまったく存在しないことを説いたわけではなく、それが存在する余地も残したのだが（vgl. KrV. B. 307, 342）、有限な理性的存在者に「知的直観」の能力があることは認めなかった。カントによれば、人間に可能な直観とは対象（「物自体」）から何らかの仕方で触発されることによって働くことができる「感性的直観」に限定される。さらに「感性的直観」は、感性が捉えた認識の要素が悟性の論弁的な働きと協働して初めて事物の認識が可能になる限りで、受動的にしか働くことができない。

これに対して、ラインホルトが行なったのは「知的直観」概念の読み替えであり、彼の「知的直観」が指すのはカントのような事物の本質の知的な把握作用のことではない。それはいわば「超越論化」された〈主体自身の働きそのもの、作用そのもの〉の直観であり、「主観の根源的能力のア・プリオリな形式」(8)の直観なのである。フィヒテの場合「知的直観」は「自己措定作用」そのものと同一視されていたのだが、一七九四年から九五年にはまだ術語としては体系的な重要さを持っていなかった。

ところで、カント－ラインホルト－フィヒテとシェリング－ヘルダーリンらとのあいだには「知的直観」をめぐって重大な違いが認められる。何よりもまず、このなかでシェリングとヘルダーリンだけが「知的直観」

（7）　田端『インターフェイス』、六五頁以下。
（8）　田端『序説』、二三二頁。

を「intellektuelle Anschauung」ではなく「intellektuale Anschauung」と綴っている。[9] もちろん、この表記上の違いが概念の内実の変更を迫ったわけではないし、またその逆にシェリングが「知的直観」についての理解の相違を「intellektuell」と「intellektual」のうちに込めたのだという解釈も、結局のところ解釈者の希望的観測にもとづいた過度な読み込みにしかならないだろう。それでも、前者のグループとは異なり、シェリングとヘルダーリンにおいて初めて「知的直観（die intellektuale Anschauung）」は哲学の術語として体系的に重要な（そして、あまりに過度な）機能を託されたのだと言える。シェリングの「自我」論文が「判断と存在」に先行していること、そしてヘルダーリンが「自我」論文に目を通した可能性があることを鑑みれば、[10] この論文の「知的直観」概念が初期シェリングの枠にとどまらない影響力を持っていたことは否定しえない。[11]

　そうだとすれば、次に問題となるのは「自我」論文とはスピノザの「実体」を「絶対的自我」に置き換えただけの論文なのだろうか、ということである。[12] この「知的直観」概念を通して、今度はシェリングとスピノザの近さが明らかになると思われる。

(2) シェリングにとってのスピノザ哲学

　シェリング自身も一七九五年にスピノザを再び「復活」させ、思想界に「スピノザ主義者」が登場することが呼び起こしかねない余計な危険性を充分に理解していた。だが、それに対する警戒心は、その約一〇年前に起きた「汎神論論争」に見られるような「無神論者の咎」へのものというよりも、むしろたんなる「独断論者」と勘違いされることへ向けられており、自らの哲学が充分に理解されないことに対する予防線を張ることに強い関心が向けられていた。

　読者が抱きかねない誤解に対して、シェリングは「自我」論文の「序文」で次のように言っている。すなわち、自分は「とっくの昔に否定されているのではないようなスピノザ的体系をその根底において破壊すること、あるいはむしろその体系自身の諸原理によって転倒させること」(HKA I/2, 69-70)を狙っているのだ、と。それに続けて、他方では「私にとってスピノザ的体系は、それが持つあらゆる誤謬にもかかわらず、大胆な首尾一貫性によって私たちの教養された世界の〔人が〕好んで用いる連合体系よりも限りなく尊敬するに値する。この連合体系は、あらゆる可能な体系の切れ端を繋ぎ合わせ、そこからあらゆる真なる哲学に死をもたらす」(HKA I/2, 70)と述べる。加えて「序文」の最後でシェリングは「スピノザの『エチカ』の対をなすものを

---

(9)　田端『インターフェイス』、六六頁以下。管見の限り、日本語ではこの文献だけが「intellektuell」と「intellektual」の差を論述している。シュトラックもまたこの表記の区別に触れている。Strack 2013, 10.

(10)　Frank 1997, 692, 696. たとえば、かつてX・ティリエットは、「自我」論文はフィヒテ主義的に読みうるばかりではなく、まさにフィヒテ主義と解すべきだと考えていた(Tilliette 1981, 536)。だが、後にティリエットは当時のシェリングとフィヒテの微妙な距離感に気がつき、この説を事実上撤回した。いずれにしても私たちにとって大事なのは、「知的直観」概念が曖昧なことが原因となって、シェリングが「フィヒテ主義者」だと解されてきたこともまた事実だということであろう(Vgl. Nassar 2012, 139-155)。少なくとも、「知的直観」を用いていることをもって誰かを「フィヒテ主義者」と判断することは完全に誤っている。

(11)　シェリングとヘルダーリンの違いは、前者が「知的直観」を「絶対的自我」の自由から発現する実践と考えるのに対して、後者は自由や実践ではなく、感性にもとづく美と考える点にある。田端はこの時期のヘルダーリンの「知的直観」がホンブルク時代の「美的で、神聖で、神的な感覚」の「先駆的形態」(田端『インターフェイス』、六八頁)と見なしている。「概念上対置される」感性的・知的な諸契機を同時に把握する働きを「ヘルダーリンはイェーナではまだ「知的直観」に託している」(同上)。

(12)　藤田は次のように言う。「絶対的自我の概念に彼自身のἓν καὶ πᾶνとしての絶対者が反映されざるを得なかった」(藤田、前掲書、六五頁)。しかしながら、この説明だけではなぜ「一にして全」が「絶対的自我」に必要なのかが不明なままのように見える。言い換えれば、この「スピノチスト」がスピノザの「実体」に忠実にしたがわない思想的な理由が依然として不明である。

呈示」（HKA I/2, 80）したい、とも言っている。

ゆえに、概して「自我」論文の根底にはこれまで不当な誤解に晒されてきたスピノザを、「原理」を「世界」から「絶対的自我」へと移し替えることによって「超越論的哲学」の体系として示し直そうとする野心的な企てがあり、たんなるスピノザを奉じるのではないようなやり方によって、スピノザ哲学を熱烈に支持しようという基調が認められる。書簡の言葉と併せて敷衍するならば〈スピノザの『エチカ』＝独断論〉の対をなすものが「自我」論文である、とも表現できよう。

しかしながら、それはどのようにして可能になるのだろうか。そもそも先の書簡では「スピノザ流の倫理学」の「最高の原理」の内実が明白ではなかった。これに対して、「自我」論文は哲学の課題をはっきりと明示しているのだが、重要なのはここで新たにヤコービが引き合いに出されることである。それにしたがえば、哲学の課題とは「現存在を露わにすること」だという。シェリングは次のように述べている。

〔哲学の諸原理についての判断を先行する諸帰結の列挙によって取り繕ったり、普段の生活の物質的な利害関心にだけ即して哲学の諸原理を測ったりすることは拒否するべきである。〕ただこうした観点においてのみ、そして特定の読者との関連においてのみ、以下の論考の根底にある諸原理に関して次のように述べることができる。つまり、人間の本質そのものにもとづけられた哲学は、人間精神の〔諸々の〕監獄と同じくらい多くの死せる定式を目指すことはできないし、あるいは現存する諸概念をただより高次の諸概念へと再び還元するだけの、人間精神の生き生きとした作品を死せる諸能力のうちへと葬り去るだけの哲学的曲芸を目指すこともできない。むしろ哲学は、ヤコービの表現で言うならば、**現存在を顕わにし**（*Daseyn zu enthüllen*）、**それを明らかにすること**（offenbaren）を目指す。したがって、哲学の本質、精神は、定式や字句にはなく、その最高の対象は諸概念によって媒介されたものでもなく、苦労して諸概念へとまとめられたものではない。そうではなく、**人間に**

おいて、ただ自分自身のうちでのみ直接的に現在するものでなければならないということ、さらに言えば、哲学の意図は、ただたんに学の改革を目指すことではなく、諸原理の完全な転倒、すなわち学の革命を目指すことにあり、それは哲学の領域において第二の可能な〔革命〕と見なすことができるのだ、と（HKA I/2, 76–7）。

シェリングが言うように、ヤコービは『スピノザ書簡』で次のように述べている。

> 私の判断では、研究者の最大の功績は、現存在を顕わにし、それを明らかにすることです…研究者にとって説明とは手段であり、目標への道であって、最寄りの目的ではあっても最終的な目的ではありません。その最終目的とは、説明されえないものであり、解決できないもの、直接的なもの、単一なものなのです（JW1.1, 29）。

注意せねばならないのは、この「現存在を露わにし」「明らかにすること」とは、必ずしも実在する事物の解明を意味しているわけではないことである。そのことはシェリングがこの課題を「人間において、ただ自分自身のうちでのみ直接的に現在するもの」に取り組むことだ、と言い換えていることから明らかである[13]。ここに極めてヤコービ的な響きを認めることは難しくないだろう。

より正確に言えば、ここで「哲学の課題」とされているものは——アーベルへの反論に認められる「私たちが知るということ（*daß*）を知ることはない」という言葉のうちに示唆されているように——私たちの「知」そのものの成立根拠、「知」の可能性の制約を探っており、これはヤコービが「信」と呼んだ次元に属する問題に他ならない[14]。したがって、この「現存在の解明」とは実在する事物を認識するといった程度のものでは

(13)　ナッサーはこの言葉を「現存在を顕わにすることだという強い**実在論的主張**から展開される」（Nassar 2012, 140）と理解しているが、これは誤りである。

(14)　イーバーの簡潔な表現を借りれば、次のように言える。「シェリングは、ヤコービが厳密に分離した直接性ないし無制

まったくなく、極めてドラスティックなテーマであり、「理性」の立場か「感情」の立場かを分かつ時代的な問題を核心にしている。以上を踏まえると、シェリングの「スピノザ流の倫理学」とは「理性」と「感情（感性）」、「知」と「信」の連関へのシェリング流の応答と理解できる。

シェリングはヤコービのように直接的な「感情」に依拠することはしない。さらにシェリングの理解するところでは、ラインホルトもフィヒテも、この超越論的次元に「経験的意識」や「経験的自我」を不当に持ち込んだことが原因で学の基礎づけに失敗したのだという。この批判の当否はともかく、もとより「制約されたもの」である「経験的なもの」を「制約されないもの」と見なすことは不合理であろう。ゆえに、シェリング自身も経験的なものに頼ることはできない。したがってシェリングの課題は「本来的には知の対象とはならないはずのものを、知によって、知自身にもたらす」原理を示すことと言い換えられる。もし主観的に過ぎないものがあらゆる客観的なものの実在を説明するのだとすれば、それはカント以前の観念論への退行を意味する。ゆえに、その方法論はたんに主観的なものであってはならないはずである(15)。

この一見すると不可能な無理難題に対するシェリングの解答が「知的直観」なのである。以下で私たちが注目すべきは、彼の「知的直観」がこの「ゴルディアスの結び目」を断ち切っているかどうかである。

「自我」論文の第一節でシェリングは、自らの問題意識をはっきりと「或るものを知ろうとする者は自分の知が実在性を持つことを欲する。実在性なき知は知ではない」（HKA I/2, 85）と表現している。つまり、彼は「知の客観的実在性」を説明しようとしている(16)。シェリングはフィヒテとまったく同じ問題圏を動いているが、その「原理」に関してもまったくフィヒテのような調子で次のように言う。「最高のものはその思惟それ自身によって産出されねばならない」（HKA I/2, 86）。あるいは、次のようにも言う。「あらゆる実在性の究極的な原理とは或るものであるが、それはただそれ自身によってのみ、つまり自らの存在によってのみ思惟可能であり、それが存在する限りでのみ思惟されるようなものである。簡潔に言えば、或るものにおいて存在と思惟の原理は一致する」(HKA I/2, 86)。シェリングの考えでは、「最高の原理」「知の客観的実在性の根拠」は「無制約なもの」のうちにのみ見いだされる。この「無制約なもの」は、知の「主観‐客観」というレベルを超越した根源的な次元にある「実在性」であり、「存在(Seyn)」と呼ばれるものに他ならない。この根源的で究極的な「根拠」、あらゆる実在性の源泉こそが「絶対的自我」である。

したがって無制約なものは、物一般のうちにも、物になりうるもの、主観のうちにもない。したがってそれは、決して物になりえないもののうちにおいてのみ、すなわちもし絶対的自我があるとするならば、ただ絶対的自我のうちだけにある(HKA I/2, 90)。

しかし、この「絶対的自我」の決定的な体系上の役割を示すこの点で、シェリングが完全な「フィヒテ主義者」とは言えないことがはっきりとする。たしかに、フィヒテの「絶対的自我」は、シェリングが解するよう

約者と理性体系とを結びつけたのである」(Iber 1994, 17)。

(15)　付言しておけば、この問題機制もまたきわめてドイツ古典哲学的なものである(シェリングの理解に反して、彼の方途は「絶対的自我」の「能動性」によって客観の成立根拠を説明しようとしている点で、実際にはかなりフィヒテ的である)。

(16)　「或るものが存在せねばならない。そこにおいて、そしてそれによって現にあるものすべてが現存在に到達し、思惟されるものすべてが実在性に至り、思惟それ自身が統一と不変性の形式へと達するのである。この(さしあたり蓋然的にそう特徴づけることができるだけの)或るものは、人間的知の全的な体系において完成するものであらねばならず、私たちの知が踏破するところの全的な領域を描き出さねばならないし、私たちの最終的な思惟と認識が――私たちの知の全的なコスモス(κόσμος)において――かろうじて到達するところではどこであろうと、[この或るものが、その全的な領域を]あらゆる実在性の原根拠として支配するのでなければならない」(HKA I/2, 85)。

に「知の実在性」の構成的な根拠と理解することはできるだろう。だが、シェリングのフィヒテ解釈には不正確なところがある。フィヒテは『知識学の概念について』第三部において、「ここでの関心は、実際の意識のうちに与えられる自我ではない」（GA I/2, 150）と明言している。それにもかかわらず、シェリングはフィヒテの「非我に反立される自我」[17]を「経験的自我」だと解し、それゆえに「制約された」「客観化された」ものだと理解している。私たちはすでに「経験的なもの」を「無制約なもの」と同一視することができないことを確認したが、シェリングはこの点でフィヒテを誤解している。

シェリングにとって「経験的なもの」とは〈客観になりうるもの〉〈客観化されたもの〉を意味している（vgl. HKA I/2, 101）。これらの要因から、シェリングはフィヒテ主義者を自称していないのだろう。シェリングが「自我の本質は自由である」（HKA I/2, 103）あるいは、「自我はあらゆる存在、あらゆる実在性を含んでいる」（HKA I/2, 111）と繰り返し述べるとき、彼は思惟不可能な「最高の原理」の「能動性」が私たちのあらゆる思惟に先立つことを強調しようとしている。しかしながら、シェリングの自己理解では、彼はフィヒテ主義から逸脱しているのである。両者の立場の違いはシェリングの「知的直観」にも表われている。

第４節　「自我」論文における「知的直観」論

それでは、「思惟以前の、客観化されてはならないものを捉える」ということはいかにして可能なのか。シェリングがここで持ち出すのが「知的直観」に他ならない。

ところで、シェリングによるスピノザへの言及のうちでもとりわけ興味深いものが、彼の友人のプフィスターへの献本に添えられた文言である。シェリングはこの友人に「形式」論文を献呈しているのだが、そこにシェリングは『エチカ』からの引用とコメントをつけている。そこには次のようにある。

> 真理の規範として役に立つのに、真の観念よりいっそう明白で、いっそう確実なものがありえるでしょうか！実に、光が光自身と闇とを顕わすように、真理は真理自身と虚偽との規範なのです。[18] スピノザ『エチカ』の八〇頁です。この言葉の静寂の至福、より良き生のヘン・カイ・パン（ἓν καὶ πᾶν）を超えるものがあるでしょうか（HKA I/1, 253-4）。

シェリングの引用は、『エチカ』第二部定理四三備考からなされている。[19] この文句は「自我」論文の九節（HKA I/2, 110-1, G）にも見られるもので、シェリングの特にお気に入りのフレーズだった。目を引くのは「スピノザ主義」としての「ヘン・カイ・パン」であろうが、[20] ここで注目したいのは「静寂の至福」である。シェリングはこの定理四三備考、そしてスピノザの「第三種認識」（第二部定理四〇備考二）の概念から「知的直観」概念を彫琢し、かの「原理」としての「絶対的自我」を把握する通路に指定する。

（17）「後者の自我〔＝非我に反立される自我〕は、両者〔その自我と非我〕が絶対的自我のうちに措定されている限りで、そのことのうちで非我と同一である」を想起せよ。

（18）シェリングが記している原文は以下の通り。「quid idea vera clarius et certius dari potest, quod norma sit veritatis! Sane sicut lux se ipsam et tenebras manifestat, sic veritas norma sui et falsi est.」

（19）厳密に言えば、これは『エチカ』の原文とは微妙に異なっている。本来のテクストは以下である。「quid idea vera clarius, & certius dari potest, quod norma sit veritatis? Sane sicut lux seipsam, & tenebras manifestat, sic veritas norma sui, & falsi est.」（Spinoza 1925, 124）

（20）「ヘン・カイ・パン」に対する「ケンブリッジ・プラトニズム」やラルフ・カドワースの影響があった可能性も示唆されている（Hölscher 1965, 49）。

そもそもこの「ヘン・カイ・パン」という定式はスピノザ自身のものではなく、スピノザ主義のスローガンに他ならないのだが、ここでもスピノザの釈義的な解釈は問題ではない。シェリングは、先の「真理」が〈「真理」か否かの尺度になりうる〉というスピノザの言葉を、無限後退を断ち切るものとして解釈する。すなわち、一見するとある真理が〈真理であるかどうか〉を判定するためには、原理上、別の「真理」を無限に参照し続ける必要があるように思われる。だが「真理」は「真理」以外のものを必要としないというかの「静寂の至福」は、シェリングによれば、「真理」が自ら自身を「真理」の尺度とすることを表わしているのだという。

こうした認識作用についての理解が客観的事物の存在の究極的な根拠をめぐる認識の可能性の制約の問題機制へと転用されるとき、それは自ずと事物の認識とその究極的な根拠との共時的な開示を可能にしてくれるような、極めて特異な知覚作用を可能にする「直観」理解へと繋がる。シェリングの「知的直観」とは、私たちの知に「実在性の究極的な根拠」をもたらす、（感情ではなく）知の働きを意味している。したがって本来〈客観になりえないはずのもの〉を「主観‐客観図式」を超越した次元で知にもたらすという、あまりに過大な役割を「知的直観」は担うことになる。

シェリングは、「自我」論文八節で次のように言う。

> この知的直観は、それを感性的直観と同じようなものとするやいなや、まったく理解不可能なものにならざるをえないこと、さらに、知的直観は絶対的自由と同様に意識のうちに現われてくることはありえないことを私は知っている（HKA I/2, 103）。

「絶対的自我」は概念的思惟や感性的直観では捉えることができない。繰り返しになるが、その理由は、思惟や感性的直観は〈制約されたもの〉、「主観‐客観図式」の枠組みのうちの感得作用だからであって、シェリングの関心はそもそもそれらを成り立たせるフレームワークそのものの源泉にあるからである。したがってそれは「〔通常の対象的〕意識のうちに現われてくることはありえない」のである。「絶対的自由」そのものが捉えられない理由も同じである。

> 自我は決して客観になりえないことによってのみ自我であって、それゆえ感性的直観においては規定可能ではない。したがって自我はまったく客観を直観しないような、まったく感性的ではないようなものにおいてのみ、すなわち知的直観（intellectuale Anschauung）においてのみ規定可能なのである。――客観が存在するところでは感性的直観が存在し、その逆に〔感性的直観が存在するところでは客観が存在する〕。したがって客観が存在しないところ、つまり絶対的自我においては感性的直観は存在せず、ゆえに〔私たちが考えうるのは〕感性的直観は存在しないということか、あるいは知的直観が存在するかのいずれかである。したがって自我は、自分自身にとっては、知的直観のうちでたんなる自我として規定されている（HKA I/2, 106）。

「自我」論文のシェリングは、「絶対的自我」を把握するまったく非感性的な感得作用を「知的直観」と呼んでいる。「絶対的自我」は「知的直観」によってのみ与えられる。シェリングは、「自我」論文の後半においても「絶対的自我」の「存在」としての性格を再度念押しする。「絶対的自我はたんなる形式的原理でも理念でも客観でもなく、知的直観において絶対的な実在性として規定されるような、たんなる自我である」（HKA I/2, 136）。

さらに、この「絶対的自我」は経験的な領域には決して現象することがないがゆえに、時間をも超越していることが説かれる。「〔経験的領域では、私は時間のうちで自分の現存在を対象にする規定可能性を得るのだが」これに対して、知的直観において、私の自我はあらゆる時間の外部で自らを絶対的な実在性として産出する」（HKA I/2, 134）。表現が非常に紛らわしいのだが、この「たんなる自我」「私の自我」とは個人の意識に備わっている自我ではない。それは「知的直観」を発動している限りで「絶対的自我」の「自己直観」なのである。

シェリングが「存在」をスピノザの「実体」と表現しないのは、彼にとって「実体」はこうした自らを直観するものではないためである。たしかに、シェリングは「自我」をスピノザの「内在的原因」（HKA I/2, 121）と重ね合わせたうえで、それを「最高の理念」（HKA I/2, 122）や「スピノザの体系の最も崇高な理念」（HKA I/2, 123）と評価した。だがシェリングにとっては、あくまでもそうした直観作用を持つのは「（絶対的）自我」である。だからこそ、彼はスピノザの「自己原因」を「自我」と同一視するが、決してその逆ではない。シェリングが自らの試みをたんなるスピノザの「復活」とは呼ばないことの本質的な理由のひとつは、おそらくこの点にある。

よってラインホルトやフィヒテの「知的直観」論とは差異が認められる、というより、「自己直観」であるという点を除けば、それらはまったく異なる機能の働きを指していると言うべきだろう。しかしながら――ことがらをスピノザに好意的に見れば――だからこそシェリングは『エチカ』を評価しているとも言える。つまり、シェリングの「スピノザ主義者」宣言の要点は、客観を原理にする独断主義的体系を支持することではなく、「最高の原理」たる「絶対的自我」への通路を「知」にもたらしてくれる「知的直観」論にあるわけなのだ。

ただし「自我」論文ではこの「自己直観」の性格はまだ完全に前景化していない。一七九五年三月の時点ではあくまでその「超時間性」「永遠性」に焦点が当てられる。

> 自我の原形式とは、純然たる永遠の存在の原形式である（HKA I/2, 130）。
>
> 自我は、存在したとか存在するだろうとは言えず、端的に存在すると言いうるだけである。〔…〕自我は端的に存在し、それゆえあらゆる時間の外部に措定されており、その知的直観の形式は永遠性である。〔…〕言葉の純粋な意味における永遠性とは、いかなる時間のうちにもない存在である（ibid.）。

こうした「永遠性」についても、シェリングは『エチカ』に依拠している。すなわち、彼は『エチカ』第五部定理二三注解を自らの「絶対的自我」に引きつけつつ、スピノザの「絶対的実体」が経験的な永遠性ではないのと同様に、「〔「絶対的自我」は〕特定の時間において現存するのでもなく、あらゆる時間において現存するのでもない。そうではなく、いかなる時間においても決して現存しないものだった」（HKA I/2, 130）とする。シェリングは「いかなる時間においても存在しないこと」を、経験的な領域に現象しない根源的な「絶対的自我」の「自由」の超越論的特質によるものだと解しており、その限りでそれは時間の形式にしたがっていない。このことは「絶対的自我」の特質上、むしろ当然のことである。

この「知的直観」が明白に内面性の方向へとシフトし、「自己直観」として、私たち人間の内なる「永遠なるもの」への秘密の通路を開示する手段となるのは「哲学的書簡」以降であり、特にその第八書簡である。同書簡でシェリングは明示的に『エチカ』第二部定理四七備考「人間精神は神の永遠で無限な本質の妥当な認識を持っている」を受けて、次のように説いている。少し長いが引用する。

> つまり、私たち全員には秘密の驚嘆すべき能力が備わっているのです。それは私たちを時間の変転から私たちの**最内奥へと**、とりわけ外から付け加わったすべてのものを脱ぎ去る自己へと連れ戻し、不変性の形式のもと

で、私たちのうちにある永遠なるものを直観します。この直観が、最内奥の最も固有の経験であり、私たちが超感性的な世界について知り、それを信じるところのものすべては、ただこの経験にかかっているのです。さしあたりこの直観は私たちに、私たちがかの言葉〔存在〕に転用しているところのその他のすべてのものがただ現象するだけに過ぎないにもかかわらず、なにか或るものが本来的な意味で存在するのだと確信させる。知的直観がいかなる感性的直観とも区別されるのは、それがただ自由によってのみ生み出されることによってであり、そして侵入してくる客観の威力によってその自由が圧倒され、意識の産出へとはほとんど至ることがないような他の人すべてにとっては疎遠で、知られることがないことによってである。とはいえ、こうした自己直観の自由を持っていない人にとっても、少なくともそうした自己直観へと接近すること、それを通して自己直観がその現存在を予感させるような間接的な諸経験は存在する。自分自身を意識することがないような、自分自身にとってそれを無駄に発展させるよう努めるようなある深淵な感覚があります。それをヤコービが述べていました。〔それによれば〕完成された感性学（この言葉は古代的な意味で解されています）もまた、経験的な諸行為を打ち立てるでしょう。それは、ただかの知的行為のミメーシスとしてのみ説明することができます。〔その経験的な行為は〕私たちが、――プラトンの言葉で述べれば――どこかで一度叡知界においてその原型を直観したことがあるのでなければ、まったく理解できないであろうものなのです（HKA I/3, 87）。

大筋として、この「哲学的書簡」の基本的な「知的直観」論は「自我」論文のそれのラインを引き継いでいる。それに加えて、ここではヤコービとプラトンを持ち出すことによって、その原初的な「存在」「絶対的自我」の感得を「感覚」や「模倣（ミメーシス）」に重ね合わせている。(21) その代わりに「哲学的書簡」になるとシェリングは「絶対的自我」をほとんど強調しなくなる。この書簡で彼は、私たちのうちにある或る種の特別な「感覚」に訴えているが、そこで表わそうとしているのは、ヤコービのような「信」や「感情」を方法論と見なすことではなく、本来「知の対象にならないはずのもの」をなんとかして「知」にもたらすという原理的に矛盾を含んだ（というよりも、不可能な）試みであり、彼はそれを、手を変え品を変え何とか言い表わそうとしているのである。

　これまでの議論を通じて、シェリングのスピノザとフィヒテに対する立ち位置はかなり微妙なことが分かるだろう。彼は「スピノザ主義者である」と言うには原理の点で逸脱し過ぎているし、「スピノザ主義者ではない」と言うには方法論の点で正しくない。反対に、シェリングは「絶対的自我」を哲学の第一原理に据える点で「フィヒテ主義者である」と言えるのだが、方法論（すなわち、「知的直観」）の面でスピノザに接近している（シェリングがフィヒテの方法論を「経験的」だと考えていたことを改めて想起されたい）がゆえに、彼は自らを「スピノザ主義者」だと称してさえいる。ザントカウレンは「シェリングがもっぱらただのフィヒテ主義者だったことはない[22]」と断言しているが、これだけでは一面的である。また逆にスピノザ（スピノザ主義）が形式的な役割しか演じなかったとすることも、これまたシェリングの一面しか捉えていない[23]。あるいは、初期のシェリングをたんに「フィヒテ主義」を徹底化したものだと解するのも[24]、なぜシェリングが自らを「スピノザ主義者」として、これほどまでスピノザを繰り返し好意的に引き合いに出すのか、その動機や哲学的な内情までを明らかに

(21)　田端は、シェリングの「自我」論文と「哲学的書簡」とのあいだに見られる「最内奥」への「自己直観化」という微妙な変化を論じておらず、シェリングの「自己直観」を総括して「内なる永遠なるもの」への超感性的な叡智的直観だとしている。

(22)　Sandkaulen-Bock 1990, 22–23.

(23)　Grün 1993, 96ff. グリュンがこうした見方をとる理由は、おそらく「知的直観」の理解にある。というのも、グリュンはこの概念をまったく詳細に検討していないからである。

(24)　Görland 1973, 19ff. 田端『インターフェイス』六七頁。

してくれるものではない。

さて、それではシェリングは『エチカ』の「対をなすもの」を示せたのだろうか。その総括のためには、「哲学的書簡」との対比に加えていくつかの書簡で示される事実を突き合わせて考える必要がある。ヘルダーリンが伝えるところによれば、彼自身からニートハンマー宛ての一七九五年一二月二二日付けの書簡には次のようにある。

あなたもご存じだと思いますが、シェリングは、**彼の最初の確信からはいくぶん逸れてしまいました**（StA 6.2, 191）。

さらに、翌一七九六年二月二六日付けの書簡にはこうある。

シェリング〔…〕彼とは互いにいつも意見が一致するわけではないですが、新しいアイディアは書簡形式において最も明瞭に表現されうるだろうという点では一致しました。あなたもご存じのように、彼は悪い道を通ってきて目標に達したのではなく、新しい確信によってより良い道を歩んできている〔と言えるでしょう〕（StA 6.2, 203）。

シェリングの「最初の確信」とは、おそらく一七九五年の上半期の思想を総括したものだと思われるが、ヘルダーリンによれば「哲学的書簡」の時期にはすでにそこからの逸脱が認められるという。ヘルダーリンはそれを二月には「悪い道」とさえ言っている。これらのことから、シェリングの思想には早くも「転向」があり、それは彼自身も自覚するところであったことが推察される。さらに「書簡形式」についての記述は――実際、この時期にはシェリングとヘルダーリンとのあいだで口頭の議論も交わされていたことは間違いないのだが──シェリングの「哲学的書簡」とヘルダーリンの「人間の美的教育のための新書簡」(ibid.)[25]を対比するまでもなく、「哲学的書簡」が「自我」論文を乗り越えようとしていたことを示唆している。[26]
こうした事情を踏まえれば、「自我」論文をシェリングの核心的な思想の現われと見なすことは許されるだろうが、それを何か『エチカ』と双璧をなすような完結したプロジェクトと判断するのは難しい。少なくとも、そのためには一七九五／九六年のシェリング自身へも突きつけうるような非常に強力な論拠を要するだろう。[27]「自我」論文は、──果たして、シェリングの言うように「知的直観」を可能にするような叡智的能力が私たちのうちにあるのか、という最も重要な論点を含めて──それ単独としてはまだ問題を抱えており、ゆえに後年のフィヒテとのあいだで生じた論争を踏まえるならば、シェリングの思想の発展段階のうちに特定の位置づけを持つことにその本質的な意義を認めるのが穏当だろう。

(25) もっとも、ヘルダーリンの──シラーの著作を意識した──書簡は、完結しなかった。この書簡とヘルダーリンの思想の消息については、田端『インターフェイス』、第3章。
(26) フランクは、この「より良い道」が「根本命題哲学」からの逸脱だとしつつ、他方で「悪い道」がヘルダーリン自身の「フィヒテの知人であるという立場」を踏まえた「皮肉めいたもの」である可能性を説いている(Frank 1997, 427)。
(27) フィンチャムは、「哲学的書簡」の「批判主義」が、彼自身の「自我」論文も意味しているのだという解釈を示している(Fincham 2010, 149-163, bes. 159)。さらにフィンチャムは、ヘルダーリンとの会話とニートハンマーがシェリングの「転向」を引き起こしたのだとしている。この論点は、「判断と存在」の解釈に際しても興味深いパースペクティヴを提供してくれる。

第5節　スピノザ主義とフィヒテ主義のあいだに立つシェリング

最後にシェリングの「フィヒテ主義」との錯綜した事情を整理しておこう。これまで見てきたように、「自我」や「自由」を原理的な基底に据えるシェリングの方法論やアプローチは、フィヒテ的なものではなく、スピノザ主義的なそれであったと言える。フィヒテにおいては、シェリングのような超越論的な「知的直観」「自己直観」は認められないからである。それにもかかわらず、フィヒテは一七九五年七月二日付けのラインホルト宛書簡において、驚くべきことに「自我」論文を「自分の著作のコメンタールです」(GA III/2, 347) と評している。それだけにとどまらず、フィヒテはこの論文に認められるスピノザ主義の特色を的確に嗅ぎつけ、そのうえで「スピノザの体系からは私の〔哲学〕が最も適切に説明されうるのです」(GA III/2, 348) とまで述べている[28]。だが、このことはシェリングを全面的に支持するものではなく、スピノザ主義とフィヒテの「知識学」が演繹体系という体裁において類似性が認められることを指しているに過ぎないように思われる。

翻って考えるに、シェリングが「自分にとって正統派の神の概念はない」と述べたレッシングと自らを重ねたのは、彼にとって「神」たる「絶対的自我」への通路を経験的にしか呈示できていなかった（と彼は考えている）フィヒテを「スピノザ流に」乗り越えることを企図していたからではないだろうか。シェリングは、レッシングの「ヘン・カイ・パン」の告白のフレーズを念頭に置いて自らのスピノザ主義を告白していた。この「ヘン・カイ・パン」がシェリングにとって「静寂の至福＝知的直観」という方法論を意味することに注目するとき、たとえそれが「絶対的自我」への通路を示すものであったとしても、この「知的直観＝ヘン・カイ・

パン」概念を支持する限りでシェリングは自らをスピノザ主義者と呼ぶのだろう。このことは、シェリングが自らをレッシングに重ねた理由を最もよく説明してくれるように思われる。この方法論が「哲学の最高の原理」を打ち立てるならば、それは「スピノザの方式による倫理学（Ethik à la Spinoza）」と呼ばれるに相応しい。

　さて「知的直観」について言えば、それは思想史的に見ればフィヒテではなくヘルダーリンと共有されることになる。その一方で、一七九六年を境にしてシェリングは徐々にはっきりとフィヒテから距離を取り始める。『一般学芸新聞』での「自我」論文の書評を見ておこう。同紙で「自我」論文の書評を書いたのは、かつてラインホルト学徒だったエアハルトである。彼は書評執筆時にはその影響下から離れ、ニートハンマーとともに「反‐根本命題」の陣営に属していた。エアハルトは、この書評[29]で「絶対的自我」や「知的直観」が——書評者自身が自らのうちにそれらを現に見いだすことすらできないことを挙げつつ——いかに空虚で、無意味な概念であるかを読者に説き、こうしたものを哲学の「原理」とすべきでないと辛辣な言葉を寄せている。これを受けたシェリングは、この書評の執筆者、あるいはその背後にラインホルトがいるのだと思い込み[30]、ラインホルトを標的にした「反批判」を（たった二週間後に！）同紙に掲載した。シェリングの反論は、またもや書評者の論点の取り違えを指摘している。詳しく言えば、経験的領域と、彼が論じた超越論的領域の概念との混同に関してである。

（28）ラインホルトはフィヒテのこの見解に反対している（GA III/2, 438-9）。もちろん、上記の書簡にはフィヒテのシェリングに対するある種の「思い入れ」が含まれていることも勘案せねばならないかもしれない。

（29）ALZ, Nr. 165, Spalte 1405–1408. この書評はシェリング全集（HKA I/3, 179–188）に「編集者の報告」とともに収録されている。また以下の文献も参照。Frank 1997, 425ff.

（30）田端『序説』、五七九頁以下。

アーベルのように、エアハルトもまた「絶対的自我」の超越論的で根源的な性格をシェリングの意図にしたがって洞察してはいない。それに対してシェリングは自らの著作の目的を次のように言う。すなわち、それは「哲学の第一根本命題についてのまずい探求によって、不可避に陥らざるをえない麻痺から哲学を開放すること」であり、「学の頂点に抽象的な根本命題〔を置くのは〕、あらゆる哲学することの死なのだ」(HKA I/3, 192)と。これはラインホルト批判であり、フィヒテ批判である。このことは、この「反批判」の動機に感情的な反応が含まれているとはいえ、シェリング自身が「根本命題」を核心的な原理とする「フィヒテ主義」との差別化を自ら図っているとも解しうる。というのは、シェリングは書評者が取り上げた「絶対的自我」や「知的直観」には言及せずに、不自然なまでに「自我」と「根本命題」に論点を集中させているからである。

周知のように、一八〇〇年一一月を境にしてフィヒテとシェリングの対立は書簡の往復と互いの著作への言及を通じて全面化し、両者は完全に袂を分かつ。そこでロマン主義者に対する「超越論的哲学陣営」は内部分裂を起こし、彼らはそれぞれ独自の道を歩んでゆくことになる。このとき両者の核心的な争点になっていたのは、「自我」と、その「自我」の作用から独立した客観的なものの「実在性」「客観そのもの」「世界」、すなわち「自然」についての理解であった。かつて熱心にフィヒテを吸収したテュービンゲンの神童は、やはり忠実なフィヒテ主義者にはならなかったわけである。ただし、それは彼の「自然哲学」構想の成立にのみ原因があるわけではなく、早くも一七九五年にはその遠因とも言うべき両者の立場の微妙な距離があったと指摘できる。こうしたフィヒテとシェリングの「差異」を指摘する「無名」の著者による論文がイェーナで登場するのは、翌一八〇一年七月のことである。

(31)　同上、五八〇頁。

(32)　Fincham 2010, 154.

(33)　「この「反批判」は書評の批判的論点へのまともな反論になっていない。標的を取り違えているからである。それに、当のシェリング自身が一年前には『哲学の形式』で「根本命題－哲学」の完成を目論んでいたことを勘案するならば、「根本命題」批判に集中している観のあるこの「反批判」は、彼が書評者と思い込んだラインホルトに対する、学問外的な動機に発するかなり的外れな鬱憤の発露に終わっているといわざるをえないであろう」（田端『序説』、五八一頁）。私見では、スピノザの観点から捉え直すとき、シェリングが「反批判」によって、ある意味で「自己批判」をしていると解することも可能なように思う。

第7章　「私たちの精神の連盟の時代」
――フランクフルト－ホンブルク・コンステラツィオンのキーコンセプトとしての「生」

周知のように、フランクフルト期のヘーゲルは「生」を「結合と非結合との結合」(GW2, 344)と呼び、その後『差異論文』(一八〇一年七月刊行)では、それをさらに「同一性と非同一性との同一性」(GW4, 64)という「絶対者」の定式へと転用した。ヘーゲルにとって「絶対者」とは、「同一性」と「非同一性」という対立する両者を含むような真なる合一(「全体」)であり、ゆえにたんなる一体性ではなく、「同一性」と「非同一性」との「同一性」が問題になる。言い換えれば、「絶対者」を把握するためには、これらの両側面――合一と分離――とが同時に把握されねばならないのである。だが、フランクフルト期のヘーゲルにとって「絶対者」の把握は「宗教」の課題であった。つまり、信(信仰)こそが「絶対者」に到達するための唯一の通路であった。しかし、『差異論文』になると次のような見方がとられる。「これに対して哲学の課題はこれらの前提を統合することにあり、――存在を非存在のうちに――生成として、分裂を絶対者のうちに――その現象として――有限なものを無限なもののうちに――生として措定することにある」(GW4, 16)。ここで目につくのは、「絶対者」それ自身の構造が全体論的な関係・連関と捉えられ、ヘーゲルがそれを「生」と呼んでいることである。[1] つまり、ヘーゲルの思索はまだ「生」の概念を中心にしていたとはいえ、彼は、「絶対者」とは自らに対置されるあらゆるものをそのうちに含んでいるという考えをフランクフルト後期にはたしかに持っていたのである。

そうだとすると、「絶対者」を全体論的な関係として見なすという考えはいったいどうやって生じたのだろうか。というのは、そうしたアイディアは彼のフランクフルト初期にはまったく見いだされなかったからである。

(1) 宗教の探求が概念によって、「無限者に対する有限者の関係に関する形而上学的な考察は最終的に移行」(GW2, 361)せねばならないのだと、たとえ彼自身が書いているのだとしても、ヘーゲルの宗教から哲学(思弁)への鞍替えは哲学内在的な理由からだけでは説明することができない。とりわけ、ヘーゲルの初期の著作では「芸術」の概念は、『差異論文』において示されているようなかたちでは重要な役割を果たしていない。

り、それゆえヘーゲル自身の思想からだけではこのことは説明できないからである。それにもかかわらず、私たちはヘーゲルがイェーナ期にこうした関係論的な発想を発展させ、さらにそれがヘーゲルに特徴的な思考モデルであることを知っている。こうしたフランクフルトからイェーナにかけての初期の思想を正しく評価しようとするならば、彼が残した断片やテクストだけではなく、当時の交友圏や思想の布置状況を詳しく検討せねばならないだろう。

ヘーゲルは一七九七年一月に親友のヘルダーリン（Friedrich Hölderlin, 1770–1843）が紹介してくれた家庭教師の職に就くためにフランクフルトにやってきた。そして、このフランクフルトへの移住を契機としてヘーゲルの思想もまた新たな布置状況へと入っていくことになる。それは「フランクフルト－ホンブルク・サークル」[2]と呼ばれるもので、ヘルダーリンの他にイザック・フォン・シンクレーア（Isaac von Sinclair, 1775–1815）とヤーコブ・ツヴィリンク（Jacob Zwilling, 1776–1809）がいた。シンクレーアはこの交友圏の結成からおよそ一〇年後に、このサークルを「私たちの精神の連盟の時代」（Br. 395）[3]として回想することになる。彼らとヘーゲルとのあいだで交わされた会話の多くは文面に残されておらず、わずかなテクストが残されているだけに過ぎない[4]。しかしながら、ヘーゲルがフランクフルト期に残したテクストにはこの交友圏から受け取ったと思われる言葉遣いが多く散見される。こうした理由で「精神の連盟」の影響は決して過小評価されてはならない。それは、いわばヘーゲルの思想の「隠された次元」と言える。当時ヘーゲルは特にツヴィリンクに近い立場にあったと思われる。それでは、この交友圏のメンバーのあいだではいったいどのようなことが議論されていたのだろうか。本書では、以下の考察を通じて、ヘーゲルがこの「フランクフルト－ホンブルク・サークル」の議論によってシェリングに依存することなく自身の哲学を形成したということを示したい。まず、この交友圏の中心であったヘルダーリンの哲学的思想を考察しよう（一節）。次にヘルダーリンとシンクレーアという独自の「Ästhetik」を構想していた二人に対して、ツヴィリンクがどのような思想を対抗させていたのかを述べる（二節）。最後に、哲学へと移行したイェーナ初期のヘーゲルの思想をホンブルクの交友圏から捉え直し、総括しよう（三節）。

第1節 「精神の連盟」のコンテクスト——ヘルダーリンの哲学的思惟

すでに一九六〇年代の中旬にヘンリッヒは、ホンブルクの交友圏で交わされた会話がヘーゲルに決定的な影響を与えたことを正しく指摘している。(5) この「フランクフルト－ホンブルク・サークル」で中心人物だったのは間違いなくヘルダーリンだった。(6) 彼はイェーナ滞在時（一七九四年一一月から一七九五年五月）に熱心にフィヒテの講義に出席した。そこでヘルダーリンは根元哲学的なテーゼを受容するだけではなく、(7) そこから自らの哲学を形成していった。ヘンリッヒは次のように述べる。「ポスト・カント哲学には、ヘルダーリンがイェーナ期

（2）Vgl. Pöggeler 1973b, 9–53 ; Jamme 1978, 17–52 ; Ders., 1988.
（3）一八一二年二月五日付けのシンクレーアのヘーゲル宛書簡を参照。この表現はヘルダーリンの『ヒュペーリオン』のオマージュである。詳しく言えば『ヒュペーリオン』に出てくる「いにしえの人びとの連盟（der alte Bund der Geister）」（StA 3, 90）というパッセージを暗に示し、それにちなんでいる。
（4）Vgl. Henrich, *Grund*, 735.
（5）Vgl. Henrich, *Kontext*, 24.
（6）Vgl. Henrich, *Grund*, 34 ; Jamme/Völkel, *Hölderlin und der deutsche Idealismus 2*, 359 ; Hanke 2012, 102.
（7）本章では「根元哲学〔基礎づけ哲学〕」という概念は、ラインホルトやフィヒテ的な意味での根本命題哲学、体系哲学への取り組みを指している。

に残したコンセプトによって初めてひとつの思考形式がもたらされた。それは〔元来は〕フィヒテの立場を正確に理解する試みであり、それゆえにフィヒテの立場をカントの立ち位置の方向へと向けて和らげようとするものではなかったにもかかわらず、フィヒテの知識学の代案と理解することができるものである」(8)。

ヘルダーリンは有名な一七九五年一月二六日付けのヘーゲル宛書簡で、フィヒテへの最初の批判を定式化している。この書簡と断片「判断と存在」（一七九五年四月頃と推定）(9)では「論じている題材が極めて密に結びついており」、そこでは「根元哲学的な問題が論じられている」と言える(10)。そこでヘルダーリンは哲学的な問題機制を扱っている。

〔…〕当初、私は彼に対して独断論の疑いを大いにかけていた。推測することが許されるならば、フィヒテは岐路に立っていただろうし、あるいは今もなお立っているように思われる。――彼は意識の事実を理論において越えようとしている。彼の発言の多くはこのことを示しているし、それは確かなことだ。これまでの形而上学者が世界の現存在を越えようとしたときよりも、いっそう際立って超越的である。――彼の絶対的自我（＝スピノザの実体）は、あらゆる実在性を含んでいる。絶対的自我がすべてであり、それ以外は無である。したがってこの絶対的自我には客観は存在しない。というのは、そうでなければあらゆる実在性が絶対的自我のうちに存在することはないということになるからだ。しかし、客観のない意識というものは考えられない。私自身がこの客観であるときには、私はそのようなものとして必然的に制限されているし、また時間のうちでしか存在しえないはずだから、絶対的ではない。ゆえに絶対的自我のうちでは意識は考えられず、絶対的自我である限りで私は意識を持たない。その限りで、私は（私にとっては）無であり、したがって絶対的自我は（私にとっては）無である。［／］私が彼の最初の紙片を読んだときはまだヴァルタースハウゼンにいて、スピノザを読んだ直後にそう自分の考えを書き留めておいた〔…〕（Br. 19–20）。

一見すると、ヘルダーリンはフィヒテの絶対的自我がスピノザの実体と同じだという「誤読」にもとづいてフィヒテの基礎づけ哲学を批判しているだけのように見える。ここではフィヒテではなく、ヘルダーリンの理解に焦点を当てよう。(11) 注目したいのは、このときヘルダーリンがフィヒテをスピノザに関連づけていることである。なぜスピノザなのだろうか。それを理解するには、ヘルダーリンのスピノザ＝ヤコービ受容に立ち入らねばならない。

---

(8) Vgl. Henrich, *Grund*, 34.

(9) Henrich, *Grund*, 29, 781–783. このヘンリッヒの説に対して、フリードリヒ・シュトラックは次のように推定している。「ヘルダーリンは、早くとも一七九五年一二月末に、だがおそらくはフランクフルト期になって初めて（一月か二月、もしかするともっと遅く）〔「判断と存在」を〕書きつけた。ヘルダーリンは、その時期にシンクレーアとツヴィリンクとの集中的なコンタクトを取っていた」（Strack 2013, 17）。本書では、「判断と存在」成立時期についての年代推定の問題にはこれ以上立ち入らない。

(10) Henrich, *Grund*, 377.

(11) 当時ヘルダーリンが読むことができなかった『基礎』で、フィヒテ自身は以下のように言っている。「自我は、あらゆる実在性を自らのうちに含み、無限性を充たすことを要求する。この要求の根底には、必然的に、端的に措定された無限な自我の理念がある。この自我こそが、私たちが述べてきた絶対的自我である。（ここで初めて「自我は自分自身を端的に措定する」という命題の意味が完全に明らかになる。この命題において現実的意識のうちに与えられる自我はまったく問題になっていない。というのは、その自我は端的に基礎づけられるわけではなく、その状態はつねに直接的に、あるいは間接的に、自我の外の或るものに基礎づけられるからである。〔かの命題で〕問題になるのは自我の理念であり、それは必然的に、実践的で無限な要求が根底に据えられねばならない。しかしその理念は私たちの意識には到達不可能であり、それゆえ私たちの意識のなかには決して直接的に現われることができない［しかし、おそらく哲学的反省のうちには直接的に現われる］）」（GA I/2, 409）。先のヘルダーリンのフィヒテ批判はせいぜい半分しか当たっていない。このフィヒテの「誤読」に関しては本書4章、および以下を参照。Reisinger 1987, 20–25 ; bes. 22 ; Jamme 1983, 80–81 ; Brauer 1993, 140–164 ; Wegenast 1990, 56–57 ; 久保『生と認識』、一二六—一三〇頁、田端『インターフェイス』、四七—五三頁。

M・ヴェーゲナストが適切に示しているように、青年期のヘルダーリンにとってスピノザは超越論的哲学の議論の理論的モデルであった[12]。ヘルダーリンは一七九〇年末から一七九一年初頭頃にヤコービの『スピノザ書簡』を手に入れ[13]、その読書メモを残している（「ヤコービのスピノザの学説に関する書簡について」）。そのメモによれば、ヘルダーリンはヤコービが解釈したスピノザの「無からは何も生じない（*a nihilo nihil fit*）」という言葉を「抽象的な意味で[14]」理解したのだという。「『スピノザ書簡』の登場が一八世紀のスピノザ主義にもたらしたアクチュアリティは、ヤコービがスピノザのうちに見てとった**その超越論的哲学的な解釈**の可能性にある。その一方でヤコービはこの解釈の可能性を「スピノザ主義的」カント解釈の基準にもした。その結果（超越論的哲学的路線とカント解釈のモデルという）両者の相互関連づけから合理主義的なアプローチ一般の不十分さと、それによる自らの信哲学の必然性とが示されることになった〔…〕[15]」。それゆえ「合理主義」と「信哲学」という二つのアプローチの統一は「ヘン・カイ・パン」というあらゆるものを包含するスピノザ主義的なコンセプトにおいて基礎づけられている、と言えよう[16]。このとき「ヘン・カイ・パン」というスローガンは「内在的原因[17]」の原理を表現するものと解される。したがって、ヘルダーリンがスピノザと同様にフィヒテを「これまでの形而上学者よりも」「いっそう際立って超越的だ」と見なしたことも驚くべきことではない。「こうした推論がかつてヘルダーリンの固有の思惟にとって重要であった[18]」ことをスピノザ書簡からの「抜粋」に見いだすことは容易ではない。それでも、スピノザ－ヤコービは確かに青年のヘルダーリンに超越論的哲学の概念的枠組みを提供したのである。かの書簡では、ヘルダーリンは知識学をスピノザ－ヤコービの目を通して受容している。「括弧で括られたイコール「（＝スピノザの実体）」は、ヘルダーリンがフィヒテの原理をスピノザと完全に同一視していることを意味していないはずである。この文のひとまとまり（書簡の文言「彼の絶対的自我（＝スピノザの実体）」）は「絶対的自我がスピノザの実体と同じである限りでは」、というふうに読みうる[19]」。つまり、その場合にはフィヒテの絶対的自我が「あらゆる実在性」を含み、それがすべてであり、絶対的自我の他には何もないとされる、というようになるだろう。ヘルダーリンはまさにその限りで知識学に「独断論の疑いをかけている」わけである。本来、ヘルダーリンはそう言いたかったのである。

ヘルダーリンのフィヒテ批判がスピノザ読解によってあらかじめ規定されていたことは確かだが、重要なのは

(12) Vgl. Wegenast 1990, 40.

(13) 母親宛ての書簡(一七九一年二月一四日と推定)を参照(StA 6.1, 64 ; StA 4.1, 398)。

(14) StA 4. 1, 207. なお、ヤコービ自身は「抽象的な概念によって(nach abgezogenern Begriffen)」(JW1.1, 18)と言っている。

(15) Wegenast 1990, 40.

(16) この「ヘン・カイ・パン」という定式は「スピノザ主義的に理解され、「無からの創造」という「正統派の」解釈への反論として解釈された。その際、彼(=ヘルダーリン)はここでスピノザ主義的実体概念をユダヤ-カバラ主義的な「内在的エンゾフ」の伝統のうちに組み入れることによって、「ヘン・カイ・パン」の持つ存在論的な基礎としての意味を強調している。『……内在的な、自らのうちで永遠に不変の世界の原因、それは世界のあらゆる帰結を、――ひとつの同じものへとまとめていただろう』、と」(Wegenast 1990, 37)。

(17) ヤコービ自身は、「内在的原因」を「エンゾフ」と呼ぶ(JW1.1, 18)。「この「ヘン・カイ・パン」という抽象的な普遍態は、ここでは拡張と凝縮という根源的措定態において換喩的に語られるような生の普遍的なダイナミズムのうちで実現される。このようなスピノザ主義的実体の理解は、キリスト教的神秘主義の伝統に、特にヤコブ・ベーメの「啓示神学」に結びつけられる」(Wegenast 1990, 46)。またヴェーゲナストはヘルダーリンの「生」概念にフィヒテの影響があったことを強調している。「すでに『全知識学の基礎』に先行する著作――とりわけ一七九四年秋に出た『学者の使命』――からは、フィヒテの中心的な関心事としての、生の直接性への哲学の逆成が生じている。フィヒテは、その意味――ヘルダーリンはスピノザ主義的な観点からなしたのだが――で、このことを実際に行なった」(ibid. 58)。「エンゾフ」については、本書3章を参照。

(18) Henrich, *Grund*, 166.

(19) Ibid., 383.

は「判断と存在」においてはヘルダーリンが自らのフィヒテ理解を修正していることである[20]。彼はフィヒテの講義に非常に熱心に参加していたため[21]、当初よりも知識学の核心的なポイントをはるかによく理解するようになっている。この断片はメモ書き的に書かれていることもあり、テーマを読み取ることは容易ではない。しかしながら、一目見ただけではっきりと分かるのは、この「判断と存在」には彼がテュービンゲンやヴァルタースハウゼンで身につけたはずのスピノザ的な術語が一切登場しないということである。「ヘン・カイ・パン」はもちろん、「実体」や「根拠」「統一」という言葉さえ一度も出てこない[22]。つまり、先のヘーゲル宛書簡とは異なり、「判断と存在」という断片は――少なくとも直接的には――「（スピノザ的）実体」も「絶対的自我」も論じていない。そこでは彼が「存在そのもの（Seyn schlechthin）」や「絶対的存在（das absolute Seyn）」と呼ぶ、純粋な全体性が問題になっている。より詳しく言えば、「存在そのもの」とは「分離されるはずのものの本質を毀損することなくしてはいかなる分離もなされえないように合一されており、知的直観においてそうであるように、そこにおいてだけ、そしてそこ以外のいかなるところでも存在そのものを問題にすることができないような」「主観と客観の合一」（StA 4.1, 216）のことである。ユルゲンセンが正しく指摘していることだが、さらに重要なのは、この「存在そのもの」がスピノザ的「実体」や「根拠」ではないことである。「ヘルダーリン研究においては、この「存在そのもの」が自我に先行するものと見なされ、その観点からこの断片がフィヒテに向けられたものだと解釈するという理解が有力視されているが、〔…〕ここで言われる存在はそれに反して解釈されねばならない。そうでなければ、ヘルダーリンは、「判断と存在」から遠くない時期に書かれたと推定されているヘーゲル宛書簡において彼がフィヒテについて推定していたものと、まったく同じ独断論者だということになってしまうだろう[23]」。もしヘルダーリンが（「存在そのもの」であれ「絶対的存在」であれ）何か超越論的原理を立て、それを主観と客観に先行させているとすれば、それはまさしく彼が「意識の事実を理論において越えよう」と「存在そのもの」を独断論的に打ち立てようとしていることを意味してしまう。(24) したがって、この術語は細心の注意を払って解釈する必要がある。ここで彼は「存在そのもの」という概念があらゆる分離に先行する存在であり、そしてそれへの唯一可能な接近通路が「知的直観」であるということ以上のことは言っていない。ヘルダーリンは、学としての哲学がもとづく「自我は自我である」というフィヒテの同一性判断を「根源的分割（ursprüngliche Trennung）」として理解する。このとき「原＝分割（*Ur-theil, Ur-theilung*）」は疑似的な語源解釈によって解されている。(25) ヘルダーリンによれば、自己意識の構造で表現されるフィヒテの根本命題においては、「主観としての自我」と「客観としての自我」が区別されている。だとすると、「自我は自我である」という同一性判断それ自身もまた、つねに事後的に、主観と客観との分離のあとから出てくるもの

---

(20) ヘルダーリン自身、すでに一七九五年一月二六日付けのヘーゲル宛書簡でこう書いている。「この辺で中断しよう。〔今の話は〕書かなかったと思ってもらいたい」（Br. 20）。

(21) 一七九五年四月一三日付けの弟宛書簡を参照（StA 6.1, 164）。

(22) 田端『インターフェイス』、六一頁。

(23) Jürgensen 1997, 72, Anm. 13.

ヘンリッヒの解釈では、ここでヘルダーリンはスピノザの実体概念を活用しているのだという。「ヘルダーリンは「絶対的存在」について語るが、その術語によってスピノザへの関連づけが打ち立てられる。それは永遠なる唯一の思惟可能な実体である」（Henrich, Konzeption, 11 ; Ders. *Grund*, 42–43, 264, 379, 796 ; vgl. auch Wegenast 1990, 56–60 ; Jamme 1983, 80–81 ; Frank 1997, 717–718 ; Brauer, 1993, 142–143）。「判断と存在」をどう読むのかは依然として論争中である。「ヘルダーリンは古い存在論に立ち返っているわけではなく（というのは、この存在とは知的直観であるから）、超越論的哲学を語っているわけでもない。テクストは、両方の読み方を許容している」（Jamme/Völkel, *Hölderlin und der deutsche Idealismus* 2, 357–358）。フッケは解釈史上の読解方針を大まかに「プロ－存在」と「プロ－判断」という二つのタイプに分類している（Hucke, 98–102 ; Jamme/Völkel, *Hölderlin und der deutsche Idealismus* 2, 357）。

(24) 同様の指摘は、以下を参照。Strack 2013, 21 ; 田端『インターフェイス』、四八—四九頁。

(25) この語源解釈はフィヒテが一七九四／九五年の「プラトナー講義」で示したものである（GA II/4, 182）。

だということになる。前‐反省的な統一（「存在そのもの」）はこの「原＝分割」を通じて、「主観（自我）」と「客観（「自我」）」という関係項に分割される。だから自我はたとえ自己意識において自我であるとしても、結局は分割された自我を把握することができるだけに過ぎない。それは「全体」、つまり「存在そのもの」とは言えない。すなわち、「自我は自我である」という同一性判断は、捉えるべき「存在そのもの」という目標を捉え損なわざるをえないことになる。ヘルダーリンによれば、この未分離の「存在そのもの」はあらゆる分離や、あらゆる認識や思惟に先立って存在しなければならないのである。しかしながら、この肝心の「（あらゆる前提としての）存在そのものは、本来一番強調されるべきであったはずであるにもかかわらず、外延的にしか論じられていない[26]」。それと同時に見逃されるべきではないのは、この「存在そのもの」「絶対的存在」は、「あらゆる実在性を含む」ような強い意味での存在論的な意味で用いられているのではなく、ただともかくそのうちで主観と客観が密接に合一されているということだけが言われているような、モノリシックな全体性に過ぎないということである[27]。「判断と存在」では、こうしたまったき全体性とその諸部分が、全体性の持つ単一性を汚染することなく、いかにして相互的に媒介されるのかということはまったく不明確なままである。全体と諸部分の二元論的対立を取り持つ第三項にあたる概念もまったく存在しない[28]。

　この問題は、ホンブルク期のヘルダーリンの関心の中心となった。「私は、哲学的書簡において私たちがそのうちで思惟し、生きている分離を説明する原理を見いだそうとしている。しかしこの原理は抗争を消滅させる力を持つものでなければならない。つまり、主観と客観とのあいだの抗争を〔…〕実践的理性に頼ることなく、理論的に、知的直観において消滅させることができねばならない」（StA 6.1, 203）。しかし、ここで言及されている哲学的書簡の構想は成立しなかった。彼の問題関心はこれ以降よりいっそう「生」の概念へと向けられることになる。この頃残された断片「宗教について」では、ヘルダーリンはそこにおいて私たちが「それらを所有し存在し、合一していることを感じる」ような「人間的に、より高次の生」(StA 6.1, 275) に取り組んでいる。依然として、彼はこの断片では「知的直観」と名指すことなく、不可避に「主観と客観」という枠組みに制約される哲学的思惟の枠組みの、いわばメタの次元における合一を把握するための方法を模索している。この「存在そのもの」の把握はヘルダーリンにとって学的体系としての哲学ではなく、芸術や美学の課題であり、とりわけ詩（悲劇）の問題であった。「絶対的なもの——絶対的自我とでも何とでも呼んでもよいが——における主観と客観との合一は、なるほど美的に、知的直観においては可能であるが、しかし理論的にはただ無限の接近によってのみ可能なだけである(29)」と彼は述べている(30)。

(26) Strack 2013, 22.
(27) この論法は、「論点先取」に行き着くだろう。というのは、分離がなければ、そもそもそれらの「統合」もありえないからである。この点については、Hucke 1992, 108も参照。
(28) ヤメはヘルダーリンとヘーゲルを「一元論」とし、後述するツヴィリンクをこれらに対して「二元論」と特徴づける (Jamme 1983, 334-335)。だが、こうした整理は誤っていると思われる。
(29) 一七九五年九月四日付けシラー宛書簡 (StA 6.1, 181)。
(30) シェリングもまた一七九五年春に刊行された「自我」論文で「知的直観」の概念を論じている。このとき、「知的直観」は、私たちの知の究極的な根拠を保証する「無制約者」としての「絶対的自我」への通路とされる (vgl. HKA I/2, 106)。以下の論考の指摘も併せて参照。「ヘルダーリンは、人間の力の内部の協働する全体性に対する、それに適切なかたちでの哲学的な表現の可能性を、おそらく後のシェリングとの対話で「知的直観」の概念のうちに見いだし、それを次第に修正していった。もっと言えば、それを拡張していった。確実に日付けを知ることができる「知的直観」という表現を使用したときに、彼は「美的」という特徴づけをすることで、すでにかの包括的な美的な受容能力のことを考えていたこと、そしてその能力は一方では神的なものの感得を含み、他方では、様々な〔互いに〕抗争する諸力、対立するものの統合的な協働作用から、〔主観と客観との合一を絶対的なもの——それを絶対的自我とでも何とでも呼んでいいが——の合一へと〕合一させる力を関係させていたことが思い起こされる」(Meinhold 1994, 388)。

第2節　シンクレーアに対抗するツヴィリンク
――ヘーゲルの関係論的思惟の源泉

シンクレーアはヘルダーリンと非常に集中的に議論を交わしていたはずである。[31] ヘンリッヒはまた「特にシンクレーアはヘルダーリンのアイディアを完全に自分のものにし、独自の用語と、フィヒテに範をとった詳細な推論を行なっていた[32]」ことに注意を促している。ゆえに、シンクレーアはかなりヘルダーリンに近い立場をとっていたと考えられる。彼のフィヒテ批判はヘルダーリンの影響でなされたものだと解さねばならない。つまり、ヘルダーリンは間違いなくシンクレーアの概念的骨格を形作っている。[33]

とはいえ、「判断と存在」と「哲学的議論（*Philosophische Raisonnements*）」（一七九五／九六）[34]を見ると、ヘルダーリンとシンクレーアとのあいだには哲学的な立場の違いを認めることができる。両者の違いは「*Ästhetik*」の機能をどう評価するかという点にある。シンクレーアは「*Ästhetik*」を独特の意味で理解している。つまり、彼は「Aesthetik」に「無限な措定作用」という働きを帰し、その機能によって「恒常的な自己措定作用」（PR, 152）あるいは「永続的な措定（fortwährende Setzung）、永続的な自己－措定－作用（fortwährendes Sich-selbst-Setzen）[35]」が可能になるとする。ハンネローレ・ヘーゲルと、彼女の見解を取り入れたＭ・フランクが示しているように、シンクレーアのこのような「Aesthetik」についての「ありそうもない[36]」改釈は、彼が「Aesthetik」を「欠如のａ（非－措定－テオス *A Εις*（*εαυτον*）*Θεσις*）」、つまり「非定立 A-eis-thesis」として、疑似的な語源解釈的に理解することで可能になっている。[37] シンクレーアによれば、あらゆる「分割」や反省に先行し、それゆえに「一体性」（PR, 246）や「非定立的な理念」（PR, 269）と呼ばれる根源的な全体性はつねに失われたままである。この「一体性」はただ要請されるだけであって、現実にもたらされることはない。それゆえ、シンクレーアにとってこの「一体性」は「当為」（ibid.）や「理想状態（Utopie）」[38]であって、それへの無限な接近だけが可能だとされる。よってここでは哲学的な思惟がもたらす「分割」から逃れる術はない。さらに問題なことに、「哲学的議論」では彼の「美学＝非定立 *Ästhetik* = *A-eis-thesis*」の理念が具体的にどう実現されるのかは示されないままである。[39]というのも、シンクレーアにとってはいわゆる芸術も詩も、さらにはポエジーでさえ「美学＝非定立」を遂行するものではないからである。

以上から、このサークルではフィヒテの知識学だけではなく、Ästhetik や美についても議論が交わされていたことは確実である。[40]注目すべきは、ヘーゲルは美学や芸術に関してはヘルダーリンよりもシンクレーアに

（31）Vgl. dazu StA 6.2, 833；Jamme 1988, 23-35.

（32）Henrich, *Kontext*, 24. ヘーゲルはシンクレーアに宛てて次のように書きつけている。「私はそれ〔シンクレーアの哲学的著作〕を心待ちにしています。君はまだ頑固なフィヒテ主義者なのかどうか〔…〕」（Br. 322）。これについては、Henrich, *Kontext*, 35も参照。実際のところ、シンクレーアのフィヒテ解釈は、ヘルダーリンのそれよりも「論争上」非常に「好意に満ちた」ものであった（Frank 1997, 762）。

（33）Vgl. Frank 1997, 761-2.

（34）いわゆる「哲学的議論」は「判断と存在」を構想上さらに発展させたものだと考えられる（Jamme/Völkel, *Hölderlin und der deutsche Idealismus 2*, 360；Wegenast 1990, 56, Anm. 5）。

（35）Frank 1997, 765.

（36）Ibid.

（37）Vgl. H. Hegel, *Isaak von Sinclair*, 152, 254；Frank 1997, 765.

（38）Frank 1997, 765.

（39）Hanke 2015, 104；田端『インターフェイス』、九〇頁。

近い立場で議論を交わしていただろうということである。(41) というのは、シンクレーアと同様にヘーゲルもまた「美的直観＝知的直観」や詩芸術に重要な役割を与えていないからである。ヘーゲル自身の喫緊の課題は共同体の生活にカント的な宗教概念を適用する道を探ることであって、美学や、フィヒテやシェリングの基礎づけ哲学は重要ではなかった。そしてこの交友圏の最年少者であり、イェーナで大学に通っていたツヴィリンクもまた、ヘルダーリンと同様にフィヒテからは一定の距離を取っていた。しかし、彼はそこからヘルダーリンとシンクレーアとはまったく違う結論を導き出していた。ツヴィリンクもまたこの交友圏の痕跡を伝えてくれる二つの重要なドキュメントを残している。ひとつは「イェーナの匿名の或る教授宛ての書簡」（一七九六年四月二六日）(42) であり、もうひとつは「全について」と題された断片である（残念ながら、原本は大戦で消失してしまった）。その内容はルートヴィヒ・シュトラウス（1892–1953）が伝えた報告によって知ることができる。その報告からツヴィリンクが彼ら二人の向こうを張っていたことが分かる。

その報告は次のようなものである。「一七九六年四月二六日のツヴィリンクの草稿では、当時シェリングやヘルダーリンが特に取り組んでいた思想に触れられている。哲学の内部で美学が最終的に取る位置、〔…〕そこでは美的観点（der ästhetische Gesichtspunkt）が最高の立場である。〔美的観点では〕ただ感覚にのみ与えられる「一者」と、「反省」が行なう「分離」とがひとつに合わさる(43)」。ここには私たちがすでにヘルダーリンに認めたものと同じモチーフが反復されている。すなわち、反省と判断は統一を分割する作用であり(44)、根源的な一者は思惟によって感得されることはできず、ただ感覚にのみ与えられるという理解である。このような美学への評価はシンクレーアとの対話の痕跡に他ならない。しかし、哲学の構想内でのその美学の位置づけについては、シンクレーアと同様に詳述されないままである。シュトラウスは次のように続ける。「だが同時に、〔ツヴィリンクは〕美学に対して注目すべき批判的な制限を設けている(45)」。このことが意味しているのは、ツヴィリンクが美的な「感情の理論」にも「論理的な分節化[46]」にも与していないことである。しかし、だとすれば、かの統一への通路はいかにして可能になるのか。ツヴィリンクが明らかにしようとしているのは、「存在が分割に無媒介に先行するということが可能なのかどうか、あるいは存在から分割態への移行がどのように生じるのか[47]」であろう。

このとき、最も重要なのは〈関係の理論〉とでも呼べるようなツヴィリンクのアイディアであり、それによって彼はヘルダーリンやシンクレーアとは区別される。シュトラウスは次のように言う。「この構想はフィヒテの知識学、とりわけその絶対的自我の概念を指弾している。この関係の優位、或る概念をその反対概念への関係から孤立させることを拒否すること、均整への傾向はすでにここに彫琢されている。ツヴィリンクは、自我－非我関係を〔相互に〕解消不可能なものとして措定することによって、――シェリングの自然哲学に先

---

(40) Frank 1997, 774.
(41) H. Hegel 1971, 101 ; Hanke 2012, 94.
(42) この教授が誰なのかは明らかになっていない。ヘンリッヒは「ニートハンマーか、シュミートか、パウルス」だと推定している（Henrich, *Nachlaß*, 261）。ヤメ／フェルケルは「おそらく歴史学者ヴォルトマン」（Jamme/Völkel, *Hölderlin und der deutsche Idealismus* 2, 376）だとする。さらにフランクは、ニートハンマーとシュミートに加えて、「ひょっとするとフィヒテかもしれない」（Frank 1997, 772）とさえ言っている。これらの他には、ブラウアーはシュミートだとし、その理由を、彼がラインホルトの批判者としてだけではなく、「フィヒテの対立者としても知られていた」（Brauer 1993, 149）からだとしている。だが、この推定に確証的な決め手はない。
(43) Jamme/Henrich, 42.
(44) Vgl. Fujita 1985, 82.
(45) Jamme/Henrich, 43.
(46) Ibid.
(47) Hanke 2012, 94.

立って――フィヒテの主観主義的な思惟から客観主義的なものへではなく、ヘルダーリンがイェーナから退去してから試み、後年ようやく定式化したものと同じように、総合的なものへという新しい転換を遂行した」[48]。先の「イェーナの或る教授宛書簡」とは異なり、「全について」は、もはや最高の美的観点を持ち出すことはない。というのは、合一の内的モメントとしての統一と差異は等根源的に、どちらかが先行するのではなく同じ地平で互いに連関しているからである。彼はこの全体性を「全（Alles）」と呼んでいる。

始元が第一のモメントであり、反省がこの始元を無限性からもぎ取り、〔その結果、そこから〕有限なもの、関係項が示された。この最初の分離のうちに想像力（Imagination）の理念としての完全な全体としての全が呈示される。この全は以下のような分析において再び完成される。私たちはこの全の概念を征服するこの道を、**第一の反省の様々な修正すべてであり、無限性のうちにその解消が起こるような、漸進的な反省の変転**と解する。この完成〔のプロセス〕に沿って、私たちは次のように言うことができる。すなわち、私たちは全を反省によって無限に区別し、それを想像力によって無限に互いに並列させる。そうして、全の概念を最大の完全性において所有することができるだろう、と（Jamme/Henrich, 63）。

この反省のモデル[49]では「反省」という術語にネガティブなトーンはまったくない。それに加えて、ここでは「存在」への通路が〈理論的に〉可能になるのか、〈実践的に〉なのか、あるいは〈美的に〉なされるのかという三分法もまた問題にはならない。ツヴィリンクが唱えているテーゼは、全体とそれを構成する部分を互いに分離させてはならず、それらの合一を感得するためには、反省が始元に措定されねばならないということである。全体とその諸部分との、そして始元と終わりとのあいだの連関は、理論的に定式化されるような、プロセス的で、運動的で、循環的な統体性と捉えられねばならない。このことは、ツヴィリンクが「全について」においてこの統体性を「再統合（Wiedervereinigung）」と特徴づけるとき、よりいっそう明白になる。「合一から絶え間なく分離〔をもたらすこと〕のうちには、分離からの再統合がある。というのも、明白なことに最初の理念はつねにこのことのうちに存在するからであり、この合一は必然的なものである。しかし、とはいえ関係項〔分離と合一〕はつねに分離とともに考察されねばならない〔…〕」[50]。この特徴をヘンリッヒの見解が簡潔に要約してくれる。「ヘルダーリン、シンクレーア、ツヴィリンクのそれぞれの小規模な体系の構想の範例はこのような事情にある。しかし、〔これらに対してツヴィリンクは〕一者の優位に反対して、この**一者との等根源性**もまた思惟される差異とつねに一緒に効力を発揮させねばならないのだと考えた」[51]。先に見た存在から判断への移行は可能かどうかという問題に対するツヴィリンクの答えは明らかだろう。端的に言えば、ツヴィリンクは判断と存在とのあいだの関係論を徹底化させ、ヘルダーリンの「判断と存在」が囚われていた「判断と存在」という二元論を克服している。ヘンリッヒは、このような単一的な全体性を「関係の体系（Beziehungssystem）」[52]と名づけている。これらの考えからツヴィリンクはこう導き出した。「関係について、そ

(48) Jamme/Henrich, 43.
(49) ハンケは、正当にもツヴィリンクの思想をシェリングの「哲学的書簡」の代替案としても際立たせている。「始元とその目標とに関するこうした始元〔の理論〕は、確かに非常に啓発的である。というのは、ツヴィリンクはここでヘルダーリンやシンクレーアだけではなく、シェリングの代替案をも提言しているからである。彼らに共通しているのは、反省のうちに分離作用を見てとっており、それゆえ統一的な絶対者からの離脱だと考えることである。シンクレーアとヘルダーリン――少なくとも『ヒュペーリオン』初校の前後のヘルダーリン――にとって問題だったのは、悲劇的で嘆かわしい喪失だった」（Hanke 2015, 114）。
(50) Jamme/Henrich, 64
(51) Henrich, *Konstellationen*, 93.
(52) 「この考えによって、ひとつの全体が措定されている――理論にとってはパースペクティヴとして、現実においては

の最高の段階で考察すれば、それは非関係との関係であり、それゆえ最も普遍的な関係、関係一般のカテゴリーとは、精緻に考察すれば、**無限性**それ自身なのである〔…〕、だから、私たちはそれを或るもののうちにも置くことはできないし、無のうちにも移すことはできない。そうではなく、現存するものと否定との関係そのもののうちに、つまり全のうちに据えねばならない[53]」。この「無限性」は、別言すれば「或るものと無とのあいだの互いに‐対する‐関係（Auf-einander-Beziehung）」である。

こうした関係論的な発想は私たちには馴染みのヘーゲルの本領と言えよう。しかし、実際の事情はその正反対で、ヘーゲルの「無限性」の論理とは本来ツヴィリンクのものであって、ヘーゲルがツヴィリンクに似ていると言うのが正しいのである[54]。ヘーゲル以前に「無限性」をこのような意味で（ヘーゲル流に言えば「真無限」の意味で）理解していたのは、ツヴィリンクを置いて他にはいない。たとえば、全集二巻のText 63（ノールが「一八〇〇年体系構想」と名づけた断片）には次のようにある。「〔…〕多様なものが、関係のうちにオルガンとして措定されるだけのときには、対置〔関係〕それ自身は排除されてしまっている。しかし、生は合一、関係だけとしては考察されえず、それと同時に対置〔関係〕としても考察されねばならない。**もし私が生とは対置と関係の結合だと言えば、この結合それ自身が再び孤立化させられて、それは非結合に対立しているのではないかと反論されるかもしれない。そこで私は、生とは結合と非結合との結合だと表現せねばならないだろう。**つまり、いかなる表現も反省の産物であり、したがってそれぞれがひとつの措定されたもの〔を表現するもの〕として示されうるということ、或るものが措定されることによって〔そのときに生じていることは〕、同時に他方のものが定立されるのではなく、排除されている〔…〕」（GW2, 343f.）。ヘーゲルは『差異論文』でより明確に、だが一切の説明もなく、「無限性」は「同一性」と同じだと言う。「しかし、思弁が自分自身で打ち立てた概念から出てきて、自らを体系へと形成するやいなや、思弁は自らと自分の原理を去り、この原理に戻ってくることはない。つまり、〔フィヒテの体系では〕思弁は理性を悟性に委ね、意識の有限性の鎖のうちへと移行していき、この鎖から自らを**同一性**へと、**真の無限性**へと自らをもう一度再構成することはない」(GW4, 6)。フランクフルト期のヘーゲルの思想の発展は、明確なかたちで記録されているわけではない。それでも、フランクフルト期のテクストはホンブルクの交友圏の対話の痕跡を伺わせる余地が大いにある。[55] おそらく、これらの成果がなければヘーゲルの宗教から哲学への移行は考えられなかっただろう。この交友圏の三人のなかでも、とりわけ最年少のツヴィリンクの果たした役割は傑出したものであった。

先に引用したように、ヘルダーリンは「イェーナからの退去」の後で自らの合一についての考えを「後に

「関係の体系」として——この体系は、あらゆる現実的なものの統体性を含み、「全」と特徴づけられうる。——この「全」とは、全体のうちに、あるいは全体への関係のうちで際立たせられるような統一なき、そしてそのようにして先行して存在する統一なき「ヘン‐パンタ(Ἓν-πάντα)」である。その限りで、この一者は「パン(πάν)」なのである。青年ツヴィリンクは、あらゆる思惟の関係論的な本性を指摘することによって、どんな有限なものの第一の有限なものでも、それとともに全一般も措定されるという思惟を追跡している。そうした思想から関係論的に解放された絶対者としての体系のうちに基礎づけるのに適した見解を持つことができたのだろう」(Henrich, *Konstellationen*, 97f.)。

(53) Jamme/Henrich, 65.

(54) この論点については、以下も参照。Hanke 2012, 95；田端『インターフェイス』、一〇三頁以下。チャンは、フランクフルト末期の「体系断片」のうちにすでに「悪無限」と「真無限」の区別が認められることを指摘している(Zhang 1991, 169)。

(55) Henrich, *Grund*, 734f.「ツヴィリンクの「全について」という論考は純粋に、ただ内的に作用する統一根拠の思惟への論理的な通路に、ホンブルク・サークルの他の初期のテクストには見いだされないような規模で〔定式化された思考を〕あとから付与したことになる。したがって、この論考は驚くほど早い時期に、ヘーゲルの哲学的な道を歩むなかで決定的な意義を獲得したという思考モデルを自由なかたちで解き放っている」(Henrich, *Konstellationen*, 97)。それゆえ全集版二巻のテクストの年代推定(特に、Text. 40, 41, 42)には大いに疑問が残る(Jaeschke 2015, 31–50；Hanke 2015, 111ff.；田端『インターフェイス』、九九—一〇一頁)。

なってからようやく定式化した」。この点についても、かの交友圏がもたらしたものだと言えるかもしれない。こうした観点からイェーナ期ヘルダーリンの「自らを差異化する一者（ἓν διαφέρον ἑαυτῷ）」というスローガンを解しうる。

> 自らを差異化する一者（εν διαφερον εαυτω（das Eine in sich selber unterschiedne））というヘラクレイトスの偉大な言葉は、ギリシャ人だけが見いだすことができたものです。というのも、これこそが美の本質だからであり、それが見いだされる以前には哲学もなかったのですから（『ヒュペーリオン』StA 3. 81）。

ここでは哲学（つまり、私たちの知）の可能性の制約が考えられている。先の「判断と存在」における「存在そのもの」とは対照的に、分裂と同一性は分離されていない。そうではなく、ヘルダーリンはプラトンの『饗宴』を解釈し直した際に、分離を合一（ヘルダーリンの言葉では「一者（ἕν）」）に内在化させている。具体的には、ヘルダーリンは「ギリシャ語の〔ドイツ語による〕再現において引用の意味を変容させている。〔…〕彼は〔原語の動詞の〕受動態「διαφερόμενον」〔あるいは、中動態とも解しうる〕を能動態「διαφέρον」に活用させている。したがって、より精緻に言えば、かの再現では「自らを（自分自身で）差異化する一者（das Eine sich (von sich) selber unterscheidende）」と翻訳すべきだっただろう[56]」。このヘラクレイトスの決まり文句の翻訳によって、彼は合一が持つ自己運動的な特質にアクセントを置いていると言える。言い換えれば、かつての「存在そのもの」という抑揚のない統一態は、対置されたものどうしの調和として確立し直されている。この調和こそ、かの美の本質とされたものであり、哲学に先行するものである。構造論的、論理的に見れば、この「ἓν διαφέρον ἑαυτῷ」は「存在そのもの」とはまったく異なっている。というのも、「存在そのもの」は、ともかく一切の区別を持たず、差異を含まないという意味で「純粋な」ものであることにその本質的な意味があったからである。[57] かつての「存在そのもの」は「反省」に関する集中的な議論によって、より精緻に定式化されたのだと言えよう。というのも、分離と合一との総合について、なぜヘルダーリンがそれをこのように構造論的に総括し直すことができたのか、そして、両者を内在的なかたちで相互に関連させるという発想に至ったのかについての説明は、プラトンやフィヒテ、そしてスピノザ－ヤコービとの対決からだけでは不十分にしか説明することができないからである。

---

(56) Hucke 1992, 103; Jürg 2007, 67; 田端『インターフェイス』、八〇―八三頁。このパッセージは、ドイツ語では次のように翻訳されている。「Das Eine, sagt er nämlich, *das in sich entzweit ist, versöhnt sich mit sich selbst wie die Harmonie eines Bogens und auch einer Leier*」(Plato 2012, 39)。あるいは、「das Eins, in sich entzweit, sich mit sich einige wie die Stimmung einer Lyra oder eines Bogens」(Plato 2016, 259)。フッケは適切にも「存在そのもの」と「自らを差異化する一者」をプラトンの「愛《エロース》」の概念から解釈している (Hucke 1992, 102-110)。

(57) ヘンリッヒは「判断と存在」がヘルダーリンの思想にとって決定的に重要な役割を演じたという洞察にいささか固執しているように思われる。同様の指摘は、以下を参照。Strack 1973, 1994.
ところで、フランツもヘンリッヒの解釈を批判し、異なる観点からこの断片の読解を試みている (Franz, Hölderlins Logik, 93-124)。だがフランツに対しては、リュップがさらなる批判を加えている。「しかし、フランツはこのテクストを「存在－判断－可能性」の順番に読むように強いる。フランツはこの順番こそがヘルダーリンの「論理」を適切に有効にさせるのだと考えている。なぜ、フランツはヘルダーリンのテクストをこの順に並べ替えようとするのだろうか。それは、ヘルダーリンの「論理」に固執することによって、様相のカテゴリーを問題にしている「判断」に関する考察のテクストのパッセージを「存在」と「判断」の対立の総合と見なさねばならないからである。〔…〕〔だが、〕初めにヘルダーリンの「論理」を探求し、それから彼の詩のなかに〔「論理」の形式が〕崩壊していくことを確認する、ということをする必要はない。――フランツは「判断と存在」という断片についてのヘンリッヒの解釈に修正を施しているにもかかわらず、それでも、この断片がヘルダーリンの基礎づけ哲学を含んでおり、詩的作品のうちにまさに彼の「論理」が適用されているのだという見解では、フランツはヘンリッヒと一致している。しかし、哲学と詩の関係は、基礎づけ哲学的な図式論では根本的には理解されえないのである (Lypp 1990, 103, Anm. 48)。

第3節　哲学への道

ヘーゲルは「体系断片」では哲学に次のような課題を担わせていた。「哲学とは思惟であるが、思惟とは、一方では非思惟〔と〕の対立として持っており、他方で思惟することと思惟されたこととの対立であるがゆえに、哲学は宗教〔の登場〕とともに活動を停止せねばならない。哲学はあらゆる有限なものにおいて有限性を示さねばならず、理性によってこの有限なものの完成を要求せねばならない。とりわけ、哲学がそれ自身無限であることによって生じる錯覚を認識せねばならない。このように、真に無限なものを自らの外の領域に措定せねばならない」（GW2, 344）。このように理性を理解していることで、次のような哲学に固有の課題も生じてくる。つまり、さしあたり哲学とは理性的な、制約されたひとつの思考形式であり、有限なものや部分のみを生み出す一方で、それを越えて完全性への要求を示してくれるものである。しかし、こうした本性のゆえに、理性は自分でその完全性、すなわち「真の無限性」に到達することはできない。その限りで、このとき（一八〇〇年九月）にはまだ哲学の優越的地位を強調するという変化は認められない。哲学的認識と真なる無限性とのあいだにはまだ越えがたい懸隔がある。ゆえに哲学は「宗教の登場とともに活動を停止せねばならない」のである。

一八〇〇年一一月二日のシェリング宛書簡になって初めてヘーゲルは「学へと駆り立てられ」、「青年期の理想」が「反省形式へと、それと同時にひとつの体系へと変更しなければならない」（Br. 59）と悟った。このときヘーゲルは、はっきりと名指ししているわけではないが、超越論的哲学と自然哲学の共通の基礎を形成する体系を構築しようとしていたシェリングの体系に範をとっている。(58) いまや理性は人間の制限された能力ではなく、かえって理性によって分裂の止揚を遂行することが可能になる。(59) こうした変化に呼応するかたちで、『差異論文』では、思弁的知が宗教の位置に取って代わることになる。ヘーゲルは思弁を「超越論的知」(GW4, 28)とも表現するが、この「超越論的知」のうちでは知的直観と反省が一体になるのだという。「超越論的知」はあらゆる対立するもの（たとえば、概念と存在、理念態と実在態、主観と客観など）を総合する。「絶対的原理は〔…〕知的直観である。それを反省にあわせて表現すると、主観と客観の同一性である。知的直観は学においては反省の対象になる。それゆえ、哲学的反省それ自身が超越論的直観であり、哲学的反省は自らを客観とし、その

(58) G・ザンスは「体系断片」のうちに実在哲学の構想が認められるとする。「加えて、ヘーゲルによる精神哲学でもあり自然哲学でもある哲学の問いへの取り組みは、シェリングによる、ふたつの相互に探求し補い合う基礎的な学についての把握に適合している。それゆえ、フランクフルト後期には、ヘーゲルは生の概念をめぐる、そしてこのようにして絶対者の思惟を確かな実在哲学的な傾向と結びつけるような体系を仕上げ始めていたのだろう。もっとも、より詳細な分析が示しているのは、残されたテクストでは、〔私たちは当時のヘーゲルの〕体系プログラムについても、体系構想の部門についても扱うことができないことである」(Sans 2015, 279)。だが、ザンスはホンブルク－フランクフルトの交友圏の影響を見過ごしてしまっている。

(59) 「理性としての生が〔悟性の建築物から〕遠ざかることによって、それと同時に諸々の制限されたものの統体性は無化されており、この無化作用のうちで絶対者と関係づけられ、それによって同時にたんなる現象として把握され、措定されている。絶対者と、諸々の制限されたものの統体性とのあいだの分裂は消え去っている」(GW4, 13)。また、次のようにも言われる。「そのような固定された対立を止揚することが、理性の唯一の関心事である。この理性の関心事は、理性があたかも対置や制限一般に対立しているかのような意味を持っているのではない。というのは、必然的な分裂は、生の要素であり、それは永遠に対置しながら自らを形成するものだからである。そして、統体性とは、最高に生き生きとした状態において、最高の分裂から再興することによってしか可能にならないからである。そうではなく、理性は悟性による分裂の絶対的な固定化に反対しているのであり、絶対的に対置されたものそれ自身が理性から生じるようなときには、よりいっそう強く〔反対する〕」(GW4, 13f.)。

客観とひとつである。これによって哲学的反省は思弁になっている」（GW4, 76–77）。そして、このような知的直観においてのみ対立の同一性は獲得されるのだという。「対立する両者が措定されている〔と同時に〕無化されており、両者が存在していないのと同時に存在してもいるというこの絶対的矛盾のうちに、理性のみが真理を〔見いだすのである〕」（GW4, 77）。だが、反省と直観の関係は明確になっているとは言い難い。それはこのスケッチ的な体系がヘーゲルの哲学の発展の、まだ最初の移行段階にあるからである。

それでも注目すべきは、ヘーゲルが「絶対者」を生き生きとしながら自ら自身において区別され、自分を自らで区別する全体だと考えていることである。しかしながら、より注目したいのは、「絶対者」の認識としての思弁（哲学）が「フランクフルトで「生」として考えられていた有限なものと無限なものとの統一〔という構想〕を保っていること」(60)である。もっと言えば、ヘーゲルは宗教理論の考察を通して新たに自らの体系哲学的なオプションを選択するよう動機づけられたということである(61)。すなわち、「絶対者」は認識論的に、形而上学的に認識可能であるという立場が取られるようになる。このときシェリングを範例にしたことは間違いないだろう。しかし、ヘーゲルは「絶対者」の本質を生き生きとしたものだと考える点でシェリングとは違う立場をとっている。ヘーゲルにとって「絶対者」とは、あらゆる対立を自らのうちに含み込むような全体を意味している。これがいわゆる「合一哲学」と呼ばれるものである。彼はおそらくシェリングの体系のうちにこうしたモチーフを見いだすことはなかった。こうしたことから、ホンブルクの交友圏の議論はヘーゲルがシェリングから距離を保つことを可能にしたと考えられるのである。しかし、『差異論文』のヘーゲルには、かの全体論的な哲学の体系を構築するための「方法論」「建築術」が欠けている。だから『差異論文』は後年のイェーナ期の体系ではまったく重要な役割を果たさなくなる「知的直観」を拠り所にするという体系像を模索している。だが、「知的直観」が体系から退くためには、一八〇四／〇五年の「イェーナ論理学・形而上学」

と『精神現象学』でその方法論を充分に展開させることが必要となるだろう。

シンクレーアは、本章の冒頭で引用した一八一二年二月のヘーゲル宛書簡で次のように書きつけている。すなわち、「私は君と君の熱意が燃えるような煌めく剣を意のままにしていたことを見てとったし、**私は君の文体と叙述のうちに、私たちの精神の連盟の時代**のことを考えた。その仲間内から、運命は、私たちから他の〔仲間たち〕を奪い去ったのだ」（Br. 394）。シンクレーアはヘーゲルがフランクフルト期にはもっぱら宗教論やキリスト教にのめり込んでいたにもかかわらず、ヘーゲルのテクストの叙述で「精神の連盟」の時代のことを思い起こしていた。そのテクストこそ、『精神現象学』に他ならない。もしかすると、彼のメッセージはたんに「字句」のことだけを言っているのではなく、『精神現象学』に認められる概念的枠組みや「反省」についての理論、そして全体論的な関係としての「絶対者」についての考察にも向けられていたものだったのかもしれない。そして、それらはおそらく四人がホンブルクで議論を重ねていたことなのである。(62)

(60) Baum 1976, 115.
(61) Hanke 2012, 126.
(62) ブラウアーは「精神の連盟」への過剰な評価を相対化する視点を提供している（Brauer 1993, 140–164, bes. 155–156）。

第3部　「学」の体系としての『精神現象学』

第8章　「学」の必然性とは何か

――「カオス」から「秩序」へ（1）

第1節 『差異論文』における「精神の連盟」からのモチーフの継承

私たちはヘルダーリン、シンクレーア、ツヴィリンク、ヘーゲルによる「精神の連盟」がフィヒテ受容という文脈で、特異な「関係の体系」を展開していたことをすでに見てきた。とりわけ、ツヴィリンクの「全について」は「無限性」をいわゆる「悪無限」としてではなく、それ自身のうちに「差異」を含む「関係一般のカテゴリー」という意味で用いていたことに注目した。ヘルダーリンは「存在そのもの」を「自らを差異化する一者」として捉え直し、彼の「無限性」に「知的直観」によって到達しようとしていたのに対して、イェーナ期以前のヘーゲルはこの「無限性」を「生」と捉え、「信」によってそれに接近しようとしていた。

それでは、なぜヘーゲルは哲学に転向してすぐにこの魅力的な「関係論」にもとづいた体系を呈示しなかったのか。その理由は、おそらく彼の「知的直観」と「反省」の評価が関係している。つまり、たとえヘーゲルが「絶対者」を「同一性と非同一性との同一性」(GW4. 64) だと構想していたのだとしても、哲学にとってこの動的な関係全体への通路が何であるべきかを彼はまだ確立できていない。イェーナに到着してすぐの『差異論文』の著者の主な関心はシェリングに与しつつ、シェリングとフィヒテとの「差異」を示しながらラインホルトを標的にすることにあった。「絶対者」に関して言えば、ヘーゲルは『差異論文』のラインホルト章において、ラインホルトの「同一性」概念を合一哲学的な「同一性」理解から批判していることが注目に値する。ヘーゲルにとって、自らのうちに差異を含むような「絶対的同一性」は、対立の総合として「アンチノミー」というかたちをとって現われてこざるをえない (vgl. GW4. 27)。これは「悟性」や「反省」にとっては「知の消極的な側面」(ibid.) でしかないが、他方で「理性」や「直観」にとっては「知の積極的な側面」という意味も持っている。この「アンチノミー」を止揚するのが「理性」の「超越論的知」であり、それは「反省」と「直観」とを統合する「超越論的直観」(GW4, 28) とも呼ばれる。彼の見るところ、ラインホルトの「思惟の思惟」と「思惟の適用」論もまたアンチノミーに陥っているが、ラインホルトは「悟性」の段階にとどまり、それを「止揚」するには至っていない (vgl. GW4, 82)。すなわち、ラインホルトはアンチノミーが持つはずの「知の積極的な側面」を洞察していないのである。

このラインホルト批判の哲学理論上の成否はここでは措いておこう。[1] 着目したいのは、この一連の批判を支えているヘーゲルのとある確信である。ヘーゲルは、地球が太陽の周りを周回していることに「特殊な論拠」が必要ないのと同様に、「全体というものは、根拠づけるものという**特殊な論拠**を必要としない」(ibid.) と述べる。彼が哲学の仮説的、蓋然的な「始元」を認めないのは、そうした試みが不可能であるのと同時に、そもそもこの「特殊な論拠」が不要だからである。周知のように、『差異論文』のヘーゲルにとって「論理学」などに哲学の「助走」や「前庭」の役割を認めるのは「助走のための助走」に過ぎないのだが、この「特殊な論拠」とは「学」に外在的な根拠づけを意味している。その代わりに、ヘーゲルは自己内根拠づけの必要性は認めている。「知の諸部分はこの認識の全体と同時にしか根拠づけられていない」(GW4, 82)。

さて、ツヴィリンクは「全について」において「全体」と「部分」、「関係」と「関係項」との「等根源性」を主張していた。その草稿はこう述べていた。

> 始元が第一のモメントであり、反省がこの始元を無限性からもぎ取り〔その結果、そこから〕有限なもの、関係項が示された。この最初の分離のうちに想像力の理念としての、完全な全体としての全が呈示される。この

全は以下のような分析において再び完成される。私たちはこの全の概念を征服するこの道を、第一の反省の様々な修正すべてであり、無限性のうちにその解消が起こるような、漸進的な反省の変転と解する。この完成〔のプロセス〕に沿って、私たちは次のように言うことができる。すなわち、私たちは全を反省によって無限に区別し、それを想像力によって無限に互いに並列させる。そうして、全の概念を最大の完全性において所有することができるだろう、と。(2)

この綱領的テーゼのうち、ここでは「始元」に注目しよう。ツヴィリンクの理解によれば、「始元」は第一のモメントとして、すでに全体のうちに与えられている。彼にとっての問題は、或る「規定」や「関係」をその正反対のものと共時的関係全体として描き出すことにあり、それを可能にするのは「想像力」である。これに対して、或る一方のモメントだけを全体の連関から孤立させるのは「反省」の作用である。これらの考えは、『差異論文』の「絶対者」論と並行関係にあると見なしうる。当時のヘーゲルもまた「根拠づけるもの」としての「始元」への洞察を欠いている。それは太陽系の惑星のように、私たちにすでに与えられたものであって、哲学の課題は〈悟性にはいまだ知られざる根源的な統合〉を〈対置の調和を含む再統合〉として「意識に対して構成する」(GW4, 16) ことでしかない。フランクフルト期のヘーゲルにとって、全体と部分の「等根源性」は「感じられる」ものだったが、それともツヴィリンクとも異なり、『差異論文』ではその通路が

（１）ラインホルトとヘーゲルについては、以下を参照。Bondeli, Hegel und Reinhold, 56–58；田端『序説』、六一〇頁以下。「抽象的で形式的な同一性だけでは哲学体系を確立することはできず、むしろ絶対的同一性を前提としなければならないという仮定に関して、実際のところ、ラインホルトとヘーゲルのあいだに〔見解の〕相違はない」(Bondeli, Hegel und Reinhold, 58)。

（２）Jamme/Henrich, 63.

「超越論的直観」に置き換えられている。「超越論的直観なくして哲学的に思惟することはできない」（GW4, 28）。「超越論的直観のうちでは、あらゆる対置は止揚されている。〔…〕この同一性の意識を産出するのが思弁であり、観念性と実在性とは思弁のうちでひとつであるので、それは直観なのである」（ibid.）。「反省」と「直観」の結合態としての「超越論的直観」は、対置されるものをひとつの全体のうちにまとめる機能を持つ限りで、ツヴィリンクの「漸進的な反省の変転」と同様の働きを果たすと見なしてもよいだろう。

　しかし、ツヴィリンクの〈漸進的プロセス〉は「再統合」の段階論ではあっても、その生成論ではない。同様に、『差異論文』もまた「絶対者」の生成論ではない。すなわち、ここには「始元」の根拠づけという問題意識が欠けているがゆえに、「絶対者」の構造論的特質を示してはいても、「絶対者」が生成する哲学的原理についてはまだ語りえないのである。よってヘーゲルは「哲学の欲求」に関して、「絶対者そのもの」と「統体性」の「分離」という二つのものを哲学の「前提」（GW4, 15）に置かねばならなかったと考えられる。またそれゆえに、彼はラインホルトの「同一性」が「形式的、抽象的同一性」であって「絶対的同一性」ではないと指摘することはできても、「始元」論の代替案については沈黙せざるをえないのである。

　どんなにヘーゲルがフィヒテ－ラインホルト的な第一根本命題からの直線的な演繹的方法を批判し、「自己内根拠づけ」を支持しようとも、彼はまだその理念に適する体系を呈示できていない。ラインホルト批判の過程でヘーゲルがそれを「円」で具象的にシンボライズしようとも、代替となる原理を示せなければ、それは説得力を持たない。ツヴィリンクも『差異論文』のヘーゲルも、「始元」を積極的に語る術を持ち合わせていないのである。[3] ヘーゲルが〈根拠づけられるもの－根拠づけるもの〉の相互外在性の問題、「始元」の直線的な導出行程の代替案に本格的に取り組むのは「体系への二つの註」以降である（本書9章2節を参照）。

『精神現象学』から逆照射すれば、このことは「反省」がまだ方法論上の欠陥を持っていること（その裏返しとして、「超越論的直観」なるものを持ち出してこざるをえないこと）に端的に現われている。ヘーゲルが「学」の生成論を積極的に語るには、むしろ「反省」そのものを進展の原動力にするような、真の意味で「漸進的な反省の変転」を説く方法論を確立せねばならない。それによって、「超越論的直観」も「想像力」も不要になるはずである。もちろん、若きツヴィリンクもこのことをまったく示していない。ドイツ古典哲学のうち、この問題に応答した書物こそ『精神現象学』に他ならない。

第２節　「現象学」というプログラム――『精神現象学』前史

「*Phänomenologie*」というタームそれ自体はヘーゲルの独創ではない。とはいえ、ヘーゲル以前に何らかの「現象学的」哲学が時代の主流になったことはなく、実際に「現象学」というアイディアはヘーゲルの時代には（今日根拠なく漠然とそう思われているような想定に反して）ポピュラーなものではなかった。[4]それゆえ、ヘーゲルの「（精神の）現象学」のコンセプトを明らかにするためには、何が彼の独創的な発想であり、逆に何がそうで

（３）　この事態は、ヤコービが『デイヴィド・ヒューム』において「三角形の概念」から「三つの角」と「三角形」全体が同時に存在することを証示してはいても、その相互根拠づけの関係や「発生」について語っていなかったのと基本線は同じである（本書３章３節を参照）。円の中心と円周の関係でも、三角形全体とその内角の関係でも、説明すべき「全体」と「部分」の問題の本質は同じであって、たとえヘーゲルが「全体」と「部分」の相互外在的な関係を「円（環）」という図形の持つ反－基礎づけ主義的なイメージに訴えて批判していても、それに相応しい内実がともなっていなければ有名無実である。

（４）　田端『序説』、五五二頁。

はないのかを理解しておかねばならないだろう。とりわけ、『精神現象学』がそう主張するように、「学」の構想という観点からそのオリジナリティの所在を明らかにしておく必要がある。

当初、自らの「学の体系（の第一部）」を「意識の経験の学」としていた一八〇七年のヘーゲルが、何に触発されて「現象学」を構想したのかという問題には明確な証拠をもって応えることはできず、間接的、状況証拠的な事実を集めて、蓋然的な仮説を与えることしかできない。『イェーナ体系構想Ⅲ』（一八〇五／〇六年）には「意識の経験（Erfahrung des Bewußtseyns）」と呼ばれる学の領域があることが示唆されているが（Vgl. GW8, 196）、一八〇七年以前には「Phänomenologie」という術語は登場しない。最後に書かれた「序文（Vorrede）」と「自著広告」によると、『精神現象学』について「学一般の生成、あるいは知の生成こそ体系の第一部である精神現象学が呈示するところのものである」（GW9, 24）ないし「この〔第一〕巻は生成する知を呈示する」（GW9, 446）と言われる。[5] だがこれに対して、最初に書かれた「緒論（Einleitung）」では、「運動や生成」（GW9, 61）はあくまでも「意識の経験の学」（ibid.）と理解され、その学が生成した末に「精神の本来的な学」（GW9, 61）に一致すると言われるときでさえ、その生成の学が「（精神）現象学」と呼称されることはない。よって、「生成」や「精神」の概念は問題解決の本質的な手がかりにはならない。[6] ヘーゲルはほぼ間違いなく執筆当初は「現象学」という構想をしていなかったが、それでも彼が「学の生成」を「現象学」と呼ばねばならなくなったのは、執筆途中（おそらく一八〇七年に入ってから）で「体系第一部」の構想自体に変更が生じたことが原因だとしか考えられない。しかしながら、私たちが確実に言えるのはここまでである。したがって取り組むべきは、「現象学」というコンセプトがヘーゲルにとっていかなるものなのかという方向からのアプローチであろう。

ヘーゲルは一八〇七年以降「（精神）現象学」を「絶対者」ないし「絶対知」の現象の理論として理解するが、それと同様の意味で「現象学」を名づけたのは、フィヒテとラインホルトだけである。具体的に言えば、ラインホルトの『概観－寄稿集』（一八〇二年）とフィヒテがベルリンで私的に開催した「知識学」講義の第二回（一八〇四年）だけが、「絶対者」の顕現としてのヘーゲル的 Phänomenologie の先例と言える。ヘーゲルの他にはこの二人だけが、彼に先立って「絶対者」の現象する学を「Phänomenologie」として構想したのである。ヘーゲルの「現象学」は、さしあたりこれらの「現象学」構想を背景としている。しかしながら、フィヒテの講義はごく限られたサークルのうちでのみ（しかも一回限りで）行なわれたもので、イェーナにいたヘーゲルはおそらくそれを知ることはなかった。[7] よって、最も可能性の高い仮説は、ヘーゲルがラインホルトの『概観－寄稿集』の「現象学」に触発されたのではないか、というものである。この仮説を支持しているのが、W・ボンジーペンと田端信廣である。ボンジーペンは「ヘーゲル〔の「現象学」〕は直接的にはラインホルトの現象学－構想に遡ることができよう。〔…〕ヘーゲルの『精神現象学』は〔『概観－寄稿集』において〕ラインホルトが意図していたような「自然の現象学」に対抗する立場と解しうるであろう」と言う。[8] 田端は、ボンジーペンの見解を踏まえ、フィヒテとラインホルトの術語の使用方法の違いを詳細に解明しつつ、ラインホルト説を支持している。「彼〔ヘーゲル〕もまたラインホルトの「現象学」に触発されて、最初の主著の表題に

（5）『精神現象学』の改訂に関する晩年の覚書にも、「学に先立って、意識をこの学の立場へともたらすこと」（GW9, 448）とある。

（6）そもそもヘーゲルは『精神現象学』においてさえ、「精神現象学」という術語をほぼ使うことすらなく、「現象学」という単独の使用は認められない。「現象学」という言葉が使われるときは、必ず「精神の」というタームをともなっている。よって、「現象学」にとって「精神」がひとつのキーワードである、とは言える。

（7）人伝に耳に入れた可能性を完全に排除する理由はないのだが、その場合ヘーゲルがその詳しい内容をどうやって知ったのか、それが主著のタイトル変更を迫るほどのものだったのかなど、別の問題が次々と生じる。

（8）Bonsiepen, Einleitung, XVI.

「現象学」という名称を冠するようになった可能性はけっして排除できない。主題内容の面からも、成立時期の面からも、ラインホルトの「現象学」よりももっと近いフィヒテの「現象学」を、おそらくヘーゲルは知ることはなかった。〔…〕ヘーゲルが（ラインホルトが「現象学」を論じた）『概観－寄稿集』の第四分冊（一八〇二年刊行）に眼を通したことは大いにありうる。というより、そう考える方が自然である。〔…〕一八〇一～〇二年の期間、シェリング－ヘーゲル連合の主要な論敵はラインホルト的「実在論」であったことを勘案すれば、彼がその第二分冊以降にも注目していたと考えるのが自然である」[9]。もちろん、フィヒテの「現象学」がどこに由来しているのかという問いも当然成り立ちうるし[10]、そこからヘーゲルを捉え直すこともまた可能だろう。あるいは、ラインホルト以外の様々なモチーフが混線していることも当然ながら否定はできない[11]。しかしながら、蓋然的な仮説のうち最も可能性が高いのは、最大の要因はやはりラインホルトだったとするものであろう[12]。「現象学」の術語の問題についてはこれ以上確証的なことは言えない。

しかし、『精神現象学』を特徴づけているのは「現象学」というマイナーなコンセプトだけではなく、ラインホルトのものとは区別される「進行の方法論」とその進行の結果示される「体系論」にも求められる。意識の経験が進行する原理は、周知のように「緒論」で述べられている。それによると、その方法論の核心は、経験する当事者たる〈意識の観点〉とそれを観望する〈超越論的な観点〉の落差を利用することにある。それらの視点の違いは「意識に対して」起こっている事態と「我々にとって」明らかな事態との差として顕在化し、それらのあいだの落差は解消すべき「矛盾」として捉えられ、それを次々に「止揚」していくことで意識の諸形態からなるひとつの系列が形成される。さしあたりヘーゲルは前者を「知」（GW9, 58）、後者を「真理」あるいは「概念」（GW9, 58, 59）と呼ぶが、『精神現象学』はその「知」と「概念」が一致するまで「矛盾」の「止揚」が繰り返されることを「学へと至る道」ないし「弁証法的運動」（GW9, 60）の原動力としている。このとき、意識の対象の側もまた経験の主体たる意識と相即する関係にあり、その関係論によって規定されているため（つまり、主体に対してそのつど現われるものがそのつどの「対象」となるため）、事態の「落差」の解消に沿って意識も対象も次々と変化する。たとえば、意識のゲシュタルトが〈「感性的確信」→「知覚」→「悟性」〉と変化すれば、それに相即するかたちで対象もまた〈「このもの」→「性質」→「力」〉と変転する、といった具合に。

だが、このいわゆる「自体」と「対自」との「落差」を利用する方法論はすでにフィヒテにも認められる。フィヒテは『全知識学の基礎』第三章において、「絶対的自我」の無限な活動を阻害する「障害」の根拠づけを「知識学」の「理論的部門」は演繹できず、よって（経験的）意識の成立根拠（「実在性」）もまた根拠づけることができないことから、「ここ〔理論的部門〕では、第一〔根本命題〕はたんに統制的妥当性を持つだけに過ぎない」（GA I/2, 282）と述べていた。したがってフィヒテは「理論的部門」が「独断論的」に見えることをあらかじめ断っている（ゆえに彼は「理論的部門」を「体系的スピノザ主義」（ibid.）と特徴づける）。そこで、『基礎』第四章では「理論的部門」で演繹した議論の系列を「我々の哲学的反省」の次元と「自我の意識のうちにおける事実」の次元とに区別し[13]、それを後者に「対自化」すること、つまりかの両視点の断絶を解消することによっ

（9）　田端『序説』、五六五頁以下。

（10）　ピシェはフィヒテの「現象学」がランベルトに由来すると見るのが有力だとし、その根拠となるドキュメントを『新オルガノン』ではなく一七七〇年一〇月一三日付けのランベルトのカント宛書簡に指定している（vgl. Claude 2010, 36-7）。田端はフィヒテの「現象学」も内容の観点から見てラインホルトの「現象学」の影響が大きいことを論証している（田端『序説』、五五二頁以下、特に五六二―三頁）。

（11）　クルグロフは、ラインホルト説が有力であることを認めつつ、さらに「可能な出所」として、こちらもランベルトを挙げている（vgl. Krouglov 2008, 29ff.）。

（12）　「緒論」に認められる意識の構造にもとづいた「知」と「真理」の区別もまた、ラインホルトの「意識律」を下敷きにしている。

て、いわばフィヒテは「絶対的自我」を「統制的原理」から意識の実在性の「構成的原理」へと転換しようとしていると言える。これが「実践的部門」の基本的な課題である。このことは「知識学が人間精神の実際的な歴史である」（GA I/2, 365）こととして描かれる(14)。

両者の共通点は、ともにことがらに即した「知の形式」と「超越的な観察者の視座」を区別していることにある。よって、おそらくこの区別はフィヒテにまで遡ることができる。そして「知の形式」（フィヒテ）にしろ「自然的意識」（ヘーゲル）にしろ、意識にとって「背後で（あるいは、無意識に）」生じているかに見える対象の生成という事態が、意識の自ら自身の働きによってもたらされたものであるにもかかわらず、当の意識はそのことを知らないとされている点で一致している。

ただし、ここで指摘したいのは、ヘーゲルがフィヒテと同じだということではなく、ヘーゲルの「我々」という視座の導入がヘーゲルに固有の方法論ではないことである。もっと言えば、両者のあいだに認められる違いに注目するほうがはるかに重要である。それは「我々」の地位と役割に関係している。

意識の経験の進行に関する要点だけを述べておけば、フィヒテとヘーゲルの違いは、ヘーゲルがかのパースペクティヴの「落差」をもっぱら意識の経験の段階的進行の動力としていることにある。『精神現象学』の場合、先行する意識の経験と後続のそれとの連関を「我々」が認め、より高次の意識形態へと導くための「付け加え（Zuthat）」（GW9, 59）をするというかたちでそのつど経験のプロセスへと介入する。よって、ヘーゲルの場合には意識のうちに自らの制限を破っていこうとする「力（Gewalt）」（GW9, 57）は認められるものの、フィヒテの「構想力」に相当する力は進行の牽引力にはならない。それに加えてフィヒテの場合、パースペクティヴの次元の差は対立する反対方向の「反省」運動として現われるのだが、ヘーゲルにおいては、両視点は経験の進行に即していわば「並走」するかたちをとる。「我々」はこのように経験のプロセスに「並走」することでそのつどの前後の連関を見通すだけであるから、フィヒテのように「哲学者（知識学者）」であったり、あらかじめ「学」の立場に立っていたりする必要はない。『精神現象学』の「我々」とは、「知識学」と同様に行程の「観察者」ではあっても、そのつどの意識と対象の関係論に制約された役割を担っているだけであり、それゆえに「我々」が『精神現象学』の叙述を「学」へと強引に引っ張りこんでいるのではないかというような疑いの余地はない。「緒論」で説かれる「我々」の「付け加え」、「観望（Zusehen）」（GW9, 59）、「観察」（GW9, 61）などは、どれも出現するべき「学」を前提にしたものではなく、経験のプロセスにともなって「自然的意識」とともに徐々に「学」の立場へと接近していくような、場面に嵌入的な視点の役割[15]を示しているだけなのである。[16]

---

(13) シュトルツェンベルクの簡潔な表現を借りれば、この二つの視点は「外部からの知、すなわち知識学者の知」と「テクストそれ自身において解明される知の形式」の区別と言い換えられる（vgl. Stolzenberg 1986, 277）。ただし、彼は「一八〇一／〇二年の知識学」を解明するのにこの区別を使っている。フィヒテはこの両視点のうち、知識学者の超越論的反省について、よりはっきりと「人為的な（*künstlich*）」ものとも言っている（GA I/2, 363）。またフィヒテは一七九七年の『知識学への第二序論』では、両者を「精神的な行為の非常に異なる二つの系列」として区別し、一方を「哲学者の観察の系列」、もう一方を「哲学者が観察するところの自我の系列」（GA I/4, 210）としている。

(14) よって、この「対自化」はこれまでの「反省の方向」とは「反対の方向」の「反省」とされる（vgl. GA I/2, 365）。

(15) 田端はこれを「トポス的性格」（田端『建築術』、四〇頁）と呼ぶ。

(16) フィヒテにおける「観察する哲学者」は「すべての経験をすでに行なってしまっている」立場にある（GA I/4, 210）。さらにフィヒテが「かの自己自身を構成する自我は哲学者自身の自我に他ならない。哲学者は、先述の自我の働きを自己自身のうちにのみ直観することができるのであり、この働きが直観できるためには、哲学者がこの働きを遂行せねばならない」（GA I/4, 214）とか、「〔知識学の読者の〕誰もが自己自身を思惟することができるだろう」（GA I/4, 215）などと言うとき、「知識学」の行論は一種の「我々（＝哲学者）」の「自己観察」であることが分かる。これに対して、ヘーゲルの「我々」にはこれらの含みはまったくなく、「意識の経験」は「自己観察」でもなければ、「読者（＝我々）」に「学」の立場を要求してもいない。

以上のように、「現象学」を仮象の学ではなく「絶対者」が現象する学の部門と見なす点、そしてその「現象」の進展を「有限な意識の立場」と、それに並走する「我々」とのあいだの視座の落差を利用しながら展開させていく点に『精神現象学』の固有性を見定めることができる。つまり、「絶対者」の顕現という固有のプログラムと、意識の背後で生じる対象の生成の前後の脈絡を見通し、それらをひとつの道程へと紡ぐことによってそのプログラムを実現するという方法論とをともに備えていることに『精神現象学』の特殊性があると言える。

第３節　『精神現象学』の「論理」問題――「現象知」と「学のモメント」

（１）『精神現象学』の「欠陥」――ヘーゲルのシェリング宛書簡から

近年のヘーゲル研究において、いわゆる「現象学の論理」問題は特に評判が悪いものの筆頭に挙げることができる。その理由は、大別すれば二つ挙げることができる。ひとつには、『精神現象学』（もっと言えば、ヘーゲル哲学）からアクチュアルな洞察を新たに引き出そうとする近年の試みにとって、この議論はあまりにも途方もないもののように映るからである。たとえば、「精神」の諸形態の裏には「論理学的必然性」があるという主張をそのまま活かすには、一般的な議論としては負荷が大き過ぎる。もうひとつには、一九六〇年代から続いた一連の論争を経た今もなお議論に明確な決着が着いたとは言えないからである。そもそも『精神現象学』の「論理学」なるものが存在するかどうかさえも（そのように推察される表現が認められるとはいえ）確実なことではない。『精神現象学』に（現存する）「論理学」を重ね合わせるアプローチは、その労力に比して統一的なコンセンサスを得ることが容易ではないのである。

いずれにせよ、これらを端的にまとめれば、今の私たちがそこから何か肯定的、生産的な結論を導き出すのが非常に難しいのである。「現象学の論理」はいわば『精神現象学』の「食べられない部分」と見なされているると言える。同じ理由で、近年は「宗教」章や「絶対知」章もまたその固有の文脈を離れたところで論じられている傾向があり、特に「絶対知」は比較的研究の中心からは外されているか、付随的で軽い扱いを受けているることは否定できない。しかし、以下で示すような問題機制を踏まえれば、『精神現象学』を解釈するに際して、果たしてそうした態度で本当によいのかということはもう一度顧みられるべきだと思われる。とはいえ、仮にこのような方針が正しいとしても、私たちはこの問題の端緒をどこに求めればよいのだろうか。

通常、ある書物の方針や全体像やそれを貫いている原理を掴もうとすれば、目次や導入部を見て全体的な構成を先に頭に入れればよい。しかしながら、これは有名なことであるが、『精神現象学』にはそうしたアプローチを許さない事情がいくつか存在する。第一に「目次」がローマ数字による順番づけと、アルファベットによるそれ(17)とが存在し、両者が一致しなかったり、重複したりしてしまっている。したがって、目次の並びから「論理」や「原理」を引き出してくることが容易ではない。たとえば「宗教」章と「絶対知」章でこれまでの行程を振り返るときにクローズアップされる「意識の諸形態」は、「目次」からはまったく見通すことができないような、まさしく「カオスな」やり方でピックアップされているようにしか見えない。第二に、そもそもこの著作のタイトルが出版過程の途中で「意識の経験の学」から「精神の現象学」へと変更されている。そのため、当初から一貫した方針のもとで書かれたものではない可能性がたびたび指摘されてきたし、この変更

(17)　(A)意識、(B)自己意識、(C)(AA)理性　(BB)精神　(CC)宗教　(DD)絶対知、となっている。

は「精神の現象学」が「体系の第一部」に数えられるのか否かという大きな問題にも関わるものでもある。ここではその問題に立ち入らないとしても、「目次」や「導入部」はこの著書の方針を詳らかに示していないことは確かである。この点と関連して、第三に、執筆当初に書かれた「緒論」と最後に付された「序文」では必ずしも内容が重ならない部分もあるため、上述したような一般的なアプローチをとることができない。これらのことからも、『精神現象学』が異質な著作であることが分かる。

　他ならぬヘーゲル自身も『精神現象学』にはこうした著作としては重大な「欠陥」があることを認めている。一八〇七年五月一日付けのシェリング宛書簡には、次のように書きつけられている。

> とうとう僕の著作が出来上がりました。しかし不幸な紛糾が生じ、部分的にはその構成を歪めさえしたたものと同様の混乱が出版業者や印刷業者でずっと続き、それが見本刷りを友人たちに配るときにも起こっているのです。〔…〕この第一部は、本来は導入ですが、――〔本来は、というのは〕率直に言えば、僕はまだこの〔学の〕導入段階から先に進んでいないからなのですが、この第一部の理念について君は何と言うでしょうか。――詳細に入り込んだことが、全体を見渡すことにとって害となっていることは僕も感じています。〔…〕個々の部分も〔完全なものに〕仕上げるためには、さらに多くの下仕事を必要とします。〔…〕最後の部分がかなり不格好なこと〔に関しては〕、君は、そもそも〔僕がこれを去年の〕イェーナの戦いを前にした夜中に仕上げたということで、寛容に大目に見てくれるでしょうね（Br. 161f.）。

　ヘーゲルが友人に弁明しているのは、出版をめぐる不運な事情が『精神現象学』の構成にまで及び、細部にこだわり過ぎたことがかえって全体像を見通しにくくしてしまったこと、さらに執筆に際して時間的に余裕を持てなかったことで、特に著作の後半部分が不完全なままに出版されてしまったことなどである。その程度は戦火のなか執筆し、晴れて自らの著作を公刊し終えた直後のヘーゲル自身も認めざるをえないほどだったのだという。これらの周辺事情は「学」の「生成」を描くという課題にとって致命的だったはずだが、私たちの確信では「現象知」と「学のモメント」の対応を明確に呈示するという後半部の主題にもこの「不幸な紛糾」の影響は当然及んでいると考えざるをえない。

この紛糾を解きほぐすことを主な目的のひとつとしていたのが、イェーナ期のクロノロジーに沿って一連の草稿群を解釈し、その全体像を再構成しようとする文献学的、発展史的研究であった。この過程でいくつもの論争が生まれ、「現象学の論理」問題も論じられるようになったのである。そこで、私たちも「宗教」章に関係する「現象学の論理」問題の端緒を、これらの草稿群と一九六〇年代以降一時期盛んに行なわれた研究に求め、それらの成果を参照する必要があるだろう。しかしながら、私たちの課題にとって重要なのは、『精神現象学』の「論理」あるいは「必然性」のもとでいったい何が意味されているのかである。すなわち、ヘーゲルのうちにどのような種類の「必然性」があるのかということを一度分節化しておくことが、かの「学の必然性」の問題に取り組むための効果的なアプローチであるように思われる。[18] それによって「『精神現象学』を裏づけている「論理」はどの「論理学」構想なのか」ということではなく、『精神現象学』で言及される「*Logik*（論理）」とはどのような特質のものなのかを考えてみたい。以下では、一旦迂回をして研究史で争われてきた「現象学の論理」問題の要点にも触れておこう。そうすることで、本書９章で論じる「宗教」章が突き当たっている「論理」問題の所在もまたよりはっきりと見えてくるはずである。

（18）　原崎　一九九三年、二四〇―二四三頁を参照。

（2）「学」の方法論と「必然性」

「現象学の論理」問題が重要視されてきた理由は、少なくとも二つ挙げることができる。ひとつは、ヘーゲルが『精神現象学』のうちで繰り返しその進展の「必然性」を説き、それが『精神現象学』の体系的な学的性質の根幹をなしていると考えているからである。『精神現象学』は「学」への「梯子」（GW9, 23）や「予備〔学〕」（GW9, 28）に喩えられるように、その役割はまだ見ぬ「学」の可能性を呈示することである。だが他方で、ヘーゲルはこの現象学そのものにも学的な特質を認めている。「純粋な本質態の運動が学性一般の本性をなしている。この運動は〔学の〕内容の連関として考察すれば、この内容の必然性であり、それが有機的な全体へと拡がっていくことである。それによって知の概念が到達するところの道は、この運動によって〔学と〕同じく必然的で完全な生成である」（GW9, 28）。

もうひとつは、第一の論点に関連するが、「意識の経験」の進展が織りなす意識の形態の系列、歴史的プロセスが「学のモメント」に対応するというテーゼが存在するからである。「必然性」にせよ「学のモメント」にせよ、『精神現象学』構想が依拠している「論理（学）」を解明することはこれらの問題にアプローチする最良の道のひとつだという期待のもとで、発展史的、文献学的研究が進められたのだと言える。まず、ひとつめの「必然性」の問題を論じ、「意識の諸形態」と「学」の関係については後に取り上げることにしよう。

ヘーゲルは『精神現象学』の「緒論」、最終部の「絶対知」章、そして「序文」で繰り返し「必然性」に言及している。それらによれば、「進行の系列」（GW9, 57）と呼ぶにせよ「精神の諸形態の系列」（GW9, 425）と呼ぶにせよ、そこには「進行の必然性」（GW9, 58）が認められるという。この「必然性」は形式論理学の推論や根本命題からの直線的な演繹に認められるような種類の「必然性」ではない（vgl. GW9, 31ff.）。ヘーゲルによれば、これらはいずれも「外的必然性」（GW9, 11）である。これらと区別される哲学の「内的必然性」（GW9, 11.

39, 429）とは、あくまでも対象に内在的であって、彼はそれを「対象の生命」（GW9, 39）や「ことがらそのもの」（GW9, 11）に即して、その結果生じてくるものだという。そのような必然的連関を持った知の全体が「学的体系」「学の形式」（ibid.）なのである。敷衍すれば、この系列の「必然性」こそが知の「体系性」のメルクマールであり、この「学」が「学」たる所以である。この「学」が「精神の本来的な学」として『精神現象学』の到達点に設定されるが、この目標もまた進行に内在的、必然的に与えられるとされる。「知にとって〔学の〕目標は進行の系列と同様に必然的に設定されている。目標は、知がもはや自分自身を越えて行く必要がないところ、知が自分自身を見いだし、概念が対象に、対象が概念に一致するところにある」（GW9, 57）。

　このように「必然性」が「学」の「生成」にとって内在的であることについて、ヘーゲルは『精神現象学』の方法論に関連づけながら、次のようにも述べている。すなわち、「**学の本来の叙述は Logik に属する**、あるいはむしろそれは **Logik そのもの**である。というのは、方法とは、全体の構築が自らの純粋な本質態において打ち立てるものに他ならないからである」（GW9, 35）。このことから、ヘーゲルはかの「必然性」を生み出す原理は「学」の方法論に他ならず、この叙述が「Logik」に一致すると考えていることが分かる。『精神現象学』がとっている戦略は、「学」の内容の自己運動が方法論そのものであり、かつその方法論のうちに「学」の内容の必然的連関や、全体を余すところなく包括するための原理が含まれるとすることであり、おそらくヘーゲルはそれによって外在的なアプローチを回避していると考えている。「序文」はこの哲学の方法論が内容に内在的であることを繰り返し説き、数学を名指ししながら外在的方法論を執拗に非難している。

　それでは、Logik の叙述そのものでありながら、その固有の本性が必然的に「学」を駆動させるようなファクターとは何か。『精神現象学』のヘーゲルにとって、それは「**概念**」である。この「概念」とは、精神がその進展運動を通して「自己意識」（GW9, 429）——これは「対自」や「主体」（ibid.）への転換とも言い換えられるが——となった末に成立する、対象性を止揚しきった「対象」(ibid.) のことであり、「学」の境位たる「絶対知」と同義である（「精神の自己意識」については、本書9、10章で後述する）。ヘーゲルは「学は概念の固有の生命によってのみ有機化される」(GW9, 38) と述べ、「概念の必然性」(GW9, 36) こそが「意識の諸形態」の現象学的な進展を担保すると説く。ゆえにヘーゲルは「自らの存在において自らの概念であることの本性のうちには、一般に**論理的**必然性 (*logische Nothwendigkeit*) がある。この論理的必然性だけが理性的なものであり、有機的な全体のリズムである。〔…〕この必然性だけが思弁的なものなのである」(GW9, 40) と述べ、すぐさま続けて「学的な方法の本性は、一方では内容から分離されていないことにあり、他方では〔その方法が〕自ら自身で自分のリズムを刻むことにある。すでに注意したように、この本性は思弁的哲学のうちでその本来の叙述を持つ」(GW9, 41) と主張することができたのである。以上のことから、ヘーゲルに忠実にしたがえば、私たちは現象学が辿る個々の「現象」の背後（あるいは「意識の諸形態」の背後）には「必然性」がありながらも、それは「生成」のプロセスに即して成立するのであり、なおかつその「必然性」はその進展に内在的な論理だと見なさねばならない、ということになろう。(19)

しかし、こうした主張をそのまま無批判に受け容れるのはあまりにナイーブである。とりわけヘーゲルが、『精神現象学』が叙述する「意識の諸形態」の進展が余すところのない「完全な系列」(GW9, 57) であることを同時に主張してもいることを思い起こすとき、この「必然性」が体系の構成にとって果たす役割は、あまりに過大だと言わねばならない。このような「現象知」の全範囲を網羅してくれる「内在的な」「必然性」はいったいどこから生じるのか。そして、その「内的必然性」は本当に「現象知」の領域をカバーしてくれるのか。一般的な観点からすれば、このような方法論や「概念」は非常に強い原理と見なされるだろうが、その「充たされた内容を自らで自己運動させる魂」(GW9, 38) もまた——『精神現象学』が主張するところに反して——

実際のところ、「外在的な」論理学的な方法論にしたがっているとか、それを下敷きにしているのではないかという疑問を呈する余地は当然ある。あるいは、結果としてもたらされるものを暗に前提にしてしまっているのではないか、という批判をすることも可能だろう。というより、そう考えるほうが自然だとさえ言える。ヘーゲルが行なおうとしていることがらの性質上、彼はこの手の批判には「読めば分かる」としか答えようがないであろうが、とりわけ自らの「体系」が固有の完璧な原理を持ちながらも、それが一切の前提を排除しているという強い主張には首肯しがたいものがあるように見える。総じて、これらの難題の源泉は件の「必然性」をどう理解すべきなのかという問題にある。

（19）これらの問題について、『論理学』の「緒論」では次のように言われる。「私は、『精神現象学』において、意識が自分とその対象とのあいだの最初の無媒介な対立から絶対知に至るまでの進展運動を述べた。この道程は、〔…〕その結果、学の概念を獲得した。〔…〕しかし学の定義、より詳しく言えば論理学の定義はかの〔『精神現象学』における〕学の発生の必然性のうちにのみその証明を持つ」（GW11, 20）。さらに「『精神現象学』は純粋な学の概念の導出に他ならなかった」（ibid.）とも述べられる。したがって、先に見た「概念」とは正確に言えば「学の概念」（もっと言えば、ここでは「学」は「Logik」と同義である）のことを指しているのであろうが、いずれにしても、生成しつつある「学」の概念を「学」に先立って『精神現象学』の前提にすることができないことに変わりはない。このことは「我々」が「自然的意識」に先立って「学」の立場に立っている必要がないことと符合する。

以上のことを勘案すれば、一八〇八年五月二〇日付けのニートハンマー宛書簡においてヘーゲルが「イェーナでは自分の論理学について、今それに取りかかっているようにはそれに基礎を置いていなかったし、詳細に講義したこともありませんでしたが、もし数年のあいだだけでも講義していたら、たぶんもう少し〔今の状態を〕何とかすることができていたでしょう」（Br. 230）と書きつけた理由も推測することができる。この発言が一見して奇妙に映るのは、ヘーゲルが実際にはイェーナで「論理学」を何度も構想し、特にＬＭＮ草稿ではかなり詳細な記録を残しているからであるが、この報告の真意は「学」や「概念」をイェーナ期の後期まで構築できていなかったというところにあると思われる。

（3）「現象学の論理」――「論理学的必然性」の消息

この「論理学」の在処をめぐって、（ときには『精神現象学』のテクストを離れて）イェーナ期の文献学的研究による「現象学の論理」問題が生じたわけである。本書では「現象学」構想と「論理学」構想との対応のうちに「意識の諸形態」の連関、「必然性」を見る立場を「論理学的必然性」と整理しておきたい。すでに述べたように、この問題には明確な決着が着いたわけではなく、またその細かな文献学的な論拠やテクストの対応関係を検討することも本書の課題ではない。ここでは『精神現象学』の論理性や「必然性」の輪郭をはっきりとさせるためにこれらの要点を押さえておきたい[20]。

二〇世紀の前半にヘーリングが『精神現象学』は途中に断絶を含む「欠陥」のある書ではないかという疑念を呈して以降[21]、『精神現象学』に認められるかの「不幸な紛糾」を解きほぐそうという試みが度々なされてきた。フルダは一九六五年に「イェーナ体系構想Ⅲ」の「精神哲学」の後半に現われるいわゆる「思弁哲学のスケッチ[22]」や、一八〇九年のニュルンベルク時代の「論理学」のうちに『精神現象学』に対応する構想があるとする説を唱えた[23]。このフルダの説をペゲラーが批判し、「私たちに現象学の行程を統一的に、最初から一義的に編成されたものとして解明してくれるようなヘーゲル論理学の行程は存在しない。むしろ、一八〇四年の論理学・形而上学ともニュルンベルク期の論理学構想ともその行程が一致しないような論理学をイェーナ期の最後にヘーゲルが切り開いたと見るのが有益だろう[24]」とし、「現象学の論理学」の存在に非常に否定的な見解を示していた。

こうした反論を受けて、フルダは「思弁哲学のスケッチ」やニュルンベルクの論理学との対応関係を撤回し、一八〇四／〇五年の「イェーナ論理学・形而上学・自然哲学」草稿（以下、ＬＭＮと略記する）や『精神現象学』そのもののうちに「現象学の論理学」の所在を求めるようになる[25]。ペゲラーもまた上述の論文でＬＭＮの重要性を否定することなく、ヘーゲルの思想形成に対するその構成的な意義を認めており[26]、その後もJ・ハインリッヒス[27]、H・シュミッツ[28]、久保陽一[29]、田端信廣ら[30]がLMNの役割の重要性を強調している。

そもそもこうした解釈上の厄介な問題が生じるのは、抽象的な「学のモメント」、つまり「論理」を構成するカテゴリー的なモメントに「現象知（現象する精神）」の形態が対応するとされるからである。

〔…〕**学の抽象的な諸モメントのそれぞれには、現象する精神一般の形態が対応する。**定在する精神は学よりも豊かではなく、その内容において学より貧しいわけではない。こうした意識の諸形態という形式において学の

---

(20) この問題の概観については、以下を参照。Busche 2008, 135–154.; 原崎 一九九四年、久保『生と認識』第Ⅳ部、第3、4章。
(21) Haering 1963.
(22) ①絶対的存在、②相関、③生と認識、④知る知、⑤精神、⑥自己についての精神の知、という六つの概念からなる系列のこと（vgl. GW8, 286）。
(23) Vgl. Fulda 1965, 95, 142.
(24) Pöggeler 1966, 57. ここでは特にニュルンベルク期の論理学への対応が批判される（52–54）。
(25) Fulda 1966, 95–99. フルダは二〇〇七年にも改めて一九六五年の自身の研究の誤りを認める言及をしている（vgl. Fulda 2007, 392–394）。
(26) ここでは詳述しないが、ペゲラーはその後かえって「思弁哲学のスケッチ」との対応関係を積極的に認めるようになるが（Pöggeler, 1973a）、すでに一九六六年の段階で（『精神現象学』の下敷きになった「論理学」の存在は否定しつつ）『精神現象学』に繋がる思想の萌芽がイェーナ期に認められる可能性は排していなかったように思われる。
(27) Heinrichs 1974.
(28) Schmitz 1960 16–39. なお、後年H・シュミッツは「思弁哲学のスケッチ」との対応があるとする説を「誤っていると思う」（Schmitz 1992, 301）とはっきり批判している。
(29) 久保『生と認識』を参照。
(30) 田端「「単純な総体」」、七一―八八頁、同『建築術』4章を参照。

純粋な諸概念を認識することは、これらの諸概念の実在性の側面をなしている。この〔諸概念の実在性という〕側面からすれば、これらの諸概念の本質、つまり学において思惟としての単一な媒介のうちで措定されたところの概念はこの媒介の諸モメントを打ち砕き、そして内的な対立にしたがって自らを表現している（GW9, 432）。

この対応関係を説明するために、「現象知」と並行する「論理学的必然性」を解明するのは、もっともであるばかりか、最善のアプローチのひとつにさえ見える。というのは、ヘーゲルによれば、論理学的な概念の自己運動における思惟のモメントはそのモメントに合致する「現象知の形態（意識の形態）」を見いだすばかりか、それだけではなく逆に「現象知の形態」の側も概念の論理的な分節化のうちに対応するカテゴリーを持っているからである。換言すれば、「論理」は〈現象レベル〉において自らの対応物を「意識の形態」として持ち、反対に「現象知」は〈論理レベル〉において自分に相当する「ロジック」を系列の根拠として持っている、ということになるはずである。これら二つの事態は本性上同じことがらでなければならず、二つは同一の事態を違う観点から述べているに過ぎない。こうした理由で「論理学的必然性」の分節化は「意識の形態」の分析に有用であるように思われたわけである。

だが、ＬＭＮを『精神現象学』に重ねようとする際に特に困難となるのは、論理学的運動と現象学的運動との関係をどう整合的に説明するかである。『精神現象学』によれば、この一見独自の機序にしたがう（悪く言えば、恣意的な）「現象知」の系列は、たしかにその「純粋な＝論理的な」系列と一致するはずである。しかしながら、ＬＭＮの目次からも分かるように、モメントとなる「現象知」は明らかに論理学的モメントとは別の概念的機序・系列にしたがっているように見える。もしＬＭＮの、特に「論理学」が『精神現象学』を支配する法則として想定されているとすれば、それは「意識の経験」の叙述に外在的なシェーマから「現象知」を配置するという極めて記号的な操作を意味してしまうのではないだろうか(31)。こうした読解は、かの「内的必然性」のテーゼに代表される『精神現象学』の基本的なスタンスとは相容れない。

こうした方針が含む問題はそれだけではない。いずれかの「論理学」が『精神現象学』の青写真となったという想定は、当初ヘーゲルが『精神現象学』を「学の体系第一部」とし、それに後続する本体学が他ならぬ「論理学」であったことを無視している(32)。たしかにＬＭＮと『精神現象学』が互いに協力的な関係にあったことは間違いないだろう。私もまたＬＭＮ草稿が『精神現象学』が対して持つ卓越した意義は否定しえないと考える。とりわけ、「学」を構成する方法論や「弁証法的運動」はこの草稿がなければまったく別のものになっていたはずである。それゆえ、内容上両者に対応が見られることも不思議ではない。しかし、それは「論理学」のほうもまた導入としての「現象学」を必要としていた事実を見過ごしてしまっているように思われる(33)。

概して、この問題を考察する際に注意すべきは、「学のモメント」と「現象知」の形態とのあいだには単線的な、単純な直線的な一対一対応の関係は決して成立しえないということである(34)。この論点については９章で詳述するが、さしあたりここでは「論理学的必然性」を求めたり、『精神現象学』とＬＭＮとのあいだの対応関係を発見しようとしたりする立場の誤謬の源泉が「現象」と「論理」のあいだに〈単純な一対一対応関係〉

(31) 同様の指摘は、フルダがすでに行なっている（Fulda 1965, 91–92）。
(32) Vgl. Busche 2008, 140.
(33) ペゲラーは、「現象学」と「論理学」の「同根源性」を主張する（Pöggeler 1966, 52）。しかしながら、『精神現象学』と「論理学」を、根を同じくする「二叉に割れた木（Zwiesel）」という譬えで定式化するのはミスリーディングであるように思われる。
(34) Vgl. Chiereghin 1980, 294；田端「「単純な総体」」、八五頁。

を想定することにあるという点に留意しておけばよい。

いずれにしても、本書が問題にしているのは『精神現象学』が何か「学」に対して〈外在的な〉論理を持たないということである(35)。言い換えれば、「私たちは『精神現象学』の叙述のうちから内在的に論理性を引き出すことができるのか（あるいは、ヘーゲルがそれに成功しているか）」という理論的次元のことがらを本質的な問題にしている。それに答えるためには『精神現象学』の叙述を具体的に再構成する他はないだろうが、そのときには「論理学的必然性」を求めることには慎重でなければならない。もちろん、テクストの再構成が容易ではないからこそ、こうした間接的なアプローチが試みられてきたことは言うまでもない。

第4節　「必然性」の行方——「歴史的必然性」と「想起」論

「必然性」を考察するにあたって、次に有力な候補となるのは「緒論」で主張される『精神現象学』に特異な方法論から「必然性」を説明しようという試みである。上述したように、『精神現象学』は「経験する意識」や「対象」にとって明らかな事態と、その運動を観望する「我々」との視点の落差を進行の原動力にしている。この差異の顕在化が進展の駆動力となりうるのは、「我々」が運動の前後の連関を洞察し、後続する「形態」＝「モメント」への「移行」の根拠を指摘するからである。これらの連関は意識の背後で成立しているため、当の「経験する意識」にとっては明らかではない。ヘーゲルはこれを「付け加え」と呼ぶが、言葉の響きに反して、その本質は「弁証法的な進展」の原理とも言うべき強い介入と見なさざるをえない。もちろん、「我々」が関与するからといってそれが方法論として破綻していることを意味するわけではないが、しかしそれでも「学」の「必然性」という観点からすれば、こうした強力な介入もヘーゲルが説くような強い「学」の「必然性」を完全に明らかにしてくれるものではない。というのは、この方法論的原理だけでは「ことがらＡ」と「ことがらＢ」との連関づけの解明になりはしても、それだけでは系列の完全さを担保する「内的必然性」の説明をすることが困難だからである。[(36)] たしかに、「学」の方法がこの原理にもとづいていると解せば、「その本来の叙述」が「論理」と一致するということの一部は説明できよう。その方法論によれば、意識に対して存在する「所与のものＡ」が、「弁証法的運動」を経て、その可能性の制約となる「根拠Ｂ」へと「移行」する。それと同時に、この連関が「Ａ→Ｂ→Ｃ」と直線的で時間的に（つまり、前方に）進展することが、後方への、その形態の根拠への「還行」（「Ｃ→Ｂ→Ａ」）でもある。この連関を汲み尽くすことが「意識の経験の学」だということになるだろう。しかしながら、ヘーゲルはもう少し強い「必然性」を説いている。「絶対知」章では次のように述べられる。

〔学の〕モメントは、意識や表象から自己意識のうちへと行ったり、逆に自己意識から意識や表象のうちへ行ったりするような運動において登場するのではなく、〔現象において特定の形態をとらねばならない〕意識におけ

(35)　もちろん、本書の主張は「ヘーゲルが過去に着想した「論理学」構想をまったく頭から抜け落ちさせて『精神現象学』を書いていった」ということを示すものではない。実際問題、ヘーゲルが記憶喪失にでも陥っていない限り、そうした主張をすること自体がナンセンスである。

(36)　こうした立場は、以下の文献に典型的に見られる。Dove 1970, 615-641. 久保は『精神現象学』の方法論について、「一方で諸概念の直線的で時間的な進行と、他方で円環的同時的な総括（「想起」）とが絡み合いながら進行している」（久保『生と認識』、二六三頁）とし、「ヘーゲルの「学」における「必然性」とは、〔…〕所与のものの弁証法的根拠づけの意味での「必然性」であり、それゆえ内容のうちに「内在的連関」が出てくることになる」（二六四頁）のだとする。この指摘は間違っていないのだが、「想起」と「必然性」について、もう少し詳しい別の解明が必要であるように思われる。

る自らの現象から自由になった純粋な形態、純粋概念とその前進運動は、ただ概念自身の純粋な規定性にのみ依存している（GW9, 432）。

ヘーゲルによれば、「学のモメント」の登場の仕方は「意識の諸形態」の系列に従属しているのではなく、「純粋な形態」ないし「概念の規定性」だけにしたがっているのだという。先述したように、この「概念」とは実質的に「論理的必然性」を備えた「絶対知」のことを指しており、かの強い「必然性」のテーゼはここに由来している。こうした強い原理は「緒論」の方法論だけでは到底説明できるものではない。

だが非常に厄介なのは、とはいえ「意識の形態」の系列が形成するプロセスと「現象知」とが無関係であると解してはならないことである。とりわけ「絶対知」章に顕著なことであるが、むしろヘーゲルは「学」の「生成」に関連づけながら「歴史」の概念が持つ決定的な意義を強調している。

> この目標、つまり絶対知、言い換えれば自らを精神として知る精神は、諸々の精神がそれぞれ自身においてどのようであり、その国の編成をどのように完遂するのかについて精神の想起＝内面化をそのやり方として持っている。これらの精神の保存は**その自由で、偶然性の形式において現象してくる定在の側面からみれば歴史であり、その概念的に把握された編成という側面からすれば現象する知の学**である。両者は一緒になると**概念的に把握された歴史**になり、それは絶対的精神の想起＝内面化とその刑場を形成する（GW9, 433-434）。

もし「概念の規定性」＝「論理性」を内在的で必然的なものと解するならば、「歴史性」はたんに外在的なものだと見なされうるかもしれない。あるいは、そのつどの「精神」がとる「定在」が「偶然性の形式」において（つまり、〈現象レベル〉で）表現される「学」の概念のことに他ならないとはいえ、「歴史」はただ「論理」に付き随うかたちでそれを正当化し、それを追認するだけのものに見えるかもしれない。そうだとすれば、こここにかの悪名高き神秘主義的、進歩主義的歴史観を見てとり、それによってただある種の現状肯定に資するだけのヘーゲルの歴史主義を批判することもできるだろう。しかし、彼が「概念的に把握された歴史」について語っていることに注目するとき、彼の「歴史」概念を「論理」対「歴史」という単純な図式的、形式的な二者択一のもとだけで整理することはできない。少なくとも『精神現象学』のヘーゲルについて言えば、「歴史」は「学」に外在的なたんなる史実の寄せ集め（仮象）でも、歴史的事象を肯定するためのエクスキューズのようなものでもなく、独特な意味を込めて理解されている。

先の引用の「自由で、偶然性の形式において現象してくる定在の側面」とは、端的に言えば「現象知」が「時間」において生成してくることを意味している。ゆえに「歴史」は時間において現われる「精神」の概念に他ならない。肝心なのは、その「時間」という制約された形式によってしか現われることができない「学の抽象的なモメント」と概念的思惟との関係である。

> 歴史とは知りながら自らを媒介する生成であり——時間へと外化された精神である。〔…〕この生成は諸々の精神の緩慢な運動と継起である。つまりそれは、諸々の像の画廊であるが、この像のそれぞれは精神の完全な豊かさで飾りつけられている。〔生成が〕緩慢であるのは、自己が自らの実体の全的な豊かさに浸透し、消化せねばならないからである。精神の完成は精神が何であるかを、そして自分の実体を完全に知ることのうちに存するので、この知は精神が自己内に行くことであり、そのことにおいて自らの定在を捨て去り、自らの形態を想起＝内面化に委ねるのである（GW9, 433）。

「論理」と「歴史」の関係で特筆すべきは、精神の「緩慢な運動」である。[37] なぜ「精神」は「緩慢」なのか。

（37）「歴史的必然性」と「精神の緩慢さ」については、Busche 2008, 144–145 を参照されたい。しかしながら、本書が以下この引用文は次のように読むことができる。すなわち、「時間」という現象の領域へと外化され、そこで展開された本来的には抽象的な「学のモメント」は、〈現象レベル〉で余すところなく汲み尽くされている。いわば「学」の素材は出揃っている。「概念的に把握する（begreifen）」とは、それらを「精神の自己知」として、「精神」自らが自己として知ることを意味している。それが「浸透」し「消化」することの意味である（詳しくは10章を参照）。それゆえ、ここでの「想起（Erinnerung）」（より正確に言えば、「宗教」章以降の「想起」）はたんに何かを記憶に留めることではなく、「学」の「エレメント」となる「精神の自己知」の究極的なあり方を仕上げるための特殊な思惟の作用と見なさねばならない。「精神」は「歴史」を「想起する＝思い起こす」のと同時に、完全な「自己知」たるべく、「知」の「内面化（*Er-Innerung*）」（ibid.）を行なう。

その際、この「想起＝内面化」論には二つのポイントが含まれている。ひとつは、この概念的思惟作用がかの「緩慢さ」を説明してくれることにある。私たちが見失ってはならないのは、『精神現象学』が本来的に最も叙述すべきことがらは「意識の経験」の実践哲学的、社会哲学的な意義の詳細でも「現象知」でもなく、「学」の生成論だということである。[38]「現象知」の叙述は後者と結びつく限りで『精神現象学』にとって真の意味を持つ。この結びつき方こそ「緩慢な運動」や「消化」と呼ばれる事態が表現していることである。たしかに、意識の「歴史的な」諸形態は、「概念的に把握された編成」（つまり、〈論理レベル〉や〈学」のレベル〉とも言うべき「純粋な論理的」観点）からすれば、外在的に見えるかもしれない。だが、それは数学の場合のようにたんに外在的な尺度ではなく、「現象する知の学」がそこへと一度――「絶対者」が私たちに「現象」という形態をとって「下降」してくれるように――「精神」が現われるのに不可欠なエレメントでもある。

精神が、自分が何であるかを知っているようなものとして現存するのは、自らの不完全な形態を克服し、自ら

> の意識に対して自分の本質の形態を調達してやり、そしてそのような方法で自分の自己意識を意識と同一化させるという労苦を完遂し終えるより以前にはなく、またそうでなければその他のどこにも現存しない（GW9, 428）。

> 〔…〕精神は必然的に時間のうちに現象する。精神は自らの純粋な概念を把握しないうちは時間のうちに現象するのだが、このこと〔概念を把握しないこと〕が意味しているのは、時間を抹消しないことである。〔…〕この概念が自分自身を把握するときには、自らの時間形式を止揚することになる（GW9, 429）。

ヘーゲルによれば、「学」や「絶対知」は成立するより以前に、ひとまず「意識」や「精神」の「形態」というかたちをとって現象せねばならない。このことを言い換えれば、「学」の概念は一度「現象」の領域へと顕現し、自らの不完全な諸形態を克服することを通じてしか成立しえないことになる。こうした「学」への方途こそ、「絶対知」や「学」を前提とせずに有限な立場からそこへと至る『精神現象学』のプロジェクトに他ならない。この過程を描くことこそが「精神が現象する学 *Phänomenologie des Geistes*」の役割なのである（「現象」を介さずに「論理」や「概念」を展開するのは「論理学」固有の仕事である）。純粋な論理的‐概念的な「学」は「時間」や「現実性」のうちに現われ、そのあとで「時間」という形式を止揚せねばならないわけである。さて、このことを私たちがこれまで考察してきたことに即して解釈し直すならば、目標である「学」の概念は「意識自身の学へ陶冶の詳細な歴史」である「意識の諸形態の系列」（GW9, 56）が形成する歴史的現実性に対し

で論じるように、ブッシェが最も重要視する「目的論的必然性」をヘーゲルの「必然性」の本質だとすることには賛同しない。

（38）「学一般の生成、あるいは知のこうした生成こそが体系の第一部である精神現象学が叙述するものである」（GW9, 24）という叙述を思い出されたい。

て、つねに必ず遅れて登場するのだと解せる。こうした概念的思惟に特有の「事後性」――ちょうどミネルヴァのフクロウが黄昏になってようやく飛び立つように――との関連でのみ、「概念的に把握された歴史」と「絶対的精神の想起＝内面化」の関係は理解可能なものになるだろう。こうして把握された「（論理的）必然性」（とヘーゲルが呼ぶもの）をここでは「歴史的必然性」と呼びたい。この「想起＝内面化」論の核心は概念的な把握作用によって「歴史的必然性」を生成させることにある。(39)

本書の見立てでは、その最初の「構造化」「再編」が「宗教」章冒頭部の課題である。あらかじめその概念把握の要点を述べておけば、「歴史」において時系列的な継起として「現象」した〈現象レベル〉での系列を「通時的モメント」と見なすならば、それらのモメントを「共時態」へと統合し直すことが求められている。「絶対知」章で繰り返し述べられる「時間の抹消」は「偶然性の形式において現象してくる定在」の系列（「歴史」）を「概念的に把握された歴史」へと仕立て直すことに他ならないのである。もちろん、この仕立て直しでは時間性を抹消することが大事なのではなく、モメントのあいだの「論理的連関」の生成と表裏一体であり、時間の抹消はその結果生じる事態に過ぎない。ここで私たちに要求されるのは、もはや『精神現象学』の「論理学」構想の所在をテクストの外で特定することではなく、むしろ『精神現象学』のうちにこの再編成の現場を見いだすことである。(40)

(39) M・ガブリエルは、「偶然性の形式」が「必然的な論理的完遂」という意味で、「必然性が偶然性を支配する」のがヘーゲルの言う「必然性」であるとする。それに対して、そのような操作の「偶然性」を強調するのがシェリングであり、シェリングの言う「必然性」とは、世界のうちにある「偶然性」を「必然性」に従属させないような「遅れてくる必然性」だとする（vgl. Gabriel 2011, 103, 122）。この読解を通して、ガブリエルはシェリングの「必然性」に自らの「世界」論を重ね合わせて論じるのだが、ガブリエルによるヘーゲルの「必然性」の理解は不十分と言わねばならない。

(40) 近年「想起」の概念に注目するのがブランダムであるが、彼は必ずしもヘーゲルの用法にしたがっていないので、この「概念的な把握」という観点から総括することが必要なように思われる。Vgl. Brandom 2019.

第9章　「宗教」章冒頭部の課題とその統体化機能

——「カオス」から「秩序」へ（2）

第1節　『精神現象学』の「自著広告」（一八〇七年一一月）

一八〇七年の春に『精神現象学』を出版した後、同年一一月二五日付けの『一般学芸新聞』「知的広報欄」にヘーゲルが寄せた「自著広告」には「宗教」章の唯一無二の特別な役割がはっきりと示されている。すなわち、

> 〔意識、自己意識、理性に続いて〕人倫的精神、陶冶された精神、道徳的精神としての精神それ自身が考察され、最後に宗教的精神としての精神が、そのさまざまな形態において考察される。**一見するとカオスとして呈示される精神の諸現象の豊かさ**は、**学的な秩序**にもたらされる。この秩序は**その必然性**にしたがって精神の諸現象を表現し、そのうちで〔この諸現象の〕不完全さは解消され、それらの最も近接する真理であるより高次のものへと移行する。精神の諸現象はさしあたり**宗教のうちに**、そして次に**全体の結果としての学においてその最終的な真理を見いだす**（GW9, 446）。

ヘーゲルによれば、『精神現象学』の「宗教」章は一見すると無秩序に現われてきた「精神の現象、諸形態」を「学的な秩序」、「必然性」へと再編成したのだという。そうだとすれば、その内実はいったい何であり、私たちはその具体相をどこに認めればよいのだろうか。あるいは、これは「精神」が演じる「宗教」の舞台で混沌のうちに突如として秩序の光が現われるというヘーゲル流のデウス・エクス・マキナを説いているのだろうか。

ヘーゲルの「自著広告」の内容と『精神現象学』で叙述されてきたことを併せて勘案するに、彼はおそらく次のような行程を思い描いていたのだと推定できる。すなわち、有限な主体たる意識がそのつどとってきた「諸形態」が織りなす「ひとつの系列」は、さしあたりあたかも何ら必然性をともなっていない連なりであるかのような外観を示す。それゆえこの「諸形態」の「現象的で」「カオスな」系列それ自身のうちには、何らかのロジカルなものを見いだすことはできない。しかし、それは非学的な「現象する知」の立場から見た場合の話である。ひとたびそれが「学的な秩序」というパースペクティヴから捉え直され、その配列が「現象する知」とは異なる立場から見直されるとき、私たちはその「現象学的な現われ」が、実はある特定の「秩序」に支配されていたことを回顧的に、いわば事後的に認識するのだ、と。

このことを、かつてF・キエレギンが「宗教」章の読解に使用した印象的な天文学的メタファーに託して言い換えれば次のようになる[1]。すなわち、地上の私たちが観察する天体の運動は、太陽系とそのうちの惑星の運動法則を理解しない人にとってはあたかも無秩序に動き回っているかのように見える。だが、たとえば火星が順行したり逆行したりするかのように見える（＝現象する）のは、地球を中心にした地上の立場から天体を観測しているからに過ぎない。ひとたびそれをコスモロジカルな見方に変えるならば、火星の運動は逆行しているのでもなければ地球を中心にしてその周転軌道上で特殊な従円を描いているのでもなく、太陽を中心とした周期という「規則」にしたがったものであることが判明する。その場合も、天体の公転運動そのものは観測者にとって「カオス」に見えていたかつてのものとは本質的に一切変わりはないのだ、と。

かくして、「精神の諸形態」に即してこれまでの展開を眺めていた視点をローカルなものと特徴づけるならば、その地上のローカルなパースペクティヴでは捉えることができなかった「天体」＝「精神の諸現象」の運動を支配していた規則（＝論理）が、グローバルなそれを通して浮き彫りにされ、「その不完全さが解消される」ことになる。以上が「自著広告」の主旨だと理解できよう。「学的な秩序」への再編成の実態は、「カオス」の実相が「秩序づけられたもの」だということを開示することである。(2)

したがって、かの「精神の諸現象の豊かさを学的な秩序にもたらすこと」とは――「〜へともたらす」という語が持っているイメージとは異なり――「精神の諸形態」を「現象知」の外側で設えられた論理の枠組みのなかへと当て嵌め直すような形式的、記号的、外在的操作を意味するのではなく、それを「学のモメント」として捉え直すというパースペクティヴの転換のことを表わしているのだ、と考えねばならない。それはちょうど天体の運動を解体し、私たちが信じる天動説のコスモロジーへと惑星を置き換えることができないのと同じことであり、私たちには「現象知」をことがらに外在的な秩序のうちへと従属させることもまた不可能なのである。もとより、そうした力技は必要ではない。そうではなく、その運動を観測する立場の転換のみが重要なのである。「現象学の論理」問題を解決できなかった従来のほぼすべてのヘーゲル研究が見過ごしてきたのはこのパースペクティヴの転換に他ならない。この転換は先行研究では「概念的再編成」や「経験の再構造化」

（1） Chiereghin 1980, 413–414. キエレギンのテーゼはヘーゲル研究において注目されていない。近年そうした数少ない例外の一人としてキエレギンの解釈方針を評価している研究者にドイツのホフマンがいるが、彼もまたそれが「ほとんど受容されていないのだが」と断り書きを入れている（vgl. Hoffmann 2009, 313）。日本でも事情はほぼ変わらないが、田端が例外的にキエレギンの解釈を取り入れ、肯定的に評価している（vgl. 田端「『単純な総体』」七一―八八頁、同「究極の自己知」一―二三頁）。

（2） 『精神現象学』のうちでそうしたプロセスを描いたのだというヘーゲルの確信は、その年のうちだけではなく、実のところ晩年まで維持されていたのではないかと思われる。その傍証に、一八三一年に書かれた『精神現象学』の改訂のための覚書にも、「**意識の背後にある、論理**」（GW9, 448）と記されている。この「**背後に**ある」とは、おそらく上述したような事態を想定している。ヘーゲルの言う「論理」もまた叙述とともに、それに即して生じてこなければならないからである（vgl. GW9, 40–41）。

と呼ばれてきたものである。[3]

以上のことが明らかになった今、「宗教」章を読み解くためには「現象学の論理」「学の必然性」の問題を回避することができないこともまた自ずと理解されよう。いまや「宗教」は若き日の宗教論の枠組みをはるかに越え出て、独自の領域で学的な課題を担うようになっている。ホフマンの表現を借りれば、『精神現象学』「宗教」章の冒頭部は「兼用語法（シレプシス）的な[4]」意味で理解せねばならない。それが何を兼務しているのかと言えば、ひとつには人間の宗教的な「生」の歴史的発展を示しているのと同時に、もうひとつには精神の現象を「学的な秩序」へと編成するという体系的機能を託されているのである。こうした特殊な〈シレプシス〉は哲学の歴史全般においてかつて一度もなされなかった企てであり、その後誰によっても、後のヘーゲルによっても二度と試みられることのなかった正真正銘の『精神現象学』に固有の唯一無二のプロジェクトなのである。

さらに私たちは「自著広告」のうちの「精神の諸現象はさしあたり宗教のうちに、そして次に全体の結果としての学においてその最終的な真理を見いだす」という言葉にも細心の注意を払っておかねばならない。この表現は、「宗教」章で向き替えられたパースペクティヴは「絶対知」章のそれと本質的に同じ次元に属していることを示唆している。別の言い方をすれば、「絶対知」がもはや特定の「現象知」を対象にはしないのと同様に、「宗教」もまた「現象知」に関わるものではなく、ともに「最終的な真理」たる「精神の自己知」のエレメントを構成するための特殊な位相を構成しているのである。そのエレメントとは「純粋な自己認識」＝「学」の境位として、ヘーゲルが「エーテル」（GW9, 22, 432）と呼ぶものに他ならない。

このことについて、アッシェンベルクは「自己意識」という術語による特徴づけに着目し、「精神の自己意識」としての「宗教」と、意識の形態のひとつとしての「自己意識」という両「自己意識」の位相・次元の根本的な違いを強調している。それにしたがえば、「精神の自己意識」の「自己意識」は『精神現象学』の「建築術的原理」と解さねばならない[5]。この「自己意識」とは「（純粋な）自己認識」「エーテル」「学」の境位の異名である[6]。とはいえ、両者の共通性はせいぜいその術語が或るものの「自己反省」「自己帰還」「自己連関」の構造を表現していることにあるに過ぎない。

この区別に関して、『精神現象学』全体の観点からもう少し補足をしておこう。意識形態としての「自己意識」は、他者である他の自己意識との鏡像的な相互関係のうちで「無限性」を体現するものとされる（vgl. GW

（3）日本ではこうした観点で『精神現象学』を読解する立場をとる研究がほとんど皆無と言ってもよい状況である。そうしたなかで、先の註で示した田端が例外的にこの著書を構造論的・方法論的な視点から解明している。この解釈方針は、ハインリッヒスの特徴づけにしたがうならば、「建築術」と言ってもよい（vgl. Heinrichs 1974, 80）。このような方法論的・構造論的・建築術的な観点から『精神現象学』を読解しようとするのは、他にはラバリエールやシャイアーがいる（Labarrière 1968：Scheier 1986）。こうした解釈方針は、決してたんなる「形式論」や「図式論」と同一視してはならない。

ところで、なぜ「宗教」と題される章でこうした再編がなされるのか。その直接的な証拠をテクストのうちに見いだすことはできないが、イェーナ期の構想で「宗教」が「全体を再びひとつに総括すること」ないし「理念の最初の単一性への帰還」と述べられていることにまで遡ることができるかもしれない（Hoffmeister 1974, 335：同様の指摘は、de la Maza 1998, 53, 203：金子　一九七九年、一三三頁）。なお、ここでの体系構想は「哲学入門」講義の講義草稿断片（「絶対的本質の理念とは…」）と同様に「論理学」「自然哲学」「精神哲学」「絶対的精神」からなる四部構成をとっている（vgl. GW5, 262–265）。

（4）Hoffmann 2008, 65：Ders., 2009, 311.

（5）Aschenberg 1976, 293. ただし、アッシェンベルクは「精神の意識」としての「精神」と「精神の自己意識」としての「宗教」が「絶対知」のモメントとなることを説明するときにこれらを「原理」と理解している。

（6）田端は、以上のことを次のような事態として理解する。すなわち、「宗教」章は「絶対知」と同じ位相でそれまでの現象学的運動の「概念的再編成」を行なっており、そのことは、ヘーゲルが「絶対知」章で宗教の運動を改めて再編していないことに表われているのだ、と（田端「究極の自己知」、一六、二一頁）。

9, 109ff.)。これに対して「精神の自己意識」の場合、単純に同様の「無限性」構造を体現しているとは即断できない。というのは、「精神の自己知」では、たんに「無限な」関係を実現することだけではなく、その「自己知」の「形式」と「内容」の一致が問題となるからである。そのことは「良心」節の末尾で成立した「純粋な自己知」が「まだ自己意識ではな」(GW9, 362) く、いまだ「精神の没内容的な形式」(GW9, 425) にとどまる、と特徴づけられていることにはっきりと表われている。

このとき「形式」と「内容」は、たんに精神の「能産」と「所産」の関係と解してはならない。上述したように、『精神現象学』の行程で叙述される対象の生成は、さしあたり意識にとって自らの背後で生じているかに見えるが、実際には「意識（精神）」自身の働きによってもたらされる。だがそれにもかかわらず、当の意識自身はそのことを知らないのだった。「絶対知」は「形式」と「内容」とが根源的に同一であることをその成立要件として要求しているが、この要件は「精神」の働きそのものを対自化することである言い換えてもよい。つまり、これまで現象してきた「精神」の諸対象が「精神」の働きによってもたらされた「成果（所産）」であることを示すだけでは充分ではない。そうではなく、それらの対象が「精神」の働きそのものと同じであることが「精神」自身に示されるとき、この「対自化」は初めて果たされ、「精神の自己知」もまた成就する。

この課題は、ラインホルト以降の哲学者たちが「知的直観」によって示そうとしてきたことと同じである。彼らはみな主体自身の働きや作用そのもの、主観の絶対的自発性（自由）という能力の形式そのものの自己直観、内的直観を唱えていた。フィヒテの場合、それは「自我」の「自己措定作用」と同定されたが[7]、いずれにせよこれらの「自己直観」は主観の働きそのものを直観する限りで、「自己知」の「形式」と「内容」の一致を説いているのである。「知的直観」が成り立つとき、その主観と客観は無媒介に同一なのだから。

よって『精神現象学』のヘーゲルは、両者の無媒介な同一性（つまり、「知的直観」）に訴えることなく、このドイツ古典哲学的な体系の原理の問題を解こうとしていると言える。ヘーゲルは「序文」で「エーテル」はたんなる自己認識ではなく「絶対的な他在における純粋な自己認識」(GW9, 22) だと述べていた。この「純粋性」は、（常識的な意味での）「能産」と「所産」のあいだにあるはずの「他者性」そのものが「止揚」されることを暗に意味しており、ヘーゲルが「宗教」章の冒頭部で「単一性」や「透明」と呼ぶことがらと同義である (vgl. GW9, 364–365)。彼は「自己意識」という術語によってこの構造的特徴が示されることに依拠して、「エーテル」を「精神の自己意識」と呼んでいたのである。

前もって示しておけば、私たちが「宗教」章冒頭部と「絶対知」章の読解を通じて明らかにするのは、「精神の自己知」の「形式」と「内容」が両者の構造的同質性をもって証示されることであり、「形式」と「内容」の両運動の同一性は建築術的読解によってのみ洞察しうることである。この構造を支配するものこそ、私たちが「現象学の論理」と見なすものに他ならない。以上の理由から『精神現象学』の叙述のうちにあるヘーゲルの本来の狙いを解釈しようと欲するのならば、私たちは「宗教」章のうちで「**カオス**」ではなく「**秩序**」に、かの〈シレプシス〉のうち前者ではなく後者の「体系的な機能」のほうに比重を置き、それらをより正確に洞察しなければならない。このことを最も雄弁に物語っているのが「自著広告」なのである。またそれゆえに「宗教」章は独自の意味で「（現象学の）論理」と相即不可分の関係にあることも見落とされてはならない。

このような背景を踏まえるとき、私たちはたんに「宗教」章の叙述に仔細に（ローカルに）立ち入るだけではなく、グローバルな観点から「宗教」章を含めた『精神現象学』全体を捉え直さなければならないことが分かるだろう。これを別言すれば、『精神現象学』を「精神の諸現象の最終的な真理の場」として再構成すること

(7) 以下の文献がフィヒテの「事行」から「精神の自己知」を解釈している。田端『建築術』、一八九頁以下。

を意味する。覆い隠されてしまった全体像に関して、私たちは「自著広告」を通してその大まかな枠組みを獲得することができたように思うが、こうした状況ゆえに、「宗教」章と「絶対知」章の読解にはテクストの枠組みを離れた観点もまた必要となるわけである。こうした意味で先の「自著広告」は、イェーナ期のヘーゲルの思想的総決算である著作の核心的な狙いがどこにあったのかを明示している重要なドキュメントだったのである。(8)

しかしながら、これまでのカオス的な「精神の諸形態」の系列は（兎にも角にも）「必然性」にしたがっているのだというヘーゲルの確信に全面的に依拠するだけでは、ことがらを解明したことにはならない。たとえヘーゲル自身がそう確信しているのだとしても、私たちはそのテクストが果たして本当にそうした課題を遂行していると評価しうるのかということを問うべきだろう。

ここで重要なのは、かのパースペクティヴの転換がいかにして可能になっているのかという「方法論」を問うことである。この取り組みは、とりもなおさず『精神現象学』というプロジェクトそのものの成否を問うことを意味する。そのためには、『精神現象学』のテクストを解読する他はない。このパースペクティヴの転換を最初に示しているのは「宗教」章の冒頭部、より詳しく言えば「Knoten」や「Bund」といった幾何学的比喩であり、このテクストは『精神現象学』全体の課題との関連でのみ意味を持つ。

第2節　「宗教」章の幾何学的図式論の意義――「進展」と「還行」

(1)「単一な統体性」とは何か――「直線」と「円環」

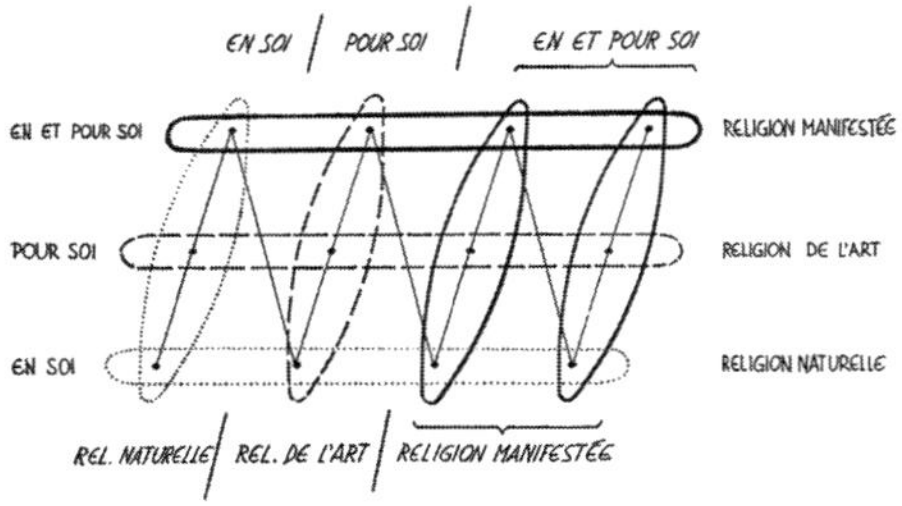

Labarrière 1968, 158

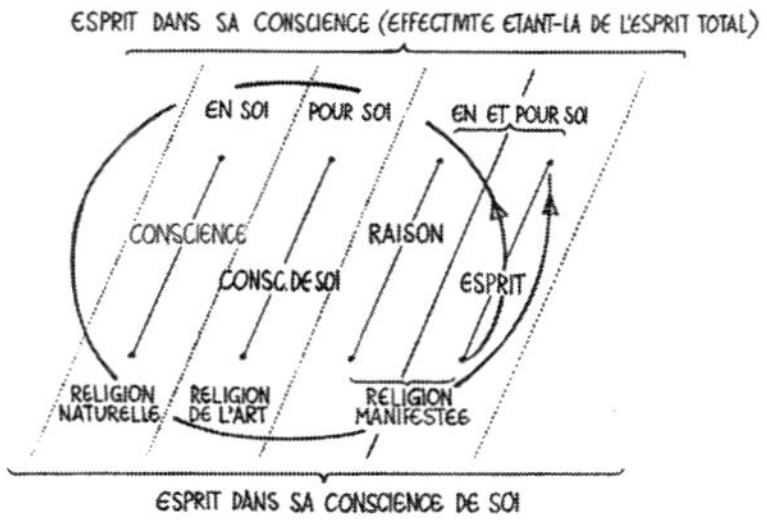

Labarrière 1968, 155

本書がこれまで論じてきたことから、問題の核心が「最終的な真理」のエレメントを成立させる「方法論」にあることが明らかになった。それを解明するアプローチこそ、本書が採用する構造論的解釈である。ただし、こうした方針は残念ながら各国の数少ない研究者によってなされているに過ぎず、その貴重な試みも散発的にしか行なわれていないという状況にある。そこで、本書のアプローチや議論の重点をよりはっきりと輪郭づけるために、研究史で争点となってきたポイントを整理することが必要だろう。

この「宗教」章の問題機制にいち早く注目したのがラバリエールである。彼は「この「宗教」章の冒頭部は、おそらくこの著作とその内容がそれをめぐって編成されるところの諸構造についての、最も明瞭で最も推敲を重ねたテクストである」と評している(9)。この評価は適切である。それでは、意識の経験に即して現われた「現象する知の豊かさ」が「学的な秩序」へと編成し直されるという事態は具体的にどう叙述されているのか。

ラバリエールの構造論的解釈によれば、「意識－自己意識－理性と精神」の進行は、それぞれ「自体－対自－即かつ対自」のモメントの進展と対応す

（8） 実際『精神現象学』を「建築学」的な観点から読解しようと試みる研究者にはこの「自著広告」はしばしば好んで引用される（vgl. Hoffmann 2008, 65 ; Ders. 2009, 311 ; De la Maza 1998, 150 ; 田端「「単純な総体」」、七九頁）。

（9） Labarrière 1968, 148–9.

る。たとえば、「意識」は「自体」の秩序にしたがった経験のプロセスを描き、次に「対自」である「自己意識」へと「移行」するのだという。彼の読解では、「理性」と「精神」が合同で「即かつ対自」のモメントに相当するとされる。だがそれだけではなく、各章の行程は「意識」章が「感性的確信」「知覚」「悟性」から構成されているように、それぞれがまた横断的に区切られる。この基本となる三つの形態が「自己意識」章以降も段階を高めながら繰り返しトリアーデを作りながら進展することから、ラバリエールはそれを「垂直の秩序」を横断する「水平の秩序」と見なす。そして、このトリアーデもまたそれぞれ「自体－対自－即かつ対自」を代表しているのだという[10]。

しかし、これはいささか強引な図式論に陥っていると言わねばならない。ラバリエールは「自体－対自－即かつ対自」という外在的な論理に囚われるあまり、逆に『精神現象学』をこの図式のうちに解体してしまっている。とりわけ疑問なのは、「理性」と「精神」が一緒になって「即かつ対自」のモメントを表わしているという主張であり、これには無理がある。実際、ラバリエールの解釈に触発されて「宗教」章冒頭部の構造論に注目したハインリッヒスもまたこの見解を批判し、冒頭部の論述には適合しないとした[11]。以下では、「自体－対自－即かつ対自」でも、ＬＭＮとの対応でもなく、『精神現象学』のテクストに即して構造論的読解を試みたい。

「宗教」章の冒頭部の「経験の再構造化」は「意識」から「精神」章までの「精神の諸現象」を「精神の全体」として把握することから始まる。

第一に自己意識と本来の意識とが区別され、宗教と世界における精神あるいは精神の定在とが区別されるが、後者〔「本来の意識」、「精神の定在」〕が精神の全体のうちで成立しているのは、精神の諸モメントがバラバラに登場してきてこの各モメントが対自的に自らを表現する限りでのことである。この諸モメントとは意識、自己意識、理性、精神である。――この精神というのはまだ精神の意識〔＝「精神の自己意識」〕ではない〔たんなる〕無媒介な精神のことである。それらのモメントの総括された統体性（Ihre *zusammengefaßte* Totalität）が精神の世界的な定在における精神一般を形作っており、そのようなものとしての精神は、今まさに言及した諸モメントである普遍的な規定性においてこれまでの諸形態を含んでいる。宗教とはこれらの諸モメントの全的な経過を前提にしているものであり、これらの諸モメントの**単一な統体性**（die *einfache* Totalität）、あるいは絶対的自己である。――ところで〔第二に〕これらの諸モメント〔は以前のように進行するが〕その経過は宗教への関係においては時間〔の形式〕において表象されてはならない。ただ全的な精神だけが時間〔という形式〕において存在するのであり、そのようなものとしての全的な精神の諸形態であるところの諸形態〔だけ〕が継起において表現されるのである（GW9, 365)。

ヘーゲルは「精神」章の「精神」を「精神の本来の意識」とし、それに対して「宗教」章で登場する「精神」を「精神の自己意識」と定義する。後者の「自己意識」が特異な意味で用いられていることはすでに述べた通りである。その際、これまで意識が辿ってきた経験のプロセスがひとつの全体として見直される。それが「精神の諸モメント」となることの意味である。私たちにとって厄介なのは、そのモメントとされるのが「意識、自己意識、理性、精神」であること、そしてその諸モメントがバラバラに登場して「総括された統体性」

（10）Labarrière 1968, 155, 158. Vgl auch Schmidt 1997, 323–324.

（11）Heinrichs 1974, 422–424. 田端もラバリエールの説を退けている。「この特質づけはあまりにも図式主義的であり、いくつかの不備を含んでいる。たとえば、「理性」と「精神」が合体されて「即自かつ対自」という「原理的概念」のもとに一つにされている問題点は問わないにしても、各モメントの第二番目の形態（「知覚」、自己意識の「自立性と非自立性」、「理性の自己実現」）は、「対自」という根本規定（だけ）では十分に規定されない」（田端『建築術』、一四〇頁）。

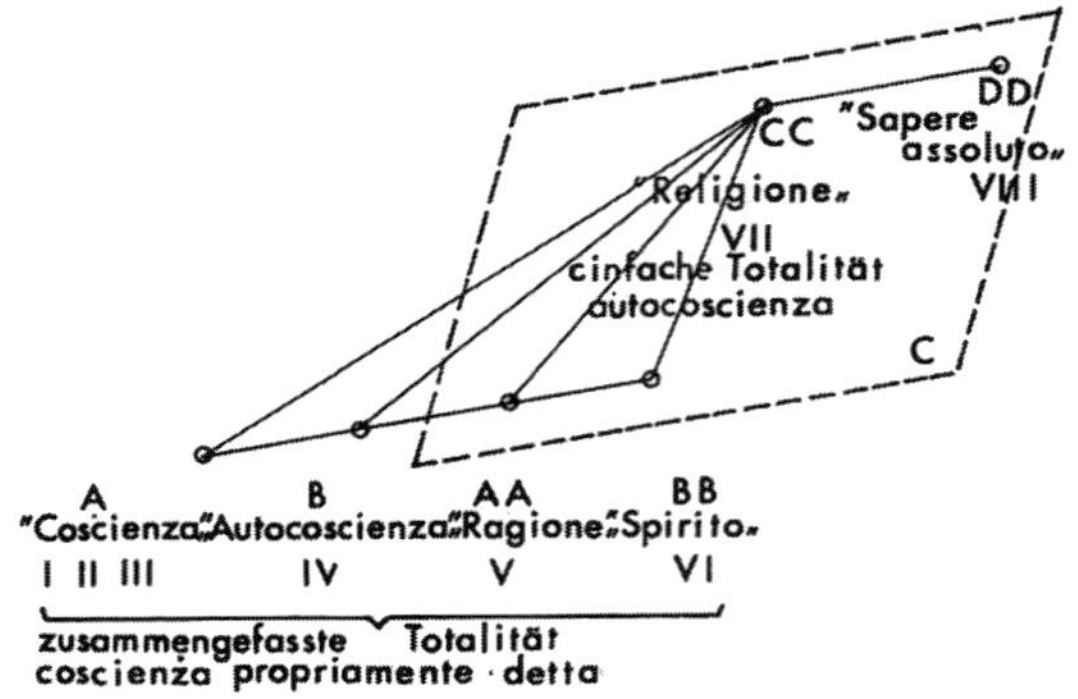

Chiereghin 1980, 283

を形作っていることの内実である。

それを明らかにする前に、この「統体性」論のポイントを押さえておこう。キエレギンはこれを上のように図式的に整理している[12]。

「意識」から「精神」までの系列（「A、B、AA、BB」あるいは「Ⅰ、Ⅱ、Ⅲ、Ⅳ、Ⅴ、Ⅵ」）とは、本書の表現に置き換えれば〈現象レベル〉の「諸形態」のことである。この図はそれらの〈現象レベル〉の知と、〈論理レベル〉にある「宗教」章と「絶対知」章の議論（「CC、DD」あるいは「Ⅶ、Ⅷ」）とのあいだの位相の差を明確に示している。さらにこの図は〈現象レベル〉の「諸形態」が「総括」されることによって〈論理レベル〉のモメントとなること、そして「総括された」全体が「宗教」（CC、Ⅶ）ではもはやたんなる寄せ集めではなく、互いの区別が止揚されている「単一な統体性」となることを的確に図示している。以上のようにして、先の「統体性」論はさしあたりこの構造的転換を表現するものであると理解すればよい。

さて、これまでの「意識」から「精神」までのプロセスが集約されて「全的な精神」ないし「全体」を形成している。だが、この「自己知」はいまだ精神の最終的な「自己知」＝「絶対知」の「形式」であるに過ぎない。言い換えれば、「自己の全範囲を充たす」（GW9, 362）ような「純粋に自己自身を知ること（das reine sich selbst Wissen）」（ibid. Vgl. 361）、そうした知の「純粋態」（GW9, 362）だけは成立している。ゆえに「宗教」章以降は、この「自己知」の「対自化」が問題の中心になるわけだが、そうした課題は精神の範囲のすべてが汲み尽くされて初めて可能になる。そのようして寄せ集められた全体が「総括された統体性」なのだが、それはまだ「偶然性（＝時間、定在）の形式」において現象した「意識の諸形態」の系列から構成されている。いわば、「現象知」が〈現象レベル〉で捉えられたまま、さしあたり以前の諸形態と地続きなままで纏められただけの全体性が「総括された統体性」なのである。すなわち、「絶対知」の諸モメントがまだ〈論理レベル〉で捉えられていないがゆえに「バラバラに登場して」いるのである。

しかしながら「弁証法的運動」を経て「ひとつの系列」を織りなしてきたはずの「意識、自己意識、理性、精神」の系列が「バラバラに登場する」と特徴づけられるのはなぜなのか。特に「緒論」にもとづけば、諸形態の系列がバラバラになることなど原理的に起こりえないのではないかという疑問が当然生じる。

その理由は、ひと言で言えば「諸モメントがひとつの全体へと寄せ集められ、総括されてはいても、それらのあいだの**真の内的必然的連関**を欠いたまま一括されている」[13]からである。このことは、モメントが〈現象レベル〉での寄せ集めであり「全的な精神が時間という形式において」表現されることや、モメントの系列が**直線的に**並ぶことと同義である。この場合、「直線」は進行の方向性やモメントが幾何学的に真っ直ぐ配列されていることを表わしているのではなく、そのモメントが必然的・論理的連関のうちに置かれていないことをシンボライズしている。直線的進行と対比されるのは、もちろん「円」や「円環的進行」であるが、こちらもまた同様に、「学」が図形的に「丸」を作図することを主張しているのではなく、諸モメントが論理的連関のうちに置かれることを代理的に象徴している。その論理的連関は本性上「無時間的」であるがゆえに、宗教では

（12）Chiereghin 1980, 283.
（13）田端「「単純な総体」」、七九頁。

「時間の形式において表象されてはならない」のである。

このことと同様のことを述べたイェーナ期の草稿が残されている。それは、一八〇三年から一八〇四／〇五年のあいだに書かれたと推定されている「体系への二つの註（Zwei Anmerkungen zum System）」と題された原稿である。(14) この草稿は主に哲学の「始元」の問題を論じているのだが、(15) ここで注目したいのは、「直線」と「円環」でシンボリックに表現される幾何学的図式論の意味である。この草稿は、「哲学体系は、ひとつの絶対的な根本命題から導出されるのか」という、「学」としての哲学、「体系」としての哲学観を前提にして展開される。ラインホルトは一七八九年の『人間の表象能力の新理論試論』において、批判哲学の「前提」を解明する必要性を説き、その「前提」の「帰結」たる批判哲学を「表象」概念（「表象」能力）が根拠づけるという〈批判哲学のさらなる根拠づけ〉の構想を示した。その後翌年には、『寄稿集Ⅰ』を発表し、「根元哲学」を構想する。この『寄稿集Ⅰ』で展開された構想が持つインパクトは、後年のドイツ古典哲学のあらゆる著作、哲学者に先駆けて、「体系」を哲学の中心的な主題にしたことにある。

このイェーナ期の「体系への二つの註」の問題機制もまた、このラインホルト的な「体系としての哲学」の「原理」たる「始元」、知の根拠づけというドイツ古典哲学に特有の形而上学的な問題機制を出発点にしている。ヘーゲルはこの草稿で、根本命題の確実性を後続する諸命題へと転移させる「基礎づけ主義」を批判し、それを「無際限に越え出て行く直線という形式」（GW7, 343）と言い表わしている。それは、基礎づけの方向性が一方通行であることも意味していようが、何よりも「基礎づけるもの」と「基礎づけられるもの」とが、互いに他方を「自分の外に」（GW7, 344）持たざるをえないことを示している。つまり、直線的進展とは〈根拠づけるもの－根拠づけられるもの〉の相互外在性をシンボライズしている。それと対比される「円環」は、――「自己内に帰還する円環的線（Kraislinie）」（GW7, 343）という表現からも容易に推察されるが――勝義には、根拠づけが自ら自身のうちで遂行されることをその要件としている。

したがって「直線」を根拠づけの「相互外在性」の、「円環」をモメントの相互内在的な自己内根拠づけの象徴だとするならば、モメントが「バラバラに登場する」ように見えるとは、モメントどうしの内在的な相互連関が見いだされていないことを意味していると解さねばならない[16]。これらを踏まえれば、「諸モメントの単一な統体性」の意味するところも自ずと推察されるだろう。つまり、ただの寄せ集めによって形作られる全体は、たんにモメントがなす「総和」に過ぎないのに対して、「単一な統体性」が意味しているのは、モメントどうしの論理的連関が見通されることによって統体性が有機化されることに他ならない[17]。「宗教」の「単一な統体性」とは、バラバラの「カオス」が有機的で論理的な「学的な秩序」へともたらされること、「通時態」

---

(14) Vgl. GW7, 364. 邦訳は「絶対的認識としての哲学とその始元」と題され、ハイス 一九八一年に所収されている。

(15) 次のものがこの「始元」の問題を詳しく論じている。田端「〈認識〉の生成（上）」、「〈認識〉の生成（下）」。これらはＬＭＮ草稿についての最も詳細な日本語のコメンタリーのひとつである。

(16) シュミットは宗教の「無時間性」を「いつ、どこで登場しようとも」という「恣意性」の意味で理解しているが、本書の見立てではこれは正しくない（Schmidt 1997, 318）。たしかに、「宗教」章に限らず「不幸な意識」や「信仰と純粋透見」（もう少し広く理解すれば、「力と悟性」や「真なる精神」）においても宗教的な態度が登場し、任意の段階で「宗教的なもの」が登場することができるように見えるかもしれないが、「無時間性」のポイントは「宗教」章の果たすべき体系上の役割が〈現象レベル〉の「直接的進行」のうちではもはや遂行されえないことにある。これは、『論理学』が規定性の時間的継起の関係を描いていないのと同様である。

(17) ホイスラーは「総括された統体性」が不十分なのは「この系列が本当に完全であるか、それが本当に〔宗教の〕エレメントの本質的なモメントを〔すべて〕含んでいるのか、という問いにまったく答えることができないから」であり、それを「意識の経験の対象に」すべきだからである、と理解している（Häußler 2008, 215）。たしかに冒頭部の問題機制は「精神」の「対自化」にあるのだが、さしあたりモメントが「総括される」ことと、それらがすべてを汲み尽くしているかどうか不明であることは無関係である。

が「共時態」へ転換したことを指しているのである(18)。よって、この再編成は『精神現象学』における「直線的進展」から「円環」への抜本的な転換と言い換えてもよいであろう。

(2) Knoten と Bund――「単一的統体化」論

私たちは、さしあたり「宗教」章の「概念的再編成」のプロセスを「直線」から「円環」への転換と重ねることで解釈した。その見立てによれば、「意識の諸形態」や「モメント」の配置もまた、自己内根拠づけに相応しいかたちに「置き直される」はずである。「宗教」章のテクストもまたこのことをはっきりと示している。「これまで登場してきた諸形態はいまやこのような仕方で配列されているが、それは、これまでの系列において現われたのとは違った仕方である」(GW9, 366)。つまり、展開の系列がもたらした「学」の「素材」は維持されつつも、その配列が新しくなるのである。その配置転換は、――『精神現象学』の議論に限らず――必ずしも素材の空間的位置関係を並び替えることによってだけでなく、「パースペクティヴの転換」によっても可能である(19)。このことを示したのが、以下の「宗教」章冒頭部の最も重要で、なおかつ最も難解な叙述である(20)。

> このような自ら自身を確信する精神とその運動がこれらの諸モメントの真の現実性であり、それぞれのモメントに個々に帰属するところの即且つ対自的な存在である。かくして、**これまでのひとつの系列が**〔**たしかに**〕**その前進**〔**運動**〕**において諸々の結び目**（**Knoten**）**によってこの系列における諸々の還行**（**Rückgänge**）**を示して、これらの結び目から再び**〔**直線状に**〕**一本の直線**（in Eine Länge）**が続いた**のに対して、〔これまでの配列とは異なったやり方で諸形態が現われている「宗教」章の〕今、このひとつ〔であった〕系列が、**普遍的な諸モメントであるこれらの結び目に即して、いわば折り曲げられ、多数の線へと寸断されたのである。**そしてこれらの多数の線はひとつの束へと（in Einen Bund）束ねられるのと同時に、特殊的な線のどれもが普遍的

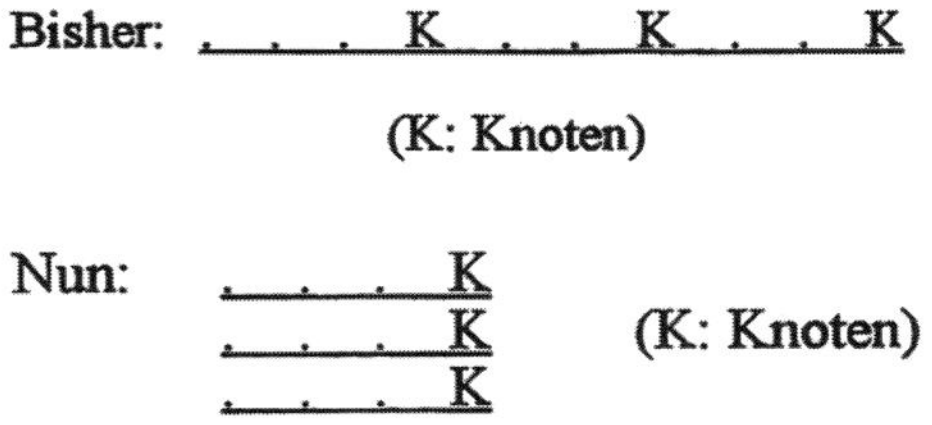

Schmidt 1997, 321

な諸モメントのうちで自らをそこへと形態化したところの同じ諸々の区別項が〔互いに〕**重なり合うといった具合に、対称的に**（**symmetrisch**）**合一される**（GW9, 367）。

「直線」の意味の重点は、すでに述べたように「モメント」の根拠づけに関わっていることにあり、それは相互外在的な「統体性」の「モメント」の暫定的な進展プロセスを代理的に表象している。その過程で「直線」にはいくつか「結び目」が形成されるのだが、それを「結び目」に沿って分断することで、切り取られた線がちょうど形態化を生み出す区別に対応するかたちで「多数の線がひとつのBundへと束ねられる」。それでは、この図形論はどのような過程をシンボライズしているのか。

このテクストは等閑視されてきた一方で[21]、例外的に少数の解釈者によって実に

(18) モメントの「共時化」については次のものに同様の指摘がある。Chiereghin 1980 431；Häußler 2008, 210–211；田端「「単純な総体」」、七六頁。

(19) 「これらの諸モメントの系列はいまや完結しているので、ヘーゲルにとっては宗教という領域への進行は、さらなる新たなモメントを導入することによって成立するのではない。むしろ、ヘーゲルが「精神の完成」と特徴づける移行の本質は、諸モメントの組み換えにあり、その諸モメントをつねにすでに形成しているところの統体性の変形ないし解釈のやり直しにある」（Häußler 2008, 209）。より正確に言えば、「解釈のやり直し」によって、その結果として統体性の「組み換え」や「変形」が生じる。

(20) ホイスラーの表現にしたがえば、ヘーゲルが事態を詳しく説明するためにわざわざ付したこの図形の説明は、後年の受容に対して「ただ誤解を招いただけだった」（Häußler 2008, 224）。

(21) 枚挙に暇がないが、近年『精神現象学』の詳細な逐語的コメンタリーを刊行したシュテーケラー＝ヴァイトホッファー

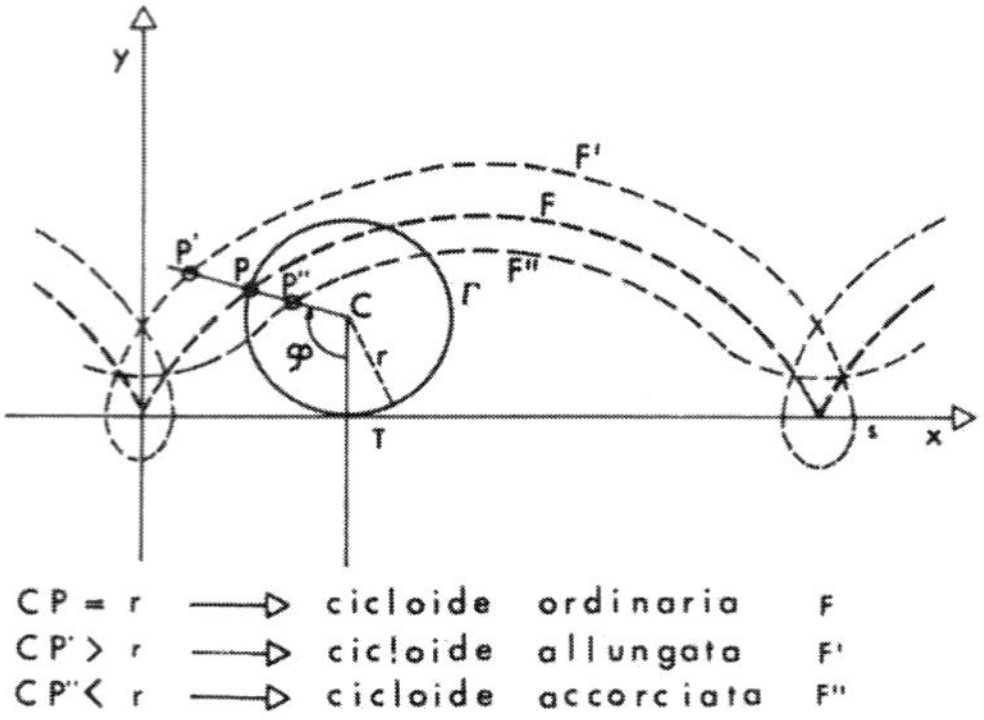

Chiereghin 1980, 410

多様な解釈を施されてきたものでもある。たとえば、シュミットはこの直線の寸断をさしあたり前頁の図のように図形的に整理する。[22]

キエレギンは、「直線」を描きながらその展開が或る「結び目」を形成する運動を描写する幾何学的図形として、意識の進展は「横へ進展するサイクロイド」に準えられているとした。[23] このように説明することで、彼は規則的な運動が不規則で無秩序な運動を生み出す機序を理解している。

また、この幾何学的図形論を主題としたデ・ラ・マザは「Knoten」がヘーゲルの若き日の天文学的研究に由来していることを指摘し[24]、区別項どうしの対立の止揚を表現するものとして理解している[25]。他には、ホイスラーはもっと否定的に「知の累積的な進展にもかかわらず、「結び目」に即して、つまり知がそのうちへと自らを深めて分析するところの個別的な諸モメントに即してその進展がつねに還行として表現されるという事情に対して図形的に表現を与えようとすること以外に特別な術語的意味を持たない」[26]とした。

「Bund」もまた、語学上のいささか複雑な解釈を要求している。シュミットは「区別項が互いに重なり合うといった具合に、対称的に合一される」ように、これまでの行程が「結び目」に即して「パラレルに」まとめ上げる働きを「Bund」のうちに認めている。[27] デ・ラ・マザの見解もこれに一致している。彼は「Bund」を「花束」や「藁束」に典型的なように、何かを「束ねる働き」として解釈する。[28] Th・アウインガーはもっと明

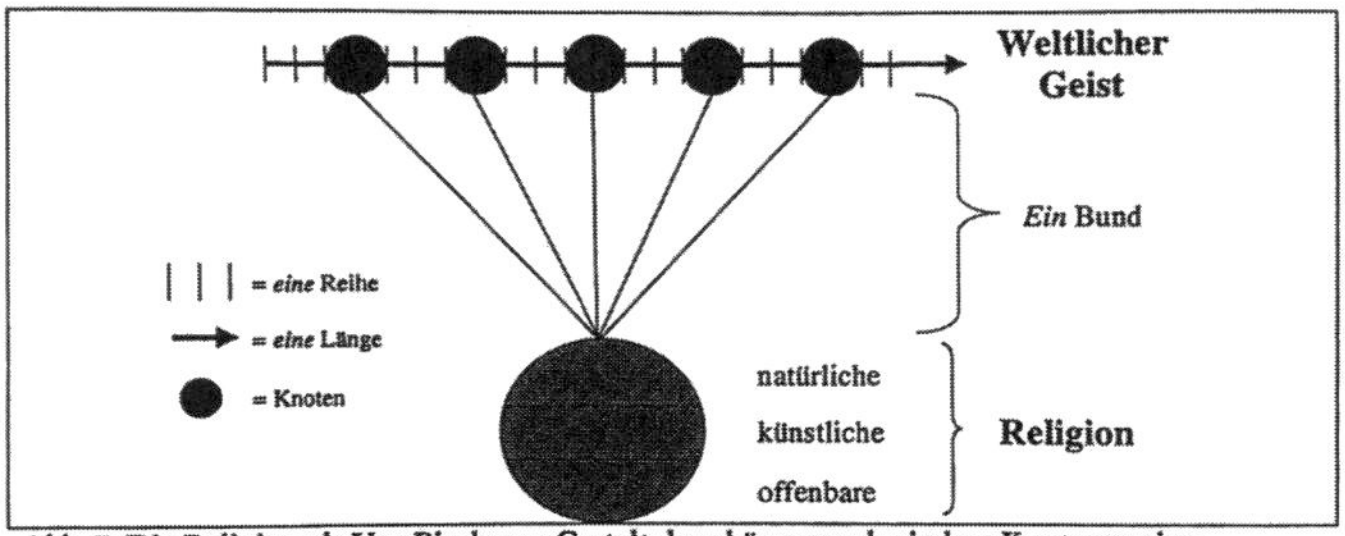

Abb. 7: Die Religion als Ver-Bindungs-Gestalt der phänomenologischen Knotenpunkte

Auinger 2003, 98

確に束ねる働きを上のように図式化している。(29)

この「Bund」論を批判しているのがホイスラーである。ドイツ語の「Bund」には男性名詞と中性名詞の用法があるのだが、デ・ラ・マザは

もまた、この要点を適切に理解できていなかったことを指摘しておく（Stekeler-Weithofer 2014, 751–752）。

（22）Schmidt 1997, 321.

（23）Chiereghin 1980, 409–411. このサイクロイドの解釈を例外的に高く評価しているのがホフマンである（Hoffmann, 2008；Ders., 2009）。

（24）ヘーゲルの教授資格論文『惑星の軌道に関する哲学的論文（*Dissertatio philosophica de orbitis planetarum*）』の「nodorum」が「Knoten」に対応する。この論文について二〇二二年にマイナー社の哲学文庫からG・ヴァルターによるコメント付きのラッソンのドイツ語訳が出版されたのだが、残念ながら訳者はこの語を「Konten」と誤って訳してしまっている（Hegel 2022, 55）。

（25）De la Maza 1998, 11；Ders., 2006, 227–241.

（26）Häußler 2008, 226. 彼はまた「これに対して、いまやヘーゲルは精神をその側で〔宗教の〕モメントとして特徴づけており、第七段落〔正しくは冒頭部九段落目〕で、宗教において諸モメントを、精神も含めて「自らの根拠へと背進」させる。しかし、このことは不可能である。まずもって『精神現象学』ではなく、宗教の概念、この著作の宗教概念を発展させ、それらを展開してきたこれまでの探求の枠組みにおいて、この困難は解消されることはできないし、その必要もない」（ibid., 208）とも言っている。

（27）Schmitd 1997, 321.

（28）De la Maza 1998, 15.

（29）Auinger 2003, 98.

「合一」や「連盟（Allianz）」の意味に誤って理解される可能性があるため、「Bund」は中性名詞で理解せねばならないとした[30]。これに対して、ホイスラーは「まとめ上げる働き」が「der Bund」から導き出されたものだとし、むしろ男性名詞で捉えるべきだと主張する[31]。彼の読みでは、「対称性」と「パラレル」は違う事態を指しており、「パラレル」が「重なり合い」や「合一」を表現しえないのに対して、「対称性」では区別項がダイナミックに「まとめ上げられ」ているとする。それゆえに、彼は「Bund」をたんなるモメントの並列関係の表現ではなく、「まったく同じ程度に曲げる働きへの線の合一」、ある特定の形態が反復される「線対称[32]」の運動の象徴と見なす[33]。こうした理由から彼は「Bund」を男性名詞だと解釈しているわけである。

本書では、これらの先行研究の誤りを回避しながら、ヘーゲルのテクストの真意の解釈に立ち戻らねばならない。問題となるのは次の二つの点である。ひとつは前進運動に現われてきた「還行」や「背進」が何を指すかであり、もうひとつは「Bund」の体系上の機能である。これらを本書で呈示してきた「パースペクティヴの転換」から捉え直してみたい。

あらかじめ本書の見通しを簡潔に示しておけば、この幾何学的図形論はかの「概念的再編成」を示している。先に引用した「自著広告」に即して言えば、「秩序がその必然性にしたがって精神の諸現象を表現し、そのうちで「この諸現象の」不完全さは解消され、それらの最も近接する真理であるより高次のものへと移行する」プロセスの「不完全さの解消」に関わっている。だが、かの幾何学的図形論は、ちょうど立体的な球体である地球の地図をそのまま平面的な地図へとトレースすることができないように、いくつかの犠牲を払っている。つまり、平面地図がその角度・面積・方位・距離などのいずれかの指標を犠牲にせざるをえないのと同様に、ヘーゲルはこの編成をあまりに単純に具象的に示そうとしているがゆえに、彼本来のアイディアと図形が指示することを完全にイコールで結ぶことはできない。よって、この図を「単一な統体性」論に逐一照らし合わせ、図形が直接的に表わすことにだけ忠実であろうとするのは適切ではない。重要なのは、このメタファーの字句ではなく精神を理解することである。

「系列がその前進運動において諸々の結び目によってこの系列における還行を示し」、「これらの結び目から再び直線状に一本の直線が続く」ことは、さしあたりかの「外サイクロイド」にそってイメージするのが有益かもしれない。というのも、サイクロイドの軌跡が描く「輪」が「結び目」であり、「還行」と「進展」を同時に示しているからである。「意識の経験」に引きつけて言えば、この周期的な運動は、たとえば「意識」から「自己意識」へと移行する際に「自己意識」の規定態が再び「無媒介なもの」へと「逆行」し、それに相即して対象の規定態もまた「無媒介なもの」へと「還行」することを指示している。同じ「逆行」は「自己意識」から「理性」への、そして「理性」から「精神」への移行でも同様に生じる。見逃してはならないのは、この「見せかけの逆行」が〈現象レベル〉ではなくもっぱら〈論理レベル〉の規定だけで生じることである。だから、「多数の線がひとつの束に対称的に合一される」という事態を解釈するためには、この「結び目」と「リズム」の関連を明らかにしなければならない。それによって「学的な方法が自ら自身で自分のリズムを刻む」という謎めいた事態の内実もまた解明される。残念ながら、字句に忠実であろうとするキエレギンの「外

(30)　De la Maza 1998, 15, Anm. 13.

(31)　この証拠にホイスラーが例示するのが、「der Hosenbund（ベルトループ、ウエストバンド）」（Häußler 2008, 228）である。ホイスラーは、男性名詞にもこうした用法のうちに「まとめ上げる働き」としての中性名詞の意味を認められるとする。

(32)　Ibid. 同書は、間接証拠となるテクストを「美学講義」の「シンメトリー」論から持ち出している。

(33)　ホイスラーは、アウインガーの「Bund」による「束ねる働き」に関する説を「ヘーゲルの外在的－方法的な付け足し」（Häußler 2008, 230）と誤って解釈したものとして、拒絶している。

サイクロイド」理論ではこの核心的なポイントのメカニズムは説明できない[34]。

(3)「統体化」の論理としての「三つの規定性」

この「リズム」を理解するには、「絶対知」章の第二段落の――「絶対知」章ではやや唐突に登場するのだが――「三つの規定性」論を援用しなければならない。本書の理解では、ヘーゲルが明示的に「現象学の論理」に言及するのは、この箇所をおいて他にはない。この「三つの規定性」論においてヘーゲルは「絶対知（精神の自己知）」の要件たる「意識の対象性」の克服をすべく、「概念」の境地から「現象知」の再編成を遂行している。

したがって、対象は一方では**無媒介な存在**（*unmittelbares* Seyn）であり、言い換えれば、**物一般**である――これは無媒介な意識に対応する。他方では〔対象は〕この物が他になること、物の**相関関係**（Verhältniß）、言い換えれば**対他存在と対自存在**、規定性である――これは知覚に対応する。もう一方では〔対象は〕**本質**（*Wesen*）あるいは**普遍的なもの**であり――これは悟性に対応する。対象は全体としては推論であり、言い換えれば、規定性を介した個別性への普遍的なものの運動であり、あるいはその反対に個別性から止揚されたものとしてのその〔個別性〕を介した、言い換えれば規定性を介した普遍的なものへの運動なのである。――それゆえ、これら三つの規定性にしたがって意識は対象を自分自身だと知らねばならない。とはいえ、ここ〔『精神現象学』〕で問題になっているのは対象を概念的に把握することとしての知ではない。そうではなく、この知はただその生成においてのみ、言い換えればそのようなものとしての意識に属している側面にしたがった知のモメントにおいてのみ指摘されるべきであり、本来の概念や純粋な知の諸モメントは、意識の諸形態の形式において〔のみ指摘されるべきなのである〕。それゆえに対象がそのようなものとしての意識のうちに現われてくるのは、今まさに我々によって表現されたところの精神的本質態としてのことではない。また、対象に対する意識の振舞いはこうした統体性における対象の考察ではなく、その統体性の純粋な概念形式におけるものでもない。そうではなく〔対象に対する意識の振舞いは〕一方では意識一般の形態であり、他方では我々が総合するところのそれらの諸形態の総数であって、これらの諸形態のうちでは対象の諸モメントの統体性と意識の振舞いの統体性は、ただそれらの諸モメントへと分解したかたちで指摘されうるだけに過ぎない（GW9, 422-423）。

この「三つの規定性」論の本質的な意義は、概念的観点から対象の「個々のそれぞれの規定性を自己として把握する」（GW9, 422）ために現象学的な継起を「回顧」することにあり、ヘーゲルの戦略は、それを通して「現象知」から「精神の自己知」を生成させることである。だが、それと同時にこの「三つの規定性」論は「宗教」章冒頭部の幾何学的メタファーにもいくつか重要な視点を提供してくれる。

第一に、「回顧」や「単一な統体性」への再編成の「リズム」が呈示されている。「意識がこれら三つの規定性にしたがって対象を自分自身だと知る」とは、「精神の自己意識」の生成のことである。それがたんなる経験的な自己知ではなく、簡明直截に言えば「絶対知」のことだということに注目するとき、「精神の自己意識」の持つ「リズム」もまた「三つの規定性」であることが分かる。すると、先述の幾何学的図形論において現われた「結び目」や「区別項」が重なり合う機序もまた「三つの規定性」というユニットが刻む「リズム」に対応すると考えねばならない。この「リズム」は「現象知」のレベルからは見通すことができないので、「現象知」を余すところなく展開しきった後でしか、つまり「宗教」章と「絶対知」章という〈論理レベル〉の視点からの「回顧」によってしか洞察されえない。「感性的確信」「知覚」「悟性」という三つの形態は、これまで

（34） 以下のキエレギンへの批判も参照。田端『建築術』、一三八頁。

の行論においてたびたびひとまとめに「意識一般」（vgl. GW9, 102, 239, 241）と呼ばれていた。「絶対知」章でこの「感性的確信－知覚－悟性」という周期を振り返っているのは、「意識」章を再構成するためではない。そうではなく、「感性的確信－知覚－悟性」という意識の三つの態度と、それに対応する対象の三つの規定態との連関を論理的－概念的に総括するためである[35]。暫定的に整理すれば、

（α）**「感性的確信」**：**「無媒介な存在」**「物一般」
（β）**「知覚」**：「物の**相関関係**」**「対他存在と対自存在」**
（γ）**「悟性」**：**「本質」「普遍的なもの」**

という対応関係が認められる[36]。つまり、まず「意識」章の対象の本質的な特質が、ここでは論理的観点から、それぞれ**「無媒介な存在」**、**「相関関係」「対他存在と対自存在」**、**「本質」「普遍的なもの」**と把握し直されている。

さらに「無限性」を生成させる運動であった「意識」章の行程が、こちらも論理的見地から、「個別性－特殊性－普遍性」のトリアーデとして整理し直される。ヘーゲルはやや難解な書き方をしているが、知は「意識に属している側面にしたがった知のモメントにおいてのみ指摘され」、「本来の概念や純粋な知の諸モメントが意識の諸形態の形式においてのみ指摘されるべき」だというのは、本書が繰り返し論じてきた〈現象する知〉の叙述が「学」の生成になるという『精神現象学』に固有の「学」の「生成」論を指しているに過ぎない。「〔『精神現象学』の対象が〕概念的に把握することとしての知ではない」などの叙述もまた、私たちが何度も見てきたように、ヘーゲルが「論理学」や〈論理レベル〉との区別を改めて強調しているだけである。『精神

現象学』の〈現象レベル〉のプロセスは、あくまでも「意識の諸形態」しか叙述していない。それらが「論理学」に属する「本来の概念や純粋な知の諸モメント」となるには、『精神現象学』の「学の生成」というプロジェクトが成就される必要がある。

第二に、私たちが解釈してきた「パースペクティヴの転換」や「単一な統体性」への総括が「我々の総合作用」だったとして、よりはっきりと〈現象レベル〉を越えた次元の作用によるものであったことが明示される。本書の比喩を繰り返すならば、それは天体を占星術的に観測するのではなく、天文学者の立場から観測することに他ならない。それは、とりもなおさず、平面的で通時的なパースペクティヴから立体的・共時的なパースペクティヴへの転換、ローカルな視点からグローバルな視点への向けかえを意味している。

以上、やや長い迂回をしたが、この「三つの規定性」論を踏まえることで「現象知」の「単一的統体化」論とでも呼ぶべき幾何学的メタファーの要点が明らかになる。まず「結び目」を作りながら「一本の直線が続く」とは、「意識－自己意識－理性－精神」という「モメント」の系列が「三つの規定性」に即して繰り返し現象したことを意味している。だから、「結び目に即して」「一本の線」が寸断されて「多数の線」になるならば、この「多数の線」は四本である。[37] もちろん、この運動では概念的モメントが規則的に繰り返しているだけ

---

(35) 「三つの規定性」について、金子は「対象の三つの契機」（金子、前掲書、一四二七頁）としているが、正確には、対象に対する意識の振舞いの様式の規定でもある。この規定性にしたがって「精神の自己知」が完成されるのだが、「絶対知」の成立のプロセスをすべて跡づけることは本書10章を参照されたい。

(36) この「三つの規定性」を論じた以下の文献にしたがって三つの論理をそれぞれ（α）（β）（γ）とした（田端「究極の自己知」、一一頁、『建築術』、一四一、二二九頁）。

(37) 従来この「多数の線」の数を示した研究はなかったが、最近次の文献もこの線を「四本」だと解釈している。田端『建築術』、一三八頁。

であって、まったく同じ「現象知」の行程がこの四つの運動においてリセットされているのではない[38]。〈現象レベル〉の観測にとっては、このプロセスはあくまでも直線的であり「カオス」そのものである。この幾何学的図形論が表現しようとしているのは、この「カオス」が（α）「**無媒介な存在**」（β）「**相関関係**」（γ）「**本質**」を軸にした「統体性」に再編成しうることに他ならない。

本書で採用してきたアプローチを「建築術」と表現してきたが、それに引きつけて表現すれば、「現象知」の〈四層構造〉からなる「単一な統体性」を「重層的」たらしめている「三本の柱」と言ってもよい。すなわち、現われしか見ることができない意識にとって「カオス」であった「意識の諸形態」の系列は、それに内在する重層的構造の「リズム」が透かし彫りになるとき、初めてその「結び目」＝「柱」に即して形態の区別が「重なり合う」といった具合に対称的に合一される」という事態が生じるのである。繰り返し注意を促しておきたいのだが、「三つの規定性」を「結び目」や「柱」に准えると、それを外在的な秩序と見なしたくなる誘惑に駆られかねないのだが、「三つの規定性」は決して形式論的、図式論的に解してはならず、「現象知」に外在的なシェーマでもない。そのような理解では、結局のところラバリエールのような「自体－対自－即かつ対自」という枠組みで『精神現象学』を裁断する解釈と同じ過ちを犯すことになる。「三つの規定性」とは、「意識の諸形態」の系列自身が刻んできた「リズム」であり、「意識の諸形態」とともに生成したものであり、それを「我々」が概念的観点から「回顧」しただけのことに過ぎない。それはいわば、目に見えない「柱」なのである。これこそが、「序文」が強調してきた「方法論」の要諦である。

以上の解釈から、直線状の系列が「いわば折り曲げられ、多数の線へと寸断され」、「多数の線がひとつの束へと束ねられる」ことのポイントもまた明らかになる。先に示した例で言えば、この「折り曲げ」や「寸断」は、「惑星を天動説の描く円の体系へと置き換える必要がない」ことや、「宗教」章の「概念的再編成」が外在的、記号的な操作でないことに対応している。この直線的な系列は「三つの規定性」と呼ばれる「リズム」に沿って「違った仕方で」配列されることで、いわば「寸断」される。この「リズム」こそが『精神現象学』の「規則性」であり、「論理性」である。この「論理性」は「意識の諸形態」のうちにすでに現存しているのだが、〈現象レベル〉の視点には見通すことができず、「パースペクティヴの転換」を介することによって初めて生成する。キエレギンはこの抜本的な転回を「意識のプトレマイオス的構造」から「コペルニクス的構造」への転換に譬えたが(39)、この比喩は、「現象知」を見せかけの「カオス」としてしか観測することのできない〈現象レベル〉の立場を〈天動説〉とし、それに対して「現象知」の背後にある「規則性」＝「論理性」を洞察する〈論理レベル〉に立つ〈地動説〉の立場とを対比させることで、「宗教」章の前後の観点の差異を非常に上手く説明している。ただし、キエレギンはこの「論理性」の在処を「書かれなかった論理学や思弁哲学」に求めており、なおかつその三つの規定態を「存在－本質－概念」としている(40)。

しかしその編成の秩序には、「自体－対自－即かつ対自」という形式的図式(41)や、イェーナ期の「論理学」構

(38) ブッシェは映画の「カット・バック」の手法に譬えているが、この重層的運動をそのように理解するのは適切ではない(Busche 2008, 148)。繰り返されるのは「シーン」ではなく、その背後にある「テンポ」や「リズム」である。

(39) Chiereghin 1980, 408.

(40) Chiereghin 1980, 420, 423. 田端はかつて「それは未だ書かれてなかった「論理学」の編成原理、即ち「存在－本質－概念」の系列に他ならないという解釈に与したい」(田端「「単純な総体」」、八一―二頁)とキエレギンを支持して「現象学」の「論理（学）」を「存在－本質－概念」としていたが、後にこれを撤回し(α)「**無媒介な存在**」(β)「物の**相関関係**」「**対他存在と対自存在**」(γ)「**本質**」をその原理と見なしている(田端「究極の自己知」一一頁以下、『建築術』、一四一、二二七頁以下)。本書はキエレギン説には与しない。

(41) シュミットもまたラバリエールと同様の図式的理解に陥っている。シュミットは、1、意識(自体)、2、自己意識(対自)3、理性と精神(即かつ対自)というラバリエールと同様の分類をしたうえで、さらにそれらを三つに下位区分

想に由来する「存在 - 本質 - 概念」などの外在的シェーマは必要ない。その機序は「現象学」が展開した「感性的確信」「知覚」「悟性」に即して生成した論理的 - 概念的秩序である（α）「**無媒介な存在**」（β）「**相関関係**」（γ）「**本質**」である。この理解こそ「Bund」のメタファーを精確に捉えるために必要不可欠な洞察である。

それにしたがえば、かの幾何学的図形論が意味する事態を次のように再構成できる。つまり、「現象知」は「カオス」のように一見無秩序に現われてきたのだが、「我々」が事後的に「回顧」し、パースペクティヴを向き変えるならば、それは（α）「**無媒介な存在**」（β）「**相関関係**」（γ）「**本質**」という機序にしたがって編成し直すことが可能であり、「意識、自己意識、理性、精神」は（α）（β）（γ）の秩序に即して重ね合わせることができる、と。ゆえに「意識 - 自己意識 - 理性 - 精神」が「symmetrisch に重なり合う」とは、モメントの「パラレル」や「線対称」の関係を表現しているのではなく、「意識の諸形態」が刻んできた固有の「リズム」（α）（β）（γ）が相似的に「単一な統体性」のうちに反映され、透かし彫りになることを代理的に表象している、と考えねばならない。ヘーゲルは「symmetrisch」と表現しているが、ここでは一般的な対称性のイメージに固執する必要はない。彼がこの術語で言い表わそうとしている事態とは、「三つの規定性」というユニットが刻む「リズム」を「Maß（単位、基準、尺度）」として「カオスな」系列が「同じになる（gleich, eben）」ことと、すなわち「*Gleich-maß*」「*Eben-maß*」なのである。「単一な統体性」のうちでは「意識 - 自己意識 - 理性 - 精神」のあいだの区別がこの「リズム」に即して止揚され、「完全に透明」（GW9, 364）で「単一に」なっている。本書で繰り返し述べてきた「モメント」の「共時態」とは、まさにこの「単一化された統体性」を意味している。「宗教」章冒頭部の幾何学的メタファーが指している「折り曲げ」や「寸断」は任意になされるのではなく、「意識の諸形態」の背後にあるこれらの機制なしには決して遂行されえない。

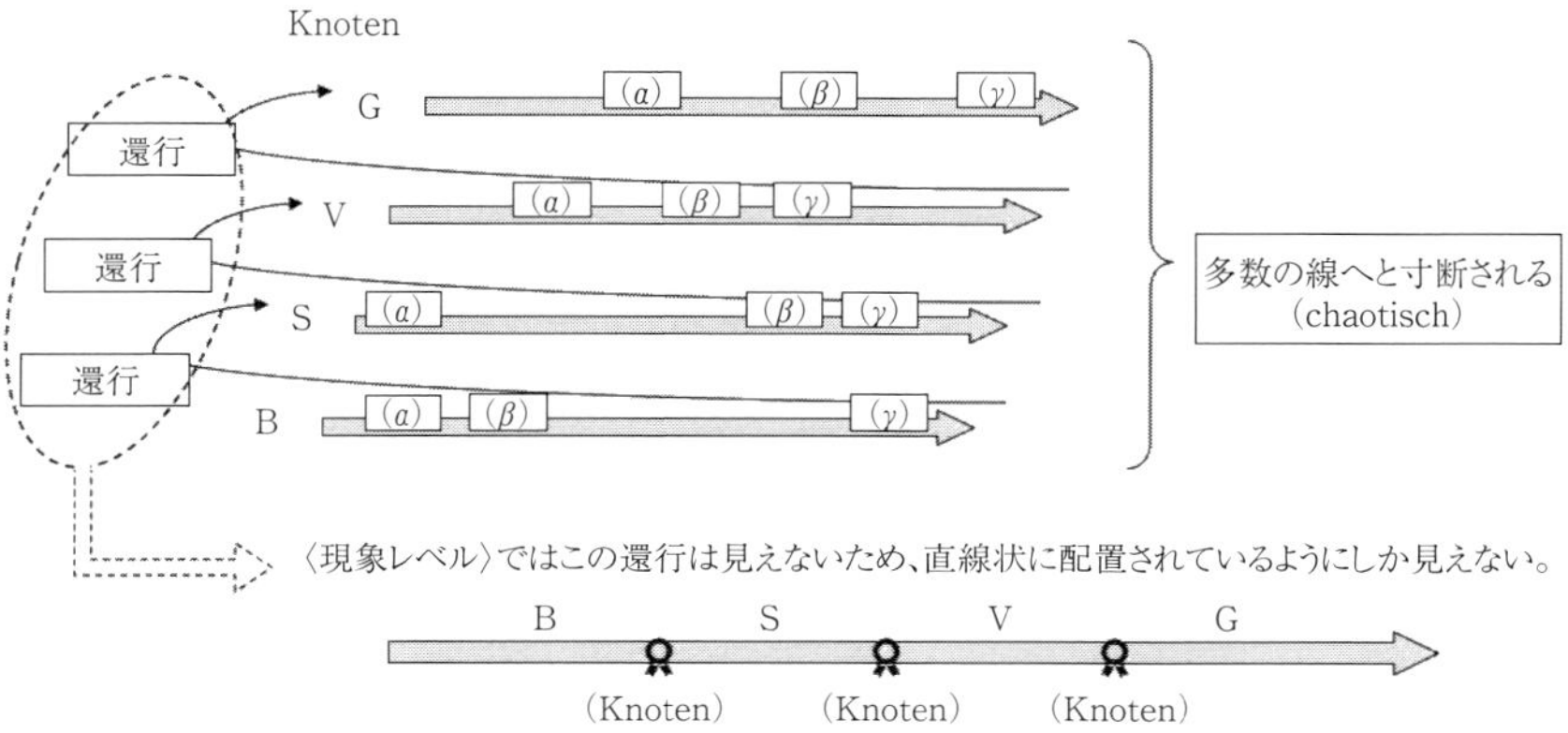

これまでの議論を図で示すと、以下のような構造論的分析ができる（「意識」「自己意識」「理性」「精神」は、それぞれ「B」「S」「V」「G」と略記する）。

まず、「現象知」の系列が「カオスな」様相を呈しながら「結び目」を形成することは、上のように図式化することができる。この系列はさしあたり直線状に（すなわち、無秩序に）配置される。もちろん、「結び目」は「論理」にしたがって形成されるのだから、この系列が直線状に配置されているように見えるのは、〈現象レベル〉の観点にとってのみ起こることである。逆に言えば、いくら「現象知」の系列がたしかに「結び目」を作っていようとも、そのことは〈現象レベル〉に立つ限り見通すことはできない。

次に、これらの直線状に配置された一本の線は、「意識」「自己意識」「理性」「精神」という行程のうちに現われた「結び目」に沿って「多数の線＝四本の線」へと「寸断」される（「還行」は単発（Rückgang）ではなく複数回（Rückgänge）発生する）。ただし、ただたん

し、「意識－自然宗教」、「自己意識－芸術宗教」、「理性・精神－啓示宗教」という対応づけで「宗教」章を理解している（Schmidt 1997, 324）。だが、こちらの図式も『精神現象学』に忠実ではなく、なお正しくない。

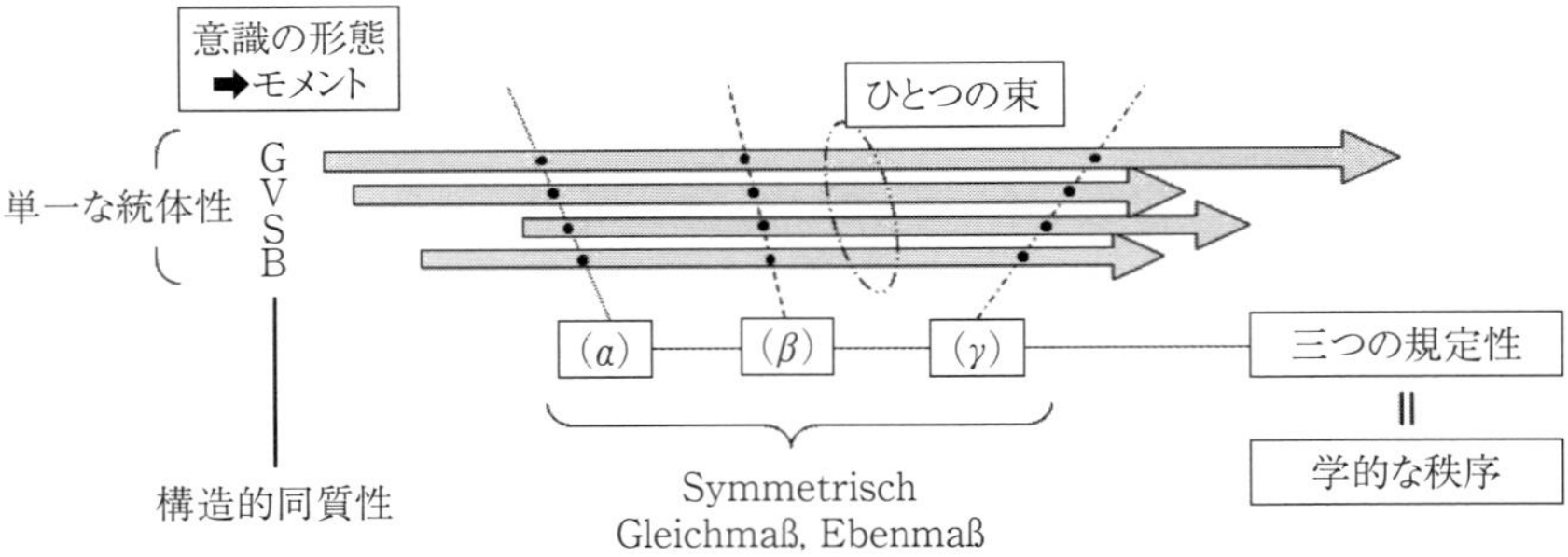

に複数の線へと分断され重ね合わせられるだけでは、その「現象知」は依然として「カオス的」であるにとどまる。それらが真に合一するためには、複数の「線」のあいだに「尺度」となる規則が必要である。

これらの諸モメントが「単一な統体性」となるためには、(α)「**無媒介な存在**」(β)「**相関関係**」(γ)「**本質**」という「論理」の観点から、「現象知」が「透かし彫り(=相似)になる」といった具合に重ならなければならない(このとき、(α)(β)(γ)はパラレルである必要はない)。その透かし彫りにされた状態が「シンメトリー」が指す事態であり、「多数の線がひとつの束へと束ねられる」ことである。これらのステップをすべて経ることによって初めて「現象知」から「学的な秩序」への編成、「通時態」から「共時態」への転換、「直線」から「円環」への構造的再編成が起こる。

「総括された統体性」と「単一な統体性」の構造的な差異が内的な連関を構成する「論理性」の有無にあることはすでに指摘したが、その「論理性」を透かし彫りにされた「単一な統体性」は、その内的連関ゆえに「完全に透明」となる。かの「対称性」は、この「単一態」に認められる「透明性」が表わす事態を他の観点から表現し直したものに過ぎない。すなわち、「統体性」の内的構造が「単一で」「透明で」あるがゆえに「シンメトリー」なのであり、あるいは「現象知」が「symmetrisch」に(gleichmäßig、ebenmäßigに)配置され直したときには「単一な統体性」が形成されている。[42]

よってこの幾何学的図式論の真髄をひと言で表わせば、「現象知」が自らで刻んできた「リズム」にしたがってその「リズム」たる「結び目」に沿って分節化され裁断され直すとき、自ずと「区別が重なり合う（区別が止揚される）」ような「統体性」が完成するということにある。

それゆえ――多くの「論理学的必然性」研究がしばしばそう理解してきたように――「論理（学）」と「現象（学）」とのあいだには、単純な「一対一対応関係」を認めることは決してできない(43)。私たちはすでに8章で「学の抽象的な諸モメントのそれぞれには現象する精神一般の形態が対応する。定在する精神は学よりも豊かではなく、その内容において学より貧しいわけではない」（GW9, 432）という「絶対知」章の叙述を考察したが、それは次のような事態を意味すると考えられる。つまり、（α）「**無媒介な存在**」（β）「**相関関係**」（γ）「**本質**」には、それぞれの位相で「意識の諸形態」がとってきたそれぞれの形態に、それに適う対応物が存在する。したがって対応関係を求めるならば、それは少なくとも三パターンからなる〈一対四〉対応であり、より正確に言えば〈**一対多**〉**対応**である。だから「学のモメント」と「現象知」も一対一では対応しないと言え

---

(42)　繰り返しになるが、これはたんなる「単一態」ではない。それは「その本質的諸モメントのうちに精神全体の自己連関構造を模写しているような、多重に累乗化された自己連関」（田端「「単純な総体」」、八三頁）の「統体性」である。

(43)　たとえば久保は『精神現象学』と「イェーナ論理学・形而上学・自然哲学」草稿（LMN草稿）との対応を認め、「結局、「現象学の論理学」はイェーナ精神哲学を母体とし、それにLMNの理念や方法を重ね合わせたところから生じた」（久保『生と認識』、二四七頁）と結論づけている。デ・フォスでさえ「思弁哲学のスケッチ」と『精神現象学』には対応関係があるとして、それを①絶対的存在・相関＝「意識」②生と認識＝「自己意識」③知る知＝「理性」④精神＝「精神」⑤自己についての精神の知＝「宗教」だと想定している。そのうえで、「絶対知はどこに位置するのか」（de Vos 1989, 255）や「絶対知から学への移行」（ibid. 256）をより根本的な問題だと考えている。彼がこうした誤読をしている原因は「思弁哲学のスケッチ」を「現象学の論理学」だと考えているからであり、結局のところ『精神現象学』の「リズム」を誤解しているからである（vgl. ibid. 254）。

るのだが、このことは〈一〉たる「学のモメント」と〈多〉たる「現象知」「意識（精神）の諸形態」とのあいだに内容上の優劣がないこととは矛盾しない。むしろ、両者が内容上一致するからこそ「パースペクティヴの転換」による「概念的再編成」が可能なのであって、この対応関係に沿って「意識の諸形態」を再編成すること、つまり〈多〉のうちに対応する〈一〉を見いだすことが「宗教」章冒頭部と「絶対知」章に固有の課題なのである。もちろん、この〈四〉ないし〈多〉が「統体性」を形成しているときには「単一態」であって、それが「単一態」であるのは「論理性」が見通されることで内的連関を持った構造体として重層化されるからである。「現象する精神」の「諸概念の本質」が「学において、思惟としての単一な媒介のうちで措定される」(ibid.) というテーゼは、以上のようにして正当化されるだろう。

「Knoten」や「Bund」からなる幾何学的図形論の本質的な意義は以上のような「統体性」論のうちにこそ認められるのであり、この「単一な統体性」からなる境位が「絶対知」章へと繋がる問題機制を根底で規定している。したがって、「体系」論としての『精神現象学』を評価するうえで「宗教」章の構造論的読解は不可欠なのである。ただし、その完全な解明は、「絶対知」章の読解によって示すべきことがらであろう。とはいえ、それは「現象知」を「学のモメント」に転換するという「宗教」章冒頭部が担っている体系上の役割なしでは決して理解することができないことは明らかになったと言えよう。

（4）哲学の事後性と「始元」論

(α)「**無媒介な存在**」(β)「**相関関係**」(γ)「**本質**」という「リズム」は意識の経験が自らで刻んできたものであり、それゆえに「現象知」のうちに含まれていると言える。この(α)(β)(γ)という「リズム」こそ「現象知」が刻んできた「内的必然性」に他ならない。その「リズム」は「精神」の系列の機序をも規定し、それによって「精神」の自己連関的な構造は漸進的に実現されていく。以上の考察から、『精神現象学』が「精神」の諸形態を通して時間的、歴史的進展を叙述する意義も明らかになるだろう。すなわち、思惟は「歴史」によって先導され、「歴史」のうちにある「必然性」＝「論理」を事後的に把握することしかできないのである。

こうした「必然性」の事後的な把握の理論への洞察は、暫定的に措定されざるをえない円環的体系の「始元」がいかにしてもたらされるのかという難問を理解するためにも必要である。すなわち、「現象知」がバラバラに登場したあとに初めて「論理性」が見通されるのと同様に、さしあたり蓋然的な原理から出発した「始元」は「学」が直線的に進行したあとに、事後的に根拠づけられて、真の「始元」たるようになる行程と理解しうる。ひと言で言えば、〈カオスとしての暫定的な始元〉が〈秩序としての必然的な始元〉へと生成することによって、「学」を蓋然的に（「カオス」から）開始することが事後的に正当化されることがヘーゲルの「始元」論の真髄である。

それゆえに、「現象知」を展開しきった後半部分こそ『精神現象学』というプロジェクトの成否を左右していると言える。だが、先述のようにヘーゲルは『精神現象学』刊行直後に書かれたシェリング宛ての書簡で「最終的な真理の場」に「不幸な紛糾」の影響が及んでいることを告白していた。この「紛糾」には「絶対知」章だけではなく、本章で論述した幾何学的図形論の不明瞭さもまたそのひとつに数えられるかもしれない。それらの欠陥によってもたらされた最も重大な「紛糾」は『精神現象学』全体の構造への見通しのうちにこそ見いだされるべきである。ヘーゲルは先のシェリング宛書簡で「詳細に入り込んだことが、全体を見渡すことにとって害となっていることを感じている」と告げていた。このときヘーゲルが考えていた事態とは、（α）「**無媒介な存在**」（β）「**相関関係**」（γ）「**本質**」が「現象知」のうちで「リズム」を刻んできたことを洞察することにあると思われるのである。

翻って考えるに、このように「全体を見渡すこと」が非常に難しくなってしまったからこそ、長年のヘーゲル研究において構造論的読解が主流になることがなかったとも言えるだろう。さらにいくつかの貴重な例外的研究であっても、それはたんなる「形式論」だとか「図式論」だとかいった、不当で不要な誤解を受けてきたと言わざるをえない。さらに構造論的読解を標榜していながら、実際に「図式論」に陥ってしまっている研究も散見されることが、不幸にも事情をいっそう複雑にしてしまっている。繰り返しになるが、『精神現象学』には「欠陥」があるため、大胆な読み替えが必要とされているし、構造論的読解以外のアプローチでは、「絶対的なもの」を前提とすることなく「学」の「生成」を叙述するというこの著作の本来の課題を見逃すことになる。もちろん、本書は『精神現象学』への他のアプローチをすべて否定することを目的にしていないし、あるいはそれらが持っている可能性を不当に狭めたり、すべて誤りだとして唾棄したりすることも目指していない。とはいえ、それらはあくまでもヘーゲルの意図に沿ったものではなく、『精神現象学』のオーソドックスな読解と見なすことはできないのである。

第10章　「絶対知」は成立したのか

――ヘーゲル青年期一九年の総決算

『精神現象学』の全行程を「意識の諸形態の系列」の「宿駅」（GW9, 55）を遍歴する過程に准えることができるならば、その究極的な到達点である「絶対知」はいわば「ターミナル」だということになる。だが、この比喩に引っ張られて、この「ターミナル」をこれまでの通過駅と同列に扱ってはならない。「絶対知」もひとつの「知」ではあるのだが、それはかなり特殊な「知」であり、日常的で常識的な例によって譬えることはできない。(1)

意外なことに、ヘーゲルは「絶対知」章以前に執筆した箇所では、たった一回しかこの術語を使用していない。それは「緒論」の最終段落なのだが、それによれば「意識の叙述」が「精神の本来の学の地点」と一致し、「**意識自身がこの自らの本質を把握することによって、**意識は絶対知そのものの本性を証示するだろう」（GW9, 62）とされる。当初「絶対知」が「理性」章で登場すると構想されていたことはここでは措いておくとして、(2) この表現は厳密に受け取られねばならない。「緒論」の要旨は、ひと言で表わせば、「意識の諸形態の形式において」登場してきた「本来の概念や純粋な知の諸モメント」を「統体性の純粋な概念形式」として把握することである（vgl. GW9, 423）。不可欠なのは、このことを「意識」ないし「精神」自身が知ることである。ヘーゲルが「絶対知」章において、「絶対知とは、自らを精神の形態のうちで知る精神（der sich in Geistsgestalt wissende Geist）である」（GW9, 427）と呼び換えるのはそのためである。その意味で「絶対知」とは「精神の自己知」なのである。

（1） 次のものが、「絶対知」を有用な議論にすべく社会や共同体の知として解釈しようとしている（Pinkard 1994; Bertram 2017）。最近でもケルヴェガンがピンカードの路線を採用してこう述べている。「ピンカードが言ったように、絶対知とは、そこにおいて知の自己反省が可能になるような「社会空間」を形成する」（Kervégan 2023, 120）。

（2） この問題については、以下のものを参照。Bonsiepen, Zur Datierung, 179–90.

さて「自己知」あるいは「自己意識」は、通常の対象的意識とは異なって「主観」と「客観」とが根源的に同一であることを要件にしているが、そもそも「自己意識」論は「客観」の側に「主観」を置いたり「自己」というラベルを対象に貼りつけたりするだけでは「自己意識」の説明にはならない、という根本的なアポリアを抱えている。「主観」が「客観」として表象されるときには、それは元々の「主観」としての地位を失い、〈認識する側〉ではなく、〈認識される側〉に転落せざるをえない。こうした転化が生じる以上、〈認識する側〉と〈認識される側〉との同一性は絶えず問題にならざるをえない。つまり、「主観」自身にとって必然的に差異が生じるところに同一性を認めようとする限りで、いくら「対象は自己である」と繰り返し説こうとも問題は一歩も解決に近づかないのである[3]。それはあたかも、ヴィトゲンシュタインが述べたような、眼がその眼自身を視界に入れることが不可能だというのと同様の事態に直面しているかのように見える。

ところで、ドイツ古典哲学は「自己知」の成立をひとつの重要な問題圏としてきた一連のムーブメントだと見なせる。そこではこの構造的問題は「知られる「内容」が知る「形式」でなければならない[4]」こととして現われてくる。ポスト・カント哲学においては、たびたび「主観」の「形式」が「内容」たる「素材」をも生み出さねばならないことが問題になってきたが（本書1、2部を参照）、そのときにはつねにこの問題が背景に存在していたとも言える。「自己直観」としての「知的直観」がしばしば持ち出されてくるのがその証左である。「形式」自身が「措定作用」や「触発作用」そのものであれば、「内容」との分離は原理的には生じないはずだが、問題はこの超越論的とも言える〈自己連関の作用〉をどう説明するのか、そしてそれにどう到達するのかである。このことを十全に示して初めて「精神の自己知」（そして「学」）は成立したと言える。

『差異論文』のヘーゲルはまだ「知的直観」を容認しており（vgl. GW4, 75ff.）、また蓋然的な始元から「哲学的思惟」を開始するラインホルト的企図を批判していたが（vgl. GW4, 82）、『精神現象学』の著者はそれとはまったく対照的な立場をとっている。こうしたヘーゲルの立場の変化の要因は一八〇四／〇五年のＬＭＮ草稿での思索に求められる。前もってヘーゲルの戦略の概略を示しておけば、彼は一旦「所産」として現われてきた「精神の諸形態」のうちに透かし彫りになる「論理＝リズム」をあとから「概念的に把握する（Begreifen）」ことを通じて、「所産」と「能産」が同一であることを示すことによって「形式」と「内容」との分離を解消しようとしている。これが『精神現象学』の「学」の生成論の真髄である。ヘーゲルが「序文」で「ピストルから発せられたように、絶対知から直接始めて、その他の立場を考慮に値しないと片づけてしまう」（GW9, 24）ことが、『精神現象学』の「学」の「生成」（ibid.）とはまったく異なるとわざわざ注意している——ヘーゲルは「絶対知」章と先述の「緒論」以外で、唯一この箇所で「絶対知」に触れている——のには、戦略的な観点からすればそれなりの理由があったのである。

実質的に、これは「知的直観」による「絶対知」への接近を放棄したことを意味している。ただし、こうした迂回的戦術をとった代償としてヘーゲルは別の課題を解決せねばならなくなる。それが「絶対知」章で繰り返される「対象性」「自然性」の止揚である。言い換えれば、「絶対知」という「自己知」の直接性を再興しなければならない。ヘーゲルは「概念的に把握すること」によってそれは解決されると考えている。すでに述べたように、この「概念的に把握すること」は、現象する「精神」の諸形態の「論理的な連関」を見通すことを意味している。それゆえ、ヘーゲルの「論理」と「絶対知」は切り離せない関係にあるのである（まさにこうした事情のゆえに、分かりやすく説明するために「絶対知」を「眼」の比喩などの常識的な知に置き換えることはできない）。「学」の生成論の成否は、この方法論としての「概念的に把握すること」にかかっている。よって本章の最大の課題

（3）ドイツ古典哲学の「自己意識」論については以下を参照。Vgl. Stolzenberg 1996, 461–482.
（4）田端『序説』、二二七頁。

は、この「概念的に把握する」働きの理路を示し、「絶対知」の生成を跡づけることにある。

そこでまず本章では問題の所在を明確にし、『精神現象学』「絶対知」章の読解の焦点が「良心」と「啓示宗教」とを重ね合わせることにあることを示そう（一節）。次にこの明確化した課題を解決するために「三つの頂点」論に沿って「良心」の行程を「概念」の境地から再編成しよう（二節）。それから、「絶対知」章では書かれなかった「啓示宗教」の概念的再編成をヘーゲルに代わって行ない、「形式」と「内容」の一致を可能にする理路を解明しよう（三節）。最後に、それらをもとにして『精神現象学』の「ターミナル」たる「絶対知」の特質を明らかにしよう（四節）。

第1節　「絶対知」章の構成とその課題

「絶対知」章は二一の段落から編成される短い章である。そこには大きく分けて三つの異なるテーマが扱われているが、それはやや未整理なまま極度に凝縮されて詰め込まれてしまっている。したがって、テーマごとに「絶対知」章を裁断することはできるのだが、その分析の仕方は研究者によって異なっている。[5] ヘーゲルがシェリング宛書簡で『精神現象学』の後半部分の構成が歪み、叙述が欠陥を含んでいることを認めていたように、「絶対知」章の構成は必ずしも整備されたものとは言えず、さらにはもっと細かな分節化も可能なため、この分類の成否はここでは問わない。ただし、大まかに言えば「絶対知」章はまず「絶対知」の「概念的再編成」を説き、次いで「絶対知」が「学」であることを示した後、最後に「論理学」や「歴史」などの体系の概要を論じていると見なせる。本書では一三段落以降の「時間の抹消」「学」「論理学」についてすでに論じたので（本書8章）、以下では「絶対知」の生成に関わる一から一二段落までを集中的に扱おう。[6]「絶対知」章の前半部分の読解のためには、『精神現象学』で最も大胆な読み替えが要求される。「宗教」章冒頭部と同様に、「絶対知」章のなかではもはや新しい「現象学的」進展は起こりえず、これまでの「題材」を「我々」が編成し直すという構造論的観点からの再編成だけが生じる。ただし、あらかじめ注意しておけば「精神の自己知」は当然「精神」自身に生じなければならないので、この再編成は「精神」の「想起」や「概念的に把握する」働きと必ず並行して行なわれる。

すでに述べたように、こうした正統な読解方針をとる研究は、特に近年はほとんど見られない。そうしたなかで、フルダは改めて二〇〇七年になって「現象学の論理学」の視点から「絶対知」を問い直している。[7] 彼は一九六〇年代の自らの研究とその周辺の論争を総括し、自らの誤りを部分的に認めつつ、最終的には「絶対知」章は「意識の経験」、「現象知の叙述」のプログラムとして解釈すべきであるという立場をとっている。[8] フルダは、これまでの「絶対知」章解釈——フルダが標的にしているのは、ラバリエール、ハインリッヒス、ジープ、ル・デ・フォス、シャイアー、シュミットの一九七〇年から九〇年代の研究であり、それほど最近のものではない——が「絶対知」章の前半部分に集中し、後半の「学」の問題に関しては解釈者たちの関心がやや薄かったことを批判し、むしろ後半部分こそが重視されるべきだとする。[9] しかし、本書ではこのどちらの見

（5）de Vos 1989, 232, n. 2.
（6）「現象学の論理」にとって最も核心的なことを述べていた「三つの規定性」論は、同章第二段落に配置された内容である。
（7）Fulda 2007.
（8）Ibid. 340, 342.
（9）Ibid. 340.

解にも反対したい。「絶対知」の生成の成否は前半部分の「概念的再編成」にこそ求められるべきであり、それが「概念的再編成」であるがゆえに、〈現象レベル〉と地続きの「現象知」の叙述とは見なしえない（「宗教」章の幾何学的図式論と同様に「総括」の場面では「意識の経験」のプロセスは描かれておらず、また「我々」の介入があるからといってそれがプロジェクトの破綻を意味するのではなく、むしろ「緒論」の方法論に則っていることはすでに示した通りである。本書8章を参照）。「精神の自己知」の「形式」と「内容」の統合は、前半部分の読み直しにこそかかっている。後半部分はあくまでもその「成果」に過ぎず、「絶対知」の生成の現場ではないのである。もちろん、このことは「絶対知」の生成が現象学的進展の外部にあることを意味していない。そうではなく、「絶対知」章の最も核心的な課題が現象学的、歴史的に生起してきた「精神」の諸形態の背後の「論理」の洞察にあるということを主張している(10)。

「絶対知」章の議論を腑分けすると(11)、まず、第一段落から第六段落をひとつの内容と見なせる。ここでヘーゲルは「三つの規定性」論で『精神現象学』の内的「リズム」を明らかにした後、「現象知」を「三つの頂点」として総括している。ラバリエールは、この六つの段落が「絶対的統体性という観点から、この著作の最初の四章、つまり意識における精神の新たな読解を構成している(12)」とし、これまでの行程の「注目すべき形態の再確認(13)」と特徴づける。デ・フォスは、もっと簡潔に「絶対知の形式が自己意識であるところの対象の運動において示されること(14)」だとする。次に、第七段落以降は「二つの和解の実効的な一致を示すという、これから達成されるべきプログラムの概略を示している(15)」。それを実現する「良心」の和解と「啓示宗教」の宥和との統合は、「精神の自己知」への架橋の役割を果たす「蝶番(16)」となる。だが、残念ながらヘーゲルはこの「蝶番」の部分をかなりの突貫工事で取りつけており、「啓示宗教」の再編成とその正当性を充分に汲み尽くして論じていない(17)。したがって、「絶対知」の生成の可否はこの第七段落から「精神の究極的な形態」（GW9, 427）が登場する一〇段落までの過程とその正当化の理路を再構成することによってしか判断できないのである。

第2節　「現象知」の概念的再編成としての「三つの頂点」論

「絶対知」章の議論は、「精神の自己意識」としての「宗教」が「啓示宗教」の終局に至ってもなお「対象性という形式」（GW9, 422）を克服していなかったことが指摘され、「このたんなる形式」（ibid.）を止揚することが残された課題だと明示されることから開始する。たしかに「啓示宗教」では、たとえ「宥和」が生じているとはいえ、それは「概念的に把握しない自己意識にとっては、存在するもの、自らにとって表象されたものという形式」（GW9, 418）におけるものでしかなかった。このことをヘーゲルは、「啓示宗教」は対象を「Begreifen」

(10) デ・フォスは、「絶対知」章の読解の困難さを引き起こしているのは『精神現象学』の先行する章から絶対知を構築することではなく、「「絶対知」章のテクストそのものに認められる議論の連続的構造」にあるという（de Vos 1989, 256）。デ・フォスは「思弁哲学のスケッチ」を「現象学の論理学」だと考えている。

(11) ハインリッヒスは一二段落までの内容を「これまでに到達した二つの宥和の合一」（Heinrichs 1974, 469）という表題のもとでひとまとめにしているが、特に六段落まではこの特徴づけにそぐわない内容を含んでいる。

(12) Labarrière 1968, 187.

(13) Ibid.

(14) de Vos 1989, 233.

(15) Labarrière 1968, 187.

(16) Ibid.

(17) 田端は、この理由を「「宗教」の運動それ自体が既にそれ以前の現象学的運動の概念的再編であるから」だと解している（田端「究極の自己知」、二三頁）。

したのではなく「表象をErgreifen（つかみ取った）」（ibid.）だけに過ぎなかったと表現している。こうした事態が起こっているのは、「啓示宗教」が「精神の自己知」ではなく「精神の自己意識」であることから不可避に生じてくる構造的な限界によるものだと言ってもよい。前者は、対象を「概念的に把握すること」によってしか成立しない。だから、ヘーゲルが言うように、「意識の対象の克服は、対象のほうが自己へと戻るようにして現われるといった一面的なものと受け取るべきではない」（ibid.）。また、それは「我々にとってだけ、あるいは自体的にだけ」ではなく「〔精神の〕自己意識自身にとって」（ibid.）成立せねばならない。

それでは、この「概念的に把握すること」はどうやって成立するのか。「絶対知」章冒頭部の説明では、それは「自己意識の外化」（ibid.）だとされる。このことは「精神」が「外化」を通じて「対象性を止揚しつつ、自らのうちへ帰還し、自らの他者的存在そのものにおいて自分のもとにある」（ibid.）ことだと言い換えられる。一見すると、これは「転倒した世界」「承認の純粋概念」「奴隷の労働」そして「良心の相互承認」論などで幾度となく繰り返し論じられてきた「外化」論を再述しているだけのように見える。たしかに、最も一般的、抽象的な構造的観点からすれば、この「外化」論も同じことを述べているとは言いうる。だが、この「対象性の克服」をもたらす「二重の宥和」はたんなる「他者からの帰還」や「区別でないような区別が他者とのあいだでなされる」などの理解だけではまったく正当化されえない。

この『精神現象学』の最終局面で起こるべき「宥和」とは「精神」の「諸モメントの統体性」（ibid.）の「宥和」であり、すでに述べたように、「対象」の側から接近してくれるような性質のものではなく、「意識」の側から起こさねばならない。それゆえ、この「精神」――ヘーゲルは「意識」と呼んだり、「自己意識の外化」と述べたり、「啓示宗教の精神」などと様々に呼び換えたりするのだが、煩雑なため以下では「精神」に統一する――は「外化」するために自らに適した「対象」を持たねばならない。それはちょうど、「自己意識」章冒頭において「欲望」としての「自己意識」が「自己」を見いだすのに適した対象として「生命」や「他の自己意識」を必要としたように。したがって、「我々」がその対象を示してやる以外には「精神」自身はこの「対象」をどこにも見いだすことができない。だが、この期に及んで「精神」の「対象」は外部から挿入されることはなく、新たな「意識の経験」が始まるわけでもない。それはすでに〈現象学的進展〉の過程でバラバラに登場してきた「現象知」から選び出される。

ヘーゲルによれば、「精神」は「個々のそれぞれの諸規定を自己として把握する」(ibid.) のに適した「対象の諸規定の統体性にしたがった対象」(ibid.) において「外化」すべきだという。だが、それだけでは何がその肝心の「対象」なのか判然としない。そこでこの「諸規定」として指定されるものこそ「三つの規定性」に他ならない。「三つの規定性」論の意義とは、すでに「現象知」として登場してきた「以前の意識の諸形態」のうちで「対象」となるべきものを「想起させる」(GW9, 423) ために、その選抜根拠を示すことなのである。(18) こ

(18) 「三つの規定性」の箇所でヘーゲルはこう述べていた。「これら三つの規定性にしたがって、意識は対象を自分自身だと知らねばならない。とはいえ、ここで問題になっているのは、対象を概念的に把握することとしての知ではない。そうではなく、この知はただその生成においてのみ、言い換えればそのようなものとしての意識に属している側面にしたがった知のモメントにおいてのみ指摘されるべきであり、本来の概念や純粋な知の諸モメントは、意識の諸形態の形式において［のみ指摘されるべきなのである］。それゆえに、対象がそのようなものとしての意識のうちに現われてくるのは、今まさに我々によって表現されたところの精神的本質態としてのことではない。また、対象に対する意識の振舞いは、こうした統体性における対象の考察ではなく、その統体性の純粋な概念形式におけるものでもない」(GW9, 423)。本来の「現象学の論理」が意識の諸形態というかたちをとってしか現われえないのは、「現象学」がそうした方途をとって「絶対知」に到達するさまを叙述する部門だからであり、「純粋な知のモメント」やその「諸規定」を「概念的に把握する」のは「現象学」ではなく「論理学」の仕事である。このことから「絶対知」章に到達しただけでは、「知」はまだ「思弁的哲学」や「論理学」の境位にはないことが分かる。

の根拠は、具体的に言えば（α）「**無媒介な存在**」「**物一般**」（β）「**物の相関関係**」「**対他存在と対自存在**」（γ）「**本質**」「**普遍的なもの**」である。「三つの規定性」とは「感性的確信－知覚－悟性」（つまり「意識」）の論理的規定性であるが、それぞれの意識形態に対応した対象もまたそれに相即するかたちで同じ規定性を持っている。この「意識－対象」に汎通する「規定性」[19]がいまや論理的－概念的モメントとなって「現象知」の再編成を可能にしてくれる。そのおかげで、これまでのすべての現象学的プロセスから「自己」を見いだすのに適した「対象」が「三つの頂点」として再解釈されるのである。[20]

以上のことから「三つの頂点」論の意味もまた明白になるだろう。それは、現象学的継起のうちで現象してきた（α）（β）（γ）のそれぞれの「リズム」での「自己」を「精神」自身が対自化するための「対象」を「精神」自身に「想起させる」ことを目指しており、「概念的総括」を遂行する「我々」はここで「リズム」に対応する「自己」を「対象」に指定してやるのである。それを「規定性」に即して集約するのは「我々」以外には不可能である。[21]ヘーゲルが対象をたんに「諸規定にしたがった対象」ではなく、「対象の諸規定の統体性にしたがった対象」と呼んでいるのは、構造論的観点から「現象知」が選出されねばならないことを示唆している。[22]したがって「絶対知」章の読解にも「現象学の論理」への洞察は欠かすことができないのである。[23]

第三、四、五段落からセレクトされる「自己」たる「三つの頂点」とは「観察する理性」、「純粋透見」、「良心」である。以下ではそれを「規定性」に即して考察する。

（１）「観察する理性」／「理性」章――「無媒介な存在」

最初の（α）「無媒介な存在」という規定の位相の「自己」は「精神」章からではなく「理性」章から選び出される。[24]「観察する理性」での「α：自己」は「自己は物である」という「無限判断」において登場した。

(19) アウインガーはこのモメントの共時化と〈現象レベル〉との位相の違いについて的確に指摘している。「もはやここで問題なのは、現象学的行路の過程における叙述に際して解消されてきた根源的な規定性ではなく、意識の根底的な振舞いの様式とその様式のそのつどの結果なのである」（Auinger 2003, 25）。

(20) 「精神」の「対象」の資格を充たす「三つの規定性」、そしてそれがすでに「現象知」のうちに現われてきていることが「絶対知」章の「自己意識の外化」論の最も主要な論点であり、それに触れずに「外化」や「自己知」という術語だけによって「絶対知」を論じるのでは「精神の自己知」の生成をまったく正当化できない。あるいは、「形式」と「内容」が「区別でないような区別」である「無限性」によって統合されるなどというような説明も解釈者は慎むべきだろう。それでは「精神」自身にとって「絶対知」が生成することにはならない。「三つの頂点」論はこのことを示すのに不可欠なプロセスなのである。

(21) アウインガーは「この知〔＝三つの規定性〕そのものが現象学的展開の枠組みのなかで概念的な知や論理的な知として叙述されてはならない」（Auinger 2003, 23）と適切に指摘している。彼は「現象学」が「概念的な知」を直接対象にできず、ただ「現象（意識の形態）」だけを示すことしかできないことを「最大の欠陥」（ibid.）とも表現している。おそらく、彼は『精神現象学』の欠陥という意味では理解していない。

(22) ヘーゲルは「宗教」章冒頭部で「宗教」を「諸モメントの単一な統体性」と呼ぶとともに「諸モメント〔＝意識－自己意識－理性－宗教〕の絶対的自己」（GW9, 365）とも言い換えていた。

(23) ハインリッヒス、トレーデ、デ・フォス、シュミット、イェシュケらは、この「現象学の論理」への洞察を欠いているがゆえに、おしなべて「自体」「対自」「即かつ対自」の「規定性」によって「絶対知」章を読み解こうとしている（Heinrichs 1974；Trede 1975, 173–209；de Vos 1989；Schmidt 1997；Jaeschke 2004）。「論理的ダイナミズム」の「リズム」に触れているラバリエールでさえ、それは同様である（Labarrière 1968, 190）。

(24) 一見しただけで、なぜ「自己意識」章が度外視されているのか、あるいはなぜ「精神」章のA、B、C節のそれぞれで「自己」が「頂点」を持つのではなく、「理性」章に「自己」が点在して登場するのかという編成への疑問がすぐに浮かぶ。これに対して、「ただそうなっているからだ」という以外の理由をアウインガーは挙げている。彼によれば、「絶対知」のモメントとなりうるのは「精神」だけであるから、「自己意識」章は省略されうる。これに対して、「精神」章冒頭の定義によれば、「精神」はその規定が「直接的」であるときには「理性」である。「精神は、我々が今考察してきて、そこからやって来たところの意識〔＝「理性」〕である」（GW9, 239）。よって、「理性」もまた「精神」の直接態のひとつと見なしうるという。「カテゴリーが理性において依然として無意識的な衝動として作用する限り、精神の観点から見れ

無媒介であり、没関係的な存在（ein *gleichgültiges Seyn*）である限りの対象に関して言えば、我々は観察する理性がこの没関係的な物のうちに自ら自身を探し求め、見いだすのを見てきた。すなわち、観察する理性は対象をただ**無媒介なもの**と意識しているだけではなく、同様に自らの行ないが外的であることも意識していた。——我々はまた無限判断において観察する理性の規定性がその頂点でこう表明されるのも見てきた。すなわち、自我の存在はひとつの物である、と。——詳しく言えば、これはひとつの感性的で**無媒介な物**である（GW9, 423)。

「理性」章の「無限判断」は「自ら自身を止揚する判断」（GW9, 191）でもあり、規定の「**存在、無媒介性**という形式」「**無媒介性**」（ibid.）を「媒介、あるいは否定性へと移行」（ibid.）させる判断であると呼び換えられていた。この移行の結果、「**無媒介性**」の位相での現象学的形態の展開は「自我＝物」という極致に達し、「理性」章の行論は次の位相へと移る。だから、「理性」章の「カテゴリー」は「観察において、存在という形式を遍歴し終えた」（ibid.）と総括されたあと、次いで（やや唐突に）「**対自存在**という形式のうちに措定される」（ibid.）のである。ここには明確に（α）（β）の「リズム」が刻印されている。

（β）は、「α：自己」の直接的な移行先である「理性的自己意識の現実化」で「頂点」に到達するのではなく、まさに「カオスな」かたちでしか展開されない。「絶対知」の境位にいる私たちにとって、その「カオス」のなかの整合性はまったく問題ではない。むしろここではその「カオス」の背後にある「秩序」こそが主題なのであるから、「論理的‐概念的モメント」のみに関心を向ければよいのである。

(2)「啓蒙」／「精神」章Ⅰ――「相関関係」「対他存在と対自存在」

第二の（β）「**相関関係**」「**対他存在と対自存在**」という規定の位相の「自己」は「啓蒙」で「頂点」を迎え

る。この「β：自己」は「物は自我である」（GW9, 423）という判断によって表わされる。物はそれ自体としては無である。つまり、物とは相関関係においてしか意味を持たないのであり、自我と、物に対する自我の関係によってしか意味を持たない。——このモメントは、意識に対しては純粋透見と啓蒙において生じていた。物は端的に有用なものであり、その有用性にしたがってのみ考察されうる（GW9, 423f.）。

「啓蒙」の世界では、「物」はそのものとしては（つまり、無媒介には）意味を持たない。それは、「自我にとって」何であるかという「自我との関係」においてのみ、つまり他者との関連のなかでしか有意味にはならない。こうして「物」の本質を「有用性」として洞察する意識が「純粋透見」（GW9, 314）だった。「純粋透見」は「物の非自立性、つまり物が本質的には対他存在に過ぎないことを知っている。言い換えれば、この相関関係を〔…〕完全に表現すれば、物は意識にとって対自的に存在するものとして妥当してはいるが、〔…〕しかしこの対自存在そのものが消え去ってゆくだけのモメントであり、他者に対する委ねられた存在（Seyn für anderes、対他存在）という正反対へと移行していくようなものであるということになる」（GW9, 423）。

ば、それは依然として精神的に直接的なものと見なすことができる」（Auinger 2003, 27）。つまり、「観察する理性」の選抜根拠は、それが「精神」の直接性だからだということになる。

私見では、以下のことも考え併せなければならないように思う。すなわち、「精神」章では「精神」とそれ以前の諸形態との差が「意識の諸形態」であるだけでなく「世界の諸形態」でもあることにあるとされる（vgl. GW9, 240）。そして「精神は人倫的現実性である。それは現実的意識の自己である」（GW9, 239）のに加えて、「精神は無媒介の真理である限り、民族の人倫的な生である」（GW9, 240）と考えられている。よって、アウインガーの興味深い読解は、必要十分な根拠とまでは言えないように思われる。とはいえ、この奇妙な構成に対して、そもそもそうした堅固な論拠を挙げることは難しいように思われる。このことを捉え直せば、『精神現象学』を「理性」章までで完結させるという執筆当初の構想が明確に破綻したのは「理性」章B節以降であり、断絶を認めるならば同節の直前になると思われる。

これと同様のことは「精神」章でも述べられていた。すなわち、「純粋透見」の「自体存在」は「無媒介には支えを持たないようなもので、それは**自体的に**存在するのではなく、本質的には、この自体存在を吸収する威力であるような**対他存在**なのである」(GW9, 314)。こうして「第一のモメント」(ibid.) たる「自体存在」と「第二のモメント」(ibid.) である「対他存在」との相互関係が、今「絶対知」の境地から「**相関関係**」の「頂点」(GW9, 315) として、つまり「β：自己」として把握し直される。〈現象レベル〉にある「純粋透見」は「形而上学の意識ではあるが、まだこの形而上学を概念的に把握する」(ibid.) わけではなかった。それを「概念的に把握する」ためには、対象を「β：自己」へと読み直すことが必要不可欠であるが、それは「絶対知」章という〈論理レベル〉に立って初めて可能になる。

かくして、(β)「**相関関係**」の位相での「自己」が「対象」として選抜される。もちろん、「自我」は「物」との連関のうちに置かれている(「物は自我である」)以上、このときの「自我」自身の「規定性」もまたもはや「無媒介な」ものではありえず、「相関関係」によって規定されている。

(3)「道徳的自己意識」「良心」／「精神」章Ⅱ――「本質」「普遍的なもの」

最後に、第三の (γ)「本質」「普遍的なもの」という位相で「精神」は「道徳的自己意識」から「γ：自己」を想起する。

この道徳的自己意識は、自らの知が絶対的な**本質態**であることを知っている。言い換えれば、存在を端的に純粋な意志や純粋な知として知っている。この意志や知以外に存在するものはない。〔…〕道徳的意識が世界の表象において定在を自己から解放する限りで、道徳的意識はこの定在を自らのうちに取り戻しもする。最終的にこの意識が良心になったときには、定在と自己との位置の入れ替えやずらかしをするのではなく、自らの定在そのものが自分自身の純粋な確信であることを知っている。良心が行為するものとしてそこへと出て行くところの対象的なエレメントは、自己の自らについての純粋な知（das reine Wissen des Selbsts von sich）に他ならない（GW9, 424）。

「精神」章において道徳的な「義務」として問題になっていた「自己」と「本質」は、いまや概念的な見地から（γ）「**本質**」としての「γ：自己」と捉え直される。たしかに、「道徳的自己意識」は「ずらかし」を行ない「対自存在」と「対他存在」のモメントの入れ替えをしたが、「良心」ではそうしたモメントの交替は生じず、それを「内なるもの」(ibid.)として内面化していた。「絶対知」章では、「対象的なエレメント」が「自己の自らについての純粋な知」であるとやや安易に等置されているが、このことは、「行為する良心」が「言語」を通じて自らの「良心的な確信」を表明することを指示している。

（4）「三つの頂点」を集約する「良心」

かくして、第六段落では「これらが、そこから精神自身の本来の意識と精神との宥和が総合されるところの〔三つの〕諸モメントである」(GW9, 424) と総括される。このことが意味しているのは、「精神」が持つ固有の三つの「リズム」である（α）「**無媒介な存在**」（β）「**相関関係**」「**対他存在と対自存在**」（γ）「**本質**」「**普遍的なもの**」に即するかたちで、「精神」が「対象」を「自己」として「概念的に把握」したことである。すなわち、〈現象レベル〉で離れ離れに登場し、忘却されていた「α：自己」「β：自己」「γ：自己」は「概念」の境位で共時化され、「精神の自己知」の「モメント」と再解釈されているのである。「精神」は「個々のそれぞれの諸規定を自己として把握する」のであるから、この「概念的に把握すること」は（α）（β）（γ）の秩序に即して行なわれる三層‐構造的な自己帰還である。もっとも、これは構造が三層的だというだけで、ヘーゲルにとってこれは本来「単一な」はずである。それはちょうど「宗教」章における「単一な統体性」の「単一性」と同じであり、「論理」「秩序」「シンメトリーなもの」は、それが重層的な内的構造を持つものであろうとも、「単一で」「透明な」ものと考えなければならない。

実際、第六段落はこの（α）（β）（γ）を「統一」する特別な形態について語っている。それこそが――「現象知」の観点からすればいささか驚くべきことだが――「良心」である。「これらの諸モメントの最後のものは、必然的にこの統一そのものであり、明らかなことに、これらすべての諸モメントを実際に自らのうちに結合させている」(ibid.)。「良心」が三つのモメントを集約していることが「自明」なのは、「良心」節全体の運動が（α）（β）（γ）に規定されているからであろう。ヘーゲルはこのことを示すべく、この行論全体を「第一の運動」と「第二の運動」(GW9, 424) に圧縮し、この運動の背後の「リズム」を示している。ここではそのポイントだけを確認するだけでよい。すなわち、「行為する良心」はさしあたり「**無媒介な**ものでもある自己確信」を「定在」としている (vgl. GW9, 342)。その確信が、自己内と他者のあいだの「**相関関係**」(GW9, 350, 358) のうちで、「**対他存在と対自存在**」との対立へと分裂し、最後に、「言語」という「定在」が形成する承認のエレメントにおいて「告白と赦し」による対立の止揚がなされることで、その「定在」は「**本質**」(GW9, 361) という規定態を獲得していた[25]。ここでは、その「概念的再編成」が行なわれているだけである。

ところで、「意識の諸形態」の遍歴は次へと移行する際には必ず以前の形態を別の形態が克服するというかたちをとっていた。だが、『精神現象学』のなかで唯一、「良心」だけが例外的に〈断言‐批評〉の後も「良心」という形態のままで自らの一面性を認める「告白」へと進んでおり、明確に止揚されたことが示されなかった。この〈告白－赦し〉による「相互承認」によって出来した「絶対的精神」や「自己知」の「形式」は、「行為する良心」と「普遍的意識」とのあいだの動的プロセスそのものである。〈現象レベル〉からすればその真意は見通せなかったのだが、ヘーゲルにとって「良心」とは狭義の「行為する良心」ではなく、（α）（β）（γ）の統合体を指すのだろう。ゆえに、「良心」が「統一態」であるのは、ヘーゲルにとって「自明」と言えなくもない。後にヘーゲルがこの「統一態」の最も純粋な形態を「美しい魂」に指定するのを私たちは見るだろう。

第3節　「達成されるべきプログラム」としての「二重の宥和」

（1）「形式」と「内容」の一致はいかにして正当化されるのか

「絶対知」章の第六段落まででは、「精神」が「対象性を止揚する」ための「対象」について語られてきた。いまや「良心」は「絶対知」の「論理的－概念的モメント」として「想起」され、「精神の自己知」の「形式」が整備される。だが、第七段落はいきなりこう始まっている。

（25）　とりわけ、「普遍的」であったはずの「普遍的意識」が関わることで生じた「定在」が、「**本質**」とともに再び「普遍性」「普遍的なもの」（vgl. GW9, 360, 361）という規定性を獲得するという一見不可解に見える叙述は、「三つの規定性」論からしか説明しえない。すなわち、承認を介した後者の「定在」をヘーゲルがなお「普遍的」と呼ばざるをえなかった理由は、（γ）のリズムが「普遍的なもの」だからであって、後者の「普遍性」は（γ）「**普遍的なもの**」の意味で捉えなければならない。「良心」節については、久冨　二〇二〇年、一二六―一四二頁を参照。

これによって意識と自己意識との宥和は二重の側面から成就されたことが示された。すなわち、一方では宗教的な精神において、他方では意識そのもの自身においてである。両宥和が互いに区別されるのは、前者が自体存在という形式における宥和であったのに対して、後者が対自存在の形式におけるそれであることによる（GW 9, 425）。

ラバリエールが適切に表現したように、以下ではこれから「達成されるべきプログラムの概略」が示される。その「プログラム」こそ「二重の宥和」に他ならない。だが、本来示されるべき二つの論点がここではスキップされている。

まず、なぜ「二重の宥和」が必要なのかをはっきりさせておくべきだろう。ごく形式的に理解すれば、「精神」が「精神の自己意識」（vgl. ibid.）としてではなく、「精神の自己知」として、「自らが即かつ対自的にどのようなものなのか」（ibid.）を知るべく、「自体存在」と「対他存在」とを結合させて「即かつ対自存在」を生成させればよいのだ、ということになるかもしれない[26]。あるいは、題材的に言えば「世俗的精神」と「宗教的精神」との融合と理解したくなる[27]。だが、構造論的な観点から言えば、この「二重の宥和」の本質の説明はそれらでは不足している。

忘れてはならないのは、第六段落までの現象学的対象の「想起」だけではなお一面的であり、不十分だということである。すでにヘーゲルは「意識の対象の克服は、対象のほうが自己へと戻るようにして現われるといった一面的なものと受け取るべきではない」と注意を促していたが、これは「自己知の内容」から「形式」への帰還が不要だということを意味していない。すなわち、「自己知の形式」から「内容」を媒介にした自己帰還運動とともに、それと同時に起こる「自己知の内容」から「形式」を介した反省運動も起こらなければ、

「形式」と「内容」の同一性は証示されえない。だからヘーゲルは、少し進んだ箇所で「内容が自己自身の行・

ないである」(GW9, 427) ことを説き、さらにもっとはっきりとこう述べている。

この知は内容を持っており、それを自分から区別している。〔…〕この知は意識である。この意識の内容は、自我との区別においてさえ自我である。というのも、この内容とは自ら自身を止揚する運動であり、自我がそうであるのとまったく同じ否定性だからである。自我は、区別されたものとしての内容においても**自らのうちへと反省する**。内容が概念的に把握されるのは、ただひとえに自我が自らの他者的存在において自分自身のもとにあることによっている。この内容についてもっと明確に述べるならば、**それは今言明されたような運動そのものに他ならないのである**(GW9, 428)。

だが、肝心の「内容」をなす「啓示宗教」が「絶対知」章の直前に叙述されたせいか、ヘーゲルは「内容」の側からの統合のプロセスをほとんど具体的に論じていない[28]。とはいえ、これは表現上、構成上の欠陥ではあるものの、ヘーゲルが採用している「二重の宥和」の方法論上の欠陥ではない。ヘーゲルが「二重の宥和」で述べるべきだった第二のポイントこそ、この「形式」と「内容」の結合を可能にする原理、方法論である。ここでも鍵になるのは、「概念的に把握すること」についての理解である。

したがって宗教における内容、言い換えれば、他なるものの表象作用の形式だったもの、これと同じものがこ

(26) Vgl. Labarrière 1968, 190.

(27) Vgl. de Vos 1989, 237.

(28) たとえば、引用の続きではこう述べられているだけである。すなわち、「この内容は自ら自身を遍歴する精神、もっと言えば精神として対自的に遍歴する精神だからであり、このことは内容がその対象性において概念の形態を持っていることによっている」(GW9, 428)。

こ〔「良心」節〕では自己自身の行ないであることを**結合させるのは、概念である**。——我々がすでに見たように、概念こそが、あらゆる本質態、あらゆる定在としての、自己が自らのうちで行なうことについての知なのである〔…〕(GW9, 427)。

繰り返しになるが、「形式」と「内容」の統合は双方向的になされるべきであるため、「精神の自己知」の「形式」の側の反省作用や能動作用のうちだけには求められない。こちらも繰り返しだが、それでは「一面的な」理解にしかならない。ヘーゲルは、明らかに「内容」の側からの統合の「論理」「リズム」を「形式」の側からの統合の「運動」「遍歴」が持つ「リズム」に重ね合わせている。「精神の自己知」の「形式」の持つ「リズム」と「内容」の「リズム」とがぴったりと重なる（つまり、両者が一致する）とき、「形式」から「内容」への反省運動と、「内容」から「形式」への反省運動は、本質的に表裏一体の事態のはずである。「絶対知」章において「内容」の反省運動に関する叙述が極端に省略されているのは、その証左とも解せる。ヘーゲルにとっては、「形式」と「内容」の運動の同一性が示されれば、両者の統合も証示されたことになる。

以下では、この「内容」と「行ない（形式）」（同じことだが、「形式」と「内容」）の統合原理が「概念」の持つ「リズム」、すなわち（α）「**無媒介な存在**」（β）「**相関関係**」「**対他存在と対自存在**」（γ）「**本質**」「**普遍的なもの**」であることを示したい。この構造的な同一性[29]が示されれば、「形式」と「内容」の媒介は成立するはずである。ヘーゲルが「この概念が自らの充足を自分に与えた」(GW9, 426)と表現する事態は、「形式」と「内容」の構造的一致を示すことによって初めて成り立つ。「二重の宥和」と呼ばれるものは、たんに「二つの宥和が重なる」のではなく、「二重の側面から成就される」(vgl. GW9, 425)「宥和」なのである。この「行為すること」において自ら自身を確信する精神」(GW9, 426)の「宥和」と「宗教における」(ibid.)「宥和」の統合が双方向的、同時並行的になされるとき、初めて「概念」は「充足」されうるのである。

さて、そもそも或るものの「他者的存在」を介した反省運動がその対象との構造的同質性にもとづいて成立するというのは、私たちがすでに『精神現象学』のうちで見てきた議論と同様の理路である。例示すれば、「自己意識」が「生命」や「他の自己意識」を自らにとって適した対象とするのは「無限性」という構造的同質性から導き出されていた（vgl. GW9, 99, 104, 108）。「良心」節では、「行為する良心」が「普遍的意識」のうちの（ここでは「三つの規定性」ではなく）「矛盾」という構造に一致を認めることで両者の同一性（「相互承認」）は示されていた（GW9, 356）。さらに「宗教」章冒頭部の「諸モメントの単一な統体性」もまた「リズム」たる「結び目」に即して「現象知」が「シンメトリー」に合一されていた。この「合一」は「四本」の線に代理表象された「現象知」どうしの構造的同一性にもとづいていたはずである。これらのことから、区別されるべきものどうしを構造的観点から見ることで一致させることそのものは『精神現象学』に特徴的なロジックであると言える。「絶対知」章では「内容」からの反省運動に関する叙述が極端に省略されているのだが、「意識－対象」（「精神の自己知」の「形式」と「内容」）の構造的な同一性が示されれば、「形式」と「内容」がそれぞれ描いてきた異なる運動の一致も成立する。

「絶対知」章の「形式」と「内容」の媒介は（α）（β）（γ）という「概念」の三層－構造を介して行なわれる。「絶対知」での媒介・反省運動が持っている根本的な違いは、その構造がより重層的、多重的であり、かつこの媒介運動は『精神現象学』全体という最大限に広範なパースペクティヴから遂行されねばならないこと

(29)　本書と同様に、この「宥和」の鍵を構造の同一性のうちに見ている研究として、以下の文献の指摘も参照。「双方の概念的運動の構造的類比性ないし同一性こそが「絶対知」の実現を可能にすると考えられる」（田端「究極の自己知」、一七頁）。

にある。「絶対知」章の前半部分は、まさにこのことを遂行しようとしているのである。よって、私たちの最後の課題は、「精神の自己知」の「形式」に対応するような「内容」の展開を「啓示宗教」から再構成することにある。この課題を変換すれば、「啓示宗教」が（α）（β）（γ）の「リズム」を刻んでいること、「精神の自己意識」としてそれら三つのモメントが集約されていることを示せばよいことになり、それは実質的に「啓示宗教」節を論理的、概念的、学的なパースペクティヴから読み直すことを意味する。このことは、本来ヘーゲル自身が第七段落で示すべきことがらであったはずである。それによって初めて「自体存在の形式」と「対自存在の形式」の統合なるものについて語ることができる。

（2）「啓示宗教」の概念的モメントの「リズム」

「内容」（GW9, 408）としての「絶対的精神」（ibid.）は、（1）「純粋思惟（*das reine Denken*）のエレメント」（GW9, 409）、（2）「表象作用（*Vorstellen*）の本来のエレメント」（GW9, 411）、（3）「自己意識そのもの（das Selbstbewußtseyn als solches）」（GW9, 415）の「エレメント」を通過し、その位相を高めていく。予測がつくように、全体として、この（1）、（2）、（3）が（α）（β）（γ）に対応することになるのだが、（α）（β）（γ）は叙述の進展の「リズム」でもあるため、（1）、（2）、（3）はそれぞれが細かな（α）（β）（γ）の「リズム」を刻みもする。

それゆえ、〔純粋思惟のエレメントでも〕三つのモメントが区別されている。すなわち、〔第一に〕〔無媒介な〕本質というモメント、〔第二に〕本質の他者的存在であり、それに対して本質があるような対自存在というモメント、〔第三に〕他者における対自存在、他者における自己自身の知というモメントである（GW9, 410）。

まず（1）「純粋思惟のエレメント」（「啓示宗教」節二二～二五段落）では、「内容」は「言葉（ロゴス）」（ibid.）で表現されるが、それは「外化」においても「設けられた区別が**無媒介に**解消されてもいる」（ibid.）ような、「**無媒介に**自己内に帰還してもいる」（ibid.）ような「**無媒介に**単一で自己同一的な、永遠なる本質」（ibid.）に過ぎない。よって、「三つのモメント」たる（α）（β）（γ）はあくまでも「純粋思惟」の境地のうちでしか現われて来ず、「この概念のうちには、純粋に思惟されただけに過ぎない概念の止揚という他者的存在がある」（GW9, 411）だけである。総じて、この「エレメント」そのものを規定する「リズム」は「**無媒介な存在**」であり、他者的存在からの反省運動が生じていたとしても、それは「止揚」をともなう本来の「反省」「帰還」なのではなく、直ちに「統一」であるような無媒介な反省に過ぎないのである（（1）「純粋思惟のエレメント」＝（α））。

次に（2）「表象のエレメント」（「啓示宗教」節二六～三二段落）でも同様に、「内容」がこの「エレメント」に即して段階的に展開される。さしあたり、ここでは「内容」を「現実的なもの」（ibid.）「定在」（GW9, 412）という「他者」（ibid.）にする「世界の創造」（ibid.）が語られる。つまり、「内容」が「ひとつの世界」（ibid.）という具体的な形態をとることによって、「**対他存在**という規定」（ibid.）と「対自的な精神」（ibid.）、つまり「**対自存在**」とのあいだの「**相関関係**」が生じる。ヘーゲルによれば、「表象のエレメント」におけるこの「**相関関係**」は、まず「善と悪」（GW9, 413）として表象される。この「思想」の対立は、「精神の自然的な〔つまり、**無媒介な**〕定在」（GW9, 414）である。次いで、「善」が「定在する自己意識として現実性へと歩み出る」（ibid.）こと、言い換えれば、「神的本質が自らの抽象性と非現実性とを放棄すること」（ibid.）で「悪」との「**相関関係**」が形成される。それによって、「神的本質」が「二重の仕方で措定される」（ibid.）。実質的に、ここでは「イエス」が一方では「神の子」として、他方では「人の子」として登場することがイメージされている。この「**相**

関関係」は、「一方では、神的本質のほうを本質的なものとし、それに対して自然的定在と自己を非本質的で止揚されるべきものだと考える。他方では、対自存在を本質的なものだと見なし、単一な神的なものを非本質的なものだと考える」（ibid.）ような二重な関係として顕在化する。

さて、ここまで「啓示宗教」節の行論を追ってきたが、私たちがその「題材」ではなく「背後」の「リズム」や「構造」に着目するとき、それが「良心」節における（α）（β）の「リズム」とまったく同一であることが分かるはずである。（1）「純粋思惟のエレメント」に対応する「良心」の無媒介な自己確信では、「自己」と「掟」の対立は「良心」の内面で**無媒介に**解消されていた。すなわち、「啓示宗教」の「言葉（ロゴス）」は「良心」の「自己規定」（GW9, 349）に対応している。このことは、それが「**無媒介な**対他存在」「純粋な自己同一性」「**無媒介性**」「存在」（ibid.）と呼び換えられていることに顕著に認められる。次に、「言語」を介して「定在」の「エレメント」（GW9, 351）で自らの「断言」を表現するに至り、「行為する良心」と「普遍的意識」というモメントどうしの対立が生じる。この際、この両モメントはさらに自己内にモメントの非同一性、「矛盾」を内包していた。よって、構造的観点から見直せば、この「相関関係」は「非同一性」であるが、――「啓示宗教」でそのまま述べられているように――「この非同一性は、二重化された非同一性」（GW9, 414）なのである。以上のように、「定在」の領域で「**対他存在と対自存在**」が「二重の非同一性」として現われてくるという「リズム」は、（2）「表象のエレメント」＝（β）に合致しているのである。

最後に、（3）「自己意識のエレメント」（「啓示宗教」節三三〜四〇段落）もまた（γ）「**本質**」「**普遍的なもの**」という「リズム」を刻むことが明らかになる。まず、「神の子」という「表象」が「止揚」されることが「受肉」（GW9, 418）を通して描かれる。「受肉」が「神の子」の持つ「個別態」「**無媒介性**」「現在性」（GW9, 415）を「止揚」することで、人々は「神的本質」を「普遍的な自己意識」（ibid.）と見なすようになる。そうして成立するのが「教団」である。「教団」は、「神的本質の外化」「肉になること」（ibid.）をさしあたり「まだ**無媒介**に」しか知らない。よって、「教団」はまだ「神的本質」の持つ「**対他存在と対自存在**」の対立を克服できない。この対立は、「或る形態をとった本質が、自らの無媒介な定在を再び犠牲にして、**本質**のうちへと帰還していく運動」（ibid.）を「神の子」がなすことによって初めて止揚される。

> 自己内帰還するものとしての**本質**が、初めて精神となる。――それゆえ、神的本質と他者一般との宥和、もっと詳しく言えば他者という思想、悪との宥和は、ここ（神的本質の犠牲）のうちに表象される（ibid.）。

かくして、モメントのあいだの「非同一性」は止揚される。「悪」とは「自己内存在する対自存在」（GW9, 416）であるのに対して、「善」は「没自己的な単一性」（ibid.）であるが、これらが他方との関係を介して「ともに止揚される」（ibid.）という理路もまた、私たちが「良心」節で見てきたものと同じである。「良心」と「啓示宗教」との違いは、前者では「悪」「行為するもの」の側から「宥和」が開始されたのに対して、後者では「善（抽象的普遍性）」「無媒介な定在」から「宥和」がなされることにある。そして「告白」に「赦し」が対応したように、「神的本質の自己犠牲」にもそれに対応する「行為」が生じなければならない。その「行為」が「教団の運動」（GW9, 417）であり、「〔「宥和」によって〕自体的に生成したものを創り出すこと」（ibid.）である。「教団の運動」は、「普遍性」から「個別性」という「赦し」の方向性とは反対に、個別的、感性的な「行為」を「神的本質」へと高めるものである。具体的に言えば、「神の子」の犠牲という「無媒介な」出来事を、宗教的儀式を通じて「普遍的な」出来事へと昇華することを意味する。「死は、それが無媒介に意味していたもの、この個別者の非存在から精神の**普遍態**へと変容する。この精神は教団のなかで生き、そのなかで日々死ぬとともに復活する」（GW9, 418）。以上のようにして、「**相関関係**」の「二重化された非同一性」は累乗化されたモメントどうしが（γ）「**本質**」「**普遍的なもの**」の位相で媒介されることによって「同一性」を回復する。この「リズム」が（３）「自己意識のエレメント」＝（γ）に相当する。

たしかに、「啓示宗教」は「表象」の「対象性」を克服しきってはいない。だが、それでも「精神は**自らの本性である三つのエレメント**を遍歴することによって」（GW9, 419）「自分自身を知る精神」（ibid.）となり、自らの「表象」の内容を「精神を表現する、真なる絶対的内容」（ibid.）として持つようになっている。こうして「対自存在の形式における宥和」（GW9, 425）は成立する。すでに述べたように、「啓示宗教」には「精神の自己意識」の構造のゆえに「対象性」がつきまとっており、この「宥和」と「自体存在という形式における宥和」との統合、つまり「内容」と「形式」との統合はまだ果たされえない。このことは、「啓示宗教」で対自化されたはずの「宥和」が「精神」自身にとってなお「自体的である」（GW9, 418）こととして現われている。

第４節　ヘーゲルにとって「絶対知」とは何だったのか

いまや「形式」としての「自体存在という形式における宥和」と、「内容」としての「対自存在の形式における宥和」との結合が「概念」の境地から可能となる。先述した「絶対知」章第一〇段落の以下の文言が意味することは、「論理的‐概念的モメント」に注目してきた私たちにとっては明らかなはずである。

したがって宗教における内容、言い換えれば、他なるものの表象作用の形式だったもの、これと同じものがこ〔「良心」節〕では自己自身の行ないである。**内容**が自己自身の行ないであることを**結合させるのは、概念で**

ある（GW9, 427）。

なぜまったく違う主題の運動どうしが「同じ」だと言えるのか。あるいは、なぜ「概念」が「形式」と「内容」のあいだにあるはずの構造的な「対象性」を止揚するのか。それは、この「同じもの」が（α）（β）（γ）という「規定性」を意味しているからである。そのように理解しなければ、「二重の宥和」の重ね合わせが「絶対知」章で可能になる機序は一切不明なはずである。この「形式」と「内容」の究極的な結合は、「良心」でも「美しい魂」でも「啓示宗教」でもなく、「概念」によってもたらされる。だからこそ、この局面で『精神現象学』のうちで唯一概念的観点から「回顧」することができる「我々」の「付け加え」がなされるのである。

我々が付け加えたのは、ただ次のことだけである。一方では、個々のモメントを集約することとあり、このそれぞれのモメントは自らの原理のうちで全体の精神の生命を表現している。もう一方では、概念を概念の形式で確保することである。その内容は、かの諸モメントですでに生じたし、ひとつの意識の形態という形式〔＝「美しい魂」〕をとってこの概念そのものはすでに生じたと言えよう（ibid.）。

ヘーゲルは、最後の「我々の付け加え」として「概念を概念の形式で確保すること」の他に「個々のモメントを集約すること」を挙げている。当然だが、これは何か「現象知」を拾い集めることを意味しているのではない。そうではなく、「宥和」のうちにあるモメントを「論理的‐概念的モメント」として（つまり、「概念の形式で」）確保することであり、二つの「宥和」を「学的な秩序」「共時態」〈論理レベル〉のパースペクティヴから読み直すことである。そうしたパースペクティヴから捉え直した場合、「美しい魂」（GW9, 425）は「概念の単一な統一態」（ibid.）という意味を持っていたことが判明する。それが「意識の特別な形態」（ibid.）であるのは、それがすでに「精神」の「即かつ対自的な」「自己知」の体現だったからではなく、「純粋で透明な統一態」（GW9, 426）だからであり、そのうちに「概念のモメント」をすべて揃えているからである。ヘーゲルによれば、この「統一態」は「形式」も「内容」も含んでいる。

「絶対知」章第六段落で一度「精神の自己知」の「形式」の観点から総括された「良心」節の行程が、第九段落で再び総括されるのは、強調や意味のない繰り返しではなく、ここでヘーゲルが「概念の充足」というまったく別のプログラムを果たそうとしているからである。それゆえ、この「プログラム」の過程で「美しい魂」は「**概念**の単一な統一態」（GW9, 425）として回顧されるのである。[30] この「単一態」が（α）（β）（γ）という「概念の規定性」に即して進展することで、ようやく「絶対知」は生成する。ヘーゲルの表現では、この「概念的モメント」が「美しい魂」に即して「実在化」（GW9, 427）されるとき、言い換えれば「概念」固有の「リズム」が示されて「概念の充足」がなされるとき、「精神の自己知」である「絶対知」は成就する。その限りで、「概念の単一な統一態」としての「美しい魂」は「絶対知の可能性の制約」[31] なのである。「美しい魂」は、「良心」節の「相互承認」へのプロセスに準えられつつ、「単一な**無媒介性**」（GW9, 426）から「**概念の対立**」（ibid.）へ——実質的に、これは「**相関関係**」「**対他存在と対自存在**」の位相を意味している——そして最後に「知の純粋な**普遍態**」（GW9, 427）へと「規定性」を展開する。[32] こうして、「感性的確信」から始まった「有限な意識」の立場から「宿駅」を経た「絶対知」への行路は完遂されたのである。簡潔にまとめれば、『精神現象学』全体は「概念」の自己充足化のプロセスだったとも言えるだろう。その意味でヘーゲルは「絶対知」を「概念的に把握する知（*das begreiffende Wissen*）」（ibid.）と表現するのである。

私たちは、当初「絶対知」を「ターミナル駅」によって象徴していたが、本書の論証から明らかなように、この「駅」はやはりこれまでの「宿駅」とはまったく異なる特質を持つ「駅」と言わねばならないだろう。この「ターミナル」では、「論理的‐概念的モメント」としての読み直しがその段落ごとの目的のために幾度となく繰り返し行なわれる。そうすることでしか「精神」はこの「ターミナル」には到着しえないのである。

総括しよう。「絶対知」章では「現象形態」が「三つの頂点」論として再構成され、「良心」へと凝縮された「精神の自己知」の「形式」は「啓示宗教」という「内容」のうちに透かし彫りにされ、逆に「精神の自己知」の「内容」のほうも、その「内容」が「形式」のうちに透かし彫りにされる。[33] このプロセスを理論的に担保するのが「現象学の論理」だが、もちろんこの場合の「Logik」とは、論理的‐概念的な「三つの規定性」（α）（β）（γ）である。この規定性は「意識」（つまり「感性的確信」「知覚」「悟性」）の論理的規定性でもあることからも明らかなように、「現象知」が登場する「リズム」そのものであり、さらにそれは繰り返し現われることで、すべての「現象知」の進展を支配する「学的な」方法論でもありうる。

一見すると、「三つの規定性」は（ｉ）『精神現象学』が叙述してきた「精神の自己知」の「形式」でありながら「内容」そのものでもあり、かつそれは（ⅱ）『精神現象学』が「学的な秩序」を持ち、「学」そのものでもありながら「学」への導入でもあることを同時に可能にする「概念的モメント」である、というヘーゲルの要求は過大なように思われるかもしれない。それでも、「三つの規定性」が「絶対知」の「概念的モメント」

（30）以上のようなプログラムがある以上、「現象形態」としての「美しい魂」を過大評価するのは慎まなければならない。

（31）de Vos 1989, 239.

（32）デ・フォスはこの行程を「行為する概念」（de Vos 1989, 240）と形容している。彼はまた適切にも「この概念的な運動を把握できるのは、我々だけである」（ibid. 239）と指摘している。

（33）ヘーゲルはこのことを「内容が自己という形態を獲得する」（GW9, 427）ことと表現している。

であることに着目すれば、この要求も『精神現象学』のうちでは正当化される。

さて、ヘーゲルは「序文」で「論理学あるいは思弁的哲学」（GW9, 30）は「精神の諸モメントが単純態という形式において広がること」（ibid.）と述べている。それが「単純態」であるのは、「悟性」章の最後で明らかになったように（α）（β）（γ）の根底には「無限性」の構造があるからであり、「形式」と「内容」の「対象性」が止揚されるとともに、（α）（β）（γ）のあいだの区別すらも止揚されるからである[34]。その限りで「絶対知」とは、「精神の自己知」という観点から見れば「形式」と「内容」という「知」の二つの側面の統合体のように見えるが、「概念」の観点からすれば、それは三層－構造的な単一な知である。

＊＊＊

概してこれまでの『精神現象学』研究には「現象知」の「読み替え」という観点が欠けていた[35]。この欠陥は、一方では「絶対知」を経験と地続きの地平で理解する方向に、他方では「現象学の論理」の特質を見誤って特定の「論理学」構想を『精神現象学』に無理矢理重ね合わせるという方向に研究を導いてきた[36]。しかしながら、「三つの規定性」に着目し、そうした枠組みを問い直すことで、「現象学の論理」だけではなく「現象学」というプログラムそのものや「内的必然性」などのテーゼもすべて正当化することができる[37]。

ところで、『論理学』の「緒論」では次のように言われていた。

> 私は『精神現象学』において、意識が自分とその対象とのあいだの最初の無媒介な対立から絶対知に至るまでの進展運動を述べた。この道程は〔…〕その結果、学の概念を獲得した。〔…〕しかし学の定義、より詳しく言えばLogikの定義は、かの〔『精神現象学』における〕学の発生の必然性のうちにのみその証明を持つ〔…〕

『精神現象学』は純粋な学の概念の導出に他ならなかった（GW11, 20）。これらの叙述の真意は次のことにあるはずである。すなわち、「学の概念」は「現象知」の進展を経て、そ

（34）田端は「無限性」の論理を「絶対知」章の「良心」の「第一の運動」の編成原理として強調している（田端『建築術』、二四八頁）。私見では、「無限性」の論理は「「無媒介性」の境位」（ibid.）だけではなく、(α)(β)(γ)すべての根底に存すると思われる。ヘーゲル自身も、「意識」章の末尾で「無限性」は「これまでのすべてのものの魂であった」（GW9, 100）と述べている。この「精神の諸モメントが単純態」であるのは、「概念」が本来的に「単純態」であるのと同様である。

（35）『精神現象学』の叙述の「概念的秩序」への転換については、田端『建築術』、七八―七九頁を、「絶対知」章特有の「読み直し」については、同上、二三〇―二三三頁を参照。原崎は「現象知」の「読み替え」という観点を欠いているがゆえに「「論理学」とのパラレルな対応」（原崎、九六頁）を認めようとしている。

（36）たとえば久保は『精神現象学』と「イェーナ論理学・形而上学・自然哲学」草稿（LMN草稿）との対応を認め、「結局、「現象学の論理学」はイェーナ精神哲学を母体とし、それにLMNの理念や方法を重ね合わせたところから生じた」（久保『生と認識』、二四七頁）と結論づけている。

（37）飯泉は『精神現象学』の正当化の「事後性」という性格に着目しているものの（飯泉　二〇二四年、三七九頁）、「論理学は『精神現象学』の叙述にとっては外在的である」（同上、一七九頁）と解し、「「世界精神の教養形成」論が孕む「学」以前という時間的な性格が〔…〕完成した哲学体系における「概念把握された歴史」という仕方で完全に反省され概念把握されるかは定かではない」（同上、三九四頁）とする。その代わりに「「意識の経験」は、緒論の中で内在的に生成し、その生成の必然性そのものを通じて方法として正当化される」（同上、一五一頁）ことや「我々」の役割によって「必然性」を説明しようとしている（同上、三九九頁）。この解釈では『精神現象学』の「Logik」は「論理学」と見なされており（同上、一五〇頁）、『精神現象学』と「論理学」との対応関係が未解明にとどまっているのだが（同上、四〇九頁）、私見では、本来的に偶然的な「現象知」を担保する「論理学」は存在せず、「緒論」や「我々」が「内的必然性」を担保するのでもない。「論理学」構想を『精神現象学』の外に求めるのは、「序文」で批判される「外的必然性」に他ならない。そこで、本書は「現象学の論理学」問題ではなく「現象学の論理」問題と考えるよう提起したい。

れらの論理性を事後的に洞察する（「集約する」「想起する」「概念把握する」）ことによってしか「学」以前の立場には示されえない、と。だが、私たちはこの「学の概念」を『論理学』の行程に対応させることはできない。というのは、『精神現象学』が示したのは、「現象の諸形態」の背後にあった「三つの規定性」（α）（β）（γ）というLogikだけだからである。たとえ「学」が「Logik」を意味していようとも、「現象学」が論理学的構想と一致するわけではなく、ただ「現象学のLogik」だけに対応する多様な「現象知」の進展しか描いていない以上、そう結論づけざるをえない。とはいえ、ヘーゲルに好意的に見れば、「絶対知」によって「学の定義」「Logikの定義」「純粋な学の概念」の導出そのものは果たしたと考えられる。だからこそ、ヘーゲルは改めて「学の体系第一部」を作る必要はなく、また『精神現象学』が「学」への導入でありながら「学」そのものの特質を持つという立場を維持しうるのである。「現象学」と「論理」が対応するのは、以上の特質によって初めて成立することなのである。

総括　ヘーゲルはいかにして「哲学者」になったのか

イェーナ前期に見られた方法論的な欠陥の克服は、「論理学」を〈存在論化〉することによって行なわれる。ヘーゲルがこの課題に集中的に取り組んだ痕跡は、一八〇四／〇五年の講義のための原稿であるＬＭＮ、特に「論理学と形而上学」に認められる。その全体を追跡することはできない。[1]ここで確認しておきたいのは、ＬＭＮでもなお「絶対的精神」は「精神自身にとっては」成立せず、「我々にとって」成立したに過ぎない、と結論づけられていたことである（vgl. GW7, 177）。一八〇四／〇五年の「形而上学」は「形式」と「内容」のあいだの「対象性」を結局止揚することはできず、それゆえ通時的な「学のモメント」を「共時化」することが果たされることはなかった。[2]『精神現象学』の「宗教」章以降は、いわばその「宿題」を解決したものと言えよう。

さて、私たちは本書全体で『純粋理性批判』から『精神現象学』までの「学理論」のプログラムの進展を追ってきた。カントにおいては、「全体」の理念から「学」の「部分」を「寄せ集める」ことが容認されていた。その後、ラインホルト、フィヒテ、初期シェリングがその基礎づけを「メタ・レベル」化し、主観の作用そのもののうちに「学」の根拠を見いだしたり、それへの通路を「知的直観」に指定したりしたことを見た。

（1）さしあたり、次の文献を参照。Richili 1978.
（2）田端『建築術』、4章がこれを詳述している。

しかしながら、その「表舞台」の裏には、テュービンゲン・シュティフトのフラットのカント論が影響力を持っており、彼の形而上学理論はヘルダーリンとヘーゲルとシェリングに流れ込んだと思われる。彼らの「スピノザ主義」は、この文脈で醸成されたのである。

ヘンリッヒ以来の研究で強調されてきた「精神の連盟」は、たしかに差異を含んだ「調和的統一」を称揚し、それによって近代に特徴的なあらゆる「対立」を止揚する「合一哲学」の理想を掲げていた。とはいえ、ヘルダーリン、シンクレーア、ツヴィリンクはそれを「形而上学」「哲学体系」として呈示していたわけではない。その理想を体現するような原理を構築したことにヘーゲルの特異性があると言える。その意味で、彼の思想にはフランクフルト期とイェーナ期のあいだに「断絶」があるわけではない。すなわち、「統一態」の再興というモチーフのもと、かの「統体性」への通路を「反省」に求める限りで、彼は哲学へと「転向」したのである。

それでは、ヘーゲルにとって『精神現象学』の意義はどこにあったのか。それは、ひと言で言えば、独断論的に「学」の「始元」を措定せず、また「知的直観」や詩的感性に頼ることなく「統体性」を構築することにあったと思われる。それによって、彼の「形而上学」は「異名」を捨て去るばかりか、「学」への「導入」そのものが「学」の特質を保持するような「学理論」を提出している。そのときには「始元」が問題にならざるをえないのだが、当初根拠づけられたわけではない「始元」を根拠づけられたものにするという一見すると矛盾したプロジェクトは、次のようにして正当化される。すなわち、最も直接的な「意識の経験」から暫定的に「学のモメント」の叙述を開始し、その経験の叙述を通じて、その背後にある「論理」を展開させ、それを展開させきったあとに、その「論理性」を暴露することで「学」の導入を正当化させることである。だからこそ、『精神現象学』は「学」の「導入」でありながら、「学」そのものなのである。本書が〈学の生成〉〈カオスから秩序へ〉と表現していたことは、この根拠づけられていない暫定的でカオスな「始元」がその終局において根拠づけられることによって、学的で秩序づけられた「始元」へと「生成」する行程である。この〈生成する始元〉という方法論上の理念こそ、ドイツ古典哲学で幾度となく繰り返されてきた「因果性」論、「学」の基礎づけへのヘーゲル流の回答である。(3) そうした「事後性」を正当化させ、対置を含んだ「統体性」を再興させるものがヘーゲルの「現象学の論理」論だったのである。以上を踏まえれば、ヘーゲルの「内的必然性」や「学」の「生成」論、『精神現象学』と「論理学」の関係といった二〇〇年にわたって解釈者たちを悩ませてきた難題は、ひとまず解決されたと言えよう。

『精神現象学』の思想史的な特質は、ドイツ古典哲学の流れのうちにそのアプローチの特異性を置き直すことでしか明らかにならない。ヘーゲルは急激かつ複雑に変化するドイツ古典哲学の論争にかなり遅れて参加している。しかも、彼はシュティフトでは宗教論にばかり従事しており、シェリングのように若い頃から論争に参加できたわけでもなかった。だが、それでもヘーゲルが「学」構想の最前線に追いつくことができたのは、フラットや補習教師、「精神の連盟」のメンバーとの交流があってこそだと考えざるをえない。よって、本書ではその交友圏をヘーゲルの形而上学的思索の「隠れた源泉」と見なし、「コンステラツィオン史」から『精神現象学』構想の意義を解明するよう試みた。

(3)　もちろん、本書はそれによって「ドイツ観念論」においてヘーゲルが頂点に立つとか、ヘーゲル哲学が先行者を超克したのだなどと主張するつもりはない。それは、すでに古びた〈カントからフィヒテ、シェリング、ヘーゲルへ〉という「ドイツ観念論」の図式を復活させることになる。本書が最も主張したかったのは、『精神現象学』という非常に特殊なプロジェクトを果たそうとしている著書でさえ、天から突然降ってきたものではなく、徹頭徹尾時代の産物だということである。すなわち、先行者と同時代の人々との論争なくしてヘーゲル流の「学」の「体系」などは生まれえなかったのであり、慎重にそのコンテクストのなかにヘーゲルを位置づけるべきだということを主張したい。

あとがき

本書は、二〇二三年度に京都大学大学院文学研究科に提出した博士論文「初期ドイツ観念論の「学」の精神史」に大幅な加筆・修正をしたものである。博士論文の主査として長年ご指導くださった大河内泰樹先生、副査として審査の労をとられた周藤多紀先生、早瀬篤先生、そして同志社大学の中川明才先生には、この場を借りて御礼申し上げたい。

本書の刊行にあたっては、令和六年度京都大学人と社会の未来研究院若手出版助成、ならびに京都大学大学院文学研究科の「卓越した課程博士論文の出版助成制度」による助成を受けている。助成にかかわっていただいた方々には深く感謝申し上げたい。

＊＊＊

日本には、すでに多くのドイツ観念論の思想史についての研究蓄積があり、個別の哲学者についても、緻密なテクスト読解にもとづいた優れた研究書が存在している。著者自身も、学部と修士課程でヘーゲルを扱うなかで、思想史研究とテクスト解釈を繋げて、新しくドイツ観念論をひとつのまとまりをもった運動として描き直す必要があることを感じていた。とはいえ、ディーター・ヘンリッヒの著書が典型的にそうであるように、その手の研究書はしばしば浩瀚なものが多い。それらを批判的に検討したうえで、それぞれの哲学者たちがバラバラに交わした論争を、それぞれの独自の関心や立場にもとづいて再構成することは一筋縄ではいかない。そこで、思想史の研究は将来的な課題として先送りにして、博士課程ではイェーナ期ヘーゲルや『精神現象学』の「学」概念を論じるつもりだった（本書の第3部の内容がそれに相当する）。

だが、周知のように二〇二〇年には大学への通学停止や学会の休止が相次ぎ、数年先の研究の計画を立てるのが難しくなった。これらは必ずしも予期しないことだったが、短期的な見通しが立たなくなったことで、かえってこれを機にじっくり腰を据えて少し大きな枠組みで研究をしてみようという気になった。研究を進めていくうちに、いわゆるビッグネームの哲学者の主著以外の断片や書評、書簡の重要性にも徐々に気がつき、だんだんと全体像が見えてくるようになった。それによって、ドイツ観念論の主著と見なされてきたテクストの見方も変わり、これまでの研究とは別の角度から解釈したものを博士論文として仕上げる見通しが立った。当然のことながら、こうした研究が一応の完成を見たのは、国内外の先達たちの優れた研究があってのことである。

ドイツ観念論の思想史研究は、読むべきテクストの分量やそれを読む労力に比して、華やかな「成果」としてアウトプットできるものが圧倒的に少なく、「効率が悪い」ものにならざるをえない。よって、現在はあまり人気のある研究と言えないのも事実である（分野によっては、国内の所蔵が二、三しかない資料も珍しくなかった）。だが、昔の研究者はこうした「地味で」基礎的な研究を積み重ねていたようである。著者が京都大学文学研究科の資料を借りて読んでいると、たとえば『Fichte im Gespräch』には、逐一重要な箇所に誰かの読んだ形跡が認められた。そうした痕跡に（勝手に）励まされつつ、直接的には成果にはならない作業を進めていった。そのなかで得られた教訓のひとつとして、ドイツ古典哲学の研究では「誰が、誰に、何年何月（場合によっては何日）に、何を言ったか」が決定的な意味を持つことが挙げられる。

もちろん、本書にはまだ未解明の問題も残されており、本書の読解や見方に対して異論が向けられることも予想される。だが、最新の研究動向をフォローしつつ成果を出すことが求められ、ますます長期的な研究計画を遂行することが難しくなるなかで、いま一度テクストの文脈を踏まえるという基礎的な研究の必要性を見直し、新たな研究が発展するよう現在の研究状況に一石を投じることができればと思う（そうした思いで、著書のタイトルに「ドイツ古典哲学」という日本では一般的には馴染みの薄い言葉を選んだ）。読者の批判を乞う次第である。

著者の学部時代の恩師である田端信廣先生と、修士課程から博士課程まで著者の研究指導をしてくださった大河内泰樹先生には、数多の教えと導きをいただいた。先生方の学恩に報いることができたかは分からないが、本書を上梓するにあたり、何よりもまず二名の先生方に心から感謝の意を表したい。そのほか、ここに全員のお名前を挙げることはできないが、演習や読書会でお世話になった方々、そして学会で声をかけてくださった方々のご指導に恵まれた。この場を借りて皆様に御礼を申し上げたい。そして、本書の出版を引き受けてくださった京都大学学術出版会の國方栄二さまと、大橋裕和さまにも記して感謝を申し上げたい。最後に、月並みではあるが、つねに著者を支えてくれた家族に感謝を述べたい。

二〇二四年一一月　久冨　峻介

索　引

人名索引

ア行

アーベル　116-117, 173, 276-277, 283, 298
ヴァイゲル　35-36
ヴァイスフーン　188, 202, 204-208, 215-217
ヴァハター　95
ヴィツェンマン　173
ヴォルフ　14, 30-33, 40-42, 44, 55, 89, 95, 151, 154, 158, 179, 242, 252-253
ウルリッヒ　15, 117, 128, 130-133, 136, 138-145, 147-148, 156-158, 161-162, 168, 172, 175, 178-179
エアハルト　204-206, 210, 238, 297-298
エーベルハルト　126, 131, 142, 170-175, 179, 225

カ行

ガルヴェ　67-69, 79, 124
カント　1, 3-5, 8, 10-16, 26-27, 33-34, 43, 45, 53-93, 96-97, 102, 109-118, 120-121, 124-150, 152, 154, 156-158, 160-181, 185-189, 192-193, 203, 205, 208, 211-212, 215, 221-223, 225-226, 229, 233-236, 238-242, 245-247, 250-254, 256-258, 264, 270, 273, 278-279, 284, 305-306, 308, 316, 341, 404, 435-437
クルージウス　203
ゲーテ　47, 205, 212
ゴットシェート　40
コンツ　118, 120-121, 123-125

サ行

シェリング　6-7, 12-13, 15, 18, 25, 47, 64, 66, 83, 87, 103, 109-111, 113-115, 117-120, 124-125, 127-128, 171, 180-181, 207-209, 213-214, 217, 235, 269-299, 304, 313, 316-317, 319, 324, 326, 333, 340, 344, 346, 363, 399, 406, 435-437
ジュースキント　118-119, 129
シュヴァープ　126
シュッツ　3-5, 128, 130-133, 141
シュテファニー　233, 264
シュトイトリーン　118, 120, 124
シュトール　116, 118, 127-129, 141, 169
シュヌーラー　116-117, 235
シュミート　143-144, 148, 156, 170, 173, 175, 206, 239, 242, 317
シュミット　40, 44, 381, 384, 393, 407, 413
シュライアマハー　34
シュルツ　3-5, 15, 127, 132, 139-140, 143-145, 156, 160, 163-164, 172-173, 238
シュルツェ（エーネジデムス）　15, 53, 83-84, 86, 109, 120, 185-186, 188-189, 191, 200, 221-231, 233-236, 238, 240, 243-245, 257, 262-265
シラー　7, 117, 204-205, 276, 295, 313
シンクレーア　16, 304-305, 307, 314-317, 319, 327, 333, 436
スピノザ　8-9, 12, 14, 25-32, 34-48, 86-88, 92-93, 96, 98-102, 152, 154, 181, 189-195, 202-203, 206-208, 210-212, 214, 216-217, 248-249, 261-262, 269-271, 275, 277, 280-282,

284, 286–288, 290–291, 293, 296, 299, 306–308, 310–311, 323

タ行

ツヴィリンク　16, 304–305, 307, 313–314, 316–318, 320–321, 333–337, 436
ディーツ　84, 110, 113, 118, 121, 124–125, 127, 171–172
テーテンス　163
デカルト　43, 46, 68, 71
トマジウス　30

ナ行

ニートハンマー　110, 121, 124, 127, 171–172, 203, 205–208, 235, 243, 274, 294–295, 297, 317, 351

ハ行

バークリー　67–68, 70–71, 193
バイザー　7, 29–31, 34–37, 39, 43, 48–49, 68, 71, 87, 119, 180, 223, 257
パウルス　111, 113, 317
パスカル　164–165
バッゲセン　8, 210–211, 213–217, 221–222, 238
バルディリ　118, 120–125
ヒューム　43, 46, 67, 80, 86–87, 134, 148, 158–159, 165, 179, 191, 224–227, 238–239, 337
フィヒテ　6–9, 12, 15–16, 18, 39, 53, 65–66, 83–84, 86–87, 96, 109, 112–113, 115, 117, 120, 169, 179, 185–194, 196, 198–217, 221–223, 227–245, 258–259, 261–265, 270–276, 278–279, 281, 284–286, 290, 293, 295–298, 305–311, 314–318, 321, 323, 333, 336, 338, 340–343, 372–373, 435, 437
フェーダー　67–69, 71, 79, 126, 173
ブッデ　30–32, 37–38
フラット　12, 15, 47, 53, 83–84, 110, 114–116, 118–119, 125–132, 141–181, 188–189, 215, 233–237, 239–244, 436–437
プラトナー　232, 311
（セバスティアン・）フランク　35–36
（マンフレート・）フランク　65, 81, 223, 295, 314, 317
プルーケ　116–117, 125, 172
ヘーゲル　3, 6, 8–19, 25–26, 47, 58–59, 83, 87, 109, 111–129, 153, 157, 169–171, 179–181, 193, 207, 210, 217, 235, 239, 249, 269–271, 273, 276, 303–306, 310, 313–316, 320–321, 324, 326–327, 333–340, 342–344, 346–359, 361–363, 367–374, 377, 380, 383–390, 394, 399–400, 403–406, 408–413, 418–422, 424–425, 428–437
ベール　31, 40, 44, 46, 249
ヘニングス　130
ヘルダー　40–41, 124
ヘルダーリン　2–4, 7–9, 12–16, 18, 25–26, 36, 40, 47, 53, 83, 96, 109–110, 115, 117–118, 120, 123–125, 170–171, 179, 181, 193–194, 196, 201–202, 207, 235, 278–281, 294–295, 297, 304–319, 321–323, 333, 436
ヘルツ　84–85, 88, 91, 93, 98–101, 247
ヘンリッヒ　1–2, 11, 111, 116, 129, 131, 149, 169–171, 180–181, 203, 305, 307, 311, 314, 317, 319, 323, 436
ボンデリ　83, 211, 229, 231
ホンメル　192, 193, 202

マ行

マース　126
マイネルス　69, 173
マイモン　12, 14–15, 47, 53, 83–95, 97–102, 109, 136, 189, 191, 203, 222, 234, 238–240, 244–265
メンデルスゾーン　9, 26, 38, 41–44, 47–48, 85, 94, 124, 142, 203

ヤ行

ヤコービ　9, 12, 14–15, 26, 36, 38, 41–48, 66,

67, 71, 73-84, 90, 94-97, 102, 109, 111, 124, 130, 147-155, 157-160, 164-166, 177, 180-181, 189-190, 203, 210, 212-217, 222, 226-227, 239-240, 245, 264, 282-284, 292, 307-309, 323, 337

ラ行

ライプニッツ　30-33, 37, 43, 46, 86, 89-90, 94-95, 116, 131, 137-138, 143-145, 147-148, 151, 158, 169-170, 172-175, 178-179, 203, 225, 259-262
ラインハルト　121, 238
ラインホルト　3-9, 11, 53, 64-66, 83-84, 87, 109-113, 115, 118-121, 124-127, 130, 133, 171, 173, 177, 179, 185-186, 188-190, 200, 202-203, 205-206, 210, 212-213, 221-225, 227-230, 232-235, 238-245, 264-265, 272-273, 278-279, 284, 290, 296-299, 305, 317, 333-336, 338, 340-341, 372, 380, 404, 435
ラップ　121
ラファーター　203, 210
ランゲ　30-32, 37-38, 44, 95
ランベルト　55, 65, 341
ルター　30, 33-34, 37, 113, 306, 310, 385
レッシング　9, 29, 36, 40-43, 45, 48, 94, 269-270, 296

事項索引

ア行

ア・プリオリ　57, 61, 68-69, 74, 79, 89, 91, 132, 136-138, 143-144, 157, 166, 173-175, 176, 225-226, 229, 232, 251, 254, 257, 279
ア・ポステリオリ　68-69, 140, 143, 254
アンチノミー　61, 63, 91, 333
意識律　186, 200, 202, 221-222, 224-230, 232, 238-239, 244, 341
異名なき哲学　65-66, 119, 272-273
因果性　12-14, 19, 60, 62, 66-67, 75, 78-80, 126, 130-131, 133, 135-139, 142, 146-163, 167, 169, 173-181, 196-197, 199, 201, 208, 215, 225-227, 234, 239-243, 245, 265, 437
因果律　60, 134, 152, 160
演繹(論)　90-91, 126, 133, 139, 141-142, 150, 156-157, 159, 161-162, 197, 200-201, 215, 251, 275-276, 296, 336, 341, 348
エンゾフ　12, 88, 95-96, 98-102, 215, 246, 249, 309

カ行

懐疑主義　15, 53, 84, 86, 93, 164-166, 172, 191, 211, 222-225, 234, 238-239, 245, 251, 262
概念的に把握する（概念把握）　18, 358-360, 362, 388, 390, 405-407, 409-411, 416-418, 421, 433-434
カオス／秩序　16, 18, 32, 56-58, 98, 167, 248, 345, 367-370, 373-376, 381, 384, 386, 392-396, 399, 414, 418, 434, 436-437
カテゴリー　12, 60, 66-67, 74, 76, 78-79, 83, 119, 123, 130-132, 135, 137, 139-140, 144-149, 157, 160, 162, 164, 168, 172, 176, 178, 225, 243, 251, 272, 320, 323, 333, 353-354, 413-414
カバラ（カバラ主義）　86, 88, 94-98, 102, 246-247, 309
神（神性）　14, 30, 32, 34-37, 43, 45, 47, 60, 81, 92-93, 97-98, 100, 102, 120, 130-131, 143, 146, 148, 151, 154-156, 158-160, 168, 180, 206, 241, 248-249, 260-262, 269, 272, 291, 296, 425-427
感情　9, 28, 47-48, 77, 84, 195-196, 198-199, 212, 227, 265, 284, 288, 292, 298, 317
　必然性の――　195-196
　強制の――　195
感性　15, 27, 32, 59-65, 69-70, 73-76, 78, 83, 88-

92, 132, 136, 145, 151, 154, 162, 174–175, 177, 240, 243, 246, 251–252, 256, 279, 281, 284, 289, 292–293, 341, 376, 389–390, 394, 412, 414, 427, 430–431, 436
——的直観　61, 74, 89, 187, 253, 279, 288–289, 292
観念論　14, 67–68, 70–74, 76, 80–82, 84, 87, 147, 149–150, 176, 192–193, 195–196, 209, 212–214, 216–217, 245, 248, 284
——論駁　14, 68, 70, 82, 141
客観的実在性　60–61, 73, 83, 133, 139, 146, 176, 192, 251, 255, 284
客観的妥当性　74–76, 82, 168, 193–195, 226
空間　64, 66, 68–71, 73–74, 79, 83, 132, 172, 176–177, 223, 252, 257–258
敬虔主義（ピエティズム）　29, 32–35, 37–38
経験の可能性の制約　180, 195, 232, 251
経験論（経験主義）　68–70, 82, 100, 127, 140–141, 173–174, 226, 228–229
決定論　44, 143, 155, 158, 167, 203, 205, 247
建築術　14, 54–55, 57–60, 62, 64, 326, 343, 353, 371, 373, 377, 389, 391–393, 433, 435
権利問題　70, 89–90, 139, 156–157, 251–254
原因　31, 46–47, 62, 75, 77, 80, 83–84, 95–98, 135–138, 140, 145–147, 150–157, 159–160, 162–163, 167, 169, 175–178, 226–227, 240–243, 248, 250, 252, 256–257, 290, 308–309
現存在　71, 136, 151, 154, 194, 282–283, 285, 289, 292, 306
現象学の論理　13, 17, 344–345, 347–348, 352, 369–370, 373, 388, 397, 407, 409, 411–413, 431–433, 437
合一哲学　96, 102, 181, 326, 333, 436
構成的原理　134, 342
構成的理念　255
構想力　134, 201, 342
悟性　14, 55–57, 59, 69–70, 78–79, 83, 88–92, 132, 136, 157–158, 162–163, 190, 246, 251–252, 279, 321, 325, 333, 335, 341, 376, 381, 388–390, 394, 412, 431–432
根拠（根拠づけ）　12, 17–18, 44–45, 47, 53, 58, 61–62, 77, 80–81, 97, 99–101, 134–136, 138, 144, 150, 152–153, 155, 157, 160–165, 168, 177, 191–193, 195, 197–199, 201, 206, 214, 224, 228–229, 232, 240–241, 246, 248–249, 254, 259, 261, 283, 285–286, 288, 310, 313, 321, 334–337, 341, 354, 356–357, 380–383, 385, 411–412, 415, 435–437
根元哲学　6, 8, 53, 65–66, 112, 118–119, 185–186, 210, 212, 222–224, 230, 234, 238, 264, 272–273, 305–306, 380
根本命題哲学　189, 200, 202, 206, 229, 295, 305

サ行

時間　64, 66, 68–70, 73–74, 79, 83, 132, 134–136, 138, 144–147, 151–153, 157–160, 167, 172, 176–177, 195, 222, 252, 257, 289–291, 306, 357, 359–362, 377, 379–380, 399, 406, 433
自我　84, 87, 117, 186–187, 190–191, 193–202, 205, 207–208, 216, 221–222, 227, 230–232, 240, 243, 257–259, 270–272, 275–278, 280–282, 284–293, 295–298, 306–313, 317, 341, 343, 372, 414–416, 421
始元　12–13, 16, 18, 65, 97, 154, 318, 334–336, 380–381, 398–399, 404, 436–437
事後性　362, 398, 433, 437
事行　187, 229–232, 234, 240, 243–244, 265, 373
事実問題　70, 156–157, 247, 250–251, 253–254
自己観察　228–230, 343
自己直観　186, 290–293, 296, 372, 404
実在性　58, 60–61, 63–65, 71–72, 74, 76, 81–82, 133, 146–147, 150–151, 168, 193–195, 200, 209, 212, 216, 227, 244, 246, 248–249, 255, 261–262, 284–286, 288–290, 298, 306–307, 309, 312, 336, 341–342, 354
実在論　74, 76, 81–83, 90, 147, 149–150, 177, 192, 209, 245, 248, 262, 283, 340
実体　43, 46, 92, 96, 98–102, 138, 146–147, 160,

169, 181, 190, 192–196, 207–208, 213–214, 217, 248–250, 260–262, 280–281, 290–291, 306–311, 359
思弁(思弁的)　18, 55, 60, 65, 81, 124, 151, 222, 303, 320–321, 325–326, 336, 350, 352–353, 393, 397, 409, 411
宗教（宗教的）　4–5, 7, 16–17, 27, 29–30, 32–36, 38, 41, 43, 45, 81, 113, 115, 120, 128–129, 146, 235, 303, 316, 321, 324–325, 327, 367, 370–371, 377, 379, 381, 383, 385, 397, 409, 413, 420–421, 427–428, 437
主観主義　14, 68, 70, 72–73, 76, 80, 149–150, 158, 177, 213, 215, 318
充足根拠律　33, 137–139, 142, 147, 151–154, 160–161, 164, 178–179, 241–243
宿命論　12, 14, 27–28, 30, 32, 80, 95, 155, 158, 167, 189, 205, 239, 242
シュティフト　3–4, 7–8, 11, 13–14, 25–27, 34, 36, 53, 109–125, 127–129, 131, 141–142, 171–172, 179–181, 207, 235–236, 269, 271–272, 274, 436–437
循環　200–203, 318
純粋悟性概念　74, 135, 157, 162, 176, 251
障害　197–201, 276, 341
触発　76–77, 79, 82–83, 90, 196, 226, 256–258, 279, 404
信　15, 27–28, 32, 45–47, 81, 120, 150–151, 154, 156, 164–167, 189, 212, 227, 283–284, 292, 303, 333
神的知性　88–92, 98, 102
スピノザ主義　8, 11–16, 25–28, 30–34, 36–40, 42–48, 65, 79–80, 85–86, 88–96, 98, 100, 102, 151–152, 164, 179, 180, 189–190, 192–193, 200–202, 205–213, 215–217, 244–250, 259–263, 269–272, 277, 280, 287, 290, 293, 296, 308–309, 436
　主観的――　202, 204–205, 208, 216, 276
　体系的――　189, 193, 216, 341
　転倒した――　210, 213, 216
制限　89, 91–93, 97–98, 100–102, 197, 199, 247, 249, 252, 260–262, 306, 325
生　180–181, 287, 303, 309, 312–313, 320, 325–326, 350, 353, 370, 415, 423, 429
精神　17, 74, 81, 87, 168, 185, 223, 226, 238, 264, 274, 338–339, 344, 349, 353, 358–361, 367–379, 381–383, 385–389, 391, 393–395, 397–399, 403–405, 407–411, 413, 415–417, 419–425, 427–433, 435
精神の連盟　16, 18, 181, 304–305, 327, 333, 436–437
絶対者　15, 47, 180–181, 281, 303, 319, 321, 325–327, 333, 335–336, 338, 344, 360
絶対知　16, 18, 59, 338, 345, 348, 350–351, 357–358, 361–362, 370–374, 378, 388–391, 397–399, 403, 405–414, 416–417, 419, 421–424, 428, 430–434
絶対的自我　12, 191, 194, 196–198, 200–201, 207–209, 215, 243, 264, 270, 272, 274–277, 280–282, 285, 287–293, 296–298, 306–310, 313, 317, 341–342
素材　57–58, 74, 76–78, 82, 90–91, 134, 145, 162, 176–177, 186, 214, 256–258, 360, 382, 404
想起　18, 356–360, 362–363, 407, 411–412, 416, 419–420, 434
総合判断　132, 173, 176, 226, 228–229, 259
想像力　318, 334–335, 337
措定作用　196–197, 279, 314, 372
存在　81–82, 98, 100, 151–152, 202, 205, 248, 259–261, 284–285, 289–292, 303, 310–312, 317–319, 325–326, 393–394, 414, 426
存在そのもの　181, 310–313, 322–323, 333

タ行

第一根本命題　6, 18, 195, 201, 259, 336, 341
第二の類推　133–136, 138–139, 145, 147, 156, 176, 178
単純態（単一態）　396–398, 430, 432–433
知識学（書名、論文名は除く）　6, 8, 15–16,

53, 84, 112, 115, 185-191, 193-196, 200-203, 206-216, 231-234, 245, 265, 272-276, 296, 306, 308-310, 315, 317, 339, 341-343
知的直観　15-16, 18, 61, 92, 180, 186-187, 230-232, 243, 272, 278-281, 284, 286-293, 295-298, 310-313, 316, 325-326, 333, 372, 404-405, 435-436
抽象　227-233, 243
超越論的感性論　73-74, 144, 147, 172, 176, 178
超越論的観念論　71, 73-74, 79-80, 150, 213, 215-216
超越論的使用　66, 79, 131, 134, 146, 149, 168, 225
超越論的自由　12, 61-64
超自然的なもの　153, 155, 180
デカルト主義　43, 46
統一（統一態）　54-56, 74, 82, 87, 134-136, 167, 185, 192, 248-249, 251, 272, 277, 285, 310, 312, 316-318, 321-322, 326, 418-419, 425, 430, 436
努力　199-201, 245, 275
統制的原理　134, 342
統制的使用　56
統制的理念　57, 255-256, 263
統体性　55, 58, 318, 321, 325, 336, 374, 377-379, 381, 383, 386, 389, 391-392, 394, 396-398, 403, 408, 410-413, 418, 423, 436-437
道徳（道徳的）　4-5, 31-32, 41, 62, 117, 120, 146-147, 149, 156, 168, 241
――的証明　158, 169, 171
――法則　64, 142
独断論（独断主義）　120, 164-165, 191-195, 201-202, 207-209, 223, 238, 270-271, 277, 280, 282, 290, 306, 309-310, 341, 436

ナ行

ニヒリズム　81, 150, 212
人間精神の実際的な歴史　232, 342
能動性　84, 186, 196-199, 201, 208, 239, 242-244, 258, 265, 285-286
純粋――　198-201, 243-244, 272
無限な――　196-199

ハ行

汎神論　10, 14, 25, 34-38, 44-47, 88, 92, 94, 189, 247, 250
――論争　4-5, 8-10, 26-27, 38-39, 41-42, 47-48, 86, 94, 247, 280
反省　83, 187, 201, 228, 230-233, 243, 307, 312, 314, 316, 318-320, 323-327, 333-337, 341-343, 371, 403, 420-423, 425, 433, 436
美学　7, 313, 315-316
批判哲学　3-6, 10-11, 13, 27, 53-54, 66, 68-70, 72, 82, 86, 88, 93, 102, 109, 112, 118, 120, 127-128, 130-132, 141-142, 144-149, 156, 170-171, 174, 176, 185, 192, 202, 204, 208, 223, 227, 234, 236, 238, 250-251, 254, 271, 277, 380
非我　189-190, 196-201, 207-208, 227, 270-271, 275, 277, 286-287, 317
必然性（8章を除く）　30, 75, 82, 134, 140, 158, 161-164, 170, 192, 195-196, 225-226, 252, 308, 367-368, 370, 374, 397-399, 432
フェノメノン／ヌーメノン　60-61, 78, 80, 257
ヘン・カイ・パン　12, 14, 16, 25, 36, 96, 151-152, 155, 160, 180-181, 211, 214, 269, 287-288, 296, 308-310
変化　74, 96, 134, 144-145, 147, 154, 163, 167-168, 176, 242
補習教師　110, 116, 118, 121-125, 127, 141, 437

マ行

三つの規定性　388-389, 391-394, 396, 407-408, 411-413, 419, 423, 431-432, 434
「無からは何も生じない」　46, 96, 308
無限性　181, 307, 318, 320-321, 324, 333-335, 371-372, 390, 413, 423, 432-433
無限な知性（神的な知性）　88-93, 98, 102, 247,

250, 252–257, 262–264
無神論　12, 14, 27–32, 38–40, 42, 44–45, 80, 95, 189, 247–248, 260, 261–263, 280
無世界論　101, 247–250, 259–260, 262
無制約者(無制約なもの)　153–155, 180–181, 209, 272, 283, 285–286, 313
モナド　173, 261–263
物自体　14, 53, 66, 72–80, 82–84, 88, 90, 133, 138–140, 144–147, 149–150, 168, 176–178, 191–194, 196–198, 202, 205, 223, 245, 250, 253–254, 257–258, 265, 279

ヤ行

要請　56, 196, 199, 315
予定調和　33, 164, 240–241, 243, 261

ラ行

ライプニッツ－ヴォルフ学派（ライプニッツ－ヴォルフ主義）　14, 30–31, 37, 42, 47, 68, 70, 80, 89, 117, 126, 130, 151, 154, 158, 170–171, 180, 242, 252–253
理性　4–5, 15, 27–28, 32, 35–36, 43, 45, 47–48, 54–66, 69, 91, 124, 153–154, 159–160, 162, 165–169, 172, 193, 211–212, 222–223, 225, 239, 254, 284, 321, 324–326, 334, 367, 375–377, 379, 387, 391, 393–395, 397, 412–415
——の事実　63
理念　5–7, 16, 18, 34, 37, 45, 56–60, 62–63, 66, 91, 119, 124, 128, 147, 168–169, 172–175, 178, 187, 189, 202–203, 205, 211, 223, 244, 248, 252, 255–257, 263, 272, 289, 290, 307, 315, 318–319, 325, 334, 336, 346, 371, 397, 433, 435, 437
歴史　232, 342, 358–362, 399, 406
ロック主義　68–69, 173

書名索引

ア行

『あらゆる啓示の批判の試み』　7, 185, 187–189, 205, 235, 239
「イェーナ論理学・形而上学・自然哲学」　326, 351–355, 376, 381, 397, 405, 433, 435
『一般学芸新聞』　3–5, 126, 132, 139, 164, 185, 236, 239, 297, 367
『エーネジデムス』　185, 188, 200–225, 227, 233–236, 240, 243–244, 257
「エーネジデムス書評」　186, 188
『エチカ』　15, 28, 40, 42, 44, 92, 249, 277, 281–282, 287, 290–291, 294–295

カ行

『解明』　3–4, 127, 144
『カント辞典』　143–145, 170, 173
『カント書簡』　3–5, 11, 120–121, 124, 127, 130, 173
『クロイツァー書評』　236, 239–240, 242, 244
「形式」論文　272–273, 276, 287
「ゲッティンゲン書評」　67

サ行

『差異論文』　115, 303, 320, 325–326, 333–336, 404
「自我」論文　117, 208, 272, 275–278, 280–282, 284, 286–290, 292–293, 295–297, 313
『自然科学の形而上学的原理』　141, 163
『自然神学』　40–41
『実践哲学』　15, 186, 189
『実践理性批判』　3–4, 60, 62–65, 130, 156
『純粋理性批判』　3–5, 9–11, 14, 16, 26, 45, 54, 56, 59–61, 63–64, 67–68, 73, 76–77, 82, 86, 109–110, 127–128, 130–131, 142–143, 145, 148, 156, 172, 175–177, 186, 251, 253, 435
『精神現象学』（第３部を除く）　6, 11–13, 16–

18, 58–59, 239, 327
『全知識学の基礎』 8, 15, 86, 186, 189–194, 197, 200–202, 211–212, 216, 227, 230–231, 238, 243, 245, 258–259, 262, 264, 273–275, 307, 309, 341
『スピノザ書簡』 9–12, 26, 45–47, 82, 86, 95–96, 102, 149, 151, 153, 155, 157–158, 164, 167, 179–181, 189, 240, 269, 283, 308

タ行

『断章』 15, 126, 130, 143, 148–149, 155–158, 162, 167–169, 173–174, 179, 240, 242
『知識学の概念について』 6, 8, 206, 212, 231, 245, 262, 273, 275, 286
「超越論的観念論について」 67, 73, 81, 147, 212, 215, 226
『超越論哲学試論』 86–88, 91, 246–247, 255, 259, 263
『デイヴィド・ヒューム』 43, 46, 67, 80, 148, 159, 165, 337
『哲学雑誌』 170–171, 173, 175, 206, 274
『哲学叢書』 173
「哲学的書簡」 171, 209, 214, 272, 291–295, 319
「哲学の進歩について」 245, 249, 259–260
『テュービンゲン学術報知』 109, 118, 128, 143, 148, 171, 178, 180, 276

ハ行

「判断と存在」 2, 278, 280, 295, 306–307, 310–312, 314–315, 319, 322–323
『判断力批判』 7, 64–65, 84
『フィヒテ宛書簡』 210, 213, 215
『プロレゴーメナ』 3–4, 67

ラ行

『歴史批評事典』 31, 40
『論理学・形而上学教程』 128–132, 141–143, 157, 161, 172, 176, 178

ワ行

『私独自の考察』 15, 186–187, 189, 200, 210, 230, 243, 264

Abstract

In this book, we first investigate the context that shapes the sphere of thought of Classical German Philosophy. We organize the situation of the thinkers who were able to accept Kant's critical philosophy at a relatively young age, with the students of the "Tübinger Stift" at the forefront, by drawing auxiliary lines of "Spinozism" and "critical philosophy." In Chapter 1, we trace the history of the Leibniz-Wolff school's criticism of "Spinozism" as "atheism" and "fatalism." In this context, "Spinozism" was not so closely associated with Spinoza's ideas as it was with the label for dangerous ideas that denied the existence of God, and this kind of "Spinozism" became common knowledge in academic circles. It was Jacobi who corrected this prejudice and brought a new image of Spinoza to Germany. In Chapter 2, we discuss Jacobi's response to the book, focusing on the "architectonic" philosophy system in the *Critique of Pure Reason*, from the perspective of the "thing-in-itself" problem and the theory of "causality." There, the tendency toward "subjectivism" and "idealism" in the *Critique of Pure Reason* was called into question. This debate led to the second edition of the "Refutation of Idealism." Next, we interpret the debate between Kant and Maimon, focusing on the issue of the "thing-in-itself" and the theory of "causality." At that time, "Spinozism" was an issue, so we clarify the meaning of the criticism from Maimon's theory of the "divine mind."

The second part of the book clarifies the thought of Flatt, who was a major influence at the Tübinger Stift, from the aspect of Kant's and Fichte's reception. Flatt's interpretation of Kant is concentrated on the theory of "causality," the results of which are summarized in *Fragmentarische Beyträge*, and his "Lectures on Metaphysics." We point out that these interpretations of Kant were an extension of the writings and letters of Ulrich and Schulz, and clarify Flatt's theory of "causality" after identifying the characteristics of Kant's interpretation. Furthermore, because Flatt was also in a co-controversial and contentious relationship with Jacobi, we show that these disputes were based on "reason" and "sensibility" while clarifying the similarities and differences between Flatt and Jacobi (Chapter 3).

Next, as a legacy of Kant's philosophy, we clarify the characteristics of the theoretical standpoint of Fichte's early conception of the "Wissenschaftslehre." For this purpose, we clarify the depth of Fichte's problems and the nature of his issues by compre-

hensively comparing not only *Grundlage der gesammten Wissenschaftslehre*, but also its preparatory works, "*Eigne Meditationen über ElementarPhilosophie*" and "*Praktische Philosophie*," as well as his letters at the time. At that time in Germany, centering on Jena, "Spinozism" was one of the points of contention in the acceptance of intellectual studies. We do not subsume this under the label of "Spinozism," but rather carefully trace what it meant by each theorist through a reading of letters and other sources. Then, to estimate the actual impacts of Schulze and Maimon, who are generally considered to have greatly influenced Fichte, we interpret the texts of these skeptics and compare and contrast them with Fichte's (Chapters 4 and 5).

In Chapter 6, we address the theory of "intellectual intuition (*die intellektuale Anschauung*)" to highlight Fichte's academic methodology through a comparison with Schelling. Again, one of the main points of contention was "Spinozism"; Fichte explained that in Schelling's case, the issue was "Spinozism" as a passage to reach the "Absolute" (specifically, the "scientia intuitiva" in the *Ethica*). Thereby, Fichte pointed out that although Schelling was a Spinozist in some respects (as he himself confesses), he was a Fichtean in others.

In Chapter 7, we show that Hegel's relational ideas were fostered through discussions among Hölderlin, Sinclair, and Zwilling at the "Bund der Geister" in Frankfurt, and that their theoretical development was deepened mainly through the results of the constellation research to clarify their theoretical development. They were impressed by Fichte's Wissenschaftslehre, but skeptical that it was "Spinozism," which explained everything from the action of subjectivity. They sought a way to reconstruct the lost "synthesis" by transforming Fichte's ideas. This "synthesis" led to the famous Spinozistic slogan "*hen kai pan*." We show that this "synthesis" was initially conceived as "indifferent," but gradually came to be considered holistically and relationally, and the main point of discussion shifted in a direction that sought to reach it through "aesthetic intuition" and "intellectual intuition." This book places their theory, which has disappeared into the background of this history of philosophy, as the fundamental motif of Hegel's holistic thought of the Jena period.

In the third part, based on the revelations from the "history of the constellation" reproduced in the first two parts, the *Phenomenology of Spirit* clarifies the logic of the "generation" of "Wissenschaft," which was the original subject of the *Phenomenology of Spirit*. The following issues have been raised in the conception of "Wissenschaft" in Classical German philosophy so far. First, Kant, in his *Critique of Pure Reason*, ac-

cepted the "aggregation" of the "parts" ("moment" in Hegel's terminology) of Wissenschaft. Thus, what is the relationship between the "whole" and the "parts" and the "methodology" that justifies the "aggregation," and what should "Wissenschaft" be grounded in have become issues. Based on the idea that the "Religion" and "Absolute Knowing" chapters in Hegel's *Phenomenology of Spirit* can be regarded as answers to these difficult questions, this book summarizes these ideas under the slogan "From Chaos to Order." This is the fundamental characteristic of "phenomenology," which reaches "Absolute Knowing" by describing phenomenological knowledge. Thus, the problem of "beginning" is also solved. Hegel does not have to rely on "intellectual intuition" to the same degree as Fichte, Schelling, and Hölderlin, nor does he have to start from an ideal "whole" from the beginning, as the members of the "Bund der Geister" thought, but rather, can talk about its "beginning" or "generation." This methodological idea of a "generating beginning" is Hegel's answer to the theory of "causality" and the foundation of "Wissenschaft," which have been reiterated many times in Classical German philosophy (Chapters 8, 9, and 10).

The historical quality of the *Phenomenology of Spirit* can only be clarified by placing the specificity of its approach within the flow of Classical German philosophy. In this book, we consider this the "hidden source" of Hegel's metaphysical speculation and attempt to elucidate the significance of the *Phenomenology of Spirit* concept in continuity with the Tübinger Stift.

参考文献一覧

一次文献

●全集、書簡

Fichte, Johann Gottlieb, Gesamtausgabe, hrsg. von der Bayerischen Akademie der Wissenschaften, Stuttgart-Bad Cannstatt 1962ff. ［= GA］系列数はローマ数字、号数は算用数字で示す（例：GA I/2, 282）。

J. G. Fichte im Gespräch : Berichte der Zeitgenossen : Band 1（*1762–1798*）, Erich Fuchs, Reinhard Lauth, Walter Schieche（Hrsg.）, Stuttgart-Bad Cannstatt : Frommann-Holzboog, 1978. ［= *Fichte im Gespräch* 1］

Hegel, Georg Wilhelm Friedrich, *Briefe von und an Hegel*, Bd. 1 : 1785–1812, Hamburg : Felix Meiner, 1969. ［= Br.］

Hegel, Georg Wilhelm Friedrich, *Gesammelte Werke*. In Verbindung mit der Deutschen Forschungsgemeinschaft, Hrsg. von der Rheinisch-Westfälischen Akademie der Wissenschaften, Hamburg : Felix Meiner, 1968ff. ［= GW］巻数は算用数字で示す（例：GW4, 16）。

Hölderlin, Friedrich, *Sämtliche Werke. Stuttgarter Hölderlin-Ausgabe*,（Hrsg.）Beissner, Friedrich und Beck, Adolf, Stuttgart 1943ff. ［= StA］系列数、号数、頁数をすべて算用数字で示す（例：StA 6.1, 389）。

Jacobi, Friedrich Heinrich, *Friedrich Heinrich Jacobi Werke*. Gesamtausgabe hrsg. von Klaus Hammacher und Walter Jaeschke, Hamburg : Meiner, 1998ff. ［= JW］系列数、号数、頁数をすべて算用数字で示す（例：JW2.1, 195）。

Kant, Immanuel, *Kant's Gesammelte Schriften*. hrsg. von der Königlich Preußischen Akademie der Wissenschaften, Berlin 1900ff. ［= KA］巻数はローマ数字で示す（例：KA. X, 336）。

Maimon, Salomon, *Gesammelte Werke*, hrsg. von Valerio Verra, Hildesheim/Zürich/New York : Olms, 2003. ［= MW］巻数はローマ数字で示す（例：MW *I*, 557）。

Schelling, Friedrich Wilhelm Joseph, *Historisch-Kritische Ausgabe*, im Auftrag der Schelling-Kommission der Bayerischen Akademie der Wissenschaften, Stuttgart-Bad Cannstatt : Frommann-Holzboog, 1976ff. ［= HKA］系列数はローマ数字、号数は算用数字で示す（例：HKA III/1, 40）。

原文の隔字体《ゲシュペルト》は傍点で表わす。引用文中の〔亀甲括弧〕は引用者の挿入であり、太字はすべて引用者による。

『純粋理性批判』からの引用は、慣例にならって初版（一七八一年）をＡ版、第二版（一七八七年）をＢ版として、それぞれ頁数とともに示した。『実践理性批判』からの引用は「KpV」の略号とともにカント全集の頁数を示し、『判断力批判』からの引用は「KU」の略号を用いた。

●書評

TGA : *Tübingische gelehrte Anzeigen*, Tübingen : 1785–1790.

PM : *Philosophisches Magazin*, Johann August Eberhard（Hrsg.）, Bad Feilnbach : Schmidt Periodicals, 2007.

Rezensionen : Albert Landau (Hrsg.), *Rezensionen zur Kantischen Philosophie 1781–87*, Bebra : Albert Landau Verlag, 1991.

二次文献

Allison, Henry（1990）, *Kant's Theory of Freedom*, Cambridge : Cambridge University Press, 1990.

――――（2020）, *Kant's Conception of Freedom : A Developmental and Critical Analysis*, Cambridge : Cambridge University Press.

Aschenberg, Reinhold（1976）, Der Wahrheitsbegriff in Hegels „Phänomenologie des Geistes", in Klaus Hartmann（Hrsg.）, *Die ontologische Option : Studien zu Hegels Propädeutik, Schellings Hegel-Kritik und Hegels Phänomenologie des Geistes*, Berlin/New York : Walter de Gruyter, SS. 215–308.

Auinger, Thomas（2003）, *Das absolute Wissen als Ort der Ver-Einigung : Zur absoluten Wissensdimension des Gewissens und der Religion in Hegels Phänomenologie des Geistes*, Würzburg : Königshausen & Neumann.

Baggesen, Jens/Reinhold, Karl Leonhard/Jacobi, Friedrich Heinrich（1831）, *Aus Jens Baggesen's Briefwechsel mit Karl Leonhard Reinhold und Friedrich Heinrich Jacobi*, zweiter Theil, Leipzig : F.A. Brockhaus. [= *Baggesen's Briefwechsel*]

Baum, Manfred（1976）, Zur Vorgeschichte des hegelischen Unendlichkeitsbegriffs, in *Hegel-Studien 11*, SS. 89–124.

Bayle, Pierre（1741）, Historisches und Critisches Wörterbuch, nach der neuesten Auflage von 1740 ins Deutsche übersetzt ; auch mit einer Vorrede und verschiedenen Anmerkungen sonderlich bey anstößigen Stellen versehen, von Johann Christoph Gottscheden, Leipzig : Breitkopf（https://opendata.uni-halle.de//handle/1981185920/83872).（『ピエール・ベール著作集第五巻　歴史批評辞典Ⅲ』野沢協訳、法政大学出

版局、一九八七年）
Beiser, Frederick C.（1987）, *The Fate of Reason : German Philosophy from Kant to Fichte*, Cambridge, MA and London : Harvard University Press.
――――（1992）, *Enlightenment, Revolution and Romanticism : The Genesis of Modern German Political Thought 1790–1800*, Cambridge, MA and London : Harvard University Press.（バイザー『啓蒙・革命・ロマン主義　近世ドイツ政治思想の起源　一七九〇－一八〇〇年』杉田孝夫訳、法政大学出版局、二〇一〇年）
――――（2002）, *German Idealism : The Struggle against Subjectivism 1781–1801*, Cambridge, MA and London : Harvard University Press.
――――（2003）, *The Romantic Imperative : The Concept of Early German Romanticism*, Cambridge, MA, and London : Harvard University Press.
――――（2005）, *Schiller as Philosopher : A Re-Examination*, New York : Oxford University Press.
Bell, David（1984）, *Spinoza in Germany from 1670 to the Age of Goethe*, Leeds : University of London.
van den Berg, Hein（2021）, Kant's Ideal of Systematicity in Historical Context, in *Kantian Review* 26/2, SS. 261–286.
Bertram, Georg W.（2017）, *Hegels »Phänomenologie des Geistes« : Ein systematischer Kommentar*, Stuttgart : Reclam.
Bianco, Bruno（1993）, Wolffianismus und katholische Aufklärung, in Harm Klueting（Hrsg.）, *Katholische Aufklärung : Aufklärung im katholischen Deutschland*, Hamburg : Meiner, SS. 67–103.
――――（1997）, Freiheit gegen Fatalismus : Zu Joachim Langes Kritik an Wolff, in Norbert Hinske（Hrsg.）, *Zentren der Aufklärung : I Halle : Aufklärung und Pietismus Pietismus und Aufklärung : Theologische Polemik und die Kommunikationsreform der Wissenschaft am Ende des 17. Jahrhunderts*, Göttingen : Vandenhoeck & Ruprecht, SS. 111–155.
Bondeli, Martin（1995）, Hegel und Reinhold, *Hegel-Studien* 30, SS. 45–87.
――――（1997）, Zu Fichtes Kritik an Reinholds »empirischem« Satz des Bewusstseins und ihrer Vorgeschichte, *Fichte-Studien* 9, SS. 199–213.
――――（2001）, *Kantianismus und Fichteanismus in Bern : Zur philosophischen Geistesgeschichte der Helvetik sowie zur Entstehung des nachkantischen Idealismus*（*Schwabe Philosophica II*）, Basel : Schwabe.
――――（2006）, *Apperzeption und Erfahrung : Kants transzendentale Deduktion im*

Spannungsfeld der frühen Rezeption und Kritik (*Schwabe Philosophica X*), Basel : Schwabe.

——— (2013), Einleitung, in Karl Leonhard Reinhold, *Versuch einer neuen Theorie des menschlichen Vorstellungsvermögens* (*Gesammelte Schriften kommentierte Ausgabe / Karl Leonhard Reinhold,* hrsg. von Martin Bondeli, wissenschaftlicher Beirat, Manfred Baum et al., Bd. 1, hrsg. von Martin Bondeli und Silvan Imhof), Basel : Schwabe.

——— (2020), Reinhold's Transition to Fichte, in *Reinhold and Fichte in Confrontation : A Tale of Mutual Appreciation and Criticism* (*Reinholdiana vol. 4*), Martin Bondeli and Silvan Imhof (eds.), Berlin and Boston : Walter de Gruyter, pp. 123–149

Bonsiepen, Wolfgang (1977), Zur Datierung und Interpretation des Fragments „C. Wissenschaft", in *Hegel-Studien* 12, SS. 179–90.

——— (1988), Einleitung, in *G. W. F. Hegel, Phänomenologie des Geistes*, Hamburg ; Felix Meiner, PhB [414].

——— (2002), Salomon Maimons Einsicht in die Unausführbarkeit seines Versuchs einer Vereinigung von kantischer Philosophie und Spinozismus, in Eva Schürmann/ Norbert Waszek /Frank Weinreich (Hrsg.), *Spinoza im Deutschland des achtzehnten Jahrhunderts : Zur Erinnerung an Hans-Christian Lucas* (*Spekulation und Erfahrung : Texte und Untersuchungen zum deutschen Idealismus, Abt. 2 : Untersuchungen ; Bd. 44*), Stuttgart : Frommann-Holzboog, SS. 377–406.

Brandom, Robert B. (2019), *A Spirit of Trust : A Reading of Hegel's Phenomenology*, Cambridge, Massachusetts, & London : Harvard University Press.

Brauer, Ursula (1993), *Isaac von Sinclair : Eine Biographie*, Stuttgart : Klett-Kotta.

Breazeale, Daniel (2014), *Thinking Through the Wissenschaftslehre : Themes from Fichte's Early Philosophy*, New York : Oxford University Press.

Brecht, Martin (1977), Die Anfänge der idealistischen Philosophie und die Rezeption Kants in Tübingen (1788–1795), in : Hansmartin Decker-Hauff, Gerhard Fichtner, Klaus Schreiner (Hrsg.), *Beiträge zur Geschichte der Universität Tübingen : 1477–1977*, Tübingen : Attempto-Verlag, SS. 381–428.

Buchmann, Cornelia (1994), Wolffs „Widerlegung" der „Ethik" Spinozas, in Hanna Delf, Julius H. Schoeps, Manfred Walther (Hrsg.), *Spinoza in der europäischen Geistesgeschichte* (*Studien zur Geistesgeschichte, Bd. 16*), Berlin : Edition Hentrich, SS. 126–141.

Busche, Hubertus (2008), Logik, Geschichte, Teleologie : Wo liegt die Notwendigkeit in

der Phänomenologie des Geistes?, in Wolfram Hogrebe (Hrsg.), *Phänomen und Analyse : Grundbegriffe der Philosophie des 20. Jahrhunderts in Erinnerung an Hegels Phänomenologie des Geistes (1807)*, Würzburg : Königshausen & Neumann, SS. 135–154.

Cassirer, Ernst (1974), *Das Erkenntnisproblem der Philosophie und in der Wissenschaft der neueren Zeit*, Bd. 3, Berlin 1923, Neudruck Darmstadt : Wissenschaftliche Buchgesellschaft.

Chiereghin, Franco (1980), *Dialettica dell'assoluto e ontologia della soggettività in Hegel : Dall'ideale giovanile alla "Fenomenologia dello spirito"*, Trento : Verifiche.

Diels, Hermann (1960), *Die Fragmente der Vorsokratiker*, neunte Auflage Walther Kranz (Hrsg.) Berlin : Weidmannsche Verlagsbuchhandlung.

Diez, Immanuel Carl (1997), *Briefwechsel und Kantische Schriften : Wissensbegründung in der Glaubenskrise Tübingen - Jena (1790–1792)*, Dieter Henrich (Hrsg.), Stuttgart : Klett-Cotta.

Dove, Kenley R. (1970), Hegel's Phenomenological Method, in : *Review of Metaphysics* 23, SS. 615–641.

Elon, Daniel (2018), Gottlob Ernst Schulzes skeptizistische Kant-Kritik in ihrer Relevanz für Arthur Schopenhauers Systemkonstitution, *Kant-Studien*, vol. 109/1, SS. 124–146.

——— (2019), Skepsis und System : Salomon Maimons Versuch über die Transzendentalphilosophie und Gottlob E. Schulzes Aenesidemus in chiastischer Gegenüberstellung, in *Discipline Filosofiche* 29, SS. 87–112.

——— (2021), *Die Philosophie Salomon Maimons zwischen Spinoza und Kant : Akosmismus und Intellektkonzeption*, Hamburg : Felix Meiner.

Engstler, Achim (1990), *Untersuchungen zum Idealismus Salomon Maimons*, Stuttgart-Bad Cannstatt : Frommann-Holzboog.

——— (1994), Zwischen Kabbala und Kant : Salomon Maimons ‚streifende' Spinoza-Rezeption, in Hanna Delf et. al. (Hrsg.), *Spinoza in der europäischen Geistesgeschichte*, Berlin : Hentrich, 162–192.

Erdmann, Benno (1973), *Kant's Kritizismus in der ersten und in der zweiten Auflage der Kritik der reinen Vernunft : Eine historische Untersuchung*, Hildesheim : Gerstenberg.

Feder/Garve (1782), *Zugabe zu den Göttingischen Anzeigen von gelehrten Sachen unter der Aufsicht der Königl : Gesellschafdt der Wissenschafte*, Der erste Band. auf das Jahr 1782, Göttingen, SS. 40–48 ["Die Göttinger Rezension", in Immanuel Kant (2001),

Prolegomena zu einer jeden künftigen Metaphysik, Hamburg: Meiner, SS. 183–190]. (城戸淳「ゲッティンゲン書評　カルヴェ／フェーダーによるカント『純粋理性批判』書評」『知のトポス』三号、二〇〇八年、一―一四頁)

Fichte, J. G. (1988), *Early Philosophical Writings*, edited and translated by Daniel Breazeale, New York: Cornell University Press.

Fincham, Richard (2010), Schelling's Subversion of Fichtean Monism, 1794–1796, in Daniel Breazeale and Tom Rockmore (eds.), *Fichte-Studien Supplementa: Fichte, German Idealism and Early Romanticism*, Amsterdam/New York: Rodopi, pp. 149–163.

Flatt, Johann Friedrich (1788), *Fragmentarische zur Bestimmung und Deduktion des Begriffs und Grundsatzes der Caussalität, und zur Grundlegung der natürlichen Theologie, in Beziehung auf die Kantische Philosophie*, Leipzig: Siegfried Leberecht Crusius. [= *Beyträge*]

――――(2018), *Philosophische Vorlesungen 1790: Nachschriften von August Friedrich Klüpfel* (*Spekulation und Erfahrung: Texte und Untersuchungen zum deutschen Idealismus*, Abt. 1: Texte; Bd. 9), herausgegeben, eingeleitet und kommentiert von Michael Franz und Ernst-Otto Onnasch, Stuttgart-Bad Cannstatt: Frommann-Holzboog. (形而上学講義からの引用はPVと略記する)

Folkers, Horst (1994), Das immanente Ensoph: Der kabbalistische Kern des Spinozismus bei Jacobi, Herder und Schelling, in Eveline Goodman-Thau, Gert Mattenklott, Christoph Schulte (Hrsg.), *Kabbala und Romantik*, Tübingen: Max Niemeyer Verlag, SS. 71–95.

Frank, Manfred (1997), *›Unendliche Annäherung‹: Die Anfänge der philosophischen Frühromantik*, Frankfurt a. M.: Suhrkamp.

Franz, Michael (1987), Hölderlins Logik: Zum Grundriß von „Seyn Urtheil Möglichkeit", in *Hölderlin-Jahrbuch 25* (*1986–1987*), SS. 93–124.

――――(1996), *Schellings Tübinger Platon-Studien*, Göttingen: Vandenhoeck und Ruprecht.

――――(1999), Paradoxe Konstellationen: Dieter Henrichs Edition der Papiere von I. C. Diez (1766–1796), in *Philosophische Rundschau*, vol. 46 No. 1, SS. 33–42.

――――(2006), Tübinger Orthodoxie: Ein Feindbild der jungen Schelling und Hegel, in Steffen Dietzsch und Gian Franco Frigo (Hrsg.), *Vernunft und Glauben: Ein philosophischer Dialog der Moderne mit dem Christentum. Père Xavier Tilliette SJ zum 85. Geburtstag*, Berlin: De Gruyter, SS. 141–160.

――――(2007), Johann Friedrich Flatts philosophisch-theologische Auseinander-

setzung mit Kant," in Michael Franz (Hrsg.),«... *an der Galeere der Theologie»? Hölderlins, Hegels und Schellings Theologiestudium an der Universität Tübingen*, Edition Isele : Tübingen.

Franz Michael (hrsg.), „...*im Reiche des Wissens cavalieremente"? Hölderlins, Hegels und Schellings Philosophiestudium an der Universität Tübingen*, Tübingen : Gulde Druck, 2005.

Fuhrmans, Horst (1975), Schelling im Tübinger Stift Herbst 1790–Herbst 1795, in *Materialien zu Schellings philosophischen Anfängen*, Frankfurt. a. M. : Suhrkamp, SS. 53–87.

Fujita, Masakatsu (1985), *Philosophie und Religion beim jungen Hegel : Unter besonderer Berücksichtigung seiner Auseinandersetzung mit Schelling* (*Hegel-Studien Beiheft 26*).

Fulda, Hans Friedrich (1965), *Das Problem einer Einleitung in Hegels Wissenschaft der Logik*, Frankfurt a. M. : Vittorio Klostermann.

——— (1966), Zur Logik der Phänomenologie des Geistes, in *Hegel-Studien* Beiheft 3, SS. 75–101.

——— (2007), Das absolute Wissen – sein Begriff, Erscheinen und Wirklich-werden, in *Revue de métaphysique et de morale* 2007–3 (n°55), Presses Universitaires de France, SS. 339–400.

Gabriel, Markus (2011), *Transcendental Ontology : Essays in German Idealism*, New York : Continuum.

Gava, Gabriele (2014), Kant's Definition of Science in the Architectonic of Pure Reason, *Kant-Studien* 105/3, SS. 372–393.

Gawlick, Günter (2002), Einige Bemerkungen über Christian Wolffs Verhältnis zu Spinoza, in Eva Schürmann, Norbert Waszek, Frank Weinreich (Hrsg.), *Spinoza im Deutschland des achtzehnten Jahrhunderts*, Stuttgart-Bad Cannstatt : Frommann-Holzboog, SS. 109–119.

Gesang, Bernward (2009), G. E. Schulzes 'Aenesidemus' – Das Buch, das Kant für Fichte 'verdächtig' machte, *Fichte-Studien* 33, SS. 17–30.

Goethe, Johann Wolfgang von (1994), *Werke : Hamburger Ausgabe in 14 Bänden*, Bd. X, München : Deutscher Taschenbuch Verlag.

Grün, Klaus-Jürgen (1993), *Das Erwachen der Materie : Studie über die spinozistischen Gehalte der Naturphilosophie Schellings*, Hildesheim : Olms.

Görland, Ingtraud (1973), *Die Entwicklung der Frühphilosophie Schellings in der*

Auseinandersetzung mit Fichte, Frankfurt a. M.: Klostermann.
Habermas, Jürgen (1990 = 1962), Strukturwandel der Öffentlichkeit: Untersuchungen zu einer Kategorie der bürgerlichen Gesellschaft, Mit einem Vorwort zur Neuauflage, Frankfurt a. M.: Suhrkamp.（ユルゲン・ハーバーマス『公共性の構造転換：市民社会の一カテゴリーについての探究』細谷貞雄・山田正行訳、未来社、一九九四年）
Haering, Theodor (1963), *Hegel: Sein Wollen und sein Werk: Eine chronologische Entwicklungsgeschichte der Gedanken und der Sprache Hegels 2 Bände*, Leipzig/Berlin, 1929–1938. Neudruck Stuttgart: Scientia Verlag Aalen.
Hammacher, Klaus (1989), Fichte, Maimon und Jacobi: Transzendentaler Idealismus und Realismus, in Albert Mues (Hrsg.), *Transzendentalphilosophie als System: Die Auseinandersetzung zwischen 1794 und 1806*, Hamburg: Felix Meiner, SS. 243–263.
Hanke, Thomas (2012), *Bewusste Religion: Eine Konstellationsskizze zum jungen Hegel*, Rosenburg: Verlag Friedrich Pustet.
——— (2015), Im Bunde der Dritte von vieren und Schelling außer vor: Hegels Konsequenzen aus seinem Wechsel nach Frankfurt, in Thomas Hanke und Thomas M. Schmidt (Hrsg.), *Der Frankfurter Hegel in seinem Kontext*, Frankfurt a. M.: Vittorio Klostermann, SS. 97–125.
Harris, Henry S. (1972), Hegel's Development: Towards the Sunlight 1770–1801, New York: Oxford University Press.
Hartmann, Georg Volckmar (2010), *Anleitung zur Historie der Leibnitzisch-Wolffischen Philosophie* (Christian Wolff, *Gesammelte Werke*, herausgegeben und bearbeitet von J. École et al., Abt. 3. Materialien und Dokumente, Bd. 4), Préface de Jean Ecole, Hildesheim/Zürich/ New York: Olms.
Hegel, Georg Wilhelm Friedrich (2022), *Dissertatio philosophica de orbitis planetarum/ Philosophische Dissertation über die Planetenbahnen*, Übersetzt von Georg Lasson, mit einer Einleitung hrsg. von Martin Walter, Hamburg: Felix Meiner [PhB749].
Hegel, Hannelore (1971), *Isaak von Sinclair zwischen Fichte, Hölderlin und Hegel: Ein Beitrag zur Entstehungsgeschichte der idealistischen Philosophie*, Frankfurt a. M.: Vittorio Klostermann. [= PR]
——— (1973), Reflexion und Einheit: Sinclair und der „Bund der Geister" – Frankfurt 1795–1800, in *Das älteste Systemprogramm: Studien zur Frühgeschichte des deutschen Idealismus* (*Hegel-Studien Beiheft 9*), SS. 91–106.
Heinrichs, Johannes (1974), *Die Logik der „Phänomenologie des Geistes"*, Bonn: Bouvier.

Henrich, Dieter (1971), *Hegel im Kontext*, Frankfurt a. M.: Suhrkamp Verlag.(ヘンリッヒ『ヘーゲル哲学のコンテクスト』中埜肇監訳、晢書房、一九八七年)

——— (1981), Jacob Zwillings Nachlaß: Gedanken, Nachrichten und Dokumente aus Anlaß seines Verlustes, in Jamme, Christoph und Pöggeler, Otto (Hrsg.), *Homburg vor der Höhe in der deutschen Geistesgeschichte*, Stuttgart: Klett-Cotta.

——— (1991), *Konstellationen: Probleme und Debatten am Ursprung der idealistischen Philosophie (1789–1795)*, Stuttgart: Klett-Kotta.

——— (1993), Eine philosophische Konzeption entsteht: Hölderlins Denken in Jena, in *Hölderlin-Jahrbuch 28 (1992–93)*, SS. 1–29.

——— (2004), *Der Grund im Bewusstsein: Untersuchungen zu Hölderlins Denken (1794/95)*, 2. Aufl., Stuttgart: Klett-Kotta.

——— (2004), *Grundlegung aus dem Ich: Untersuchungen zur Vorgeschichte des Idealismus. Tübingen - Jena 1790–1794*, Frankfurt a. M.: Suhrkamp.

Hinske, Nobert (1995), Der Jenaer Frühkantianismus als Forschungsaufgabe, in Norbert Hinske, Erhard Lange, Horst Schröpfer (Hrsg.), *Der Aufbruch in den Kantianismus: der Frühkantianismus an der Universität Jena von 1785 - 1800 und seine Vorgeschichte*, Stuttgart: Frommann-Holzboog, SS. 231–234.

Hoffmann, Thomas Sören (2008), „Die Tiefe des seiner selbst gewissen Geistes“: Funktion und Begriff der Religion in Hegels erstem Hauptwerk, in Wolfram Hogrebe (Hrsg.), *Phänomen und Analyse. Grundbegriffe der Philosophie des 20. Jahrhunderts in Erinnerung an Hegels Phänomenologie des Geistes (1807)*, Würzburg: Königshausen & Neumann, SS. 62–82.

——— (2009), Präsenzformen der Religion in der Phänomenologie des Geistes, in Th. S. Hoffmann (Hrsg.), *Hegel als Schlüsseldenker der modernen Welt: Beiträge zur Deutung der „Phänomenologie des Geistes“ aus Anlaß ihres 200-Jahr-Jubiläums* (*Hegel- Studien* Beiheft 50), Hamburg: Felix Meiner, SS. 308–324.

Hoffmeister, Johannes (1974), *Dokumente zu Hegels Entwicklung*, 2. Aufl., Stuttgart-Bad Cannstatt: Frommann-Holzboog.

Hucke, Patrizia (1992), „Sein schlechthin“ und ἕν διαφέρον ἑαυτῷ: Zur Beziehung von Einheit und Differenz in Jenaer Texten Friedrich Hölderlins, in Hattstein, Markus u. a. (Hrsg.) *Erfahrungen der Negativität: Festschrift für Michael Theunissen zum 60. Geburtstag*, Zürich, New York, Hildesheim: Georg Olms Verlag, SS. 95–114.

Häußler, Matthias (2008), *Der Religionsbegriff in Hegels »Phänomenologie des Geistes«*, München: Alber.

Hölscher, Uvo (1965), *Empedokles und Hölderlin*, Frankfurt a. M.: Insel.

Iber, Christian (1994), *Das Andere der Vernunft als ihr Prinzip: Grundzüge der philosophischen Entwicklung: Schellings mit einem Ausblick auf die nachidealistischen Philosophiekonzeptionen Heideggers und Adornos*, Berlin/New York: de Gruyter.

Israel, Jonathan (2001), *Radical Enlightenment: Philosophy and the Making of Modernity 1650–1750*, Oxford/New York: Oxford University Press.

——— (2011), *Democratic Enlightenment: Philosophy, Revolution, and Human Rights 1750–1790*, Oxford/New York: Oxford University Press.

Jacobs, Wilhelm G. (1989), Zwischen Revolution und Orthodoxie? Schelling und seine Freunde im Stift und an der Universität Tübingen. Texte und Untersuchungen, Stuttgart-Bad Cannstatt: Frommann-Holzboog.

Jaeschke, Walter (2004), Das absolute Wissen, in in A. Arndt und E. Müller (Hrsg.), *Hegels ›Phänomenologie des Geistes‹ heute*, Berlin: Akademie Verlag, 2004, SS. 194–214

——— (2015), Hegels Frankfurter Schriften: Zum jüngst erschienenen Band 2 der Gesammelte Werke Hegels, in Thomas Hanke und Thomas M. Schmidt (Hrsg.), *Der Frankfurter Hegel in seinem Kontext*, Frankfurt a. M.: Vittorio Klostermann, SS. 31–50.

Jamme, Christoph (1978), Sinclairs Briefe an Hegel 1806/07, in *Hegel-Studien* 13, SS. 17–52.

——— (1983), *„Ein ungelehrtes Buch": Die philosophische Gemeinschaft zwischen Hölderlin und Hegel in Frankfurt 1797–1800* (*Hegel-Studien Beiheft 23*).

——— (1988), *Isaak von Sinclair: Politiker, Philosoph und Dichter zwischen Revolution und Restauration*, Bonn: Bouvier.

Jamme, Christoph/Henrich, Dieter (hrsg. und erläutert) (1986), *Jacob Zwillings Nachlaß: Eine Rekonstruktion. Mit Beiträgen zur Geschichte des spekulativen Denkens*, in *Hegel-Studien Beiheft 28*. [= Jamme/Henrich]

Jamme, Christoph/Völkel, Frank (Hrsg.) (2003), *Hölderlin und der deutsche Idealismus: Dokumente und Kommentare zu Hölderlins philosophischer Entwicklung und den philosophisch-kulturellen Kontexten seiner Zeit, Band 1: Im Tübinger Stift (1788–1793)*, Stuttgart-Bad Cannstatt: Frommann-Holzboog.

——— (2003), *Hölderlin und der deutsche Idealismus: Dokumente und Kommentare zu Hölderlins philosophischer Entwicklung und den philosophisch-kulturellen Kontexten seiner Zeit, Band 2: Jenaer Gespräche (1794–95)*, Stuttgart-Bad Cannstatt: Frommann-Holzboog.

Josifović, Saša (2015), Das „Kanon-Problem“ in Kants Kritik der reinen Vernunft, *Kant-Studien* 106 (3), SS. 487–506.

Jürg, Friedrich (2007), *Dichtung als „Gesang“: Hölderlins „Wie wenn am Feiertage...“ im Kontext der Schriften zur Philosophie und Poetik 1795–1802*, München: Wilhelm Fink.

Jürgensen, Sven (1997), Hölderlins Trennung von Fichte, in *Fichte-Studien 12*, SS, 72–90.

Kervégan, Jean-François (2023), Das absolute Wissen – sparsam gelesen, in Vieweg, Klaus (hrsg.), *Das Beste von Hegel: The Best of Hegel*, Berlin: Duncker & Humblot.

Kondylis, Panajotis (1979), *Die Entstehung der Dialektik: Eine Analyse der geistigen Entwicklung von Hölderlin, Schelling und Hegel bis 1802*, Stuttgart: Klett-Cotta.

Krouglov, Alexei N. (2008), Zur Vorgeschichte des Begriffs der Phänomenologie, in Wolfram Hogrebe (Hrsg.), *Phänomen und Analyse: Grundbegriffe der Philosophie des 20. Jahrhunderts in Erinnerung an Hegels Phänomenologie des Geistes (1807)*, Würzburg: Königshausen & Neumann, SS. 9–31.

Krämer, Felix (1990), Maimons Versuch über Transzendentalphilosophie: Eine interpretierende Skizze der Grundgedanken, *Fichte-Studien* 1, SS. 178–197.

——— (1997), Parallelen zwischen Maimon und dem frühen Fichte, *Fichte-Studien* 9, 1997, SS. 275–290.

Labarrière, Pierre-Jean(1968), *Structures et mouvement dialectique dans la “Phénoménologie de l'esprit” de Hegel*, Paris: Aubier.

Lauer, Quentin (1993), *A Reading of Hegel's “Phenomenology of Spirit”*, New York: Fordham University Press.

Lauermann, Manfred/Schröder, Maria-Brigitta (2002), Textgrundlagen der deutschen Spinoza-Rezeption im 18. Jahrhundert, in Eva Schürmann, Norbert Waszek, Frank Weinreich (Hrsg.), *Spinoza im Deutschland des achtzehnten Jahrhunderts*, Stuttgart-Bad Cannstatt: Frommann-Holzboog, SS. 39–83.

Lauth, Reinhard (1967), Die erste philosophische Auseinandersetzung zwischen Fichte und Schelling 1795–1797, *Zeitschrift für philosophische Forschung*, Bd. 21, H. 3, SS. 341–367.

——— (1975), *Die Entstehung von Schellings Identitätsphilosophie in der Auseinandersetzung mit Fichtes Wissenschaftslehre (1795–1801)*, Freiburg: K. Alber. (ラインハルト・ラウト『フィヒテからシェリングへ』隈元忠敬訳、以文社、一九八二年)

——— (1994a), Das Fehlverständnis der Wissenschaftslehre als subjektiver Spinozis-

mus, in *Vernünftige Durchdringung der Wirklichkeit : Fichte und sein Umkreis*, Neuried : Ars Una, SS. 29–54.

———— (1994b), Die Frage der Vollständigkeit der „Wissenschaftslehre“ im Zeitraum von 1793–1796, in *Vernünftige Durchdringung der Wirklichkeit : Fichte und sein Umkreis*, Neuried : Ars Una, SS. 57–120.

Leibniz, Gottfried Wilhelm (1965), *Die philosophischen Schriften VII*, Darmstadt : Olms.

Leube, Martin (1954), *Das Tübinger Stift, 1770–1950 : Geschichte des Tübinger Stifts*, Stuttgart ; J. F. Steinkopf Verlag.

Lohmann, Petra (2004), *Der Begriff des Gefühls in der Philosophie Johann Gottlieb Fichtes*, Amsterdam : Rodopi.

Loock, Reinhard (1997), Gefühl und Realität : Fichtes Auseinandersetzung mit Jacobi in der *Grundlage der Wissenschaft des Praktischen*, *Fichte-Studien* 10, 219–237.

Lypp, Bernhard (1990), Poetische Religion, in Jaeschke, Walter und Holzhey, Helmut (Hrsg.), *Früher Idealismus und Frühromantik : Der Streit um die Grundlagen der Ästhetik (1795–1805)*, Hamburg : Felix Meiner, SS. 12–29.

Macor, Laura Anna (2012), Aspekte der Eberhard-Rezeption an der Philosophischen Fakultät Tübingen (1788–1795), Hans-Joachim Kertscher and Ernst Stöckmann (Hrsg.), *Ein Antipode Kants? Johann August Eberhard im Spannungsfeld von spätaufklärerischer Philosophie und Theologie*, Berlin : De Gruyter.

Maimon, Salomon (2004), *Versuch über die Transzendentalphilosophie*, Florian Ehrensperger (Hrsg.), Hamburg : Meiner [PhB 552]. [= VTP]

Manchester, Paula (2008), Kant's Conception of Architectonic in Its Philosophical Context, in *Kant-Studien*, 99/2, SS. 133–151.

Marinelli, Maria Caterina (2019), Maimon's Implicit Influence in the Eigne Meditationen über Elementar-Philosophie of Fichte, in Luigi Azzariti-Fumaroli (ed.), *Salomon Maimon : alle origini dell'idealismo tedesco : Discipline Filosofiche* XXIX, 1, pp. 223–230.

De la Maza, Luis Mariano (1998), *Knoten und Bund : Zum Verhältnis von Logik, Geschichte und Religion in Hegels "Phänomenologie des Geistes"*, Bonn : Bouvier.

———— (2006), Die Metapher des Knotens als Leitfaden zur Interpretation der Phänomenologie des Geistes, in O. Pöggeler und D. Köhler (Hrsg.), *Phänomenologie des Geistes*, Berlin : Akademie Verlag, SS. 227–241.

Meinhold, Gottfried (1994), Die Deutung des Schönen : Zur Genese der intellectualen Anschauung bei Hölderlin, in Friedrich Strack (Hrsg.), *Evolution des Geistes : Jena um 1800 : Natur und Kunst, Philosophie und Wissenschaft im Spannungsfeld der*

Geschichte, Stuttgart : Klett-Kotta, SS. 373–391.

Melamed, Yitzhak Y. (2004), "Salomon Maimon and the Rise of Spinozism in German Idealism," *Journal of the History of Philosophy*, 42, SS. 67–96.

——— (2012), "Omnis determinatio est negatio" : determination, negation, and self-negation in Spinoza, Kant, and Hegel, in Eckart Forster, Yitzhak Y. Melamed (eds.), *Spinoza and German Idealism*, Cambridge : Cambridge University Press, SS. 175–196.

Moreau, Pierre-François (1996), Spinoza's Reception and Influence, in Don Garrett (ed.), *The Cambridge Companion to Spinoza*, Cambridge : Cambridge University Press, pp. 408–433.

Mori, Gianluca (2014), „Pierre Bayle", in Wiep van Bunge, Henri Krop, Piet Steenbakkers, Jeroen van de Ven (eds.), *The Bloomsbury Companion to Spinoza, Bloomsbury Academic*, London : Bloomsbury, pp. 85–106.

Morrison, James C. (1993), Christian Wolff's Criticism of Spinoza, in *Journal of History of Philosophy*, Vol. 31, 3, SS. 405–420.

Nassar, Dalia (2012), *Spinoza in Schelling's early conception of intellectual intuition*, in Eckart Forster, Yitzhak Y. Melamed (eds.), *Spinoza and German Idealism*, Cambridge : Cambridge University Press, SS. 139–155.

Niethammer, Friedrich Immanuel (1995), *Korrespondenz mit dem Klagenfurter Herbert-Kreis : Mit einer Ergänzung : Franz de Paula von Herbert, Mein Abtrag an die Welt*, Wilhelm Baum (Hrsg.), Wien : Turia und Kant.

Okochi, Taiju (2008), *Ontologie und Reflexionsbestimmungen : Zur Genealogie der Wesenslogik Hegels*, Würzburg : Königshausen & Neumann.

Onnasch, Ernst-Otto (2007), Hegel zwischen Fichte und der Tübinger Fichte-Kritik, in : Dietmar H. Heidemann, Christian Krijnen (eds.), *Hegel und die Geschichte der Philosophie*, Darmstadt : Wissenschaftliche Buchgesellschaft, SS. 171–190.

——— (2010), Einleitung, in Karl Leonhard Reinhold, Ernst-Otto Onnasch (Hrsg.), *Versuch einer neuen Theorie des menschlichen Vorstellungsvermögens*, Teil 1, Hamburg ; Felix Meiner [PhB 599a].

——— (2016), Fichte im Tübinger Stift : Johann Friedrich Flatts Einfluss auf Fichtes philosophische Entwicklung, *Fichte-Studien* 43 (Fichte und seine Zeit), SS. 21–38.

——— (2023), Jacobi and German Idealism, in Alexander J. B. Hampton (ed.), *Friedrich Heinrich Jacobi and the Ends of the Enlightenment : Religion, Philosophy, and Reason at the Crux of Modernity*, Cambridge : Cambridge University Press, SS. 227–

244.
Piché, Claude (2010), The Concept of Phenomenology in Fichte's Wissenschaftslehre of 1804/II, in Violetta L. Waibel, Daniel Breazeale, Tom Rockmore (eds.), *Fichte and the Phenomenological Tradition*, Berlin/New York: Walter de Gruyter, pp. 25–40.
Pinkard, Terry (1994), *Hegel's Phenomenology: The Sociality of Reason*, New York: Cambridge University Press.
Platon (2012), *Symposion/Gastmahl*, Übersetzt und herausgegeben von Zehnpfennig, Barbara, (Griechisch-Deutsch), Hamburg: Felix Meiner [PhB 520].
——— (2016), *Platon Werke Band 3: Phaidon, Symposion (Das Gastmahl), Kratylos: WBG Platon Werke in 8 Bänden: Griechisch-Deutsch*, 7. Auflage, Eigler, Gunther (Hrsg.), Darmstadt: WBG Academic.
Pöggeler, Otto (1966), Die Komposition der Phänomenologie des Geistes, in *Hegel-Studien* Beiheft 3, SS. 27–74.
——— (1973a), *Hegels Idee einer Phänomenologie des Geistes*, Freiburg/München: Alber.
——— (1973b), Sinclair – Hölderlin – Hegel: Ein Brief von Karl Rosenkranz an Christoph Th. Schwab, in *Hegel-Studien 8*, SS. 9–53.
Radrizzani, Ives (1998), Jacobis Auseinandersetzung mit Fichte in den Denkbüchern, in Klaus Hammacher (Hrsg.) *Fichte und Jacobi* (*Fichte-Studien Bd. 14*), SS. 43–62.
Reinhold, Karl Leonhard (2003), *Beiträge zur Berichtigung bisheriger Mißverstandnisse der Philosophen*, Mit einer Einleitung und Anmerkungen hrsg. von Faustino Fabbianelli, Hamburg: Meiner [PhB 554a].
——— (2013), *Versuch einer neuen Theorie des menschlichen Vorstellungsvermögens* (*Gesammelte Schriften kommentierte Ausgabe / Karl Leonhard Reinhold*, hrsg. von Martin Bondeli, wissenschaftlicher Beirat, Manfred Baum et al., Bd. 1, hrsg. von Martin Bondeli und Silvan Imhof), Basel: Schwabe.
Reisinger, Petter (1987), Hölderlin zwischen Fichte und Spinoza: Der Weg zu Hegel, in Helmut Bachmaier Thomas und Rentsch (Hrsg.), *Poetische Autonomie? Zur Wechselwirkung von Dichtung und Philosophie in der Epoche Goethes und Hölderlins*, Stuttgart: Klett-Cotta, SS. 15–69.
Richili, Urs (1978), Die Bewegung des Erkennens in Hegels Jenenser Logik und Metaphysik, in *Philosophisches Jahrbuch der Görres-Gesellschaft* 85, SS. 71–86.
Plitt, Gustav Leopold (1869), *Aus Schellings Leben: In Briefen*, Bd. 1, Leipzig: Hirzel.
Rockmore, Tom (1986), *Hegel's Circular Epistemology*, Bloomington: Indiana Univer-

sity Press.
Sandkaulen-Bock, Birgit (1990), *Ausgang vom Unbedingten : U¨ber den Anfang in der Philosophie Schellings*, Göttingen : Vandenhoeck & Ruprecht.
Sans, Georg (2015), Wie ist Philosophie als Wissenschaft möglich? Und wie viel Religion ist dafür nötig? Über Hegel und Schelling um 1800, in Thomas Hanke und Thomas M. Schmidt (Hrsg.), *Der Frankfurter Hegel in seinem Kontext*, Frankfurt a. M. : Vittorio Klostermann, SS. 269–296.
Scheier, Claus-Artur (1986), *Analytischer Kommentar zu Hegels Phänomenologie des Geistes. Die Architektonik des erscheinenden Wissens*. 2. Aufl., Freiburg/München : Karl Alber.
Schmid, Carl Christian Erhard (1976), *Wörterbuch zum leichtern Gebrauch der Kantischen Schriften*, neu hrsg., eingeleitet u. mit e. Personenregister versehen von Norbert Hinske, Darmstadt : Wissenschaftliche Buchgesellschaft.
Schmidt, Josef (1997), *„Geist", „Religion" und „absolutes Wissen" : Ein Kommentar zu den drei gleichnamigen Kapiteln aus Hegels Phänomenologie des Geistes*, Stuttgart/Berlin/Köln : Verlag W. Kohlhammer.
Schmitz, Hermann (1960), Die Vorbereitung von Hegels "Phänomenologie des Geistes" in seiner "Jenenser Logik", in : *Zeitschrift für philosophische Forschung* 14, SS. 16–39.
——— (1992), *Hegels Logik*, Bonn : Bouvier.
——— (1999), *G. W. F. Hegel zur Einführung*, Hamburg : Junius.
Scholem, Gershom (1980), *Die jüdische Mystik in ihren Hauptströmungen*, Frankfurt a. M. : Suhrkamp.（ゲルショム・ショーレム『ユダヤ神秘主義』山下肇・石丸昭二・井ノ川清・西脇征嘉訳、法政大学出版局、一九八五年）
——— (1984), Die Wachtersche Kontroverse über den Spinozismus und ihre Folgen, in Karlfried Gründer und Wilhelm Schmidt-Biggemann (Hrsg.), *Spinoza in der Frühzeit seiner religiösen Wirkung*, Köln : L. Schneider.
Schröpfer, Horst (1995), „… zum besten der Teutschen Gelehrsamkeit und Literatur …" : Die Allgemeine Literatur-Zeitung" im Dienst der Verbreitung der Philosophie Kants, in Norbert Hinske, Erhard Lange, Horst Schröpfer (Hrsg.), *Der Aufbruch in den Kantianismus : der Frühkantianismus an der Universität Jena von 1785–1800 und seine Vorgeschichte*, Stuttgart : Frommann-Holzboog, SS. 85–100.
——— (2003), *Kants Weg in die Öffentlichkeit : Christian Gottfried Schütz als Wegbereiter der kritischen Philosophie*, Stuttgart-Bad Cannstatt : Frommann-Holzboog.
Schulte, Christoph (1994), Zimzum bei Schelling, in Eveline Goodman-Thau, Gert Mat-

tenklott, Christoph Schulte (Hrsg.), *Kabbala und Romantik*, Tübingen: Max Niemeyer Verlag, SS. 97–118.

Schultz, Johann Friedrich (1784), Erläuterungen ueber des Herrn Professor Kant Critik der reinen Vernunft, Königsberg: Carl Gottlob Dengel. (ヨハン・シュルツ『カント『純粋理性批判』を読むために』菅沢龍文・遠谷繁明・山下和也訳、梓出版社、二〇〇八年)

Schulze, Gottlob Ernst (1996), *Aenesidemus oder über die Fundamente der von dem Herrn Professor Reinhold in Jena gelieferten Elementar-Philosophie: Nebst einer Verteidigung des Skeptizismus gegen die Anmassungen der Vernunft (1792)*, Manfred Frank (Hrsg.), Hamburg: Meiner [PhB 489].

Schönecker, Dieter (2005), *Kants Begriff transzendentaler und praktischer Freiheit: Eine entwicklungsgeschichtliche Studie (Kantstudien: Ergänzungshefte, 149)*, Berlin: de Gruyter.

Seebaß, Friedrich (1922), *Hölderlin-Bibliographie*, München: Hors Stobbe Verlag.

Spinoza (1925), *Spinoza Opera*, im Auftrag der Heidelberger Akademie der Wissenschaften herausgegeben von Carl Gebhardt, 4 Bd., Heidelberg: Carl Winter. (スピノザ『スピノザ全集Ⅲ　エチカ』上野修・鈴木泉編、岩波書店、二〇二三年)

Stekeler-Weithofer, Pirmin (2014a), *Hegels Phänomenologie des Geistes: Ein dialogischer Kommentar Band 1. Gewissheit und Vernunft*, Hamburg: Felix Meiner.

——— (2014b), *Hegels Phänomenologie des Geistes: Ein dialogischer Kommentar Band 2. Geist und Religion*, Hamburg: Felix Meiner.

Stolzenberg, Jürgen (1986), *Fichtes Begriff der intellektuellen Anschauung: Die Entwicklung in den Wissenschaftslehren von 1793/94 bis 1801/02*, Stuttgart: Klett-Cotta.

——— (1996), Selbstbewußtsein: Ein Problem der Philosophie nach Kant, in *Revue Internationale de Philosophie 197/3*.

Strack, Friedrich (1973), Das Systemprogramm und kein Ende: Zu Hölderlins philosophischer Entwicklung in den Jahren 1795/96 und zu seiner Schellingkontroverse, in *Das älteste Systemprogramm: Studien zur Frühgeschichte des deutschen Idealismus (Hegel-Studien Beiheft 9)*, SS. 107–149.

———(1994), Das Ärgernis des Schönen: Anmerkungen zu Dieter Henrichs Hölderlindeutung, in *Deutsche Vierteljahrsschrift für Literaturwissenschaft und Geistesgeschichte vol. 68*, SS. 155–169.

——— (2013), *Über Geist und Buchstabe in den frühen Schriften Hölderlins*, Heidel-

berg : Manutius-Verlag.

Tilliette, Xavier (1970), *Schelling, une philosophie en devenir* : *1. Le système vivant, 1794–1821*, Paris : J. Vrin.

——— (1981), Erste Fichte-Rezeption : Mit besonderer Berücksichtigung der intellektuellen Anschauung, in K. Hammacher (ed.), *Der Transzendentale Gedanke : Die gegenwärtige Darstellung der Philosophie Fichtes*, Hamburg : Meiner, SS. 532–543.

——— (2015), *Untersuchungen über die intellektuelle Anschauung von Kant bis Hegel* (*Schellingiana 26*), Lisa Egloff / Katia Hay (Hrsg.), aus dem Französischen übersetzt von Susanne Schaper ; mit einem Geleitwort von Volker Gerhardt und Wilhelm G. Jacobs, Stuttgart : Frommann-Holzboog.

Timm, Hermann (1971), Die Bedeutung der Spinozabriefe Jacobis für die Entwicklung der idealistischen Religionsphilosophie, in K. Hammacher (Hrsg.), Friedrich Heinrich Jacobi : Philosoph und Literat der Goethezeit : Beiträge einer Tagung in Düsseldorf (16.-19. 10. 1969) aus Anlaß seines 150. Todestages und Berichte, Frankfurt a. M. : Vittorio Klostermann, SS. 35–81.

———(1974), *Gott und die Freiheit. Studien zur Religionsphilosophie der Goethezeit : Die Spinozarenaissance, Bd. 1* (*Studien zur Philosophie und Literatur des neunzehnten Jahrhunderts*), Frankfurt a. M. : Vittorio Klostermann.

Traub, Hartmut (2022), Fichtes Glaubenslehre : Dimensionen und Quellen, Georg Sans, Johannes Stoffers (Hrsg.), *Religionsphilosophie nach Fichte : Das Absolute im Endlichen*, Berlin : J. B. Metzler, SS. 157–185.

Trede, Johann Heinrich (1975), Phänomenologie und Logik, *Hegel-Studien* 10, SS. 173–209.

Ulrich, Johann August Heinrich (1785), *Institutiones Logicae et Metaphysicae*, Jena : Croeker.

de Vos, Lu (1989), Absolute Knowing in The Phenomenology, in : A. Wylleman (ed.), *Hegel on the Ethical Life, Religion, and Philosophy* (*1793–1807*), MA/Leuven : Leuven University Press, pp. 231–270.

Wang, Mujie (2022), *Kausalität bei Kant und J. F. Flatt : Eine Untersuchung über deren kontroverse Auffassung*, München : Olms.

Wegenast, Margarethe (1990), *Hölderlins Spinoza-Rezeption und ihre Bedeutung für die Konzeption des „Hyperion“*, Tübingen : Max Niemeyer Verlag.

Weißhuhn, Friedrich August (1794), Literarische Anzeigen, in *Philosophisches Journal*

für Moralität, Religion und Menschenwohl, Carl Christian Erhard Schmid（Hrsg.）, Band 4, 1. Stück, Jena, SS. 139–158.

Wellmann, Gesa（2018/2019）, Lamberts Begriff eines metaphysischen Systems, in *Archiv für Begriffsgeschichte*, Vol. 60/61, SS. 141–162.

Wolff, Christian（1981）, *Gesammelte Werke : „Theologiae naturalis“ pars II*, herausgegeben und bearbeitet von J. École et al., 2. Abt. Bd. 8, Hildesheim/New York : Olms.

————（1981）, *Gesammelte Werke : Baruch von Spinoza Sittenlehre widerleget von dem berühmten Weltweisen unserer Zeit Herrn Christian Wolf*, herausgegeben und bearbeitet von J. École ［et al.］, Abt. 3, Materialien und Dokumente ; Bd. 15, Hildesheim/New York : Olms.

Zhang, Shen（1991）, *Hegels Übergang zum System : Eine Untersuchung zum sogenannten „Systemfragment von 1800“*（*Hegel Studien Beiheft 32*）.

Zimmermann, Hans Dieter（1999）, Kabbalistische Einflüsse bei Friedrich Hölderlin?, in Eveline Goodman-Thau, Gert Mattenklott, Christoph Schulte（Hrsg.）, *Kabbala und die Literatur der Romantik : Zwischen Magie und Trope*, Tübingen : Max Niemeyer Verlag, SS. 223–233.

カント「ゲッティンゲン書評　カルヴェ／フェーダーによるカント『純粋理性批判』書評」『知のトポス』城戸淳訳、三号、二〇〇八年、一–一四頁。

シェリング『〈新装版〉シェリング著作集１a　自我哲学』高山守編、文屋秋栄、二〇二〇年。

パスカル『パンセ』前田陽一・由木康訳、中公文庫、一九七三年。

ヘーゲル『ヘーゲル全集５　精神の現象学　下巻』金子武蔵訳、岩波書店、一九七九年（訳者註からの引用は、「金子」と表記する）。

ヘーゲル『ヘーゲル全集第３巻　イェーナ期批判論集』田端信廣責任編集、知泉書館、二〇二〇年。

ライプニッツ『ライプニッツ著作集　認識論『人間知性新論』下』谷川多佳子・福島清紀・岡部英男訳、工作舎、一九九五年。

————『ライプニッツ著作集第１期　宗教哲学『弁神論』下』佐々木能章訳、工作舎、二〇一九年。

ローベルト・ハイス『弁証法の本質と諸形態』加藤尚武訳、未来社、一九八一年。

飯泉佑介『意識と〈我々〉：歴史の中で生成するヘーゲル『精神現象学』』知泉書館、二〇二四年。

伊豆藏好美「ピエール・ベールと『歴史批評辞典』の「スピノザ」」『スピノザと近代ドイツ：思想史の虚軸』加藤泰史編、岩波書店、二〇二二年、三–二八頁。

伊藤功「ヘーゲルと一者の形而上学――ヤコービ「ブルーノ抜粋」を通じたヘーゲルと新プラトン主義との出会い」『新プラトン主義研究』二号、二〇〇三年、六三―八〇頁。

内田浩明「『エーネジデムス』とカント――『オプス・ポストゥムム』を視野に入れ」『大阪工業大学紀要』六一巻、二号、二〇一七年、一三―二五頁。

大河内泰樹「理論的知の臨界――『全知識学の基礎』における観念論と実在論の相克」『フィヒテ：『全知識学の基礎』と政治的なもの』木村博編、二〇一〇年、五一―八二頁。

――――「「ドイツ観念論」とはなにか？――あるいは「ドイツ観念論」はなぜそう呼ばれるべきではないのか？」『Nux』二号、二〇一五年、八―二四頁。

城戸淳「観念論論駁への途上で――カントの超越論的観念論をめぐる批判と応答」『Nux』二号、二〇一五年、一三〇―一四五頁。

河村克俊『カントと十八世紀ドイツ講壇哲学の自由概念』晃洋書房、二〇二二年。

久冨峻介「ヘーゲル『精神現象学』の承認論における言語の特性――イェーナ期体系構想との比較に基づく考察」、『ヘーゲル哲学研究』二六号、二〇二〇年、一二六――一四二頁。

久保陽一『初期ヘーゲル哲学研究』東京大学出版会、一九九三年。

――――『生と認識――超越論的観念論の展開』知泉書館、二〇一〇年。

――――「「無神論論争」の訳者解説」『フィヒテ全集第11巻　無神論論争・人間の使命』久保陽一・伊古田理・量義治訳、哲書房、二〇一〇年、三六九―三八六頁。

――――『ドイツ観念論とは何か』ちくま学芸文庫、二〇一二年。

桜井直文「『神学・政治論』の書誌学」『スピノザーナ』四号、二〇〇三年、一二一――一六六頁。

佐山圭司「ヤコービとヘーゲル――フランクフルト期ヘーゲルの隠れた思想的源泉」『哲学』六二号、二〇一一年、二六七―二八一頁。

――――「愛はこの世の対立を和解しうるか――青年ヘーゲルの「愛の倫理」」『北海道教育大学紀要　人文社会・社会科学編』六三号、二〇一二年、七七―八五頁。

――――「ヤコービとスピノザ論争」『スピノザと近代ドイツ――思想史の虚軸』加藤泰史編、岩波書店、二〇二二年、一四五――六八頁。

――――「ヘーゲルのスピノザ受容」『スピノザと近代ドイツ――思想史の虚軸』加藤泰史編、岩波書店、二〇二二年、三二三―三四八頁。

瀬戸一夫「カントとフィヒテとの間」『講座ドイツ観念論――第３巻自我概念の新展開』廣松渉・坂部恵・加藤尚武編、弘文堂、一九九〇年、一五―七二頁。

田端信廣「「総括された総体」から「単純な総体」へ」『ヘーゲル哲学研究』中埜肇編、

理想社、一九八六年、七一―八八頁。

――――「〈認識〉の生成とその運命（上）」『哲学論究』（九）、一九九一年、一―二九頁。

――――「精神の究極的な自己知としての「絶対知」」『同志社哲学年報』一四号、一九九二年、一―二三頁。

――――「〈認識〉の生成とその運命（下）」『哲学論究』（一〇）、一九九三年、一―五八頁。

――――『ラインホルト哲学研究序説』萌書房、二〇一五年。

――――『書評誌に見る批判哲学　初期ドイツ観念論の展相――『一般学芸新聞』「哲学欄」の一九年』晃洋書房、二〇一九年。

――――『哲学的思惟と詩的思惟のインターフェイス――フィヒテ vs ヘルダーリン、ノヴァーリス、Fr. シュレーゲル』晃洋書房、二〇二二年。

――――『ヘーゲル『精神現象学』の建築術』萌書房、二〇二四年。

長島隆「ヴァハターとスピノザ主義」『スピノザーナ』一四号、二〇一三年、一―二六頁。

新田孝彦『カントと自由の問題』北海道大学図書刊行会、一九九三年。

原崎道彦「イエナ期の体系構想」『現代思想　ヘーゲルの思想』青土社、一九九三年、二四〇―二四三頁。

――――『ヘーゲル「精神現象学」試論――埋もれた体系構想』未来社、一九九四年。

藤井良彦『メンデルスゾーンの形而上学――また一つの哲学史』東信堂、二〇一七年。

藤田正勝『若きヘーゲル』創文社、一九八六年。

平尾昌宏「啓蒙期ドイツのスピノザ主義――ランゲ－ヴォルフ論争から」『スピノザーナ』五号、二〇〇四年、四三―六三頁。

細谷昌志「ドイツ観念論における宗教理解」『叢書ドイツ観念論との対話　第1巻　総説・ドイツ観念論と現代』大橋良介編、ミネルヴァ書房、一九九三年、一二六―一六九頁。

牧野英二『カント純粋理性批判の研究』法政大学出版局、一九八九年。

松田毅「ライプニッツはスピノザをどう読んだか――『神学・政治論』・「自然主義」・ライプニッツ」『スピノザーナ』一一号、二〇一〇年、六五―八六頁。

松村健吾『革命と宗教――初期ヘーゲル論考』近代文芸社、二〇〇七年。

美濃部仁「無神論論争」『叢書ドイツ観念論との対話　第5巻　神と無』大峯顕編、ミネルヴァ書房、一九九四年、五三―七九頁。

安酸敏眞『レッシングとドイツ啓蒙』創文社、一九九八年。

山根雄一郎『〈根源的獲得〉の哲学――カント批判哲学への新視角』東京大学出版会、

二〇〇五年。

――――「批判と形而上学のあいだ――J・F・フラットのカント講義を手掛かりに」『ヘーゲル哲学研究』一九号、二〇一三年、八七―九八頁。

山本道雄『ドイツ啓蒙の哲学者　クリスティアン・ヴォルフのハレ追放顛末記――ドイツ啓蒙思想の一潮流　2』晃洋書房、二〇一六年。

著者紹介

久冨峻介（くどみ　しゅんすけ）

1990年福岡県生まれ。京都大学大学院文学研究科博士後期課程修了。博士（文学）。現在、京都大学人文学連携研究者。哲学・思想史。

主な論文

「テュービンゲンの「ヘン・カイ・パン」：ヤコービとフラットの論争の影響から」（『ヘーゲル哲学研究』30号、2024年）、„Die Zeiten des Bunds unserer Geister“: Leben als Schlüsselbegriff der Frankfurt-Homburger Konstellation（Taiju Okochi（Hrsg.), Hegel über Leben und Natur, Königshausen & Neumann, 2024）、「「カオス」から「秩序」へ：「最終的な真理」の場としての『精神現象学』「宗教」章」（Scientia, vol. 3、2023）、Hegels Kunstbegriff in den Jenaer Jahren: Zur Differenzierung von Kunst und Religion（Tetsugaku, vol. 5, 2021）、「ヘーゲル『精神現象学』の承認論における言語の特性：イェーナ期体系構想との比較に基づく考察」（『ヘーゲル哲学研究』26号、2020年）など。

（プリミエ・コレクション 136）
ドイツ古典哲学と「学」の精神史
——カントからヘーゲルへ

2025年３月31日　初版第一刷発行

著　者　久　冨　峻　介
発行人　黒　澤　隆　文

発行所　京都大学学術出版会
京都市左京区吉田近衛町69番地
京都大学吉田南構内（〒606-8315）
電　話（075）761-6182
FAX（075）761-6190
URL　http://www.kyoto-up.or.jp
振　替　01000-8-64677

ISBN978-4-8140-0565-9
Printed in Japan

印刷・製本　亜細亜印刷株式会社
定価はカバーに表示してあります
装幀　谷　なつ子